Darstellen und Gestalten

Berichte und Anregungen
zu Spiel und Theater
in Schule und Hochschule

Herausgegeben von Hedwig Golpon
und Susanne Prinz

Ein Modellversuch des Landes Mecklenburg-Vorpommern und des
Bundesministeriums für Bildung und Forschung im Rahmen der Förderung durch
die Bund-Länder-Kommission für Bildungsplanung und Forschungsförderung

Schibri Verlag • Milow

Die Deutsche Bibliothek - CIP-Einheitsaufnahme

Darstellen und Gestalten: Berichte und Anregungen zu Spiel und Theater in Schule und Hochschule; ein Modellversuch des Landes Mecklenburg-Vorpommern und des Bundesministeriums für Bildung und Forschung im Rahmen der Förderung durch die Bund-Länder-Kommission für Bildungsplanung und Forschungsförderung; [Ergebnisse des Modellversuchs „Darstellendes Spiel in der Schule", vom 01. 03. 1994 bis einschließlich 28. 02. 1998 an der Universität Greifswald.]/hrsg. von Hedwig Golpon und Susanne Prinz. — Milow: Schibri-Verlag, 1998
ISBN 3-928878-97-2

Bestellungen   über den Buchhandel
                oder direkt beim Verlag

© 1998 by Schibri-Verlag
Dorfstraße 60, 17337 Milow
Fon 039753 - 22757, Fax 039753 - 22583
Email: Schibri-Verlag@t-online.de   http://www.schibri.com

Das vorliegende Buch dokumentiert Ergebnisse des Modellversuchs „Darstellendes Spiel in der Schule. Zusätzliche Ausbildung im Sinne eines Beifaches". Er wurde in der Zeit vom 01. 03. 1994 bis einschließlich 28. 02. 1998 an der Universität Greifswald durchgeführt.
Das dieser Publikation zugrundeliegende Vorhaben, als auch diese Publikation selbst, wurden mit Mitteln des Bundesministeriums für Bildung und Forschung unter dem Förderkennzeichen A 6537.00 und durch das Ministerium für Bildung, Wissenschaft und Kultur des Landes Mecklenburg-Vorpommern gefördert.

Die Verantwortung für den Inhalt dieser Veröffentlichung liegt bei den Autoren.

Druck: Hoffmann-Druck GmbH, Wolgast

ISBN 3-928878-97-2

Inhaltsverzeichnis

Vorwort

Wir sind überzeugt, daß sich im Europa des nächsten Jahrtausends Schulen und Universitäten ändern werden und daß es schon heute Sinn macht, neue Inhalte Arbeits- und Studienformen zu erforschen und durchzusetzen. Sehr viele Studierende spiegeln uns ihre Sehnsucht nach einem für sie sinnvollen Umgang mit „Theater" wider. Die Universitäten aber sträuben sich meist dagegen – wie alte Jungfern, die alles besser wissen.

Philosophische Grundlagen

In den theoretischen Beiträgen von H. Elisabeth Renk und Gerd Koch wird trotz unterschiedlicher Ausgangspunkte als gemeinsame Aussage sichtbar, daß es darauf ankommt, nicht mehr an unumstößliche Fakten zu glauben, nichts so hinzunehmen, wie es scheint, sondern sich die Welt experimentell anzueignen und mit der Vorläufigkeit aller Einsichten umgehen und leben zu können. Die vorzügliche Brauchbarkeit von Darstellendem Spiel in der Schule für das Erwerben einer solchen „chaosfähigen" Welt-Anschauung und entsprechender notwendiger Handlungskonzepte demonstriert auch Hans-Wolfgang Nickel in diesem Buch.

Nicht nur Theater

Eine einseitige oder zu starke Fixierung von Darstellendem Spiel auf „Theater", auf eine Produktion für Zuschauer, widerspricht diesem Ansatz. Wir stellen deshalb hier unsere spezifischen Auffassungen von Inhalt und Methoden des Darstellenden Spiels zur Diskussion. Das sind keine neuen Erfindungen; bewährte Prinzipien wurden unter dem Aspekt einer sinnvollen Ausbildung für Lehramtsstudierende angewendet und reflektiert. Neu ist die Konsequenz, einer Erweiterung des Begriffs zu folgen, auch im Hinblick auf das Schulfach Darstellendes Spiel. Sie ist einem „weiten Kunstbegriff" verpflichtet, ohne daß die bereits erreichte fachliche Qualität aufgegeben werden soll.

Körper als Kommunikations- und Kunstinstrument

Die *darstellerische Artikulation* bleibt im Zentrum des Faches, ist aber nicht mehr nur an die bekannte Spieler-Zuschauer-Konstellation des traditionellen Theater-Ereignisses gebunden. Das Kennenlernen und Gebrauchen des menschlichen Körpers als Kommunikations- und Kunstinstrument – auch in alltäglichen oder ungewöhnlichen Zusammenhängen – soll nicht nur theatralen Experimenten dienen, sondern ist vor allem auf die Bereicherung allgemeiner ästhetischer Gestaltungskompetenzen von Heranwachsenden gerichtet.

Zauberwort INFORMATION versus Körper

Darstellendes Spiel in dem so verstandenen Sinne setzt nicht nur Gegengewichte zum „Zeitalter der Information und der Medien", das schon als „post-biologisch" und „post-körperlich" apostrophiert wird, sondern es bietet im Gegenteil neue kreative Ansätze zur Verknüpfung von Körperbewußtsein und Wissensaneignung. Situatives praktisches Erfahren gereicht zur Entwicklung emotionaler Intelligenz und schöpferischer ästhetischer Handlungsfähigkeit des Individuums. Mit solchen Potenzen gehört Darstellendes Spiel als unverzichtbare *Pflichtaufgabe* aller allgemeinbildenden Schulen zur Enkulturation und Sozialisierung jedes Kindes.

Gegen vorschnelle Beruhigung

Dieses Fach muß ernst genommen werden, es darf nicht Zufälligkeiten, Beliebigkeiten und oberflächlichem Aktionismus ausgeliefert werden (ein bißchen „Darstellen", ein bißchen „Gestalten", das Ganze noch „fächerübergreifend", eine rasche Schüler-Aufführung mit freundlichem Beifall…) – es erfordert eine verantwortliche Fachausbildung, ein neues Verständnis seiner Inhalte. DARSTELLEN und GESTALTEN erschienen uns als konstituierende Elemente. Aber sie sind sowohl in ihrer Vielfalt als auch in ihrer Spezifik im Zusammenhang mit der Darstellenden Kunst zu betrachten und genau zu definieren. Eine allgemeine und unspezifische Vermischung der Kunstfächer macht „DARSTELLEN und GESTALTEN" unbrauchbar, wird zum „Häkeln", das jeder ohne Studium lehren kann und das keine bleibenden Spuren bei den Schülern hinterläßt. Wir haben versucht, erste Ansätze für dieses Projekt zu erarbeiten und sie im Modellversuch ausprobiert – zugleich hat die Erfahrung der zweimaligen Durchführung des Studiengangs auch unseren eigenen Horizont erweitert und neue Fragen aufgeworfen.

Forschung muß einsetzen

Wir bieten keine perfekten Lösungen, aber hoffentlich Anregungen für weitere Untersuchungen und für die Schaffung neuer Ausbildungsgänge an anderen Hochschulen und Universitäten – oder doch eine Fülle von Material, das in den jeweils eigenen Arbeitszusammenhängen neu ausprobiert werden kann.

Dank

Dem Bundesministerium für Bildung, Wissenschaft, Forschung und Technologie, das dieses Projekt innerhalb der Modellversuche zur kulturellen Bildung ansiedelte, dem Kultusministerium Schwerin, das den Modellstudiengang nach gründlicher Prüfung ein zweites Mal genehmigte, der Universität Greifswald, die uns „Spielraum" im weitesten Sinne zur Verfügung stellte, unseren vielen hervorragenden Gastlehrkräften und Beratern, insbesondere unserem Gutachter Hans Wolfgang Nickel, unserer Kollegin Lilo Schlösser und vor allem unseren Studenten sei an dieser Stelle gedankt, daß wir diese Erfahrungen machen durften, von denen wir uns Wirkungen weit in die Zukunft hinein versprechen.

Es ist uns gelungen, ein Stückchen Wirklichkeit umzugestalten und ein bißchen mehr Sinn, auch Sicherheit in das Leben vieler Beteiligter zu bringen.

Zum Inhalt des Buches

Was sind wichtige Inhalte und Ziele eines Lehramtsstudiums zum Fach Darstellendes Spiel? Kapitel 1 und 2 stellen in konzentrierter Form die inhaltlichen und organisatorischen Neuerungen des Greifswalder Modellversuchs vor.

Theoretische Überlegungen zu einer bisher ungewöhnlichen, differenzierteren Betrachtung der Fachinhalte sind unter dem Titel „DARSTELLEN und GESTALTEN" in Kapitel 3 zu finden.

„Spielen lernen und Darstellen lernen" sind erste Erfahrungen der Studierenden – Kapitel 4 – die das Bewußtsein der vielfältigen Brauchbarkeit theatraler Mittel und Methoden von Anfang an in den Mittelpunkt der Ausbildung stellen. Dem schließen sich Begegnungen mit figuralen Spielformen an. Sie ermöglichen einen relativ raschen und unkomplizierten Zugang zu Reduzierung und Zeichenhaftigkeit des Theaterspiels.

Die folgende intensive Arbeit im Bereich „Theater in der Erziehung" – Kapitel 5 – fördert den souveränen Umgang mit theatralen Mitteln in anderen als Aufführungszusammenhängen. Hier werden unterschiedliche Einsatzmöglichkeiten von Darstellendem Spiel gezeigt und herausgearbeitet, wie man dennoch etwas über Theater lernt. Denn die Ausbildung schließt in allen Schritten gleichermaßen Erfahrungen als Spieler – wie auch als Spielleiter ein.

Auf dieser Basis gelingt ein weit bewußterer Zugang zum eigenen theatralen Spiel, das im Kapitel 6 – „Darstellende Kunst – Theaterpraxis" – in unterschiedlichen methodischen Varianten vorgestellt wird. Diese Darstellung will beweisen, wie es einerseits gelingt, eine theaterpädagogisch motivierte Arbeit bis in die Aufführung zu treiben und andererseits, wie sich die Spielerpersönlichkeit im künstlerischen Schaffensprozeß über ihren individuellen Antrieb hinaus als Spieler, Mitspieler und Spielleiter entwickelt, sich zunehmend für das Gesamtprojekt engagiert, dabei aber ihren subjektiven Anspruch nicht aufgibt, sondern erweitert.

„Theaterpädagogische Didaktik" – Kapitel 7 – gehört zum Lehrerwissen, sollte aber nie nur als Theorie angeeignet werden, sondern in vielfältigen Praxisfeldern, aber auch in der Beobachtung der Dozentenarbeit und im Erleben von Spielerbefindlichkeit und Reflexion des eigenen Spielleiterkönnens.

Die hochinteressanten Gedanken der Gastautoren im Kapitel 8 – „Theoriebegegnungen" – geben neue Anregungen und liefern zugleich Begründungen zur weiten Auffassung von Darstellendem Spiel, wie sie im Modellversuch praktiziert wurde. Im Buch werden mehrfach Vergleiche zur professionellen Schauspielausbildung gezogen. Sie sollen helfen, die spezifische Ästhetik der künstlerischen Schülertätigkeit und die besondere Aufgabe des Lehrers für Darstellendes Spiel, des Spielleiters herauszuarbeiten. Ein Lehrer für Darstellendes Spiel ist nicht ein weniger begabter Künstler, bei dem es für die Bühnenlaufbahn „nicht gereicht" hat, sondern er ist ein Spezialist, der Schüler mittels Spiel und Theater aktiv die Welt in Bewegung entdecken läßt und ihnen beim Orientieren, Zurechtfinden und Gestalten hilft.

Hedwig Golpon und Susanne Prinz

I.

**Innovation im Modellversuch
an der Universität Greifswald**

Teilstudiengang Darstellendes Spiel im Lehramtstudium

Von 1994 bis 1998 konnte im Rahmen der Förderung durch die Bund-Länder-Kommission für Bildungsplanung und Forschungsförderung ein Modellversuch an der Universität Greifswald durchgeführt werden, der einen Studiengang Darstellendes Spiel mit Staatsexamensabschluß innerhalb der 1. Phase des Lehramtsstudiums durchsetzte.

Um das neue Studienangebot ökonomisch zu gestalten und dem Entwicklungsstand des Bildungswesens (Antragstellung 1992) anzupassen, wurde die in der Prüfungsordnung des Landes Mecklenburg-Vorpommern vorgesehene Variante eines Beifach-Studiums realisiert.

Innerhalb des Versuchszeitraums wurden zwei Durchgänge des Modellstudienganges ermöglicht:

Oktober 1994 - Juli 1996 und Oktober 1996 - Februar 1998, die das ursprüngliche Konzept bestätigten und zugleich präzisierten.

Die vorliegende Dokumentation schildert Bedingungen, Ziele, Gestaltung und Ergebnisse des Modellversuchs und arbeitet die innovativen Ansätze heraus.

Hochschulrechtliche Einordnung des Modellversuchs

Eignungsfeststellungsverfahren

Zulassungsvoraussetzung zum Beifachstudium ist lediglich die Hochschulzugangsberechtigung für ein Lehramtsstudium. Die Bewerbung wird erst nach Abschluß des Grundstudiums empfohlen.

Eignungsprüfung

Bisher gibt es keine gesetzliche Forderung nach einer Eignungsprüfung, obwohl sie für die künstlerischen Fächer Musik und Kunst selbstverständlich ist. Das für Bewerber einer Schauspielschule gültige Zulassungsverfahren kann nicht auf das Lehramtsstudium für das Fach Darstellendes Spiel übertragen werden, da sowohl Studieninhalte als auch Berufsanforderungen differieren.

Einführungs-werkstatt

Als Kompromißlösung wurde im Modellversuch eine Einführungswerkstatt gewählt, die Einblicke in die spielpädagogische und künstlerische Befähigung der Bewerber gibt und sowohl den Studierenden erlaubt zurückzutreten als auch den Lehrkräften ermöglicht, wo nötig, Empfehlungen zu geben. Überdenken wird angeraten, wenn etwa der Bewerber noch zu jung ist oder schon aus der ersten Verhaltensbeobachtung hervorgeht, daß einige Persönlichkeitseigenschaften in Kollision zum angestrebten Berufsziel geraten könnten.

Studienordnung

Laut Landeshochschulgesetz (siehe § 9 LHG vom 9. Februar 1994 – in: GVOBl. M-V) und Lehrerprüfungsverordnung ist auch für den Teilstudiengang Darstellendes Spiel eine Studienordnung zu erlassen.

Studienordnung für Darstellendes Spiel im Lehramtsstudium

Die für den 1. Durchgang erarbeitete Rahmenstudienordnung von 1994 wurde 1996 für den 2. Durchgang präzisiert und in Auswertung des gesamten Modellvorhabens noch einmal abschließend überarbeitet. Somit liegt jetzt eine mögliche Muster-Studienordnung für einen Teilstudiengang Darstellendes Spiel als Beifach im Lehramtsstudium vor.

Sie regelt Inhalt, Aufbau und Praxisphasen des Studiums sowie die Schwerpunkte, die der Student nach eigener Wahl bestimmen kann.

Beifach ist meist Drittfach

Die Studieninhalte wurden unter Berücksichtigung der fachlichen Entwicklung und der beruflichen Praxisanforderungen ausgewählt. Sie sind so begrenzt, daß das Beifachstudium einschließlich der Dokumentation des abschließenden Eigenprojekts innerhalb der Regelstudienzeit neben den beiden anderen Lehramtsstudienfächern abgeschlossen werden kann. Die Studienordnung bezeichnet Gegenstand und Art der Lehrveranstaltungen und der Leistungsnachweise, die für den erfolgreichen Abschluß des Beifachstudiums erforderlich sind. Der zeitliche Anteil am Gesamtumfang der Lehrveranstaltungen ist so bemessen, daß dem Studierenden Gelegenheit zur Teilnahme an zusätzlichen Lehrveranstaltungen nach eigener Wahl verbleibt.

Studienplan

Die Studienordnung regelt die Zulassungsvoraussetzungen für eine Aufnahme des Beifachstudiums und enthält im Anhang einen Studienplan, der sich auf die Gegenstände bezieht, die sich im Greifswalder Modellversuch bewährt haben.

Prüfungsordnung

Die Prüfungsordnung über die Erste Staatsprüfung für Lehrer liegt seit 1991 vor, danach ist ein Abschluß im Fach Darstellendes Spiel als Teilstudiengang in folgenden Varianten möglich: als Zweitfach (40 SWS), als Gekoppeltes Fach in Korrespondenz zum Grundschul-Lernbereich Darstellendes Spiel (30 SWS) und als Beifach/Drittfach (20 SWS)

Auf der Grundlage dieser Prüfungsordnung des Landes Mecklenburg-Vorpommern wurde überhaupt erst der Modellversuch möglich.

Darstellendes Spiel im Fachanhang

Der Passus zum Darstellenden Spiel wurde auch bei Überarbeitung im Fachanhang beibehalten (siehe „Bekanntmachung der

Neufassung der Verordnung über die Erste Staatsprüfung für Lehrämter an Schulen im Lande Mecklenburg-Vorpommern (Lehrerprüfungsverordnung) vom 3.November 1997", erschienen im Gesetz- und Verordnungsblatt für Mecklenburg-Vorpommern 16/ 97, Hrsg. Innenministerium des Landes Mecklenburg-Vorpommern , ausgegeben in Schwerin am 5.11.1997, S. 563, 572, 580, 613)

Lehrbefähigung

Bei erfolgreichem Abschluß des Beifachstudiums wird vom Lehrerprüfungsamt für folgende Lehrämter eine Lehrbefähigung erteilt:

• Lehramt Haupt-/Realschule, in dem die Studierenden sich obligatorisch neben Haupt- und Nebenfach für ein Beifach/Drittfach entscheiden müssen.

• Für das Lehramt Gymnasium kann ebenfalls Darstellendes Spiel auf dem Staatsexamenszeugnis als Beifach ausgewiesen werden.

• Für Lehramt Grund-/Hauptschule ist Darstellendes Spiel als Beifach möglich.

Vorschläge zur Prüfungsordnung

Im Ergebnis des Modellversuchs werden vier Änderungen der Lehrerprüfungsverordnung des Landes vorgeschlagen:

30 SWS
vier Semester

1. Statt 20 SWS werden für den Gesamtumfang des Beifachstudiums mindestens 20 SWS obligatorisch + 10 SWS wahlobligatorisch = 30 SWS vorgeschlagen, da die Künstlerische Praxis den Schwerpunkt der Ausbildung bildet und die vorgeschlagenen Stunden das Minimum sind. Die Verantwortung, diese 30 SWS innerhalb der Regelstudienzeit (neun Semester) unterzubringen, liegt bei den Studierenden, die Hochschule muß allerdings garantieren, daß für das Direktstudium mindestens vier zusammenhängende Semester zur Verfügung stehen, damit die wöchentliche Durchschnittsbelastung auf keinen Fall 8 Stunden übersteigt.

selbständiges
Abschlußprojekt

2. An Stelle der geforderten Leitung von zwei semesterbegleitenden Arbeitsgemeinschaften während des Studiums wird die Planung, Durchführung und Dokumentation eines selbständigen Abschlußprojekts eingesetzt. Die Durchführung und Dokumentation des Abschlußprojekts kann innerhalb der Regelstudienzeit auch außerhalb der 4 Semester Beifachstudium liegen. Der Sinn der Neuregelung besteht darin, daß der Studierende erst nach Absolvieren der gesamten Ausbildung in der Lage sein kann, in Ansätzen ein eigenes künstlerisch-pädagogisches Kon-

zept zu entwickeln und dessen Anwendung zu prüfen, was Ziel des Studiums ist.

Außerdem hat der Studierende so die Möglichkeit, das Projekt in der vorlesungsfreien Zeit an Schulen oder in den Ferien in einer Jugendbildungseinrichtung durchzuführen.

3. Schließlich ist die Einschränkung zu erweitern, daß das Beifach Darstellendes Spiel im gymnasialen Lehramt nur Bewerbern mit dem Fach Deutsch oder einer Fremdsprache offenstehen soll. Gerade unter den Studierenden mit dem Lehramt Gymnasium haben sich auch naturwissenschaftliche Studiengänge (Biologie, Geographie usw.) für das Beifachstudium interessiert. Die natur-wissenschaftlich orientierten Studenten wählen das Beifach aus konkreten Berufsinteressen: Sie streben z.T. Berufe mit dem Ziel ökologischer Bildung und Erziehung von Kindern und Jugend-lichen an (im Naturschutz, Umweltbund, im Fach Biologie im Gymnasium usw.). Das Beifachstudium Darstellendes Spiel rü-stet sie mit wirksamen Lehr- und Lernmethoden aus, gleichzeitig bereichern diese Studenten die Ausbildung durch ihre speziellen Interessen, weil Aneignungsweise und Nutzbarmachung der thea-tralen Mittel und Methoden mit neuen Zwecken verbunden wer-den müssen.

naturwissenschaftli-che Studiengänge

4. Die Einschränkung der Lehrerprüfungsverordnung geht wahr-scheinlich noch davon aus, daß dramatische Literatur der Aus-gangspunkt für Darstellendes Spiel sein sollte.

Der Modellstudiengang hat jedoch Fach und Studienziel weiter definiert.

Siehe dazu auch die inhaltliche Präzisierung innerhalb der Ma-ster-Studienordnung, daß die Leistungsnachweise anstelle „zu Formen des Darstellenden Spiels" sich auf folgende zwei grund-legende Veranstaltungen beziehen sollen:

grundlegende Veranstaltungen

a) PRAXIS DES THEATERS IN DER ERZIEHUNG und

b) FACHKURS DARSTELLENDE KUNST,

dagegen bleibt:

c) DIDAKTISCHE THEORIEN DES DARSTELLENDEN SPIELS an der Schule, wie in der Prüfungsordnung vorgeschlagen, erhalten.

Referendariat

Dem Beifachstudium folgt keine Ausbildung und Prüfung in der 2. Phase der Lehramtsausbildung – da allgemein bereits das Studium in der 1. Phase fehlt und grundsätzlich nur zwei Fä-cher in der Referendarausbildung geprüft werden.

innerhalb der Semi-nare Deutsch

Es wird zwar in einigen Ländern die Betreuung von Referenda-ren innerhalb der Seminare Deutsch auch zum Darstellenden

Spiel angeboten (Niedersachsen, Hamburg, Bremen, Mecklenburg-Vorpommern usw.), aber das Erreichen eines abschließenden Zertifikats war nur zeitweise im WIS Bremen möglich. Die
Lehrerfortbildung zum Darstellenden Spiel ist zumeist nur Lehrern vorbehalten.

Einsatz der Absolventen

Mit der Lehrbefähigung für das Beifach Darstellendes Spiel ist
der Absolvent berechtigt und in der Lage, in den verschiedenen
Formen des Unterrichts der Stundentafel von Mecklenburg-
Vorpommern (Pflichtfach, Wahlpflichtfach, Projektkurse) in allen Schulformen das Fach zu unterrichten. Damit könnten sich
seine Einsatzchancen innerhalb des Landes erhöhen.

in allen Schulformen bis auf Grund- und Leistungskurse der Oberstufe

In den anderen Bundesländern wird das Beifachstudium gegenwärtig noch skeptisch betrachtet, eine Ausbildung als Zweitfach
mit Prüfungsabschluß bevorzugt. Allerdings erlegt das den Lehrern, die Darstellendes Spiel unterrichten wollen oder sollen,
dann später die Last auf, sich für dieses dritte Fach berufsbe-
gleitend nachqualifizieren zu müssen, weil es dieses Zweitfach
noch nicht in der 1. Phase der Lehrerausbildung gibt.

Begründungen für den sinnvollen Einsatz eines Bei-
fachstudiums

• Darstellendes Spiel müßte erst allgemein akzeptiertes abitur-
fähiges Fach sein, damit es als Teilstudiengang von mindestens
40 SWS oder sogar als extensiv (60 SWS) oder vertieft stu-
diertes Fach (80 SWS) eine realistische Berufsgrundlage für
Lehramtsanwärter darstellt. Diese bildungspolitische Entscheidung für die Sekundarstufe II steht noch aus.
Ergo ist ein Beifachstudium besser als gar kein Studium.

Fachausbildung nötig

• In der Sekundarstufe I gibt es Tendenzen zu fächerübergrei-
fenden Kombinationen (z.B. „Darstellen und Gestalten"). Damit dieser Unterricht nicht zu einem beliebigen Angebot im
Vorhof der Pädagogik verkommt, ist auch für diese Kombinationen eine Fachausbildung nötig, die z.B. über ein Beifachstudium realisiert werden könnte.
• Wenn wirkliche und effektive Bildung der Schüler angestrebt
wird, muß akzeptiert werden, daß Darstellendes Spiel nicht ohne
Fachausbildung gelehrt werden kann.

Beifachstudium ist ökonomisch

Das Beifachstudium bietet diese Fachausbildung in einer ökonomischen Variante an.
• Die Ausbildung während des Universitätsstudiums hat deutliche Vorteile gegenüber der berufsbegleitenden Nachqualifizie-

Persönlichkeits-
formung

rung, weil sie die Studierenden noch in der Phase ihrer Persönlichkeitsformung erreicht, also tatsächliche Änderungen in der
ästhetischen Urteilsbildung und in der Ausbildung eigener künstlerischer Konzepte bewirken kann. Der bereits im Berufsleben
stehende Lehrer kann Anregungen aufnehmen, aber Persönlichkeit und Urteilsbildung sind im wesentlichen abgeschlossen.

andere Berufs-
erfahrungen

• Lehrer mit langjährigen Erfahrungen in der Arbeit mit Schu-
theatergruppen oder im Fach Darstellendes Spiel haben natürlich
Vorteile gegenüber einem „Anfänger". – Aber die Beifachstuden-
ten werden in Folge ihres Studiums *andere* Berufserfahrungen machen, weil sie sich an dem weiteren Begriff von Darstellendem
Spiel orientieren und nicht auf Schultheater-Projekte allein fi-
xiert sind.

Schulrechtliche Einordnung des Modellversuchs

Schulgesetz

Im Schulgesetz des Landes Mecklenburg-Vorpommern findet
der Unterrichtsgegenstand Darstellendes Spiel nicht explizit,
aber indirekt Erwähnung unter §5, 1c (ästhetische Bildung in
der Grundschule), 2d (künstlerisch-musisches Aufgabenfeld in
der Sekundarstufe I), 4a (sprachlich-literarisch-künstlerisches
Aufgabenfeld in der Sekundarstufe II).

Rahmenplan

Ab 1997 ist für eine zweijährige Erprobungszeit ein Rahmenplan Darstellendes Spiel für alle weiterführenden allgemeinbildenden Schulen (schulart- und jahrgangsübergreifend von Klasse
5-12) in Kraft getreten. Nach der „Verordnung für die Stundentafeln an den allgemeinbildenden Schulen vom 3. Juni 1996"

Stundentafeln

und den Regelungen, die die Schulleiter intern innerhalb ihrer
Einrichtung treffen, kann das Fach Darstellendes Spiel in folgenden Formen vorkommen:

Pflichtfach

• als eigenständiges Unterrichtsfach (Pflichtfach) in Klasse 5
und 6 von Haupt- und Realschulen mit insgesamt 2 Wochen-
stunden.

Wahlpflichtfach

• als Wahlpflichtfach in den Jahrgangsstufen 8-10 in Haupt-
und Realschulen und in den Jahrgangsstufen 7-10 in Gesamtschulen,
im Gymnasium ist Darstellendes Spiel Wahlpflichtfach im
sprachlich-literarisch-künstlerischen Aufgabenfeld in den Klassen 9 und 10,

Projektkurs

• in der Oberstufe ab Jahrgangsstufe 11 dann als Projektkurs
wählbar.
Bis auf den Projektkurs wird die Arbeit im Fach Darstellendes
Spiel bewertet.

berufsbegleitendes Beifachstudium

Das Kultusministerium des Landes Mecklenburg-Vorpommern legt auch in diesem Fach auf eine fachspezifische Unterrichtsbefähigung Wert und unterstützte deshalb die Einrichtung eines berufsbegleitenden Beifachstudiums für Lehrer seit dem Sommersemester 1997 an der Hochschule für Musik und Theater Rostock.

Die Anregung und Vorbereitungsarbeit für diesen Erweiterungsstudiengang ging vom Greifswalder Modellversuch aus.

Abrechnung und Innovation des Modellstudiengangs der Greifswalder Universität

Vorüberlegungen

Ziele

Es ging um Ausbau und Realisierung eines Curriculums, das vielfältig die Persönlichkeit der Lehramtsstudierenden herausfordert und entwickelt, ihr Ausdrucks- und Darstellungspotential ausbildet sowie Spielleiterkompetenz in mehrfacher Hinsicht trainiert.

Im Ergebnis des Studiums soll sich der Absolvent als Spielpädagoge, als Theaterpädagoge und als Spielleiter theatraler Projekte in der Schule erweisen, und als Fachlehrer mit den Methoden des Darstellenden Spiels auf verschiedene Situationen reagieren und fächerübergreifende Aufgaben bewältigen können.

Präsumtion

Diese Zielsetzung basiert auf drei Annahmen:

a) daß die Kompetenz des Fachlehrers nicht auf den Bezug zu Theater und Darstellender Kunst reduziert werden kann, sondern darüber hinausgehen muß (= weitere Auffassung des Begriffs Darstellendes Spiel)

b) daß das Ziel des Schulfaches ebenfalls in der Entwicklung einer grundlegenderen ästhetischen Handlungskompetenz (für die Schüler) gesehen werden muß

c) daß die Ausbildung des dafür nötigen Fachlehrers eine besondere Studiengestaltung verlangt, die sich von den üblichen Lehramtsstudien unterscheidet und auf die Anlage eines eigenen künstlerisch-pädagogischen Lehrkonzepts gerichtet ist.

Begründungen

Darstellendes Spiel im weiteren Sinne

zu a) Der Begriff Darstellendes Spiel wird im weiteren Sinne aufgefaßt:

nicht ausschließliche oder vorwiegende Orientierung an einem Theater für Zuschauer oder traditionellen Formen von Darstellender Kunst, sondern an einer künstlerisch-praktischen Aneignungs- und Gestaltungskompetenz, die sich spielerischer und theatraler Mittel und Methoden bedient, um Weltaneignung und ganzheitliche Persönlichkeitsbildung auf fachspezifische Weise zu unterstützen und damit eine spezielle ästhetische Handlungskompetenz auszubilden.

Ziel des Schulfaches

zu b) Ziel des Schulfaches sollte sein:

• die Schüler zu vielfältiger darstellender und gestaltender Arbeit zu befähigen, eigene Handlungs- und Gestaltungsmöglichkeiten im Bereich von Spiel und Theater zu entdecken und zu fördern, dabei ihre sozialen und kulturellen Konditionierungen und Lebenswelten zu berücksichtigen,

• die ästhetische Tätigkeit in Gruppenprozessen so zu organisieren, daß die Schüler als Spieler, Darsteller oder Prozeßgestalter (in Funktionen der Spielleitung) in ihrer ganzheitlichen Persönlichkeitsbildung (einschließlich demokratischer Verantwortung und Selbstbestimmung) gefördert werden.

neue Studiengestaltung

zu c) Neue Auffassung der Lehrerrolle fordert neue Studiengestaltung:

Veränderung der Anforderungen an den Lehrer: Er wird mehr und mehr die Rolle eines Moderators, Anregers und Mentors übernehmen. D.h. er wird seine Fähigkeiten erweitern müssen nicht nur in fachlicher, sondern auch in fachdidaktischer, in sozialpädagogischer und kommunikativer Hinsicht. Bereits die 1. Phase des Lehramtsstudiums muß darauf gerichtet sein, den künftigen Lehrer für Darstellendes Spiel zu befähigen, die größtmöglichen pädagogischen Freiheiten nutzen zu können. Er soll Unterricht – besonders in offenen Formen – mit Rücksicht auf die Gruppensituation, aktuelle Bedingungen und sein eigenes künstlerisches Konzept sowohl fachspezifisch, als auch fächerübergreifend in Zusammenarbeit mit seinen Schülern gestalten und bewerten können.

fachspezifisch und fächerübergreifend

Dieser veränderten Rolle des Lehrers muß eine veränderte Ausbildung entsprechen.

Das Greifswalder Modell erfand dazu keine neuen Fachinhalte, sondern verarbeitete den aktuellen Stand bereits bestehender Ausbildungsformen wie der theaterpädagogischen Ausbildung an den Hochschulen in Berlin und München, am TPZ Lingen oder der Zusatzausbildung am Lehrerfortbildungsinstitut Hamburg. Gleichzeitig reagierte es auf bildungspolitische Forderungen nach Reformierung der Schule.

Die Konsequenz, mit der bewährte Inhalte auf den neuen Bedarf eines so aufgefaßten Lehramtsstudiums umprofiliert oder mit einer weitergehenden Zielstellung verbunden wurden, macht den einmaligen Charakter des Modells aus.

Zur Realisierung des Modells

Schaffung neuer Bedingungen

*Lehrbefähigung zu-
sammen mit dem 1.
Staatsexamen*

Als Beifachstudium ist das Darstellende Spiel so in die 1. Phase
der Lehramtsausbildung integriert und durch die Prüfungsordnung abgesichert, daß nach Erbringen der Leistungsnachweise
eine Lehrbefähigung zusammen mit dem 1. Staatsexamen erteilt wird.

Einzige Zulassungsbedingung ist die Hochschulzugangsberechtigung, empfohlen wird, erst nach dem Grundstudium zu starten.

*alle Fachkombinatio-
nen*

*Einführungs-
werkstatt*

Aufgenommen werden Lehramtsstudierende aller Schularten und
Fachkombinationen, eine Beschränkung z.B. bei Studierenden
des gymnasialen Lehramts auf die Fächer Deutsch oder Fremd-
sprachen wird abgelehnt. Es gibt keine Eignungsprüfung, aber
eine Einführungswerkstatt, die den Studierenden Ziele, Wege
und Leistungsanforderungen des Beifachstudiums verdeutlicht,
eine bewußte Entscheidung für diese Studienform verlangt und
die Möglichkeit gibt, Empfehlungen auszusprechen und evtl.
den Studienbeginn zu verschieben.

Abschluß

Mehrfachnutzung

Da sich am Greifswalder Modellversuch auch Studierende außerhalb des Lehramtsstudiums beteiligt haben, wurden Möglichkeiten zur Mehrfachnutzung der Ausbildung geschaffen: Die
Studierenden können ohne Vorkenntnisse zum Darstellenden
Spiel diesen neuartigen Studiengang durchlaufen und kompati-
bel abschließen:

- als Beifach für alle Lehrämter (20-30 SWS),
- als Wahlpflicht- oder Zusatzfach für Diplomstudiengänge
(8 oder 20 SWS),
- als Zusatzfach für Magisterstudiengänge (20 SWS).

Je nach Zielintention mit oder ohne Didaktik-Lehrveranstal-
tungen und entsprechende Schulpraxis und mit unterschiedlichem Umfang der Leistungsnachweise.

Abschlußprojekt

Zum Abschluß wird von jedem Studierenden die Dokumentation eines Eigenprojekts verlangt. Bis auf das Lehramt/Beifach-
studium ist auch eine mündliche Prüfung abzulegen.

Neuerungen

Vier Neuerungen gegenüber dem üblichen Universitätsbetrieb
zeichnen das Modell aus:

- kontinuierliches Lernen in einer festen Gruppe, in der der
Einzelne nicht anonym verschwinden kann,

- künstlerische Praxis hat Vorrang gegenüber den theoretischen Lehrveranstaltungen,
- didaktische Kenntnisse werden in enger Verknüpfung mit eigener Erfahrung angeeignet,

sofortige Anwendung des Gelernten

- ständige Anwendung des Gelernten in verschiedenen Praxisfeldern bei Steigerung der Anforderungen an die zu entwickelnden Spielleiter-Kompetenzen, d.h. keine größeren Abstände zwischen Ausbildungs- und Anwendungsabschnitten.

Neuerung gegenüber Theaterpädagogischen Zentren und Lehrerfortbildungsmodellen, die meist mit Erwachsenen im zweiten Bildungsgang arbeiten und sich nur auf Darstellendes Spiel konzentrieren

universitas

Die Studierenden sind zum einen noch junge, bildungsfähige Leute und können zum anderen über das Beifachstudium hinaus interdisziplinäre Angebote aus der gesamten universitären Ausschreibung zur Ausbildung einer vielseitig interessierten, universal gebildeten Persönlichkeit nutzen. Durch Gastdozenten, Exkursionen und Verbindung mit regionalen Kulturereignissen wird dieser Trend von den Ausbilderinnen des Modellversuchs gestärkt.

Durchsetzung eines neuen Weges

Das neue Curriculum vermeidet eine additive Aneinanderreihung der Studieninhalte (als Bausteine, die aufeinanderfolgen, aber auch austauschbar sind) und verwirklicht ein spiralförmiges Aufbauprinzip, das einmal erworbene Fähigkeiten ständig wieder aufgreift und weiterentwickelt.

spiralförmiges Aufbauprinzip

Dazu gehört das Hineinwachsen in immer komplexere Aufgabenfelder, vom Einfachen zum Schwierigen. An den künftigen Spielleiter werden zunehmend höhere Anforderungen gestellt: Er muß selbst als Spieler den Weg vom Spielenlernen zum Darstellenlernen bis zur Beteiligung an einer Theater-Projekt-Gestaltung gehen und als Spielleiter vom angeleiteten Gruppen-Projekt über teamteaching mit Partnern bis zum eigenständigen und selbst verantworteten Eigenprojekt seine Leitungskompetenz entwickeln

Spieler und Spielleiter

Dabei wird ständig Bezug auf die Persönlichkeit der Spielleiter genommen, ihre individuellen Möglichkeiten werden erforscht, bewußtgemacht und gefördert.

An Stelle der Vermittlung von engem Fachhorizont und streng abgegrenzten Lerngebieten wird eine allgemeine Verfügbarkeit des Wissens und Könnens (auch für andere Gebiete) angestrebt: durch Konzentration auf die Vermittlung grundlegender Fähig-

Vermittlung grundlegender Fähigkeiten und Prinzipien

keiten und allgemein wirksamer Prinzipien. So werden z.B. Arbeitsweisen trainiert, die das „operative Denken" (Brecht) fördern, Muster und Strukturen durchschauen lassen und damit die Handlungsfähigkeit der Spieler erweitern. Ständige Reflexion reichert methodische Einsichten im Anschluß an das ästhetische Erfahrungslernen in grundsätzlicher Weise an.

Es geht beispielsweise um

- das Formulieren von eindeutigen/klaren Aufgabenstellungen,
- das Durchschauen der Funktion von Spiel-Regeln,
- das Erfahren der eigenen Befindlichkeit als Spieler und als Spielleiter,
- das Beherrschen verschiedener Ebenen der Spielleiter-Tätigkeit,
- die Beobachtung und kritische Reflexion eigener Arbeit und der anderer Spielleiter.

theaterpädagogische Konzeptionen

Anwendung in verschiedenen Praxisfeldern

Einer (im Hochschulbetrieb oft noch üblichen) isolierten Trennung von Theorie, Übung, künstlerischer und pädagogischer Praxis stehen die ganzheitlichen Erlebnisse und Erfahrungen mit unterschiedlichen theaterpädagogischen Konzeptionen in den Lehrveranstaltungen der Dozenten und Gastdozenten entgegen. Die Forderung nach ständiger Anwendung des Erworbenen in verschiedenen Praxisfeldern stellt Verbindungs- und Kulminationspunkte dar für das bisher Gelernte, macht aus dem lernenden Studenten einen immer zielbewußteren und erfolgreicher vermittelnden Spielleiter, der sukzessive das steigende Niveau der Ausbildung verinnerlicht.

Darstellung der neuen Ergebnisse

Trotz des geringen Umfangs der Studienform konnten die folgenden Ziele verwirklicht werden:

Stärkung der Individualität

1. Das Beifachstudium führte bei allen Absolventen zur Stärkung ihrer Individualität, zu selbstbewußterem Auftreten und zur Fähigkeit, die verschiedenen Ebenen der Spieler- und Spielleiter-Tätigkeit rasch wechselnd einnehmen zu können und auch in schwierigen Streßsituationen arbeits- und reaktionsfähig zu bleiben.

erste individuelle künstlerisch-pädagogische Lehrkonzepte

2. Darüber hinaus gelang es in Ansätzen, daß sich erste individuelle künstlerisch-pädagogische Lehrkonzepte entwickelten, indem die Absolventen ihr kreatives Potential entfalteten und sich ein variabel anwendbares methodisch-künstlerisches Instrumentarium aneigneten, dessen Kern die Improvisation als wichtigstes und durchgängiges Arbeitsprinzip ist.

Rollen- und Inszenierungs- kompetenzen

3. Neben der Aneignung fachspezifischen Wissens und Könnens zu Spiel und Theater in der Künstlerischen Praxis (als Spieler) wurden in den Praxisfeldern Vermittlungskompetenz und Flexibilität (des Spielleiters) in verschiedensten Arbeitskontexten entwickelt und damit die Grundlagen für Fachunterricht und fächerübergreifendes Arbeiten gelegt: Rollenkompetenz als Mitspieler, Spielleiter oder Lehrer (Selbstinszenierung), didaktisch-methodische Kompetenz zur zielorientierten und zugleich offenen Unterrichtsführung (Inszenierung von Situationen), Anregungs- und Führungskompetenz als Spielleiter in Projekten mit theatralem, spiel- oder theaterpädagogischem oder kommunikativem und erzieherischem Charakter (Inszenierung von Ereignissen).

Zusammenarbeit mit Schule und Theater

4. Die Präsentationen und Praxisfelder innerhalb des Studiums brachten darüber hinaus konkreten kulturellen Nutzen an der Universität und in der Region, die Zusammenarbeit mit Schule und Theater stärkte Vorstellungen von Berufsbildern.

Darstellen

Gestalten

5. Als theoretischen Beitrag lenkt das Greifswalder Modell die Aufmerksamkeit auf eine mögliche Unterscheidung zwischen der zunehmenden Herausbildung der darstellerischen Artikulations- und Spielfähigkeit (der Spieler), die mit Teilgestaltungsaufgaben verknüpft ist, und der Ausbildung der Kompetenzen für immer komplexere Gestaltungsfähigkeiten (der Spielleiter), die sich z.B. in der Steigerung vom Entwurf eines Einzelspiels zur Spielfolge bis zum Spielefest mit ästhetischer Rahmensetzung/ vom Einsatz szenischen Spiels als Lernform zu einem Projekt des Theaters in der Erziehung/ von der Improvisation zur Figur, zur Szene/ vom Szenenstudium zum Gesamtwerk einer Aufführung zeigt.

Zusammenfassung der wichtigsten Innovations-Schwerpunkte

• die strikte Bezogenheit der Ausbildung auf die Lehrer-/Leiter-Funktion bei einem weiten Begriff von Darstellendem Spiel, der nicht einseitig auf die Aneignung der Kunstgattung Theater orientiert ist,
• die Offenheit gegenüber verschiedenen theaterpädagogischen Konzeptionen,
• die Konzentration auf den grundsätzlichen Charakter des vermittelten Wissens und Könnens,
• die Durchsetzung des Prinzips von Gruppenlernen und teamwork,

• der universitäre und interdisziplinäre, fächerübergreifende Charakter des Studiums,
• der spiralförmige curriculare Aufbau des Ausbildungsganges, die ständige Anwendung des erworbenen Wissens und Könnens in entsprechenden Praxisfeldern,
• die zunehmende Steigerung der Anforderungen an die Spielleiter-Qualifikation,
• die Erziehung zum flexiblen und kompatiblen Umgang mit dem Erfahrenen und Erworbenen,
• die Anlage zur Ausbildung eines individuellen Konzepts, eines eigenen künstlerisch-pädagogischen Ansatzes.

Schlußfolgerungen aus dem Modellversuch

Hochschul-Ausbildungsfach

1. Der Studiengang Darstellendes Spiel wurde (nachdem er bereits seit 1991 in der Prüfungsordnung des Landes Mecklenburg-Vorpommern verankert war) als Hochschul-Ausbildungsfach akzeptiert.

Erteilung der Lehrbefähigung

2. Das Lehrerprüfungsamt des Landes Mecklenburg-Vorpommern billigte die Leistungsnachweise aus der Ausbildung des Modellstudiengangs als Voraussetzung für die Erteilung der Lehrbefähigung für ein reguläres Beifachstudium Darstellendes Spiel für alle Lehrämter, also auch als Beifach für Gymnasiallehrer.

Weiterführung des Fachgegenstandes

3. Weiterführung des Fachgegenstandes an der Universität Greifswald:
• als Studienteil in den Kommunikationswissenschaften (Magister-Nebenfach), unter dem besonderen Aspekt der körpersprachlichen Verständigung
• als wahlobligatorische Veranstaltung in den Erziehungswissenschaften
• als wahlobligatorische Veranstaltung „Performing Arts in Community Medicine" in der Medizinischen Psychologie zur Verbesserung der Verständigung zwischen Arzt und Patient
• als nichtpsychologisches Wahlpflichtfach im Psychologiestudium und Zusatzfach in Magister- und Diplomstudiengängen
• als Präsenz- und Kommunikationstraining im studium generale für Studierende aller Studienrichtungen

Verstetigung des Modellversuchs an der Hochschule für Musik und Theater Rostock

4. Verstetigung des Modellversuchs an der Hochschule für Musik und Theater Rostock. Der Modellstudiengang „Darstellendes Spiel als Beifach" war an der Philosophischen Fakultät der Ernst-Moritz-Arndt-Universität Greifswald innerhalb des Lehramtsstudiums angesiedelt und wurde im Sinne einer Verstetigung

des Modellvorhabens vom Kultusministerium des Landes Mecklenburg-Vorpommern an die Hochschule für Musik und Theater Rostock angebunden.

Zum Studienangebot der Rostocker Kunsthochschule

Über die Möglichkeit, einen Studiengang „Darstellendes Spiel" für Lehramtsstudierende am Schauspielinstitut der Kunsthochschule zu etablieren, äußert sich Heidi Adam, Prof. für Darstellendes Spiel an der Hochschule für Musik und Theater Rostock:

„Das Studienfach Darstellendes Spiel wurde 1996 am Institut für Schauspiel an der Hochschule für Musik und Theater in Rostock eingerichtet. Für dieses Fach gibt es eine eigenständige pädagogisch-künstlerische Ausbildungsstruktur, die nicht mit der künstlerischen Ausbildung von Schauspielern vergleichbar ist.

Wir bieten Darstellendes Spiel zur Zeit im Studienfach eines Lernbereichs (15 SWS) und des Beifachs (20 SWS) an. Studienordnung und Curriculum für diese Studienmöglichkeiten sind noch nicht endgültig abgeschlossen, da die gesamte Hochschule neue Ausbildungsstrukturen anstrebt.

Zugangsberechtigt für diese Studienangebote sind Lehramtsstudierende der Universität Rostock, die sich vor Aufnahme des Studiums an der Hochschule einer Eignungsprüfung unterziehen müssen. Die Bewerber müssen im Rahmen einer aus drei Teilen bestehenden praktischen Prüfung ihre Eignung für das Fach nachweisen. Gegenstand der Prüfung sind die Gebiete: musikalisch-rhythmische Bewegungsabläufe, Einsatz von Sprache eines frei gewählten und vorbereiteten Textes in Prosa oder Lyrik und darstellerische Improvisationsübungen zum Phantasienachweis. Bei zu großen Bewerberzahlen können Empfehlungen ausgesprochen und Zurückstellungen vorgenommen werden. Nach einer Zweitimmatrikulation an der Hochschule können sie das gewünschte Studium aufnehmen. Die Studienaufnahme erfolgt zu Beginn eines jeden Semesters. Parallel dazu läuft ein berufsbegleitendes Beifachstudium für Pädagogen aller Lehrämter.

Der Studienmodus für die Studierenden von der Universität sieht neben bestimmten aufbauenden Studienangeboten, die in einer fortlaufenden Seminargruppe absolviert werden müssen, eine freie Wahl der Veranstaltungen pro Semester vor. Das ist

ein Zugeständnis an die Modalitäten der Universität und ist
organisationstechnisch nicht anders lösbar. Nach zweijähriger
Tätigkeit hat sich das Modell als tragbar erwiesen.

Es wird von den Studierenden als anregend empfunden, sich in
einer veränderten Gruppenzusammensetzung mit einem Thema auseinanderzusetzen und von anderen Mitstudierenden, als
den bisher kennengelernten, neue und überraschende Angebote
verarbeiten zu können. Damit stellen sie sich gleichzeitig der
Herausforderung, flexibel und teamfähig zu sein.

Die Studierenden im berufsgbegleitenden Beifachstudium nehmen als feste Seminargruppe die Lehrveranstaltungsangebote
wahr. Hier erfolgt eine Vermischung erst im letzten Semester
des Studiums im wahlobigatorischen Angeot der Lehrveranstaltungen.

Die Zuordnung des Bereichs Darstellendes Spiel an das Institut für Schauspiel erweist sich als sehr produktiv. Unsere bisherigen Erfahrungen zeigen positive Effekte. So erweist sich der
Einsatz von Dozenten aus dem Schauspielbereich für Bewegungs-
unterricht, Sprecherziehung, Theatergeschichte, Etüdenseminare,
Dramaturgie und Regie im Schultheater, Pantomime und Mas-
kenspiel/Körpertheater bereichernd, setzt Maßstäbe, motiviert
die Studierenden und bringt ihnen einen intensiveren Bezug zum
Metier Theater. Es ist anregend für sie, fachliche Kontakte zu
Schauspielstudenten zu pflegen. Dies geschieht in der Regel nach
den Szenenvorspielen auf beiden Seiten. Eine große Anzahl von
Studierenden des Darstellenden Spiels nimmt die Präsentationen in den Schauspielstudiengängen, in der Opernausbildung
sowie im Konzertleben der Hochschule wahr. Analysierende Gespräche im Unterricht zu dem Gesehenen und Gehörten führen
zu vertieften Reflexionen über Kunst und Theater. Zur Ver-
dichtung des Studiums sind gemeinsame Lehrveranstaltungen
mit dem Institut für Schauspiel und dem Institut für Musikpädagogik abgesprochen. Dabei geht es um fachwissenschaftli-
che Angebote und in geringem Umfang um Fachpraxis. Diese
übergreifenden Lehrveranstaltungen bringen effektiv eine enge-
re Verknüpfung der unterschiedlichen Kunstrichtungen mit sich,
die für das Darstellende Spiel unerläßlich ist.

Erste Erfahrungen gibt es mit den Formen der Performance in
Zusammenarbeit mit dem Institut für Musikpädagogik. Weitere Projekte sind in Arbeit.

Chancen   Die gemeinsame Nutzung von Lehrkapazitäten und Lehrangebo-
ten bringt Einsparungen, welche klar zugunsten der Studieren-

den ausfallen. Zusätzlich werden Gastdozenten für bestimmte Werkstätten eingesetzt.

Seit der Einrichtung des Bereiches Darstellendes Spiel an der Hochschule gibt es regelmäßige Korrespondenzen zwischen dem Institut für Schulpädagogik an der Universität und uns. Damit ergeben sich Rückkopplungen in der Zusammenarbeit. So ist eine gemeinsame Projektarbeit mit der Sonderpädagogik geplant und mit der Theologischen Fakultät, und hier dem Fach Religion, ein interdisziplinäres Projekt angelaufen.

Diese Vernetzung von grundlegenden und übergreifenden Lehrveranstaltungen sowie gemeinsamen Projekten erweist sich für das Studium eines künstlerischen Schulfaches wie Darstellendes Spiel bisher als außerordentlich bereichernd für die Studierenden. Sie finden an der Hochschule einen Ort, der ihnen gleichermaßen fachgebundene wie künstlerische Impulse bietet und damit ein tieferes Verständnis für Kunst im allgemeinen und für das Fach Darstellendes Spiel im besonderen vermittelt."

Zweifellos bietet diese Kombination zwischen Universität und Kunsthochschule *spezifische Entwicklungsmöglichkeiten* auch für Lehramtsstudierende.

In den dargelegten Studienformen der Hochschule für Musik und Theater Rostock werden einige wichtige Ergebnisse des Modellversuchs fortgesetzt, das angekündigte Curriculum wird die spezifischen fachtheoretischen und fachpraktischen Lehrveranstaltungen zum Darstellenden Spiel genauer ausweisen.

Das Greifswalder Modell erreichte seine Ergebnisse u.a. durch eine enge Verknüpfung weitreichender Zielstellungen, die zugleich konsequent auf die Bedürfnisse eines modernen Bildungswesens orientiert sind, mit einer dafür zugeschnittenen Studienorganisation und der Gestaltung und Anwendung entsprechender Inhalte und Methoden.

Eine vergleichende Betrachtung zwischen gegenwärtiger Auffassung von Darstellendem Spiel und modernen Entwicklungstendenzen in Theaterpädagogik und Darstellender Kunst sind am Anfang des Kapitels „Darstellen und Gestalten" nachzulesen.

II.

**Ein Studienangebot zum
Darstellenden Spiel**

Ein Studienangebot zum Lehramt Darstellendes Spiel

Vorteil Universität

Das Beifachstudium kann von Studierenden aller Lehramtsstudiengänge und aller Schulformen belegt werden.

Sie bringen folgende **Voraussetzungen und Integrationsmöglichkeiten** aus dem universitären Zusammenhang mit:

Erziehungswissenschaftliche Grundausbildung (Pädagogik/Päd. Psychologie)

Fachdidaktische Grundausbildung (in zwei Fächern)

Nutzung verwandter oder interessierender Veranstaltungen aus dem universitären Angebot (Theatergeschichte, Literaturgeschichte, Soziologie, Psychologie, Politikwissenschaften)

Veranstaltungsformen und Leistungsnachweise

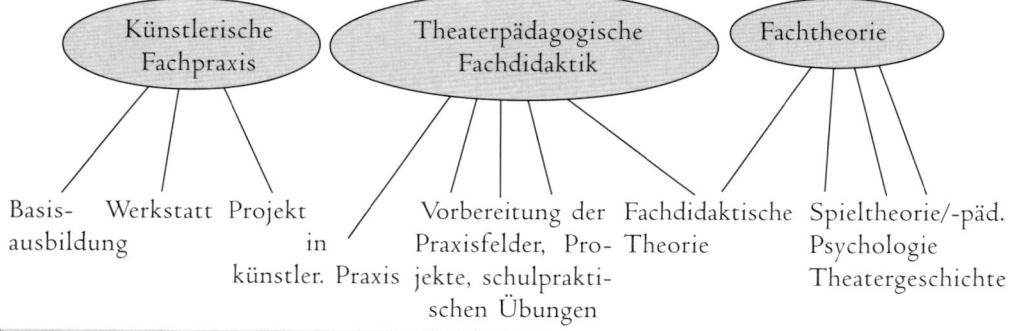

Künstlerische Fachpraxis

Theaterpädagogische Fachdidaktik

Fachtheorie

Basisausbildung   Werkstatt   Projekt   in   künstler. Praxis

Vorbereitung der Praxisfelder, Projekte, schulpraktischen Übungen

Fachdidaktische Theorie

Spieltheorie/-päd. Psychologie Theatergeschichte

Präsentation
Projektinszenierung

Praxisfelder
Praktika/ spÜ

Belege

Abschlußprojekt

Umfang des Studiums

Das Beifachstudium umfaßt ein Minimum von 20 SWS (= Semesterwochenstunden – ein Semester wird mit 15 Wochen angesetzt) – diese 300 Stunden sind jedoch für ein zeitaufwendiges künstlerisches Fach und das Ziel der Spielleiter-Ausbildung unzureichend.

Mit einem **fakultativen Zusatzangebot** (10 SWS), das die Studenten je nach Möglichkeit wahrnehmen, wird die Ausbildungsqualität der Gruppe insgesamt erhöht.

Da das Beifachstudium in 4 Semestern studiert wird, ergibt sich eine durchschnittliche Belastung von 5-7 SWS, also ein Vormittag und eine Abendveranstaltung pro Woche und etwa 3 Wochenendwerkstätten/Semester.

Proben-Zeit einplanen

Zum Abschluß der Projektinszenierung gilt Ausnahmezeit. Wenn wirklich ein künstlerisches Ergebnis vorgestellt werden soll, dann müssen die Spieler in der Schlußphase einer solchen Arbeit von sich aus volle Einsatzbereitschaft entwickeln und von sich aus genau das Zeitvolumen einsetzen, das die angestrebte Qualität verlangt. Der Spielleiter/Hochschullehrer hat die Aufgabe, der Gruppe gegenüber den Anspruch auszudrücken und zu präzisieren.

Er vertraut den Spielern, daß sie den für sie höchstmöglichen Gestaltungsgrad erreichen wollen, und sie vertrauen dem Spielleiter, daß er das Team bis zu dieser Grenze führt.

Wahlgründe für das Studienfach

Ein Gymnasiast geht direkt von der Schule zur Universität. Seine Spezialität: Er ist geübt im Umgang mit Büchern und viel Schreiberei, in logisch-rationalem Denken, mathematischen Formeln und Vokabeln trainiert – dagegen ist bisher der Fall noch selten: ein Abiturient konnte sich auch für eine Prüfung im Fach Darstellendes Spiel entscheiden...

noch selten: ein Abitur im Fach Darstellendes Spiel

unterschiedliche Motive

Ein Beifachstudium Darstellendes Spiel wird meist aus zwei Gründen gewählt:

zum einen hofft man seine Einsatzchancen für das Lehramt oder Magister/Diplom zu verbessern, wenn ein weiterer Abschluß angeboten werden kann, zum anderen führen auch die Wünsche nach persönlicher Sicherheit und besserer Selbstdarstellung zu diesem Teilstudiengang. Für Musiker und Bildende Künstler gibt es wunderbare fachübergreifende Perspektiven mit der Wahl eines zweiten künstlerischen Faches.

Eignungsfeststellung

Darstellendes Spiel ist ein künstlerisches Fach mit dem Ziel einer spezifischen Persönlichkeitsbildung der Schüler – eigentlich erfordert es eine verantwortungsvolle Prüfung der Eignung der Bewerber in bezug auf soziale Kontaktfähigkeit, künstlerische Veranlagung und Vorerfahrungen als Spieler und Spielleiter. Für Bewerber der Fächer Kunst- und Musikpädagogik ist eine künstlerische Prüfung selbstverständlich, die Moderations- und Vermittlungsfähigkeiten werden bisher nicht geprüft.

Eignung der Bewerber

nur ein Kunst-Fach?

Eine Eignungsfeststellung für das Lehramtsstudium Darstellendes Spiel sollte sich auf Grund der anderen Zielorientierung deutlich vom Auswahlverfahren für einen Schauspielbewerber unterscheiden:

Eignungsprüfung Schauspielstudium	Einführungswerkstatt Lehramtsstudium
Kriterien: besondere künstlerische Eignung des Spielers, starke Begabung, origineller Typ, hohe Motivation	Kriterien: Eignung als phantasievoller und teamfähiger Mit-Spieler und Ansätze zu einer selbständigen Führungspersönlichkeit (Spielleiter)
zweigeteilt in Vorauswahl und Zugangsprüfung, vorwiegend Einzelprüfung	Blockveranstaltung über einen Tag oder ein Wochenende
Inhalte: - Erarbeitung von mehreren Rollenauschnitten (Einzeldarstellung, Sprechen und Bewegung) - Gesungene Darbietung (Chanson, Bühnenlied) - Improvisationsübungen (vorgegebene Situation) - Gespräch zur Berufsvorstellung und -motivation	Inhalte: - Gruppenspiele - Partnerspiele - Einzel- und Improvisationsspiel - Gespräch zu Studienzielen, -inhalten und -organisation, Berufsvorstellung und -motivation

angenommen oder abgewiesen

Der Eignungstest der Schauspielschule hat den Charakter einer Prüfung und fordert die Ausstellung der Einzelperson. Nach Beobachtung der Bewerber werden die (noch) nicht geeigneten Bewerber abgewiesen, eine Wiederbewerbung ist möglich.

Die Einführungswerkstatt des Greifswalder Modells legt Wert darauf, die Teilnehmer sofort zu integrieren als Mitglieder einer Spielgruppe, ihnen die persönlichen Ängste und Hemmungen zu nehmen. Das heißt, es werden *keine* Übungen oder Erfindungen von den Spielern verlangt, die den Eindruck von „Prüfung" oder „Bewährung" haben.

keine Prüfung

Erst nach ausführlichem gemeinsamem Spiel gibt es Partner- und Einzelspiele – und zwar je nach aktueller Situation in der Spielgruppe. Die Spieler sollen in der Werkstatt bereits neue Erfahrungen machen und sie am Ende gelöst, fröhlich, bestätigt, in ihrem Selbstbewußtsein gestärkt verlassen. Sie haben sich, ohne es zu wissen, auch schon als Spielleiter bewährt – sie erinnern sich glücklich an gelungene Einfälle, auf die sie nur durch die Anregungen der Mitspieler gekommen sind oder mit denen sie eine neue Spielidee in die Gruppe einbringen konnten...

sich Spiel und Theater annähern

Spieler und Spielleiter

In der Werkstatt ist ihnen nicht „Theater", kein Text, keine „Rolle" begegnet, man forderte nicht die Umsetzung von Musik in ausdrucksvolle Bewegung, wobei alle anderen zuschauen oder ähnliches. Die Spielleiter waren fröhliche Mitspieler, die man gleichberechtigt duzen konnte und die sich an allen Spielen beteiligten, es gab keine strengen Beobachter, die sich hemmend auswirken konnten.

Beobachtung im Spiel

Nach dem Eignungstest kann es vorkommen, daß Empfehlungen ausgesprochen werden, wenn auffälliges Verhalten auf mögliche spätere Schwierigkeiten hinweist.

Im allgemeinen wird jedoch davon ausgegangen, daß sich Studenten bewerben, die sich in die Richtung Lehrer, Vermittler, Moderator entwickeln wollen und daß im Verlauf der Ausbildung und der verschiedenen Praxisaufgaben sowohl künstlerisches Vermögen als auch Spielleiter-Fähigkeiten sukzessive ausgebildet werden können – und zwar schon in der ersten Phase der Ausbildung!

Das bisherige Konzept des Lehramtsstudiums – zuerst die fachlich-theoretische und künstlerisch-praktische Ausbildung in der Universität, dann in der 2. Phase die pädagogische Lehrerausbildung – **muß für den Gegenstand des Darstellenden Spiels durch mehrfache Praxisbegegnungen erweitert werden.**

Trennung verhindert ganzheitliche Erfahrungen

Wenn tatsächlich die besonderen Potenzen von Spiel und Theater für neuartiges Erleben, Erfahren, Kommunizieren, kreatives Schöpfen sinnvoll genutzt werden sollen, dann muß der Studierende den Prozeß einer Sinngebung aus vielfältigem, auch chaotischem oder zufälligem Material nicht nur als *Spieler*, sondern auch als *Spielleiter* erfahren. Eine Trennung von eigenem künstlerischem Tun und angehängter fachdidaktisch-pädagogischer Belehrung spaltet die Person des Spielleiters, aber ihre Kraft kann sie nur aus ganzheitlichen Erfahrungen sammeln.

Für dieses Fach melden sich im übrigen nicht nur im Schultheater erfahrene, extrovertierte und kontaktfreudige Leute, sondern manchmal auch zurückhaltende, gehemmte Studenten – in der Hoffnung, darin die gewünschte Stärkung des Selbstbewußtseins, sicheres persönliches Auftreten und Furchtlosigkeit in öffentlichen Situationen zu erwerben. Eine Eignungsprüfung, die nur auf ihre bereits vorhandene Darstellungskraft und Präsentationswirkung abgestellt wäre, würde ihnen diese Chance der Persönlichkeitsveränderung verwehren. Zudem geht es nicht vorrangig um Schauspiel-, sondern um Spielleiter-Fähigkeiten.

nicht Schauspieler, sondern Spielleiter

Den meisten von ihnen trauen wir die *Entwicklung* einer ganz eigenen, besonderen *Ausstrahlungskraft* zu und raten nur solchen Bewerbern vom Studium ab, die extrem egozentrische Verhaltensweisen, Unfähigkeit zur Kooperation, mangelnde Durchsetzungsfähigkeit, dazu fehlendes Imaginationsvermögen und absolute Phantasielosigkeit schon in der ersten Werkstatt offenbaren.

Nichteignung

Möglicher Verlauf einer Einführungswerkstatt

Das erste Kennenlernen der neuen Studienform sollte auch gleich zeitliche und inhaltliche Besonderheiten klarstellen: Sie verläuft *ein Wochenende* wie eine Wochenendwerkstatt.

In jedem Semester müssen mindestens drei Wochenenden für Werkstatt-Blöcke eingeplant werden. Eine Werkstatt verlangt 12-15 Stunden konzentrierter Arbeit an einem künstlerischen und theaterpädagogischen Problem und fordert neben der Einordnung in die Spielgruppe auch physische und psychische Kraft *Anforderungen* und Ausdauer, Beweglichkeit, Flexibilität, Präsenz und dazu Vorstellungsvermögen und kreative Phantasie.

Die erste Begegnung mit dem neuen Gegenstand enthält zunächst Gruppenspiele, die u.a. physische Anforderungen klar-*Gruppenspiele* machen, daß es auch um außergewöhnlichen Körper- und Stimmeinsatz gehen kann, geben Einblick in Wahrnehmungs- und Reaktionsvermögen, in Vorstellungskraft und andere Anlagen der Spieler.

In Partnerspielen kommt es darauf an, aufeinander einzugehen *Partnerspiele* und zusammen zu spielen, Führung zu übernehmen und sie auch abgeben zu können, gemeinsam in kurzer Zeit zu einem vorzeigbaren Ergebnis zu kommen.

Einzel- und Improvisationsspiel gibt den Spielern die Möglich-*Einzelspiel* keit, ihre Improvisationsfähigkeit, ihre Phantasie und ihren Einfallsreichtum zu beweisen oder evtl. andere geschickt in ihr Spiel einzubeziehen.

Im Informationsaustausch wird zugleich das Prinzip der beglei-*Austausch* tenden Reflexion eingeführt.
der Beobachtungen

Was könnten die Kriterien einer Eignung für das Fach sein?

➤ Spielbereitschaft, Fähigkeiten zur Kommunikation, zum Zusammenspiel, zum Einordnen und Behaupten,

➤ Demonstrieren von Vorstellungskraft, Phantasie und Einfalls-*Kriterien* reichtum,
der Eignung

➤ schon vorhandene Darstell- und Präsentationsfähigkeiten der Bewerber oder rasches Einfühlungsvermögen,

➤ Spaß am Erfinden und Gestalten kleiner dramatischer Szenen.

Ein ehrgeiziges Ziel

Unser Eignungstest ist weniger eine Prüfung, als vielmehr ein ereignisreiches, fröhliches Fest. Danach beginnt die wöchentli-*Rucksack* che Arbeit – die an die Erlebnisse aus der Einführungswerkstatt
der Kompetenzen anknüpft und kontinuierlich den „Rucksack der Kompetenzen" anfüllt.

Wer gern spielt, aber auch das Studium durchhält, sich in die Gruppe einfügen und sie zugleich befruchten kann, hat am Ende wirklich neue Ausdrucks- und Gestaltungsmöglichkeiten gelernt, einen neuen Horizont gewonnen, hat sich vielfach als Spieler und als Spielleiter ausprobieren können und die verschiedenen Seiten dieser Arbeit kennengelernt, hat Mut gefaßt, ein „auf den eigenen Leib geschneidertes" Konzept zu entwickeln – er ist am Ende, davon sind wir überzeugt, „ein neuer Mensch".

eigenes Konzept

Aufbauender Charakter

Die Studierenden durchlaufen viele verschiedene Ausbildungsfelder (siehe das folgende Schema „Überblick zu den Studieninhalten"), die in spiralförmiger, aufbauender Struktur ihre Spiel-, Darstell- und Gestaltungsfähigkeiten entwickeln.

spiralförmig und aufbauend

In der Künstlerischen Praxis werden so mögliche Inhalte des künftigen Faches angeeignet, die Verknüpfung von künstlerischem Können zusammen mit dem zunehmenden fachtheoretischen und fachdidaktischen Wissen erfahren und nach und nach immer komplexere Spielleiter-Tätigkeiten ausgeführt.

anwachsende Qualität

Die künstlerischen und pädagogischen Fähigkeiten erwerben die Studenten über ein Stufenmodell, das einmal Erworbenes immer wieder neu aufgreift und weiterentwickelt:

Spielen lernen, Spielbereitschaft wecken und die Entdeckung und Nutzung des darstellendes Charakters von Spielen stehen am Anfang, das vielfältige Gebrauchen theatraler Mittel für andere als Aufführungszwecke in der Mitte und die Kunst des Theater-Machens am Ende.

Stufenmodell

Praxisfelder und Präsentationen

Die erworbenen Einsichten und Fähigkeiten werden anschließend sofort in einem ästhetisch-pädagogischen oder theatralen Kontext angewendet:

PF I: Ein Spielefest unter einem Rahmenthema in gestalteten Spielräumen für Kinder wird organisiert.

Spielefest

Präs. I: Einblick in Improvisationsmethoden, ein „theatre match" meistern.

PF II: Ein Theaterprojekttag in der Schule mit Schülern der Sekundarstufe I wendet Erfahrungen aus dem Bereich „Theater in der Erziehung" an.

Theaterprojekttag

Präs. 2: Ein Masken- oder Schattenspiel zeigt kleine erarbeitete Szenen oder ein Stück.

PF III/Präs. 3: Die Projektinszenierung der Studenten stellt den Höhepunkt dar.

Projektinszenierung

Eigenprojekt

PF IV: Selbständiges Abschlußprojekt nach eigenen Intentionen mit einer selbst gewählten Spielgruppe.

Präs. 4: Aufführung einer Performance

Studieninhalte des Lehramtsstudiums Darstellendes Spiel

Vergleich mit Schauspielstudium

Ein Vergleich der Studieninhalte des Greifswalder Beifachstudiums **Darstellendes Spiel für Lehramtsstudierende** mit dem **Studienangebot für Schauspieler** an den Musik- oder Schauspielhochschulen zeigt die Verwandtschaft und läßt zugleich wesentliche Unterschiede erkennen.

Zusammenfassung verschiedener Schulen

Die z.T. gravierende Differenz zwischen den Angeboten der einzelnen Ausbildungseinrichtungen für Schauspieler werden hier vernachlässigt und der Versuch unternommen, die jeweils gemeinsamen Studieninhalte für Schauspieler im Vergleich zum Lehramtsstudium Darstellendes Spiel herauszustellen.

Künstlerische Praxis

Die Künstlerische Praxis der Lehrerstudenten enthält Bereiche, die ein Schauspielstudent nicht oder nur fakultativ kennenlernen wird – und umgekehrt. Die intensive Körperschulung bis hin zu Akrobatik, Bühnenfechten und Tanz kann nicht Ziel des Lehramtsstudiums sein, aber Körpertraining ist auch für Spielleiter unverzichtbar.

Theorie

Der Theorieanteil im Lehramtsstudium ist größer, allerdings wird die theaterpädagogische Didaktik nicht immer in einer theoretischen Lehrveranstaltung vermittelt, sondern eng verknüpft mit der jeweiligen künstlerisch-praktischen Aufgabe.

Hauptinhalte des Schauspielstudiums	Hauptinhalte des Lehramtsstudiums DS
Grundlagenunterricht Spielen/Interaktion, Improvisation	**Spielen lernen** Gruppenbildung/Interaktion, Entwickeln von Spieleiter-Ebenen, Spielfähigkeit, Spielraumgestaltung, Improvisation
Bewegen Körpertraining, Tanz, Pantomime, Akrobatik, Fechten	**Darstellen lernen** Körper und Bewegung, Einführung in die Pantomime
Sprechen Atemschulung, Stimmbildung, Sprecherziehung	Atem, Stimme, Sprechen

Hauptinhalte des Schauspielstudiums	Hauptinhalte des Lehramtsstudiums DS
Musikalische Grundlagen Rhythmik, Singen, Liedinterpretation, Chanson	Musik und Bewegung, Rhythmik und Klanggestaltung
	Figurales Theater Material beleben, Großmasken- oder Puppenbau, Masken-, Schatten- oder Puppenspiel
	Theater in der Erziehung Lehrstück, drama and theatre in education, szenisches Spiel als Lernform, Forumtheater
Darstellen Improvisation, Rollen- und Szenenstudium	**Darstellende Kunst/Projekt** Theatrales Darstellen und Gestalten einer Projektinszenierung
Dramaturgie Zusammenarbeit mit Dramaturgie und Regie	**Praktische Dramaturgie/ Projekt** Szenenstudium, Dramaturgie- und Regieleistungen
	Organisation, Bühne und Technik, Licht, Ton, Instrumente, Ausstattung, Ablaufplan, Öffentlichkeitsarbeit
Theorie Theater- und Literaturgeschichte inklusive Dramenanalyse Ästhetik/ Kulturtheorie, Philosophie, Soziologie und Psychologie für Schauspieler	**Fachtheorie** Spieltheorie und -pädagogik, Theatergeschichte und -theorie, Psychologie von Rollenspiel und Darstellendem Spiel, theaterpädagogische Konzepte, Kinder- und Jugendtheater
	Fachdidaktik TheaterpädagogischeDidaktik zur Spielleitung, zum Theater in der Erziehung, zu Unterrichts- und Projektgestaltung, Bewertung, Reflexion und Dokumentation – inklusive schulpraktische Übungen

Hauptinhalte des Schauspielstudiums	Hauptinhalte des Lehramtsstudiums DS
Berufskunde Betriebskunde, Bühnenrecht, Vertragsrecht	Schulrecht, Versicherung, Bühnenrecht, GEMA, Projektfinanzierung
Einführung in die Film- und Fernsehpraxis	Video als Korrekturmedium oder Eigenprojekt

Der Vergleich hinkt

Die Tabelle suggeriert auf den ersten, flüchtigen Blick, daß Lehr-
amtsstudenten mehr lernen als Schauspielstudenten, diese oberflächliche Betrachtung täuscht jedoch.

vergleichbar

Es sollte *Verwandtschaft* aufgesucht werden: Viele Gegenstände
wie Spielen/Interaktion, Improvisation, Körpertraining, Atem,
Stimme, Sprechen usw. tauchen in beiden Studiengängen auf.

Differenzen

Gleichzeitig werden aber auch deutliche *Unterschiede* sichtbar: Das
Schauspielstudium bildet vier Jahre lang einen Spezialisten aus,
der zum Instrument für die künstlerische Übermittlung von
„atmosphärischen Nachrichten", von „Ideen des Zeitalters" an
ein Publikum perfektioniert wird. Das erfordert intensives und

Schwerpunkt Stimme

langjähriges Training, die Wörter „Atem*schulung*, Stimm*bildung*
und Sprech*erziehung*" geben davon einen vagen Begriff. Im Lehramtsstudium kommt „Atem, Stimme, Sprechen" im Bereich „Dar-

*Einblicke in
Möglichkeiten des
Stimmgebrauchs*

stellen lernen" als Schwerpunkt einer Wochenendwerkstatt vor,
allerdings auch als Bestandteil des ständigen Aufwärmtrainings
und natürlich während der Erarbeitung der Projektinszenierung.
Tiefe und Umfang der einzelnen Studienfächer müssen mitge-
dacht werden. Das Lehramtsstudium verlangt die Kenntnisnah-
me und Verarbeitung umfangreicherer Gebiete, kann sich aber
nicht so intensiv in Einzelheiten vertiefen.

*Lehrerausbildung er-
zeugt Aufmerksam-
keit für Entwicklung*

Der Vergleich macht auf die jeweilige Profession aufmerksam
und dem Lehrer deutlich, wo seine Besonderheit, seine Anders-
artigkeit und seine Stärken liegen. Eine theaterpädagogische und
fachdidaktische Ausbildung benötigt der Schauspieler nicht –
seine Sinne werden anders geschult, Wahrnehmen und Reagieren auf Entwicklungsgrenzen und -potenzen ist seine Sache nicht.
Der Lehrer aber zieht daraus seine Erfolgserlebnisse, daß er Kindern und Jugendlichen zu authentischem und zugleich künstlerisch anspruchsvollem Ausdruck mit Mitteln der Darstellenden
Kunst verhilft und ihnen Orientierungspunkte zum Leben geben kann.

Theorie	Künstlerische Praxis/Werkstätten (mit Theorieanteilen)				
Spielpädagogik und Spieltheorie	Spielen lernen	Darstellen lernen			
Psychologie von Rollenspiel und Darstellendem Spiel	Spielefest		Figurale Theaterformen		Theater in der Erziehung
		theatre match			
Theatergeschichte Kinder- und Jugendtheater			z.B. Maskenspiel		
					Theaterprojekttag
Fachdidaktik	schulpraktische Übungen	Projektinszenierung			
		Körpertraining	Improvisation und Figurenerarbeitung		Szenenstudium und Stückerarbeitung
Theatertheorie, Dramenanalyse					Präsentation Projektinszenierung
Abschlußprojekte	Spielaktion oder theatre match	Lernen mit theatralen Mitteln	Werkstatt Darstellen lernen	Figurale Theaterform	Schülertheater, Studentenprojekt oder Performance

Ausschnitte aus dem Programm der Einführungs-werkstatt:

Es folgen einige Übungen, die wir nutzen, um Einblick in die kreative Phantasie und das Ausdrucksvermögen der Spieler zu gewinnen.

„Imaginäre Bälle" Beispiel 1 • Das Spiel mit imaginären „Bällen", die sich vergrößern, verkleinern, an Gewicht zu- oder abnehmen können oder sich auch verwandeln in etwas Weiches, Kuschliges oder Ekliges, Gatschiges... können sich durch alle drei Spielphasen ziehen und immer neue Einfälle körperlichen Ausdrucks und verschiedene Arten des Zusammenspiels provozieren.

„Stuhl besetzen" Beispiel 2 • Ein Stuhl in der Mitte des Kreises ist zu besetzen – und zwar von jedem Spieler auf eine andere, bisher noch nicht gezeigte Weise. „Hatte ich mir auch überlegt – jetzt hat der Vormann dasselbe gezeigt" – nun ist rasches Reagieren gefragt...

Die Spieler zeigen ihren Mut und ihre Lust, sich im Zentrum vor allen anderen in einer deutlichen Pose zu präsentieren, und zwar nicht mit Worten, sondern über Körperhaltung, Mimik und Gestik.

„Spiel auf Zuruf" Beispiel 3 • Ein Spiel auf Zuruf („Letzter Bus ist weg!") zu starten, zwingt die Spieler ebenfalls spontan zu reagieren und eine kleine Handlung rasch zu improvisieren. Aus der Gruppe können neue Einfälle geliefert werden („Das Mensaessen schmeckt!"), wenn es gelingt, eindeutige und charakteristische Situationen zu definieren. (Das wäre schon ein Versuch in Richtung Spielleiter-Tätigkeit.)

„Dia-Show" Beispiel 4 • Dieses Spiel ist so ähnlich, diesmal muß eine Kleingruppe nach dem „Titel" sofort in ein Standbild springen, in dem jeder eine Funktion zur Aussage des Gesamtbildes übernimmt, dann einfrieren. Da keine Absprache vorher möglich ist, kann es auch Doppelungen geben (mehrere „Affen" im „Tierpark"). Es ergibt sich intuitiv ein Gefühl für Raum, Abstände, Andeutungen von Beziehungen.

„Bilder-Wechsel" Beispiel 5 • Zwei Spieler sprechen eine kleine Szene ab (z.B. „Der Arzt hört einen Patienten ab"), die sie ohne Worte vorspielen. Auf Zuruf des Spielleiters erstarren sie im *freeze*, bleiben also in einer bestimmten Haltung zueinander „eingefroren" stehen. Die Zuschauer betrachten sich die Haltungen und überlegen eine Fortsetzung, aber mit einer anderen Szene. Wer eine Idee hat, löst einen der Spieler heraus, der andere bleibt im *freeze*, und mit dessen Haltung wird nun eine neue Haltung kombiniert und dadurch eine neue Szene kreiert (z.B. „Jemand lauscht an einer Tür, der andere schaut durchs Schlüsselloch").

„Gegensatzpaare" Beispiel 6 • Zu zweit oder in einer Kleingruppe rasch eine konkrete Szene ausdenken und improvisierend vorspielen, was zu einem der folgenden Gegensätze passen könnte: „heiß und kalt", „oben und unten", „draußen und drinnen", „reich und arm", „stark und schwach" usw.

Die Assoziationen der Spieler können sehr vielfältig sein.

„Gruppenfoto"

Beispiel 7 • Zum Schluß bauen wir eine „Stuhllandschaft", in der jeder einen wichtigen Platz einnehmen soll, keiner soll verdeckt werden oder sich unsichtbar machen, damit in einem Abschlußfoto alle zu sehen sind.

Diese Forderung: „Sei präsent und sichtbar, sei wichtig!" wird die Studenten in den nächsten beiden Jahren zusammen mit der Aufgabe: „Nimm dich zurück, wo es nötig ist, ordne dich ein!" begleiten.

Am Ende des Studiums, nach der gemeinsamen Projektinszenierung, werden wir wieder ein Gruppenfoto machen – um dann in ganz andere Gesichter zu schauen: mit dem Erfahrungshintergrund des Vertrauens der Spielgruppe, vieler bestandener künstlerischer und theaterpädagogischer Bewährungsproben, mit der Ahnung von einem eigenen Weg als künftiger Spielleiter.

III.

Darstellen und Gestalten

Zum gegenwärtigen Fachverständnis des Darstellen- den Spiels

erste Lehrpläne und Richtlinien

Travemünder Thesen

Forderung nach professioneller Ausbildung

Verengung auf Theater

Weite der Zielstellung

Für Theaterspiel begeisterte Lehrer haben es in den 70er Jahren geschafft, in einigen Ländern das Darstellende Spiel aus seinem Schattendasein als außerunterrichtliche Theater-AG zu lösen und es wenigstens als Wahlpflichtfach oder Wahlfach zu Kunst und Musik vor allem in der gymnasialen Oberstufe durchzusetzen. Daraus erwuchs die Forderung, daß die künstlerische Allgemein- bildung aller Schüler in allen Schulformen um diesen wichtigen Bereich erweitert werden muß. Inzwischen gibt es fast in allen Bundesländern **Rahmenlehrpläne für Fachunterricht** zumin- dest der Sekundarstufe II, zunehmend auch für Sekundarstufe I. Die in der Bundesarbeitsgemeinschaft Darstellendes Spiel in der Schule erarbeitete Auffassung (siehe Travemünder Thesen 1991, in: 10 Jahre Schultheater der Länder, Hamburg 1995, S. 81) ist, daß Darstellendes Spiel als „zentraler Bereich der äs- thetischen Erziehung" seine Ziele „in der Regel durch Theater- projekte", die auf eine Aufführung vor Publikum zielen, am be- sten erreicht. Die 91er Thesen nennen verschiedene Inhalte und Ausprägungen von Darstellendem Spiel. Beim eigenständigen Fach geht es zunehmend nur um ein **Kunstfach „Theater"** und um einen Kunstlehrer, den „Theaterlehrer".

Das „Erobern neuer Räume" (ebd.), – auch des eigenen Be- wußtseins – die spielerische Interaktion, die Auseinandersetzung mit schülereigenen Themen, die Förderung sozialer Kompetenz und das Experimentieren in theaterfremden Räumen dienen stets der *Vorbereitung des Theaterspiels*. – Alles läuft auf das Präsentieren vor Publikum hinaus – wobei allerdings nicht die Rücksicht auf das Publikum, sondern die angestrebte Qualität der ästhetischen Arbeit mit den Schülern das Credo des Faches ist. (Schlünzen, in: 10 Jahre „Schultheater der Länder", Hamburg 1996, S. 43) Die Schüler werden kleine „Theaterexperten" durch ihre künst- lerische Erfahrung, und sie verfügen über Fachbegriffe, die sie in der Begegnung mit Theaterversuchen Gleichaltriger lustvoll anwenden. Nach seiner Zielstellung will das FACH Darstellen- des Spiel allerdings die Schüler nicht nur auf ein begrenztes Produkt hin ausbilden, sondern strebt grundsätzliche ästheti- sche Erziehung und Persönlichkeitsbildung (soziale, kommuni- kative, individuelle) und fachspezifische ästhetische Bildung weit über konkrete Anlässe/Schultheater hinaus an.

Fachziele

Fachbegriffe

Als Grundlagen oder konstituierende Elemente, als die wesentlichen Fachinhalte sind meist Begriffe aus dem professionellen Theater zu finden, die sich Schüler im Zusammenhang mit einer konkreten künstlerischen Arbeit aneignen, z.B.

dem Spieler/als Ausdrucksträger zuzuordnen:
Körpersprache (Mimik, Gestik, Proxemik)
Körper und Bewegung im Raum/Choreografie
Stimme, Sprache
Zeit und Rhythmus
bühnenspezifische Ausdrucksträger:
Requisite und Kostüm/Maske,
Bühnenbild/Kulisse,
Licht/Beleuchtung
akustische Mittel:
Klang, Geräusche, Musik
als konstituierende Strukturen und Inhalte:
erscheinen die Theater-, Spiel- oder Produktionsformen:
Sprechtheater, Körpertheater, Musiktheater, Collage, Montage, Kabarett, Revue, Dokumentarisches Theater, Improvisationstheater, Figurentheater, Objekttheater, Schattenspiel, Maskenspiel, Figurentheater, Straßentheater, Schwarzes Theater, Experimentelles Theater und Unsichtbares Theater, das technisch-mediale Spiel (Video/Film)
aber auch „Spielinhalte":
siehe die Auswahl von Fachtermini aus Literatur- und Theaterwissenschaft: Plot, Thema, Motiv, Stoff, Figur
Mit dem Begriff der „Spielvorlage" und ihrer Bearbeitung kommt auch der Schüler ins Blickfeld:
Adaption einer Vorlage (Literarisches Theater) oder *Eigenproduktion*

aktuelles Fachverständnis

Am Beispiel eines Rahmenplans für die gymnasiale Oberstufe werden weitere Einblicke in das aktuelle Fachverständnis gegeben:
Unter dem Aspekt der „Empfehlungen zur Arbeit in der gymnasialen Oberstufe" (Kultusministerkonferenz vom 19. 12. 1988), soll sich Darstellendes Spiel im Fächerkanon der gymnasialen Oberstufe „unter wissenschaftspropädeutischen Aspekten . . auf die vielfältigen Formen historischer und gegenwärtiger Theaterpraxis beziehen."

wissenschaftspropä-deutische Aspekte

zentraler Gegenstand

„*Zentraler Gegenstand des Faches Darstellendes Spiel ist eine Theateraufführung . . .*".

Inhaltsbereiche

„Der Gegenstand der Unterrichtsarbeit läßt sich in drei Inhaltsbereichen zusammenfassen. In diesen Bereichen sollen die Schülerinnen und Schüler erwerben:

① Fähigkeiten und Fertigkeiten in den Grundformen schauspielerischer Darstellung,

② Grundkenntnisse über die Kunstform Theater und ihre Zeichensysteme,

③ grundlegende Kenntnisse von Theatertheorie und -geschichte."

Obwohl davor gewarnt wird, daß der Unterricht in der gymnasialen Oberstufe nicht „künftigen Regisseuren, Schauspielern, Dramaturgen, etc. eine Vor-Ausbildung" vermittele, enthalten die Inhaltsbereiche genau das:

❶ Schauspielerische Arbeit

❷ Dramaturgie und Inszenierung

❸ Theatertheorie und -geschichte

Entwicklung der Spielfähigkeit erweitert Kompetenzen

In der fachspezifischen Zielsetzung der *Entwicklung der Spielfähigkeit* wird über diese enge Orientierung hinausgegangen, da können auch Kompetenzen erworben werden, „die in einer Vielzahl von Lebensbereichen außerhalb des Theaters, z.B. in der modernen Arbeitswelt, von sozialer Relevanz sind", die auf „Wahrnehmung, Analyse und Modifikation von Eigen- und Fremdverhalten", auf die kreativ und künstlerisch handelnde Einwirkung auf Wirklichkeit gerichtet sind. Allerdings verweist die *Einschränkung*, daß dies nur *„in nicht-theatralen Vorformen"* realisiert werde, diesen weiterreichenden Ansatz sofort in die Zweitrangigkeit. (Auszüge aus: Rahmenplan Gymnasiale Oberstufe Darstellendes Spiel – Kursstrukturplan, Hessen, Stand vom 10. Januar 1998)

Einschränkung

Wahrung des ästhetischen Qualitätsanspruchs

Der ästhetische Qualitätsanspruch, der von erfahrenen und künstlerisch begabten Lehrern oder Spielleitern an das Fach „Darstellendes Spiel" gestellt wird, sollte nicht leichtfertig aufgegeben werden und durch unübersichtliche fächerübergreifende Aktionen ersetzt werden. Jede Weiterentwicklung des Faches, jede Ausbildung von Lehramtsstudierenden muß sich messen lassen daran, wie sehr Darstellendes Spiel tatsächlich ästhetische Erziehung und künstlerische Bildung fördert. Der Bezug zu Darstellender Kunst und Theater ist zweifellos die Grundlage für das Kunst-Fach – gefragt werden muß aber nach der Art des Kunst-Verständnisses.

auf ästhetischer Qualität bestehen

Frage nach dem Kunst-Verständnis

Entsprechen die einseitig auf ein Aufführungsprojekt orientierten Vorstellungen von Schultheater noch den aktuellen Anforderungen für das Fach Darstellendes Spiel oder den (experimentellen) Entwicklungstendenzen gegenwärtiger Darstellender Kunst?

Welche Art von Kunst oder/und Spiel sollte das Ziel für die allgemeinbildende Schule sein?

gesellschaftlicher Bedarf

Das Benutzenlernen von Elementen der Darstellenden Kunst wird diese und die künftige Gesellschaft um so mehr dringend benötigen, je mehr sie virtuelle Welten neben die wirkliche stellt, je mehr sie den Menschen vom real praktischen Handeln entfernt, Sicherheiten zerstört und Orientierung erschwert, je mehr sie Tendenzen einer allgemeinen Theatralisierung über alle Medien verbreitet.

Erkenntnis- und Orientierungsfunktion der Kunst

Dazu brauchen wir viel mehr *grundsätzlichere Erfahrungen* über die ethische Dimension und intuitive Erkenntnisfunktion der Darstellenden Kunst. Sie muß begriffen werden „als etwas, das alle Bereiche unseres Lebens durchdringt. Kunst ermöglicht es, die Wirklichkeit auf immer wieder neue Weise zu sehen, weil sie mitwirken kann, daß man sich in der Unübersichtlichkeit der Lebenswelt nicht verliert, und weil sie dazu verhelfen kann, uns selbst und den Kern, die Mitte unseres Daseins zu finden."
(G.Regel in: BDK-Mitteilungen 3/98, S. 34)

Fachunterricht „Darstellendes Spiel" orientiert sich an traditionellen Auffassungen von künstlerischen Fachunterricht „Kunst" und „Musik", wenn er nur „Elite"-Wissen und -Können, nur „Theater-Kunst" im Blickfeld hat, wenn er nicht an einem weiten Kunstbegriff, an Grenzüberschreitungen, an Kunst als Lebensmittel interessiert ist.

Akzentverschiebung in der Theaterpädagogik

In den letzten drei Jahrzehnten haben sich die Auffassungen von Theater und Theaterpädagogik gewandelt.

70er Jahre

Vorrang des Pädagogischen

Die Wiederentdeckung der Brechtschen Lehrstücktheorie, Boals Werkstätten mit seinem „Theater der Unterdrückten" und andere Entwicklungen der Theaterkunst riefen überhaupt erst die Bewegung der Theaterpädagogik hervor. Bis in die 70er Jahre standen pädagogische, soziale, kommunikative oder auch politische Aspekte im Mittelpunkt der sich entwickelnden Theaterpädagogik. Die Spieler erschließen sich unter Anleitung der Spielleiter bestimmte Wirklichkeits- oder Konfliktbereiche *mit den Mitteln des Theaters ästhetisch handelnd*. In den meisten Fällen wird aus diesen Spielversuchen kein Theater, selbst wenn das Produkt vor einem Publikum aufgeführt wird. Die Funktionsverteilung Spieler-Zuschauer allein macht es nicht.

80er Jahre

Gegen die pädagogische Instrumentalisierung wendet sich seit
Mitte der 80er Jahre eine Bewegung, die eine stärkere Besin-
nung auf das Ästhetisch-Theatralische und seine besonderen

*Wiederentdeckung
der ästhetischen
Qualitäten*

Wirkungen einfordert. Die Produktionen dieser theaterpädagogischen Arbeit sollen jetzt dem *Anspruch von Kunst* gerecht werden, sie sollen nicht mehr über das — nur für die Spielgruppe
wichtige — praktisch handelnde Begreifen und Erschließen von
brennenden Themen, sondern über das kollektive und ästhetische Vergnügen des Theatermachens und Theateranschauens
erziehen (vgl. dazu Weintz 1998, S.284 ff.).

Präsentation als Ziel

Trotz aller Beteuerungen, daß nicht nur das *Produkt*, sondern
auch das Lernen im *Prozeß* angestrebt wird, ist eine *Präsentation*
vor Zuschauern der Endpunkt aller Bemühungen.
Diese Auffassung prägt auch das Verständnis vom Darstellenden Spiel in der Schule. Die Produktionen schließen das zielstrebige Erlernen von Verfahren der Theaterkunst, von theatralen Formen und Zeichen mit ein, angestrebt wird „echtes", ex-
perimentierfreudiges Theater, das einem Publikum ernsthaft etwas mitteilen will und dafür den der jeweiligen Spielgruppe angemessenen Ausdruck sucht. Die Spielleiter werden immer qua-
lifizierter, verfügen „über ein breites Repertoire an Übungsfor-

Theater-Handwerk

men und Gestaltungsmitteln", haben „einiges vom Theater-
Handwerk" selbst praktisch handelnd gelernt, verstehen „von
möglichst verschiedenen Theaterformen und Gestaltungsrich-
tungen mehr als der kunstinteressierte Laie" (Schlünzen, in: Lippert 1998, S.8) und müssen zugleich in der Lage sein, sich auf
neue Entdeckungen mit ihren Spielern einzulassen.
Theaterpädagogische Arbeit, die *nicht* auf eine Aufführung zielt,
kommt in diesem Fach in der Schule nicht vor — oder nur unter
dem Aspekt von „Vorbereitung" oder „Vorformen" (s.o.). *Darstellendes Spiel als Methode* wird Deutsch- und Fremdsprachenleh-
rern überlassen ...

90er Jahre

Mitte der 90er Jahre wird eine neue Denkwelle eingeleitet, die
aber die Forderung nach ästhetischer Qualität nicht aufgibt.
Die „Kunst des Theater-Machens" und die Theaterpädagogik
überdenken ihre Inhalte.
„Theaterpädagogik meint die Verwendung des Theatralen, von
Theatralität", meint „*Theatralisierung von Lehr- und Lernprozessen*"
(Koch, 1995, S.11). Der Fokus verschiebt sich von der Kommunikation mit einem Publikum auf „ästhetische Produktions-
prozesse im weitesten Sinne, also die genußorientierte Bearbei-

das Prinzip Theater

tung von Material und Symbolen" (ebd. S.44). „Das Prinzip Theater will ich verstehen als Zeige-, Handlungs-, Anschauungs- und Darstellungsweise alltäglicher wie künstlerischer Art ..." (ebd. S.11), „Theaterpädagogik will Lehr- und Lernprozesse theatralisieren, auch poetisieren; das heißt veranschaulichen und simulieren (das Als-Ob bei Bertolt Brecht und generell im künstlerischen Vorgang), darstellen, gestalten, prozessualisieren, dialektisieren, subjektivieren und auch anthropomorphisieren, in Handlung und Veränderung zeigen ..." (ebd.)

szenisches Erforschen
Erkenntnis- und
Ausdrucksfähigkeit
kultivieren

Die Aufmerksamkeit soll sich darauf richten, daß die Spieler *in ästhetischer Form* nicht Antworten finden, sondern *Fragen stellen*, daß sie *Bekanntes neu sehen* lernen: Sie sollen sich an „Widersprüchen und Widerständen abarbeiten", sollen ihre Erfahrungswelt und das Fremde *szenisch erforschen*, wobei „Probieren, Umwege, Irrwege" einzuplanen sind und über Verfremdungen, Dissonanzen, über den „Zusammenstoß mit den Schwierigkeiten des Materials" die *Erkenntnis- und Ausdrucksfähigkeit kultiviert* werde.

Die Spieler gebrauchen das Theatrale für ihre eigenen Zwecke, sie lernen, Darstellendes Spiel als Mittel der Auseinandersetzung *mit der Wirklichkeit, mit Beziehungen, mit sich selbst zu nutzen. Wenn diese Lern-Art ernst genommen wird, dann wird die Aufführung vor Publikum nicht mehr als einzige Bestimmung angesehen, sondern der vielfältige Umgang mit den neu erlernten Methoden und ihre selbständige Anwendung auf andere Gegenstände.*

Weiterentwicklung der Darstellenden Kunst

Theater in traditio-
nellen Strukturen

Die *Darstellende Kunst* selbst überschreitet inzwischen längst die Grenzen der „skene", ist schon an ganz anderen Wirkungen interessiert als nur an dem "Schau-Ereignis" mit seiner konstituierenden Struktur eines Prozesses zwischen Zeigenden und Zuschauenden (die übrigens auch im Animationstheater trotz allen Mitspiels erhalten bleibt).

umfassende Theatra-
lisierung

„Auf der einen Seite ist Theater in die anderen Künste, Medien und kulturellen Bereiche eingewandert, so daß von einer *umfassenden Theatralisierung unserer Kultur* die Rede sein kann. Auf der anderen Seite hat sich Theater Techniken und Praktiken, die in anderen Künsten, Medien und kulturellen Bereichen entwickelt wurden, einverleibt, was zu einem *enormen Performativierungsschub* geführt hat." (Fischer-Lichte, 1998)

Aufheben der
Konventionen des
Theaters

Dazu gehören solche Merkmale wie das Aufgeben der Als-ob-Struktur, ihr Ersetzen durch wirkliche, faktische Ereignisse der Verzicht auf vorbereitete, künstlerische, fiktive Gestaltung von Raum, Zeit und Gegenständen, die Zerstörung oder Unterbrechung gewohnter Abläufe, das Aufgeben der Doppelexistenz des

Spielers als realer Mensch, der er ist, und „ein anderer", den er spielt, damit Steigerung der Authentizität, die Verabschiedung von Gewohnheiten des Spielortes, des Zuschauerplatzes, der fest umrissenen Präsentationszeit des Ereignisses, die Notwendigkeit eines festgelegten Plans, statt dessen eher Fragmente usw. (nach Simhandel, 1996, S. 435 ff.)

Wären solche Methoden geeignet, um Jugendliche zur Auseinandersetzung, Bewußtmachung und Verarbeitung mit eigenen Brüchen und Verletzungen anzuregen – oder sind diese Arbeitsweisen nur Künstlern vorbehalten?

Diese Experimente im Bereich des Performativen, aber auch Versuche, die Trennung von Handeln und Betrachten zu durchbrechen, stellen *Lernprozesse des Theaterspielens* neben das *Lernen durch Theaterspielen.*

Es ist zu überlegen, ob der bisher eng am bekannten Theater oder auch (in verkleinertem Maßstab) am Theaterbetrieb orientierte Gegenstand des Unterrichts im Fach Darstellendes Spiel nicht erweitert werden müßte, um die Aufmerksamkeit stärker auf die *vielfältigen Bewußtseins- und Gestaltungsprozesse* zu lenken, die über diese Kunstform in Gang gesetzt werden können. Kriterien sollten echte Bereicherung und Lebenshilfe sein, nicht etwa oberflächliche Effekthascherei.

Was in der Ausbildung nötig ist

Wenn „Darstellendes Spiel" tatsächlich ein künstlerisches Fach sein will, muß es sich diesen Kunstprozessen der Gegenwart, diesen permanenten Grenzüberschreitungen gegenüber offenhalten.

offenhalten für Grenz-überschreitungen

Ausbildung für das Lehramt Darstellendes Spiel sollte sich deshalb ebenfalls für diese beiden Seiten engagieren. Der Greifswalder Modellversuch stellte deshalb *Theater-Spielen* (eine konkrete Projektgestaltung) nicht in den Mittelpunkt der Ausbildung, sondern bettete es ein *in eine weite Auffassung von vielfältiger Nutzung theatraler Mittel und Methoden.* Unter diesem Aspekt wurden die Studierenden ständig parallel als Spieler und Spielleiter in verschiedenen Arbeitsbereichen und Präsentationsformen gefordert und gefördert und sollten so sukzessive ein weit über schauspielerisches oder dramaturgisches Interesse hinausgehendes theaterpädagogisches Verständnis und nach und nach Ansätze für ein eigenes künstlerisch-ästhetisches Lehrkonzept entwickeln.

Theaterspielen nur ein Aspekt unter anderen

künstlerische Erfahrungen verfügbar machen

Einmal Erworbenes (z.B. Sensibilisierung für rhythmisches Zusammenspiel) wurde immer wieder neu aufgegriffen und weiterentwickelt, um es verfügbar zu machen für eigenes Gestalten in neuen Zusammenhängen.

verschiedene
Spielleiter-Ebenen

Die Tätigkeit des Spielleiters wurde als vielfältig erlebt und verschiedene Ebenen von Spielleiter-Beteiligung und Spielleiter-Entscheidung wurden in den unterschiedlichen Praxisfeldern angewendet. — Selbstverständlich müssen diese Studienergebnisse durch die Erfahrungen langjähriger Praxis ergänzt und erweitert werden.

Der neue Ansatz I:
Erweiterung der Lernbereiche über Theaterorientierung hinaus

„Schülerorientierung" ist Kernprinzip einer modernen Auffassung des künstlerischen Faches (siehe Hessens Handreichungen zum Darstellenden Spiel, 1994, S.4-6):
• von den darstellerischen Möglichkeiten von Kindern und Jugendlichen ausgehen,
• sie weiterentwickeln in handlungsorientiertem kreativem Lernen,
• sie in eigene altersgemäße Formen bringen und weiterwirkende Erfahrungen ermöglichen,
• die Absichten, Emotionen und Themen der Schüler aufspüren,

speziellen Zugang
der Schüler finden

• nur das spielen, was in Übungen und Improvisationen von den Schülern gefunden, erfunden oder auf Grund eigener Erfahrungen nachempfunden wurde,
• spielerisch mit einem Thema umgehen, um den speziellen Zugang der Schüler zu finden,
• formal nur soweit gehen, wie die Fähigkeiten der Schüler und ihre Wünsche nach Weiterentwicklung erlauben (ebd.)

Zentrum

Genau an diese Zielstellung knüpft das Greifswalder Konzept an: Statt auf den *Sachaspekt Theater* wird die Sicht primär auf den *Personalaspekt Schüler* gerichtet, und demzufolge nicht automatisch mit der „Herstellung eines theatralen Produkts in einem Projekt" verknüpft.

ästhetisches Produkt,
aber nicht unbedingt
Theater

Die Persönlichkeitsformung im Darstellenden Spiel geschieht durch ästhetisches, auf spielerische Darstellung, auf die Herstellung ästhetischer Produkte orientiertes Handeln bzw. dessen Reflexion und sollte auf vielfältigere Weise in einem größeren Bereich stattfinden. Aufführungs- und Publikumsbezug sind dabei zweitrangig oder verzichtbar.

Da es vorrangig um die Ausbildung eines aktiven ästhetischen Handlungskonzepts gehen sollte, das weit über den Anlaß des Schultheaters hinausgeht, werden für das Schulfach <u>drei Arbeitsbereiche</u> vorgeschlagen:

Arbeitsbereiche des
Faches

① Spielen und Darstellen (lernen)
② Darstellendes Spielen als Mittel
③ Theatrales Darstellen und Gestalten

Der neue Ansatz 2:
Trennung von Darstellen und Gestalten zur genaueren Betrachtung der Fachinhalte

Darstellende Tätigkeit ist immer zugleich gestaltende, Darstellen ohne Bezug zu Gestaltung nicht möglich. Fach und Studium enthalten deshalb zwei eng miteinander verbundene Schwerpunkte:

• einmal die Erforschung, Erfahrung und Aneignung der **darstellerischen Artikulation**, also von Formen, Mitteln und Methoden des Darstellens,

• zum anderen pädagogisch und ästhetisch orientierte **bewußte Gestaltungstätigkeiten** auf verschiedenen Ebenen.

Beachtung von Ge-
staltungsprinzipien

Es ist sozusagen „ein alter Hut", daß jede Art von Spiel oder Darstellung zugleich der Gestaltung bedarf, also der Organisation, des absichtsvollen und innerlich folgerichtigen Aufbaus und der strukturellen Gliederung der verwendeten Formen, die bewußte Gestaltung der Beziehung und Proportionen zwischen den Teilen, zwischen Teil und Ganzem und zwischen dem (Werk-)Ganzen und der Umgebung.

Warum also eine Trennung versuchen? Widerspricht das nicht der Komplexität des Ästhetischen?

Ziel: genauere
Bestimmung der
Fachinhalte

Die komplexen oder ganzheitlichen Tätigkeiten des darstellenden Gestaltens oder gestaltenden Darstellens auf ihre „Ingredienzen" hin zu untersuchen, könnte für eine genauere Bestimmung der Fachinhalte sorgen.

Aus diesem Grund kann die theoretische Trennung des praktisch Zusammengehörigen hilfreich sein.

Genauere Betrachtung von DARSTELLEN

Notwendigkeit genau-
er Definition

Da wir von drei unterschiedlichen Arbeitsbereichen ausgehen, ist zu fragen, was DARSTELLEN für jeden Bereich genau bedeutet, welche spezifischen ästhetisch-künstlerischen Formen und Techniken und entsprechenden Begriffe dazu gehören und welche Übergänge und Übertragungen auf die anderen Bereiche sinnvoll sind.

Für den theatralen Bereich ③ sind die Fachinhalte bisher am konkretesten bestimmt, aber auch darin gibt es Desiderata.

Bereich 1: „Spielen und Darstellen lernen" muß aus seiner (bisher nur akzeptierten) Vorbereitungsrolle für ein angestrebtes theatrales Produkt herausgelöst und auch als eigenständiger Lern-gegenstand für die Aneignung eines eigenen kreativen ästhetischen Handlungskonzepts betrachtet werden.

Inhalte könnten sein:

kreatives ästhetisches Handeln für sich und in der Gruppe
Interaktion, Gruppenbildung, Sensibilisierung und Vertrauensbildung, Techniken des feedback, Sammeln, Erproben und Einschätzen von Spielen, Rollenspielen, Improvisationstechniken, Organisation und Anleitung von Spielen (teamwork), Herstellen und vielfältiges Nutzen von Spiel-Räumen, Erproben und Aneignen solcher Mittel und Formen darstellenden Spiels, die für die Ausbildung eines eigenen ästhetischen Handlungskonzepts als wichtig erachtet werden, Impulse geben, aufnehmen und verarbeiten können, Themenerkundung und Themenfindung im Hinblick auf den jeweiligen Zweck usw.

mögliche Produkte, anderer Wirklichkeitsbezug als Theater
Die *Produkte* sind Umwandlungen oder neu kreierte Spiele mit darstellendem Charakter, Spielsituationen, Spielfolgen, Spielfeste, Etüden, Improvisationen, theatre-match-Versuche, Selbstdarstellungen, in erfundenen Ritualen oder Performances. Das Publikum kann gesucht werden, sogar in großer Öffentlichkeit, besteht aber meist nur aus der eigenen Spielgruppe – oder fehlt ganz, wenn alle, auch der Spielleiter, involviert sind oder wenn der eigene, authentische Erfahrungsprozeß als wichtiger angesehen wird als die Mitteilung von Erfahrungen oder Einsichten an andere.

Bereich 2: „Darstellendes Spielen als Mittel" scheint das Thema „Darstellendes Spiel als Methode" in anderen Fächern (z.B. Deutsch) zu betreffen. Das ist jedoch keineswegs so.

konstruktives Handlungswissen anwenden lernen
Das Anwenden der fachspezifischen Darstellungsmittel auf andere Gebiete als nur theatrale, sie also auch im Zusammenhang mit Problemen oder Konflikten (Theater in der Erziehung) oder als Lernform einzusetzen, macht dem Schüler erst die prinzipielle Brauchbarkeit des gelernten Instrumentariums deutlich. Es ist selbstverständlich, daß der Lehrer für Darstellendes Spiel viel eher die angemessenen Mittel und Methoden auswählen kann als Lehrer anderer Fächer, die die entsprechende Fachausbildung gar nicht besitzen.

Die Produkte dieser Arbeit bleiben meist im Klassenraum, aber das darin erworbene *konstruktive Handlungswissen* der Schüler kann sogar auf andere Fächer der Schule ausstrahlen.

So fragten uns 1995 Schüler eines Kurses Darstellendes Spiel: Warum müssen wir im Deutsch-Abitur unbedingt einen Aufsatz schreiben oder einen Vortrag halten? Könnten wir das Pro-

blem nicht auch in einer künstlerisch-praktischen Form, natürlich mit Kommentar, vortragen? Die Möglichkeit der Substitu-
tion innerhalb der Abiturprüfung ist inzwischen grundsätzlich
eingeräumt worden, dafür sollen nun im Fach Darstellendes Spiel
Darstellen als Me- eigens entsprechende „Kompetenzkurse" eingerichtet werden.
thode, als aktive Eine größere Rolle im Fach Darstellendes Spiel sollte zukünftig
Rezeptionsart auch die Rezeption von Theater, Film oder anderen interessanten Ereignissen der Gegenwartskunst spielen. Schulung des Se-
hens und Hörens, das Vor- oder Nachbereiten mit spielerischen
und theatralen Methoden entwickelt neben der kreativen produktiven auch eine aktive rezeptive Seite, über Spielen und Darstellen werden Kunstverständnis und damit kulturell-ästhetische
Maßstäbe vermittelt.

Genauere Betrachtung von GESTALTEN

Damit aus DARSTELLEN ein ästhetisches Produkt werden kann,
muß der Schüler intuitiv und selbständig oder nach Anregungen und mit Hilfestellung jeweils bestimmte Prinzipien des
Gestaltungsprinzipien GESTALTENs anwenden.
auf zwei Ebenen Dabei gibt es (mindestens) zwei Ebenen:
• Gestaltungsprinzipien in bezug auf die Arbeit des einzelnen
Darstellers
• Gestaltungsprinzipien in bezug auf das angestrebte Gesamt-
produkt und den Rahmen seiner Präsentation
Solche Gestaltungsprinzipien sind dem erfahrenen Spielleiter
durchaus bewußt, und er versucht, von diesem Wissen auch Teile auf seine Schüler zu übertragen, indem er ihnen z.B. deutlich
macht, daß ihre eigene Darstellung Teil dramatischer Strukturen ist, und indem er sie in dramaturgische und Regieaufgaben
Gestaltungsprozesse einbezieht.
bewußt machen Die neue Qualität sollte im Bewußtmachen dieser Prozesse liegen:
• Es geht zunächst darum, daß der Schüler den Fachgegenstand
ästhetischer Anspruch als zu einer Kunstform gehörend begreift und für seine eigenen
Handlungen den ästhetischen Anspruch akzeptiert.
• Das bedeutet als nächstes, daß er einerseits Darstellendes Spiel
als Mittel zur Auseinandersetzung mit den verschiedensten Pro-
Formwillen blemen und Inhalten erkennt und gleichzeitig für sich selbst
und in der Gruppe den Willen zur Formung, zum Suchen nach
angemessenen Zeichen entwickelt.
• Damit ein bestimmter, gewünschter Ausdruck erreicht wird,
Gestaltungswillen muß der Willen zur Bearbeitung und Gestaltung der vielleicht
zufällig entdeckten Formen ausgebildet werden, ihre weitere Ausbildung, Verknüpfung, Wertung, Strukturierung und Anordnung.

Mitteilungswillen

• Die Gestaltungsentscheidungen hängen davon ab, wer wann wo von was und wie informiert oder überzeugt, aktiviert oder einfach nur emotional berührt werden soll. Der Spielleiter akzeptiert die Entscheidung der Darsteller für oder gegen Öffentlichkeit.

Im allgemeinen schöpft der professionelle Künstler nie nur für sich selbst, zum Zweck der Selbstbefriedigung – auch wenn er behauptet, er benötige keine Leser, Betrachter, Zuschauer, Zuhörer. Die Aneignung einer besonderen „Sprache" dient in jeder Kunstform der Mitteilung an andere. Der Prozeß dieser Aneignung, das Sammeln von Erfahrungen, wie was warum wirkt und zu welchen Zwecken ich es für mich selbst nutzen kann, braucht aber im Darstellenden Spiel nicht immer den Aufführungscharakter und das Publikum. Der Partner, die Gruppe oder der Spielleiter, ein Foto, ein Video oder manchmal auch nur ein Spiegel reichen als Rückkopplung.

Erfahrungsprozeß vor Mitteilungsprozeß

Formen des feedback

Zur Entwicklung der Darstell- und Gestaltungsfähigkeiten

Darstellendes Spiel in der Schule verfolgt andere Zwecke als das Berufstheater. Der Schüler lernt selbstbestimmte und gruppenorientierte kreative Verwendung theatraler Kunstmittel, um durch die Erprobung und Anwendung der ästhetischen Ausdrucksformen Wirklichkeit, Beziehungen, sich selbst in ästhetischer Praxis kennenzulernen. Vielfältige Anregungen sollen die Schüler zu neuen, eigenen Erfindungen auf ihrem Könnensniveau führen. Die Aufmerksamkeit des Spielleiters ist deshalb innerhalb eines Produktionsprozesses auf weit mehr gerichtet als nur auf die Unterhaltung eines Publikums oder die Mitteilung einer „Botschaft" an die Zuschauer. Der Effekt für die Spieler ist immer größer als für die Zuschauer.

andere Zwecke

kreatives Erfinden anregen

andere Ästhetik

Unter anderem aus diesem Grunde entsteht auch die besondere ästhetische Qualität und Intensität der Schüler-Aufführungen. Der Spielleiter muß im Studium selbst als Spieler (also praktisch, nicht theoretisch) die Entwicklung seines eigenen Darstell- und Gestaltungsvermögens erleben. Durch Beobachtungen, Anregungen und eigene Versuche lernt er Methoden, wie er sich auf die unterschiedlichen Fähigkeiten und spezifischen Möglichkeiten der Schüler einstellen, wie er sie in die Phasen des Gestaltungsprozesses einweisen kann, um ihren Erfindungen zu ästhetischer Wirksamkeit und ihnen selbst zu nachhaltigen Erlebnissen und Erfahrungen zu verhelfen.

Spielleiter-Können

Übersicht zum „Darstellen und Gestalten" in der Ausbildung

*Schema trennt
Zusammengehöriges*

Um die Komplexität der Anforderungen an den Spielleiter durchschaubarer zu machen, werden die innerhalb der Ausbildung eng verbundenen Aufgaben des Darstellens und Gestaltens im Schema (siehe Seiten 58/59) getrennt.

Es handelt sich also um ein theoretisches Konstrukt, das jedoch auf Zusammenhänge deutlicher aufmerksam macht.

Das große, nach rechts hin offene Dreieck enthält die Ausbildungsinhalte, wobei eine vom Start aus beginnende, anwachsende Spirale innerhalb des Studienzeitraums mitzudenken ist: Die Inhalte der Lernbereiche werden in den folgenden Abschnitten aufgegriffen und auf höherer Stufe wieder weitergeführt.

Im Schema werden nun vom Startpunkt aus in vier Strahlen die in der Spiel- und Theaterpraxis eng miteinander verbundenen Darstell- und Gestaltungstätigkeiten getrennt:

*Darstellfähigkeit
nimmt zu*

a) **Darstelltätigkeit** des einzelnen Spielers (Erfindung, Auswahl, Anwendung von Formen) mit wachsendem ästhetischem Anspruch

*Darstellen ist stets
mit Gestaltung
verknüpft*

b) **Teil-Gestaltungstätigkeit** der Spieler, da das Darstellen auch des kleinsten Vorgangs immer auch mit Gestaltungswillen und Gestaltungsentscheidungen verbunden ist. Hierzu gehören Gestaltungsaufgaben, die auch Teil-Aufgaben der Dramaturgie darstellen, wenn z.B. getrennt erarbeitete Vorgänge oder Szenen miteinander verknüpft werden, oder Aufgaben zur Gestaltung und Nutzung von Raum und Zeit, Farbe und Material, Klang und Geräusch usw. bei Einzeldarstellungen.

*Praktische Drama-
turgie/Regie*

c) **Komplexe Gestaltungstätigkeit 1** der Spielleitung, die sich auf die Herstellung eines Gesamtkunstwerkes richtet (Theaterstück, Collage, Performance, Unsichtbares Theater usw.). Auch die Gruppe kann in diese Gestaltungsaufgaben hineinwachsen.

*Ereignis-Planung
und Begleitung*

d) **Komplexe Gestaltungstätigkeit 2** der Spielleitung, die der Inszenierung und Gestaltung von komplexen ästhetischen Ereignissen oder Aktionen dient, wie die Schaffung der Bedingungen für Selbstdarstellungen, für ein Spielefest, ein TIE-Vorhaben oder eine Theateraufführung ...

Es geht nicht mehr um die Unterscheidung: das eine ist „Prozeß" und das andere "Produkt", sondern die Übersicht macht

*Überwindung der
Prozeß-Produkt-
Unterscheidung*

deutlich, daß **immer Produkte** entstehen, daß aber die angestrebten verschiedenen Ergebnisse auch unterschiedliche Gestaltungsaufgaben stellen.

Darstellen

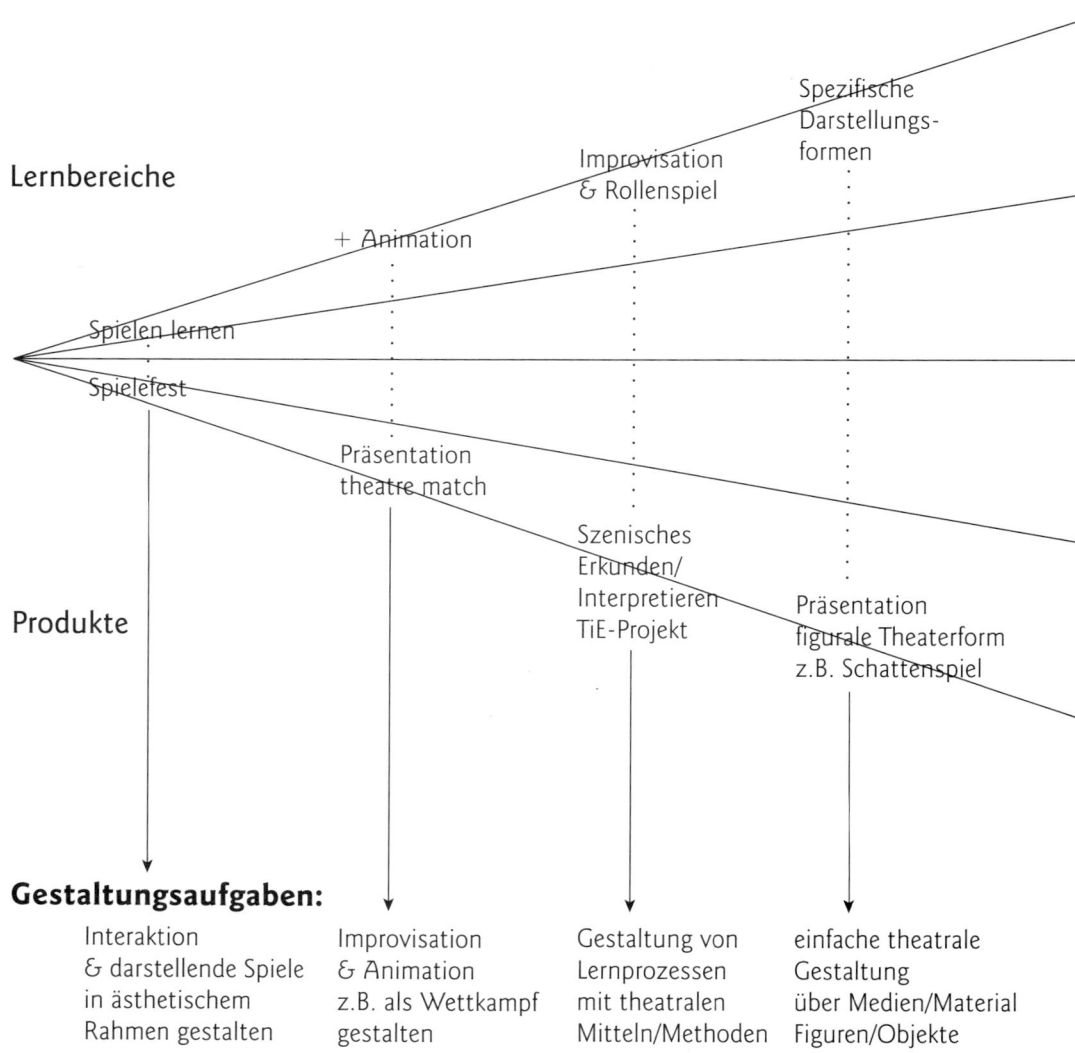

Lernbereiche

Spezifische
Darstellungs-
formen

Improvisation
& Rollenspiel

+ Animation

Spielen lernen

Spielefest

Präsentation
theatre match

Szenisches
Erkunden/
Interpretieren
TiE-Projekt

Präsentation
figurale Theaterform
z.B. Schattenspiel

Produkte

Gestaltungsaufgaben:

Interaktion
& darstellende Spiele
in ästhetischem
Rahmen gestalten

Improvisation
& Animation
z.B. als Wettkampf
gestalten

Gestaltung von
Lernprozessen
mit theatralen
Mitteln/Methoden

einfache theatrale
Gestaltung
über Medien/Material
Figuren/Objekte

Gestalten

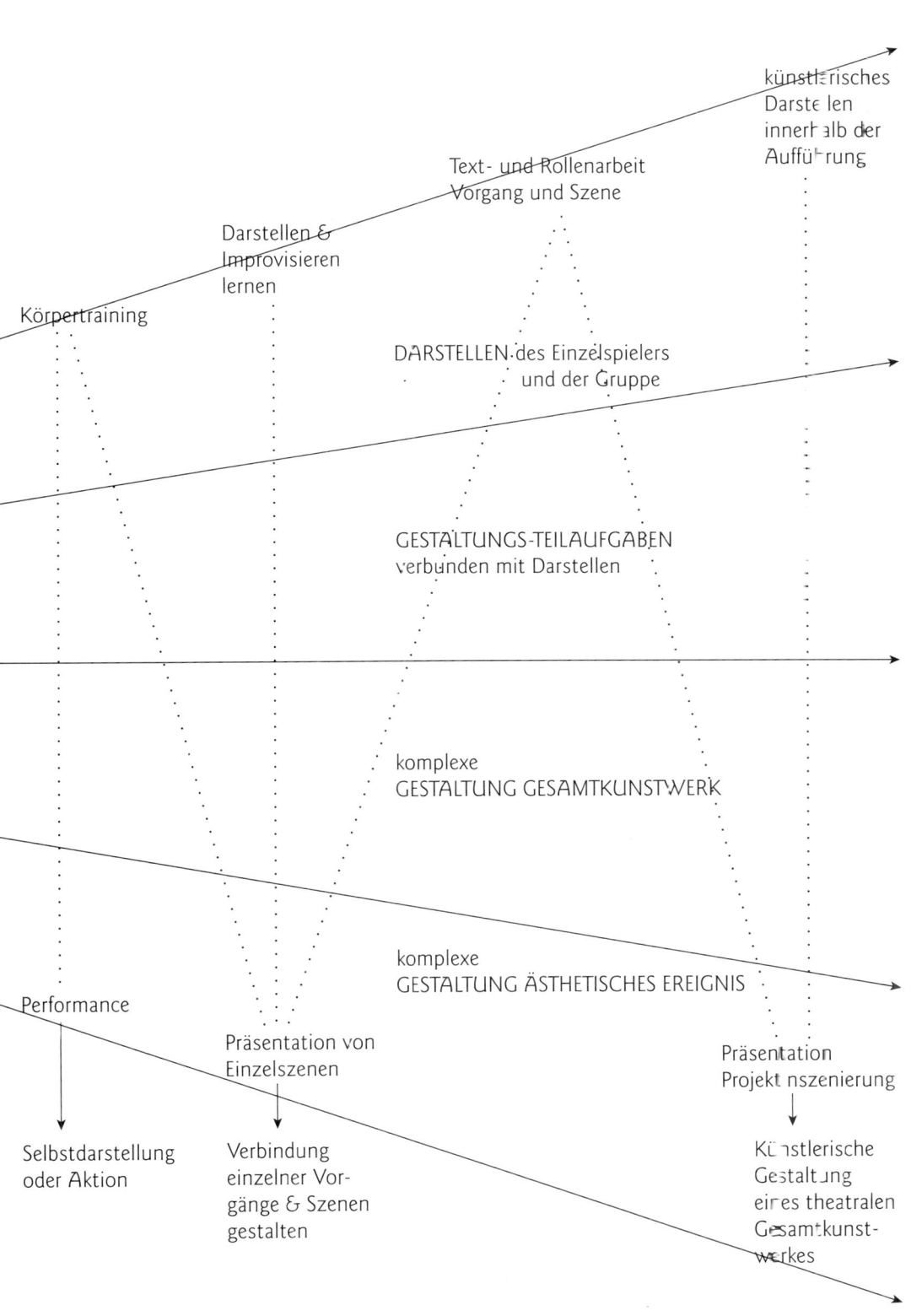

künstlerisches
Darstellen
innerhalb der
Aufführung

Text- und Rollenarbeit
Vorgang und Szene

Darstellen &
Improvisieren
lernen

Körpertraining

DARSTELLEN des Einzelspielers
und der Gruppe

GESTALTUNGS-TEILAUFGABEN
verbunden mit Darstellen

komplexe
GESTALTUNG GESAMTKUNSTWERK

komplexe
GESTALTUNG ÄSTHETISCHES EREIGNIS

Performance

Präsentation von
Einzelszenen

Präsentation
Projektinszenierung

Selbstdarstellung
oder Aktion

Verbindung
einzelner Vor-
gänge & Szenen
gestalten

Künstlerische
Gestaltung
eines theatralen
Gesamtkunst-
werkes

Übersicht und
Reflexion

Wenn es dem Spielleiter erfolgreich gelingt, die Schüler auch in komplexe Gestaltungsaufgaben einzubeziehen, vervielfacht sich der Lerneffekt: „Schüler werden nicht mehr nur als Schauspiel-Akteure in Anspruch genommen, sie lernen dann nicht mehr nur als Ausführende Theater kennen, sondern sie erreichen dann auch die Stufe der Übersicht und Reflexion, von wo aus ihnen das komplexe Phänomen Theater durchschaubar wird." (Herdemerten, in: Lippert 1998, S. 55)

Für die Lehramtsstudierenden, die nach unserem Konzept noch einen weiteren Überblick über Darstellende Kunst gewinnen sollten als nur auf das Phänomen Theater, ist das Begreifen dessen, was sie da tun, um so wichtiger.

Beispiele für komplexe Gestaltungsaufgaben

Gestaltungsprinzipien zu unterschiedlichen Lernbereichen

Spielen lernen

a) Empfangs- und Spielraum vorbereiten und u.U. die Spieler an der weiteren Ausgestaltung beteiligen,

Ausgangssituation/Stimmung gestalten durch Rollen, Kostüme, Geräusche usw.

Spiele in fiktiven, narrativen, ästhetischen Rahmen einbetten, gliedern und steigern,

thematische Anverwandlung von Vorschlägen der Spieler, Steigerungs-, Höhepunkt- und Abschlußqualitäten anzielen und erreichen.

Theater in der
Erziehung

b) Verbindung von realen Problemen/Konflikten mit fiktiven Situationen durch Raum, Requisiten, Licht, Geräusche, usw.

ästhetischen Rahmen gestalten, durch eigenes darstellendes Spiel (actor-teacher oder teacher in role) ästhetisch-theatrale Ereignisse schaffen, in die die Zuschauer als Spieler hineingezogen werden sollen,

Rollenschutz und Herausforderung durch den „Mantel des Experten", Fragen oder Probleme der Zuschauer in Spielaufgaben umwandeln, Gegenüberstellen und Ausspielen alternativer Handlungsmöglichkeiten, Provozieren von Haltungen und Entscheidungen durch das Spiel,

Rückführung der Erfahrungen im Spiel auf die eigene reale Lebenspraxis ermöglichen.

Szenisches Spiel
als Lernform

c) Aufbau und Entfaltung des Vorstellungs- und Einfühlungsvermögens unter Einbeziehung sinnlicher Wahrnehmungen, Wesentliches einer Situation/Handlung/Haltung über Standbilder, Rollenspiele, Statuen, Stimmenskulptur usw. darstellen lassen,

konkrete Rollen- und Situationsvorgaben, die in szenische Handlungen umgesetzt werden sollen,

Umgestaltung von Haltungen/Einstellungen der Spieler in bildhafte Gegenstände spielerischer Auseinandersetzung,

über Intervention des Spielleiters (als Hilfs-Ich, alter ego oder in Rollengesprächen) Motive und Widersprüche aufdecken,

Perspektivenwechsel und Distanzierung als Voraussetzungen für Erkenntnisse,

Wechsel von Spiel und Beobachtung, Kommentar und Wertung,

Wechsel von Rollenspiel, szenischer Improvisation und szenischer Demonstration,

Fähigkeit zur Vereinfachung und Veranschaulichung stereotyper Verhaltensmuster,

Körper- und Sprechhaltungen als Verhaltensinszenierungen bearbeiten,

Auswahl und Gestaltung von Drehpunkten,

Verknüpfen wesentlicher Inhalte literarischer Werke mit aktuell interessierenden Problemen der Spieler,

allgemeine Gestaltungsprinzipien
d) Allgemeine Gestaltungsprinzipien zum Darstellenden Spiel Gliederung, Akzentuierung, Steigerung, Proportion, Kontrast/ Gegensatz,

Ordnungsprinzipien: Symmetrie-Asymmetrie-Reihung-Wiederholung-Variation, Rhythmus, Bewegung-Gegenbewegung, synchron-asynchron, Zusammenklang, Differenzierung, Ausdruckssteigerung, Dynamik, Statik,

Charakter: Geschlossenheit-Offenheit, Harmonie-Dissonanz-Expressivität, Spannung, Atmosphäre, Stimmung,

Geschwindigkeit: Bewegung in Raum und Zeit, Parallelität, Gegenbewegung,

Anordnung im Raum: Positionen-Gänge, Arrangement, Raumgliederung, Richtung,

Bewegung als Kraft, Gewicht, Balance,

Verändern: Verformen, Vereinfachen, Reduzieren, Verdichten, Umkehren, Verfremden, Überlagern,

Praktische Dramaturgie/ Projektinszenierung
e) Gestaltungsprinzipien zum Lernbereich Praktische Dramaturgie/ Projektinszenierung :

➤ zwischen **möglichen Spielweisen** entscheiden (wie identifikatorisch, demonstrativ-abstrahiert, tragisch, komödiantisch oder grotesk),

➤ allmähliche **Fokussierung** des Blicks/zur Positions- und Zielbestimmung beitragen,

➤ **expressive Darstellung:** Umsetzung von Emotion und Motivation der Figur in plastische **Bilder** und bewußt konstruierte, ausdrucksstarke Handlungen,

➤ Entwickeln einer gewissen **Logik oder Folgerichtigkeit** der
(Gesamt-) Handlung, einen szenischen Ablauf nachvollziehbar
an vorangegangene Abläufe anschließen, (weniger geeignet sind
Konzepte, in denen bewußt Alogik und Irritation angestrebt
werden)

➤ Brechung von allzu linearen Tendenzen und allzu logisch-plausibler Figurenzeichnung:
auf **Gegensätze, Brüche** achten, um **spannende Abläufe** zu garantieren, **Akzente** setzen, die Inszenierung muß eine Art „Musikalität" gewinnen, also **Wechselspiel** von Schnelligkeit, Langsamkeit, Betonung; (Meyerhold: „die Bühnenhandlung stets kontrapunktisch aufbauen")

➤ **Dynamische Steigerung und Kontraste** auch im Zusammenspiel der Akteure, durch: abrupte Wechsel von Tempo, Lautstärke
und Rhythmus innerhalb des Ensemblespiels

➤ visuelle **Zeichen** im Hinblick auf Raum und Bewegung/Wech-
selnder Abstand/Anordnung im Raum, Art der Bewegung und
Körpersprache setzen,

➤ **Wechsel des Status,** den die Figuren gegeneinander behaupten bzw. miteinander definieren

➤ innere wie äußere **Präsenz,** permanente Aufmerksamkeit und
motivierte Haltung der Spieler gegenüber dem Geschehen sowie gegenüber den übrigen Mitspielern.

➤ Einfügen von **Überraschungseffekten und Pointen**
(u.a. nach Weintz, 1998, S. 197 ff.)

Kunst machen

Die Aufzählung von Gestaltungsprinzipien verfolgt nicht den
Zweck, daß ihre Aneignung zum Machen von Kunstwerken füh-
ren würde. Ein riesiger Vorrat an theatralen Zeichen, die Kennt-
nis traditioneller bis hin zu avantgardistischen Formen oder
Wissen macht keine   auswendig gelernte Gestaltungsprinzipien – alles das wird nicht
Kunst   dazu führen, daß Kunst entsteht.

Nichts weniger aber ist das Ziel: das künstlerische Fach Darstellendes Spiel will Schüler (oder Studierende) dazu anregen,
sich auf ganz vielfältige Weise künstlerisch-praktisch auszudrük-
ken, für sich persönlich den Wert von Kunstmachen zu entdek-
ken. Damit schließen wir uns dem weiten Kunstbegriff von Beuys
an.

Zwei Sachen sind zu lernen: Lockerheit und Strenge…

Phantasie und Ein-   Improvisation stellt das konstitutive Moment unserer Arbeit dar,
fallsreichtum   die Er-Findung einer darzustellenden Idee verlangt schöpferi-

sches und experimentelles Verhalten, Intuition, Inspiration, Zufall kommen zu Hilfe.

Das ist jedoch nur die eine Seite.

Was im folgenden für einen schöpferischen Entdecker (ganz allgemein) gilt, trifft auch auf die kreative Arbeit einer Spielgruppe zu.

Etwas „Ganzes" an-
streben

Zunächst nur
roh geformt

Aufbereitung
für Mitteilung

Persönliche
Bedeutung

hochmotiviert

„Ein Großteil des kreativen Prozesses besteht in Ausarbeitung und technischer Ausführung sowie dem Versuch, durch Sprache, Symbole und einengende Konstrukte zu differenzieren und zu erklären. Der Hauptbestandteil der schöpferischen Leistung und der Kreativität insgesamt ist das Resultat harter systematischer Arbeit, eine Folge des Motivs, einen zunächst nur roh geformten Gegenstand zu vollenden. Dieser Aspekt des kreativen Prozesses leitet sich aus der intensiven Motivation des Schöpfers ab, durchzuhalten und die Realität zu entdecken und zu meistern. Die fortwährende Formung, Differenzierung und Klärung zum Zweck der Kommunikation mit anderen führt für den schöpferischen Menschen auf charakteristische Weise wieder zu neuen Entdeckungen. Der Wettstreit mit anderen spielt ebenfalls eine Rolle. ... Das Wetteifern ... sowohl zum Zweck der Erlangung persönlicher Bedeutung und persönlichen Erfolgs als auch zum Zweck der Beachtung und Entdeckung selbst, ist ein starkes und vielleicht zentrales Motiv kreativer Persönlichkeiten. Wiederum wird deutlich, daß der kreative Prozeß ... aus hochmotiviertem und gerichtetem Verhalten anstelle von unfreiwilligen Gedankenprozessen besteht..."

(A. Rothenburg, zitiert nach L. v. Werder, 1990, S. 30)

Der Spielleiter muß also Bedingungen schaffen können, damit diese Prozesse überhaupt erst in Gang gesetzt werden: eine entsprechende Atmosphäre und Stimmung erzeugen, Vorstellungen anreichern und zu Erfindungen oder Entdeckungen anregen, ein Thema aufspüren und erkunden, die Phantasie der einzelnen und die gesteigerte Phantasie der Gruppe freilegen, sich in Improvisation und Versuche begeben und bereit sein, im spielerischen Zufall vielleicht die überraschendsten Ergebnisse zu finden.

Phantasie und
Improvisation

Polarstern

Im Hinterkopf aber sollten auch Kriterien zur Arbeit an der Gestaltung vorhanden sein, die bei Beratung und Entscheidung ein Sternbild zur Orientierung darstellen können.

IV.

Spielen und Darstellen lernen –
Spielpraxis

Verwandtschaft von Spiel und Theater

Theater und Spiel – gemeinsamer Ursprung

Es ist davon auszugehen, daß
- das Theater auf der natürlichen Fähigkeit der Menschen beruht, sich im Spiel zu äußern und zu lernen.
- das Theater und das Spiel einen gemeinsamen Ursprung haben, der – von der Urgesellschaft an – in der spielerischen und rituellen Nachahmung und Übung menschlicher Verhaltensweisen in vielfältigen Beziehungen nachzuweisen ist.

Theater und Spiel – gemeinsamer Gegenstand

Weiterhin ist davon auszugehen, daß das Theater und das Darstellende Spiel
- einen gemeinsamen *Gegenstand* besitzen: die Darstellung der menschlichen Beziehungen;
- die *Ausdrucksfähigkeit* des Menschen nutzen, der hier zugleich Gegenstand, Mittel und Produkt ist.

Theater und Spiel – gemeinsame Mittel und Methoden

Das Theater und das Spiel verwenden
- dieselben *Mittel,* die die Beobachtung, Nachahmung, Untersuchung und Darstellung der Wirklichkeit als gemeinsame Grundlage haben und sich entsprechend der Absicht modifizieren und anwenden lassen.
- Der Pädagoge nutzt die künstlerischen Mittel und Ausdrucksformen je nach Bedarf für
➤ das umfassende Sinnes- und Ausdruckstraining,
➤ die Förderung der physischen und psychischen Möglichkeiten, der Phantasie und des kreativen Denkens,
➤ die Verbesserung der Kommunikations*fähigkeit* und die Herausbildung des Kommunikations*bedürfnisses* und
➤ die Ausbildung künstlerisch-ästhetischer Veröffentlichungsfähigkeiten.
(Hierbei ist jedoch die Haltung des Spielleiters und sein Vermögen entscheidend, in welcher Art und Weise der theaterpädagogische Prozeß geführt wird.)

Theater und Spiel – entscheidender Unterschied

- Der entscheidende Unterschied zwischen dem professionellen Theater und dem Darstellenden Spiel besteht im Ziel, das im Theater auf das Kunstwerk Aufführung gerichtet ist, während das Spiel der Kinder einem pädagogischen Zweck, der ganzheitlichen Persönlichkeitsbildung, dient.
Die Anwendung der künstlerischen Mittel und Verfahren muß sich allerdings nicht auf die pädagogische Arbeit reduzieren, sondern kann – auch über die Improvisation – zur *Darstellung vor Publikum* führen.

Theater und Spiel – Kommunikationsbeziehung frei von technischer Vermittlung

Hinzu kommt, daß das Theater und das Spiel heute an gesellschaftlicher Bedeutung gewinnen, denn im „Zeitalter der audiovisuellen Medien" wird zwangsläufig der interpersonelle Kontakt zum Problem. Damit wächst die Bedeutung aller Kommunikationsbeziehungen, die frei von technischer Vermittlung sind. Da dem Zuschauer vor dem Bildschirm die Möglichkeit zum direkten menschlichen Austausch fehlt, verändern sich seine Wahrnehmungs- und Verarbeitungsmuster und seine Interessenfähigkeit.

Rezeptive Aneignung wird der produktiven vorgezogen. Mit den Worten von Daniela Dahn (in: Westwärts und nicht vergessen) ist es schlimmer noch, denn „die Bilder sind in unserer virtuellen Welt präsentiert als die Wirklichkeit und entwickeln somit eine eigene Kraft. Was nicht in den Medien ist, ist nicht."

Das theatrale Handeln bietet durch die Direktheit der menschlichen Beziehungen und durch seinen Doppelcharakter (die Spieler verhalten sich in den Rollen und als Kommunikationspartner zueinander), eine Chance, durch die Mobilisierung von ästhetischer Sensibilität, von Phantasie, von Denken in Widersprüchen (Brechts Gedanke) auf seine Weise zur Ganzheit menschlicher Weltanschauung beizutragen.

4.1 Spielen-Lernen

Wir folgten in unserer Ausbildung dem Grundgedanken:
Wer Spielen lernen will, muß spielen.

Das heißt, ich kann es nicht lernen, ohne es zu tun. Es ist auch unmöglich, andere anzuleiten, wenn ich nicht selber spielen will oder kann. Wer andere anregen will, muß selbst ein wahrhaft anregender Mensch sein.

Deshalb (ver)spielten wir ein ganzes Semester, entfalteten Spielfreude, erinnerten uns an Spiele der Kindheit, wiederholten und veränderten sie.

Es entwickelten sich nach und nach Fähigkeiten,

➤ Spiele zu initiieren,
➤ Aufgabenstellungen kurz, prägnant und anschaulich zu formulieren,
➤ Spiele miteinander zu verknüpfen,
➤ einen methodischen Weg zu finden,
➤ eine Spielreihe zu verfolgen oder
➤ ein bestimmtes Spielergebnis anzustreben.

Aufgabenstellungen und deren Wirkungen, auch gruppendynamische Widerstände wurden am eigenen Leibe erlebt: Worauf läßt man sich gerne ein, was macht Spaß, was bringt Zögern oder Widerstände hervor?

Die Studierenden konnten zusehen, wie die Spielleiter damit umgingen und wie es ihnen gelang, alle ins Spiel zu verwickeln. Das methodische Vorgehen wurde erlebt und reflektiert, methodische Schritte und Wege bewußt aufgenommen.

Der Grundgedanke unserer Ausbildung war, daß wir diesen ersten Teil zwar Spielen-Lernen nennen, sich dabei aber nach und nach nicht nur das Spielvermögen, sondern auch methodische, ästhetische und theatrale Qualitäten anlegen und entwickeln. Diese Qualitäten werden in der ästhetischen Gestaltung des alltäglichen Lebens und selbstverständlich auch in der Anlage der Darstellkompetenz für theatrales und performatives Gestalten sichtbar. So könnten wir, wenn wir die sich in diesem Prozeß entwickelnden Kompetenzen in drei Stufen hervorheben wollten, einen Übergang von der veränderten Wahrnehmung, Sensibilisierung und Interaktionsfähigkeit, zum Entdecken darstellender Elemente bis hin zum Entwerfen und Spielen von Situationen und Vorgängen – der Anlage von Spieler- und Spielleiterqualitäten – nachzeichnen. Die Studenten mußten lernen, Impulse zu geben und aufzunehmen und die Fähigkeit entwickeln, vielfältige Spiel-Anlässe zu erkennen, zu nutzen und ihnen zu folgen.

In unseren Lehrveranstaltungen ließen wir uns inspirieren von Fotos, Tüchern, Instrumenten und Material (Zeitungen und alles, was in einer Stadt so zu finden ist), von Wörtern, Geschichten und selbstverständlich auch von literarischen und dramatischen Texten.

In jeder Lehrveranstaltung (3-4 Stunden) wendeten wir uns einem anderen Impuls zu und entwickelten von ihm ausgehend das Spiel, lernten dabei, einen längeren Weg zu knüpfen und damit eine Spieleinheit ans Ziel zu bringen. (Lesen Sie die Beispiele: Bild, Stuhl)

Beispielsweise inspiriert von Tierdarstellungen: Wie verschiedene Tiere laufen, sich stimmlich äußern, sich verstecken. Wie Tiere wütend sind, wie Tiere schlafen, erwachen, Hunger haben, Tierfamilien gründen, mit anderen Tieren zusammenleben, die Veränderung der Umwelt erleben, sich verteidigen, im Zoo gefangen sind. Wie Tiere sich gebärden würden, wenn sie ein Amt hätten. Wie Löwe und Maus auf dem Wohnungsamt zusammentreffen oder wie die Kuh eine Wohnung an Familie Schwein vermietet. Es wird sichtbar, wie nach und nach ein längerer Weg geknüpft werden kann, in diesem Falle vom Nachahmen bis zur Verwendung der Tierfiguren als Methapher.

Ein anderes Beispiel wäre die Inspiration durch den Raum, oder die Veränderung des Raumes auf Grund seiner Impulse. In einer Werkstatt mit Bernd Stude erlebten die Studierenden die Stimmungen und Zeichen des Raumes bewußter. Sie lernten, den Raum aufzunehmen, ihn zu gestalten und umzugestalten, einen Spielraum für ihre Spielphantasien herzustellen, die dann in ein Spielprojekt – dem Spielefest für Kinder im Theater Vorpommern – münдеten. In diesem ersten Praxisfeld zeigten sich unsere Studierenden schon fähig, das Spiel von außen oder als Mitspielende im Prozeß anzuleiten und zu lenken, oder auch schon mal zwischen beiden Spielleiterebenen zu wechseln.

Für alle gemeinschaftlichen Aktionen war es unerläßlich, eine physische und psychische Bereitschaft vorzubereiten, denn, um ungehemmt arbeiten – Theater spielen – zu können, bedarf es großer emotionaler Freiheit als Voraussetzung für Spontaneität und Kreativität. In unseren Lehrveranstaltungen wurde auch deshalb viel gesungen und rhythmisch interagiert. Verärgerte Leute können vielleicht noch ein Lied zusammen singen, aber sicherlich keines gemeinsam erfinden.

Anlegen eines Repertoires von übenden Spielen, methodischen Ansätzen und Darstellkompetenzen

Ein wesentlicher Abschnitt im „Spielen-Lernen" bestand darin, einen Fundus auszubilden, methodische Fähigkeiten anzulegen und Aufwärmrituale zu üben. Das rituelle Aufwärmtraining in den Lehrveranstaltungen war deshalb gleichzeitig auch ein methodisches Lernen am eigenen Leibe. Dieses Lernen durch Erfahrung ist Grundprinzip der Ausbildung. Der Schwierigkeit des Herausfilterns von Erkenntnissen, des theoretischen Lernens wird mit Reflexionsphasen, Übungsfeldern und schriftlichen Auseinandersetzungen zu begegnen versucht.

Didaktisch-methodische Erfahrungen

Es wurde über Gruppen- und Einzelerfahrung gelernt:

- Aufwärmphasen bewußt aufzubauen (Spiele und Übungen für äußere Körpererwärmung, Partnerkontaktübungen, Sensibilisierungs- und Konzentrationsspiele)
- Angst- und Hemmschwellen zu überwinden (Spiele mit Geräuschen und Berührungen, Bewegungs- und Kontaktspiele)
- Stille und Spannung halten zu können (Blindenspiele und Lauschübungen usw. / Zerlegen und Zusammensetzen von Bewegungen, Marionetten- und Roboterbewegungen, Gummimenschen und Spiegelübungen u.a.)

- gemeinsam Varianten und Regeln zu entwickeln (Impulse der Spieler aufnehmen, auf Einspruch reagieren, Strukturen ausarbeiten, Feedback/Reflexion)
- Meinungen, Themen und Aussagen über Darstellungen zu äußern (Anwenden von Tableau-Technik, Pantomimisches Zeigen, Situationen kreieren, in Rollen schlüpfen und darin hin und her springen, szenisch agieren u.a.)
- verschiedene Impulse als Spielanlaß aufzugreifen (Spielfolgen herleiten, kleine Spiel-szenen entwickeln)

Aufwärmen – Aufwärmtraining

- Es ist ein nicht zu vernachlässigender Bestandteil jeder Spiel- und Theaterarbeit. Jede Spiel- oder Übungsstunde beginnt mit einer Aufwärmphase. Die Spieler, egal ob es Kinder, Jugendliche oder Erwachsene sind, brauchen eine gewisse Zeit, bis sie sich vom Alltag trennen und auf das Spielen einlassen können. Sie müssen auch erst einmal wieder miteinander „warm werden" und Spaß haben. Gleichzeitig wiederholt die Aufwärmung Zurückliegendes und bereitet Gegenwärtiges vor.
- Es sollen Bedürfnisse der Einzelnen und der Gruppe mit den vorzubereitenden Bedingungen der Spielleitung verbunden werden.

Der Spielleiter muß sich einige Fragen stellen, bevor er aus seinem reichhaltigen Übungsfundus die spezielle Aufwärmphase zusammenstellt.

Sollen die Spieler sich nach dem langen Sitzen in der Schule in expressiven körper-lichen Bewegungen austoben, oder sich eher beruhigen und in der Berührung mit den anderen für das weitere Spiel sensibilisieren? Sollen Gehör und Gespür angeregt und die Stimme animiert werden? Wollen wir laute oder leise Töne hören? Was wird wichtig für den Verlauf der Arbeit und das angestrebte Ziel?

- Es ist ratsam, für eine Gruppe ein bestimmtes Aufwärmtraining zu entwickeln. Sowohl für Schüler als auch für alle Altersgruppen ist eine bekannte Übungsfolge zu Beginn jeder Veranstaltung/Probe angenehm. Damit wird ein spezielles Aufwärm-training kreiert, das eine bestimmte Gruppe unter Berücksichtigung ihrer Besonder-heit spielfähig macht.

Im zweiten Teil des Aufwärmtrainings variieren die Übungen, je nach dem weiteren Weg, den sie vorbereiten helfen sollen.

- Das Aufwärmtraining sollte verbindend wirken.

Alle beschriebenen Bedingungen erfüllen und gleichzeitig nahtlos in die kommen-den Übungen und Arbeitsschritte hineinführen. Auch Thema, Raum und Material sollten in die richtige Anordnung und Bereitschaft gebracht werden.

Beispielsweise das Arbeiten mit Tüchern: Sollen die Tücher später als Kostüme verwendet werden, wird die Aufwärmfolge anders aussehen, als wenn Puppen- oder Spielraumgestaltung auf dem Plan stehen. Die Übungsfolge wird nach dem Ziel entwickelt und deshalb manche Übungen und Spiele entsprechend modifiziert. Ebenso ist es in der Anwendung von anderen Materialien z. B. Stühlen. Sollen damit Land-schaften (Gebirge o. ä.) oder Orte (Frau Holles Haus) kreiert oder sollen die Stüh-le als Stühle (um in bestimmten Räumen darauf zu sitzen) benutzt werden? Stühle, auf denen bestimmte Menschen in bestimmten Haltungen sitzen. Menschen, über die man etwas erzählen möchte. (Siehe Beispiel „Der Stuhl als Impuls für theatrales Spiel und szenische Untersuchung")

• Es soll sich auf die unmittelbar folgende Aufgabenstellung beziehen.

In die Gestaltung des Aufwärmtrainings werden prinzipiell nur Dinge und Materialien einbezogen, die weiterhin zur Anwendung kommen. Es sollte beispielsweise kein großes Schwungtuch eingeführt werden, wenn es nach zwei, drei Spielen zur Seite gelegt werden soll. Schon in der Aufwärmarbeit wird das Ausdrucks- und Darstellpotential angesprochen, trainiert, initiiert und sensibilisiert. Die Arbeitsweise wird eingeführt und das Thema vorbereitet.

Soll es beispielsweise um Liebe und Haß gehen, spielen im Aufwärmtraining Gegensätze eine Rolle. (Heiß-kalt, dick-dünn, oben-unten, gelangweilt-interessiert usw.).

Dagmar Dörger   Impulse für ein Rollenspiel

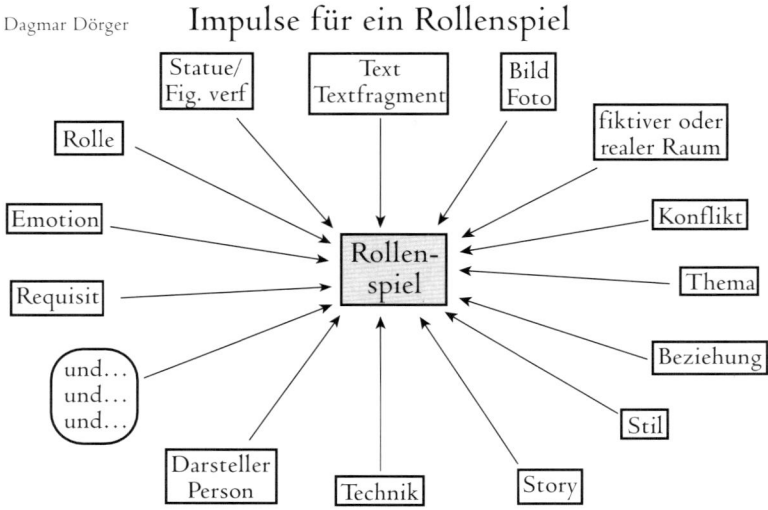

Was, wenn man keine Idee hat?

Die Suche nach einem Stück, einem Text oder einer Spielidee, stellt sich manchmal als schwierig dar. Aber das Szenische Spiel läßt sich vielfältig initiieren und aus unglaublich vielen Impulsen herleiten: Ein eingeschalteter Scheinwerfer wirft ein Licht auf den Boden und wird dadurch zum Teich oder zum Innenraum einer Höhle. Derartige Inspirationen können von Bildern, Requisiten, Gefühlen und Worten ausgehen, auch von einer Frage oder von einem Gedicht.

Die nächsten Beschreibungen zeigen, wie man Spiel initiieren und entwickeln kann. Aus diesen Ansätzen heraus lassen sich auch Präsentationen entwickeln. Die Grundlagen dafür sind immer gegeben, wie in den drei ausführlicheren Beispielen (Stuhl, Bild, Schneewittchen) beschrieben.

Zunächst eine kleine Aufzählung möglicher Spielimpulse und dazu passender szenischer Überschriften:

Ein Titel	Ein Satz oder eine Überschrift kann die Herausforderung zum Spielen und Geschichtenspinnen bilden. Beispielsweise: Da hatte ich die Hose voll!/ Glück gehabt!/ So einer will mein Freund sein?! • Das war so …
Eine Figur	Ich bin der Prinz/ ich bin Schneewittchen/ ich bin der Regen/ ich bin der Hund aus den „Bremer Stadtmusikanten" Zunächst kann man sich verkleiden, kann über sich erzählen, kann den Raum (die Bühne) für sich bauen. Später kommen andere Figuren dazu. • Es war einmal …
Typische Gesten	Menschen verschiedenen Alters, verschiedenen Berufes haben unterschiedliche Grundhaltungen und Bewegungen.

Zeigen der typischen Gesten der Mädchen/der Jungen/der Eltern/der Lehrer.

Szenen und Geschichten dazu spielen.

Beispielsweise: Warum mag ich nicht an dieser Gruppe Jungs vorbeigehen, wenn sie so dastehen in dieser bestimmten Haltung? Was soll ich tun?

• Typisch Clique

Ein Motto   Was soll das Theater? Mußt du immer solch ein Theater machen?

Zu dieser Überschrift oder oft gehörten Phrase fallen jedem sofort interessante Begebenheiten ein.

• Mach kein Theater!

In Bilder springen   Es wird ein Thema angesagt, zu dem die Spieler schnell und spontan ein oder mehrere Standbilder bauen. Die Themen können ganz verschieden sein.

Beispielsweise: *Familie* beim Abendbrot/*Familie* am Sonntag/*Familie* am Morgen usw.

• Familienalbum

Stuhllandschaft   Stühle lassen sich auf unterschiedlichste Weise gebrauchen.

Beispielsweise als Stühle in einer Kneipe. Es gibt Gespräche, wenn man auf Stühlen in einer Kneipe sitzt. Es werden Ereignisse erzählt, die in der Schule/auf dem Spielplatz/in einer Familie/in der Clique passiert sind. Sie werden nachgespielt.

• Stadtgespräche

Es war einmal   Man kann ein Märchen nach der Originalfassung spielen, bis man auf Fragen trifft, die dann spielerisch bearbeitet werden können.

Warum springt die Marie in den Brunnen? Gibt es Momente im Leben, wo man in den Brunnen springen muß/will?

Warum schicken die Eltern Hänsel und Gretel in den Wald? Gibt es Situationen, in denen sich Kinder wie Hänsel und Gretel fühlen?

Was erzählt Schneewittchen dem Jäger auf ihrem gemeinsamen Weg in den Wald?

In welcher Situation wünscht man sich einen Riesen?

Wann muß man 3 Aufgaben lösen? Welche 3 Aufgaben muß man lösen?

• Das ist (k)ein Märchen

Die nächsten drei Arbeitsfolgen beschreiben etwas ausführlicher, wie aktuelle Themen in den Mittelpunkt der spielerischen Betrachtung, der Interpretation und der Darstellung vor Publikum gelangen können. Gleichzeitig üben sich die Spieler im Darstellen und Gestalten.

Der Stuhl als Impuls für theatrales Spiel und szenische Untersuchung

Mit dem Stuhl spielen
Orte und Situationen definieren

Stuhl als Spielobjekt einführen

Aufwärmen mit Stühlen im Kreis. (Es können sportliche Übungen mit den Stühlen nach Einfällen der Spieler ausgeführt oder rhythmische Geräusche erzeugt werden.) Man kann den Stuhl benutzen, ihn verwandeln oder mit ihm umherlaufen.
Wenn der Spielleiter „*Stopp*" ruft,

draufsetzen

• sollen die umherlaufenden Spieler ihren Stuhl absetzen und sich in einer zufälligen Haltung draufsetzen. (Diese Übung ist mehrmals zu wiederholen.)

Ort kreieren

• sagen die Spieler an, wie und wo sie gerade sitzen. Jeder phantasiert sich aus der Wahrnehmung seiner eigenen Haltung die Antwort. Beispiele: „*Ich sitze frech im Eis-Café. Ich sitze entspannt im Kino.*"

Situation kreieren

• ansagen, wie, wo und in welcher Situation, in welcher Schwierigkeit die Person gerade sitzt.
„*Ich bin angeklagt und sitze zusammengesunken im Gerichtssaal. Ich sitze verkrampft im Wartezimmer, habe unerträgliche Schmerzen und komme nicht dran.*"

Mit dem Stuhl szenisch gestalten

Interessante Orte wiederholen

Während die Spieler mit ihren Stühlen im Raum umhergehen, wird durch den Spielleiter der Ort angesagt: Alle sitzen im Kino, im Gerichtssaal, in der Bürgerversammlung u.a. Die Spieler formieren sich aus dem Gehen heraus. Sie nehmen Platz im angegebenen Raum. Dabei entstehen Tableaus mit unterschiedlichen

Orte, Situationen, Ereignissse definieren

Figuren und deren Haltungen. In einigen Tableaus/ Situationen kann man länger verweilen.
Beispiel: *Im Café erzählen sich die Leute, was so alles passiert ist in der Stadt.*
• Zunächst erzählen sich die Spieler an ihren Tischen leise die Neuigkeit/Sensation.

im Café - etwas ist passiert

• Dann wird im Café lauthals gestritten, die Leute übertreffen sich im Gestikulieren, um zu zeigen, was da passiert ist.
• Das Ereignis soll dargestellt werden. Dafür ist eine Szene zu erfinden.

Genauere Betrachtung eines speziellen Ereignisses

Interessante Themen weiter bearbeiten

Beispielsweise war im Café das außerordentliche Ereignis, daß in dieser Stadt ein *Kind aus dem Fenster gefallen* war.
Die Spieler bilden Kleingruppen und erfinden jeweils den möglichen Hergang des Unglücks (Ähnlich der Methode des TIE).

Schreckliches Unglück | *Das Kind stürzte in einem unbeaufsichtigten Moment hinaus. Die ältere Schwester hat das Kind absichtlich hinausgestoßen.*

Im Stuhl-Arrangement Themen szenisch bearbeiten

Situation aufbauen - Thema entwickeln

Die weiteren Umstände und Zusammenhänge des Vorfalls werden erspielt und dargestellt. Dabei bleiben die vorher kreierten Räume und Personen im Spiel.

• Das Eiscafé, wo die Ereignisse in der Öffentlichkeit verhandelt werden.

• Der Gerichtssaal, in dem die Verhandlung stattfindet. Der Warteraum davor.

die anderen verschiedene Örtlichkeiten aufgreifen

• Das Klassenzimmer, wo sich die Kinder über den Vorfall auseinandersetzen.

• Die Bürgerversammlung, die über Spielplätze und Kinderbetreuung diskutiert.

• Der Spielplatz, auf dem sich Kinder ohne Betreuung aufhalten

• Das Kinderzimmer als Ausgangspunkt für das Unglück.

• Das Redaktionsbüro der Lokalpresse.

Die Szenenfolge für eine Aufführung probieren

Wenn in Folge der beschriebenen Arbeitsweise eine interessante Szenenfolge entstanden ist und die Spieler ihre darin erarbeiteten/enthaltenen Meinungen veröffentlichen wollen, könnte auf dieser Grundlage eine Theateraufführung vor Zuschauern entstehen: Eine Eigenschöpfung zu aktuellen Themen der Altersgruppe und ihrer Wahrnehmung von der Gesellschaft, in der sie leben.

Präsentation ist möglich

Das Bild als Impuls

Im nächsten Beispiel gehen die Themen von Fotos oder Bildern aus, die der Spielleiter aussucht oder besser noch, die Spieler selbst ausgesucht haben.

Der Weg von der Betrachtung eines Bildes zur Darstellung

Hausaufgabe: Auswahl eines Fotos (Zeitungsfoto), das zwei Personen in einer ausdrucksstarken Konstellation zeigt. Die **mitgebrachten** Bilder werden in die Mitte des Raumes gelegt.

Foto/Bild einführen

Aufgabenstellungen:

betrachten und auswählen

• Alle Bilder werden betrachtet, eines ist auszuwählen und damit durch den Raum zu **gehen**. (Wähle ein Foto aus, das dich am heftigsten anzieht und interessiert.) Beispielfoto: *„Zwei alte Frauen unterhalten sich angeregt"*

bekannt machen

• Man macht sich mit dem Bild bekannt, sucht einen Platz im Raum und hängt es dort auf.

begründen
• Jeder stellt sich zu seinem Bild und teilt den anderen mit, warum er es auswählte. Bsp.: *„Diese alten Frauen haben so lebendige junge Augen. Es interessiert mich, was sie vorhaben."*
Hinweis: Alle Erklärungen können durch die anderen Spieler wie ein Echo wiederholt werden (Technik zur deutlichen Wahrnehmung und späteren Erinnerung an die ersten Aussagen über die Fotos).

Ausdruck studieren und kopieren
• Sich wieder allein mit seinem Bild „unterhalten", sich eine Person aus dem Foto auswählen, sie in ihrer Haltung nachahmen, ihren Ausdruck genauer studieren (was erzählt das Gesicht/was steht in ihm geschrieben), die Figur in ihrem Ausdruck kopieren.

sich Fragen stellen
• Sich die Arbeitsergebnisse gegenseitig zeigen. Die Spieler dürfen Fragen an die dargestellte Figur stellen. (Hilfstechnik, die Figur genauer zu gestalten.)

Mit dem Bild szenisch gestalten
Die Spieler, deren Bilder ähnliche Themen zeigen, finden sich zusammen, wählen unter ihren Fotos eins aus und kopieren es

Ereignisse, Situationen und Figuren definieren
zu zweit oder zu dritt in einem **Standbild**.
Bsp.: *Kinder beim Spielen / Weinendes Kind*
Präzisieren der Aufgabe:

Grundstimmung erfassen
• Das Foto genau erfassen und dessen Grundstimmung in der abgebildeten Haltung, dem Tableau, ausdrücken. Sich gegenseitig erzählen, was man als die Figur denkt, will, gleich tun will, schon getan hat. (Unterstützende Technik)

Situationen erweitern
• Erfinden von zwei zusätzlichen Standbildern: „Das Bild davor, das Bild danach"
Das Tableau, das nach dem Ausgangsfoto gestaltet wurde, bildet die Mitte.
(3 bis 5 Min Zeit für die Verabredungen in den Kleingruppen)

erste Ergebnisse austauschen
• Jede Gruppe zeigt ihre 3 Tableaus, die Zuschauenden beschreiben, was sie gesehen haben. (Immer nach dem Prinzip des Tuns und Betrachtens)
Unterschiedliche Geschichten der Zuschauer sind erwünscht.

Handlung entwickeln
• Entwicklung einer szenischen Handlung von Tableau zu Tableau, d.h. zwischen den Bildern spielen, sie mit Leben anfüllen.
Bsp.: *Die zwei alten Frauen begegnen sich unverhofft nach langer Zeit wieder. Sie unterhalten sich angeregt und gehen dann gemeinsam tanzen.*

Entwicklung von Geschichten
• Figuren aus den verschiedenen einzelnen Geschichten treffen aufeinander. Die Figuren der Bilder **vermischen** sich.

Szenisch verbinden und verknüpfen
Bsp.: *Die zwei alten Frauen treffen auf ihrem Heimweg das weinende, verängstigte Kind, das von zu Hause fortgelaufen ist.*

*Erfahrungen ein-
bringen, Neues
entwickeln*

Die Erfahrungen der Spieler bestimmen die Gestaltung der Situationen, Konflikte und Geschichten. Es entstehen Eigenschöpfungen. Die Fotovorlagen bilden den Ausgangspunkt und verlieren in der weiteren Kreation an Bedeutung. In den Verknüpfungen der szenischen Einfälle können Spielimpulse aus zwei oder drei Fotos aufgehoben werden. Auf der Grundlage dieser Methode können die Szenen weiterentwickelt, das innewohnende Konfliktpotential herausgespielt und für weitere Erfindungen genutzt werden.

*als Methode
modifizierbar*

Diese Arbeitsweise bietet sich für „Das Theater in der Erziehung" an, das sich mit der Untersuchung von Verhaltensweisen und Vorgängen zwischen Menschen zur Verbesserung der Kommunikations- und Beziehungsfähigkeit befaßt.

Wenn Sie die Methode für Kinder modifizieren möchten, ist es ratsam, die Bilder hinlegen, auswählen und sofort nachspielen zu lassen. Danach könnte verglichen werden, was das Gespielte mit der Bildvorlage zu tun hat. Für den Anfang eignen sich Werbefotos ganz gut. Man kann sie nachstellen, mit witzigen und satirischen Texten unterlegen, sie szenisch ausspielen oder neue Werbespots erfinden.

Schneewittchen

Kinder wachsen mit Märchen auf

Sie werden Ihnen erzählt oder von der Platte vorgespielt. Kleinere Kinder achten darauf, daß nicht improvisiert wird und bestehen auf jedem Wort. Trotzdem sind die Kinder später in der Lage, dasselbe Märchen problematisch zu gestalten. Sie haben ein Konfliktbewußtsein entwickelt, daß sie natürlicherweise in ihrem späteren Märchenspiel überraschend stark ausagieren, wie das Beispiel vom „Schneewittchen" überzeugend belegt. Die Entwicklung des Spiels und die Erfindungen der Spieler werden deshalb etwas ausführlicher beschrieben. Die Beschreibung zeigt den methodischen Weg, die Ansätze zur Konfliktbearbeitung und die Möglichkeit, hieraus eine Aufführung vor Publikum zu entwickeln. Die Kinder demonstrieren ein erstaunliches Gefühl für tragische und komische Momente, erfinden klare Bilder, in denen sie deutlich Widersprüche und Konflikte formulieren.

Ferienwerkstatt

Erfunden von 5 Mädchen und einem Jungen (8-11 Jahre):
Sie trafen sich in den Ferien 3 Tage zum Darstellenden Spiel und erfanden jeden Tag ein Stückchen mehr „Schneewittchen". Die Kinder hatten sich dieses Märchen ausgesucht, weil sie sich wünschten, „etwas mit Küssen" zu spielen.

*Stoffe und Stühle als
Spielmaterial*

Als Spielmaterialien stellt die Spielleiterin eine Menge farbiger Stoffe bereit. Damit begann das Spielen, bis zufällig die „Schneiderstube" entstand.

Ballkleid und Babywunsch:

Da sind Stoffe, sie werden ausgebreitet, betrachtet, gestreichelt und zerschnitten. Jedes Kind sitzt in einer Schneiderstube und näht aus seinem Lieblingsstoff ein Kleid.

Harmonie- und
Glückswünsche

Die Königin sitzt dazwischen und fragt jeden:
Was wird das, was du da nähst?
Antworten:
Ein Vorhang für das Fest, Frau Königin. Ein Ballkleid, wenn's recht ist. Der Herr König braucht eine neue Jacke. Dieser Stoff wäre schön für ein Baby-kleid, auch für Schühchen. Aber leider haben Sie kein Kind. Ach ja.
Schweigend sitzt die Königin auf ihrem Arbeitsplatz. Gedan-kenverloren sticht sie sich in den Finger. Das Blut rinnt. Den Text, den sie nun spricht, kennen alle und sprechen ihn mit.

Baby da, Mutter weg:

geborgen und stolz

Marc, stolz in glänzend-schwarzes Tuch gehüllt, ist der König. Neben ihm die Königin. Auf den Armen ein edles Stoffbündel, ihr Neugeborenes. Vor dem Saal warten in langer Reihe die gut gekleideten Nachbarköniginnen, gekommen, um zu gratulieren. Stolz zeigt das Paar sein Kind. Die Gratulantinnen tragen es auf ihren Armen herum. Der glückliche Vater füttert vor aller Augen sein Kind und der Diener serviert dabei den Tee. Die Königin lädt ihre Besucherinnen in den Garten, lobend probie-ren sie hier und da die Früchte. Schließlich beißt die Frau Köni-gin in einen Apfel, der ihr nicht bekommt und fällt tot um.

Die Erfindung eines
ästhetischen Bildes für
Tragik, für große Ge-
fühle und Mitgefühl.

Den Bericht darüber hört König Marc mit geweiteten Augen, dann rutscht er mit dem Kind im Arm zusammen und verschwin-det fast in seinem Tuch. Er weint und mit ihm sein Diener und die Gäste legen ein Tuch über die Verstorbene.
So sitzt der König lange da.

Alleinerziehender König bekommt Frau:

Bewußtsein der Schwie-
rigkeit, den Verlust zu
überwinden und Ver-
antwortung zu über-
nehmen.

Der König auf dem Thron schaukelt sein Kind, der Stuhl neben ihm ist leer. Die Nachbarköniginnen sind wieder angetreten, um ihr Beileid auszusprechen. Das klingt ungefähr so: „Ach, es tut mir so sehr leid. Herr König, sie so allein nun mit dem Kind. Ich habe 14 Kinder großgezogen, bin eine gute Mutter und bin nun frei. Mein Beileid, Herr König. Was werden Sie nun essen? Ich könnte schon heiraten und gut kochen kann ich auch."

Unfähigkeit, bewußt
zu entscheiden.

Aber der König wolle allein bleiben und einen Diener hätte er ja auch. Nur die Damen bedrängen ihn gar sehr. Schließlich gibt er nach, denn er bräuchte ja doch eine Frau und Schneewittchen eine Mutter. Die Damen sollen sich doch bitte einigen, welche ihn zum Manne nehmen werde. Nach einigem Hin und Her kommt es zum Stuhltanz mit heftigem Gerangel. Eine Dame siegt.

Nun ist alles in Ordnung, der König hat eine Frau. Er nimmt es lustlos zur Kenntnis.

Das verwöhnte Kind:

Diskrepanzen zwischen den Eltern zeigen

König und Königin, sie besonders gut gekleidet, auf ihren Stühlen. Schweigen.
Plötzlich kommt Schneewittchen mit ihren Freundinnen angerannt. Sie wollen etwas essen. Die Königin verbietet den Mädchen den Eintritt. Schneewittchen wird patzig, wendet sich an den Vater, der erlaubt alles. Wütend schreiend verläßt die Königin den Raum.

Die brutale Stiefmutter:

Gehorchen oder sich widersetzen?

Die Königin befragt ihren Zauberspiegel, was sie machen soll und erfährt, daß Schneewittchen eine große Konkurrenz für sie werden wird. Sofort faßt sie einen Beschluß, ruft den Jäger und offenbart ihm ihren Befehl. Der Jäger steht wie versteinert da, er weigert sich, den Befehl auszuführen und verlangt, den König zu verständigen. Die Königin besteht auf ihrer Gewalt. Er solle tun, was sie befehle, sonst rolle sein Kopf und zwar gleich. *Ja und zum Beweise, daß du nicht zu feige bist, bringe mir — sagen wir mal — ihr Herz.*
Tief verstört verläßt der Jäger die Königin.

Gescheiterter Versuch:

Katastrophe unabwendbar?

Die Königin ruft Schneewittchen zu sich und erlaubt ihr einen Spaziergang im Wald. Der Jäger wird sie begleiten und ihr alles zeigen. Fröhlich läuft das Kind davon, dem Jäger in die Arme. Der meint, sie solle doch erst mal ihren Vater fragen, aber Schneewittchen verneint und hopst voran.

Ratlosigkeit im Wald:

Kampf mit sich selbst.

Sie plappert und fragt den Jäger dies und das, was ist das für ein Pilz und das für ein Kraut. Er, der Jäger Marc, folgt dem Mädchen mit hängenden Schultern und spricht laut zu sich: *„Ich kann das nicht."* Schließlich will Schneewittchen sich ausruhen, sie klopft auf das Moos und bittet ihn, sich zu ihr zu setzen: *„Setz dich, Jäger, hier ist es weich. Warum bist du so traurig, hier ist es doch schön".* Er gesteht ihr seinen Auftrag. Nun sind sie beide ratlos. Schneewittchen tröstet den Jäger, er solle nach Hause gehen, sie habe keine Angst. Nun erfährt sie den zweiten Teil des grausigen Plans, die Sache mit dem Herz.

Verzweiflung und Mut

Sie beschließen schweren Herzens, ein Reh zu töten.

Das erschöpfte Kind:

Wie man sich Mut zuspricht und laut singt.

Schneewittchen läuft und läuft. Sie singt gegen ihre Furcht ein fröhliches Lied. Schließlich hopst sie über den ersten Berg, dann über den zweiten usw., bis sie hinter dem siebenten Berg vor dem Haus der Zwerge steht. Sie erforscht das Haus nach dem Muster, das das Märchen vorgibt, landet im Bett und schläft sogleich ein.

Das gute Ende:

Der Jäger bringt das Herz. Die Königin fragt in seinem Beisein den Spiegel und der Schwindel fliegt auf. Sie brüllt: *„Du wirst sterben!"* Der König kommt dazu, fragt was hier los sei und was für eine Schweinerei in dem Paket, das der Jäger in der Hand halte. Die Königin erklärt, sie habe den Jäger beim Wildern im Königswald ertappt, dafür wolle sie ihn nun bestrafen. Worauf der König eine Urkunde aus dem Gewand zieht, die dem Jäger das Jagen in den königlichen Wäldern erlaubt. An dieser Stelle mußte die Weitererfindung des Märchens unterbrochen werden, obwohl noch nicht „geküßt" worden war. Die Arbeitszeit war abgelaufen. Die gesamte Szenenfolge wurde zum Abschluß wiederholt, um sie einem kleinen familiären Publikum zu präsentieren.

Der Wunsch nach gutem Ausgang macht erfinderisch.

Ungeküßt nach Hause gehen?

Man kann von der Möglichkeit Gebrauch machen, dieses oder ein anderes Märchen in ähnlicher Weise zu erspielen. Das Märchenspiel könnte auch noch deutlicher auf die heutige Lebenserfahrung der Kinder abzielen, wenn man die Aufgabe anders formulieren würde (Mit unter „Es war einmal" erwähnten Fragestellungen).

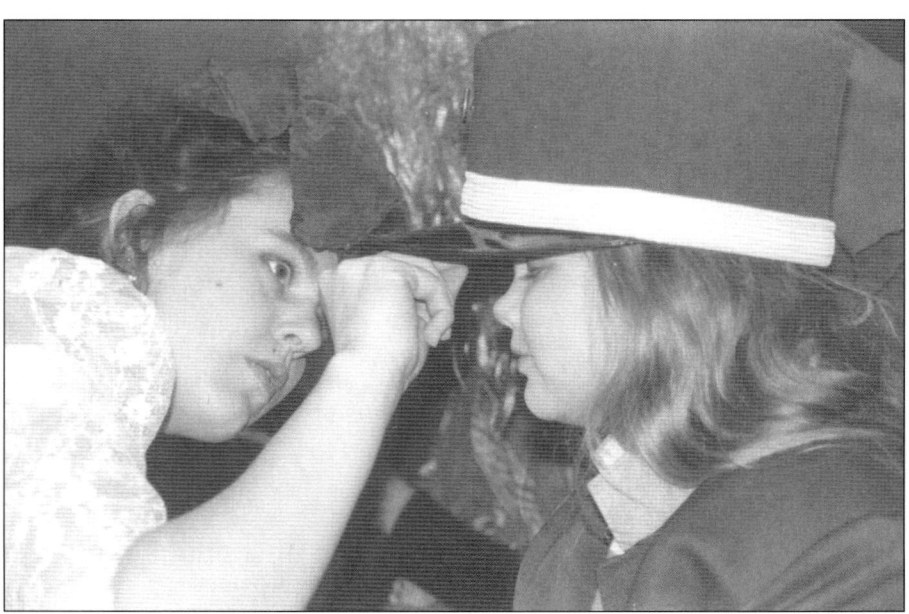

4.2 Darstellen lernen

Wir folgten in unserer Ausbildung dem Gedanken:

Im Modellstudiengang wollten wir keine Schauspieler oder Regisseure ausbilden, aber Spielleiter, die viel von Theater verstehen und damit in der Lage sein werden, Spiel zu initiieren und zu leiten. Spielleiter, die Situationen zu kreieren und Figuren zu entwickeln gelernt haben und die auch in einer anderen Figur als sie selbst agieren können.

In der sehr begrenzten Zeit dieser Studienform war es wichtig, Handgriffe und Techniken kennenzulernen und sie zu üben (Tableau- und Schnittechnik, Pausen setzen und halten, Verzögern, Vervielfachen usw.). Die Improvisation zog sich als Grundprinzip selbstverständlich durch alle Lehrveranstaltungen.

Die Studierenden lernten, Körpersprache deutlicher wahrzunehmen, Gesten zu sehen, sie nachzuahmen, sie zu zitieren, (Vgl. Benjamin, in Wekwerth), zu vergrößern, zu überzeichnen oder neue zu erfinden.

Sie beobachteten und beschrieben alltägliche Vorgänge, nahmen dabei ihr eigenes Tun deutlicher wahr und entdeckten allgemeine Muster darin. Es wurde geübt, diese alltäglichen Vorgänge sehr genau zu beschreiben und nachzuahmen, um innewohnende Eigenarten oder Besonderheiten zu erkennen. Dann sollten diese Vorgänge schöpferisch angewendet werden – verwendet, um etwas damit zu zeigen, etwas anderes zu erzählen. Der alltägliche Vorgang sollte dadurch eine neue Qualität erreichen, die eines theatralen Vorgangs – eines Bühnenvorgangs.

Wie geschieht das? Ein Knopf wird angenäht. Dieser Vorgang teilt etwas mit. Was geht beispielsweise vor in der Frau, die den Knopf annäht? In welcher inneren Situation wartet sie (möglicherweise) auf ihren Freund, wie ringt sie um eine Entscheidung in ihrer Beziehung zu ihm und wie faßt sie einen Entschluß? Erzählt der Vorgang etwas über die familiäre Situation, über das soziale Umfeld, über die finanziellen Verhältnisse, vielleicht auch über Abhängigkeiten, Zwänge usw.? Die kritische Haltung dieser Betrachtung erlaubt das Gewohnte wie Ungewohntes zu sehen. Die alltäglichen Details zeigen „Totalitäten, ohne die realen Details als solche zu zerstören, aber auch ohne falsche Realitäten dieser Details vorzutäuschen." (Wekwerth, Schriften)

Die Studierenden lernten notwendige Fachbegriffe, einiges mußte aber auch vernachlässigt bleiben.

Wer mehr über Theater und Dramaturgie wissen will, muß sich weiterbilden, muß die dafür offenstehenden Türen in Form von Weiterbildungskursen und Workshops nutzen.

Wir versuchten, einige Türen zu öffnen und in spezielle Methoden, Handschriften und Auffassungen Einblick zu gewähren. Dafür fanden wir unter vielen kompetenten Kollegen diejenigen, die unseren Auffassungen und unserem Studienkonzept am nächsten standen.

Die Arbeit in den Werkstätten bezweckte zumindest fünf Aspekte:

• Erweitern und Untermauern des regulären Lehrangebotes

- Entwickeln von Sachkenntnis und methodischem Wissen
- Ergänzen des Instrumentariums von übenden Spielen
- Erleben und Erfahren anderer Handschriften
- Unterstützen der Praxisvorbereitungen (Spielefest, Schulprojekt „TIE", Projektinszenierung u.a.)

Wir möchten die Wirkungen der Werkstätten durch genauere Funktionsbestimmungen keinesfalls einschränken, denn auch eine im ersten Semester angesiedelte Werkstatt, die beispielsweise der Vorbereitung des Spielefestes diente, hatte ihre Wirkungen weit in die Ausbildung hinein und ließ sich in der Anwendung von Elementen bis in die Projektinszenierung und die Abschlußprojekte verfolgen.

Im folgenden lesen Sie drei Werkstattbeschreibungen in Kurzform. Danach schließt sich eine ausführlichere Betrachtung über Improvisation an, die gleichzeitig die Handschrift von Nelly van der Geest wiedergibt. Den Abschluß dieses Abschnittes bildet ein Ausschnitt aus einer Lehrveranstaltung zu Brecht.

Andreas Poppe	**Atem – Stimme – Sprechen**
	Diese Arbeit stand jeweils im Zusammenhang mit der Vorbereitung der Projektinszenierung.
Bauch atmet	Grundsätzlich ging es Andreas Poppe darum, das Zusammenspiel zwischen körperlicher und stimmlicher Ausdruckskraft bewußt zu machen, die „Stimmgewaltigkeit" zu entwickeln.
Körper klingt	Die Studierenden erlebten ihre eigene Stimme neu durch die Vergrößerung des Resonanzraumes auf den ganzen Körper und den Gebrauch der natürlichen Bauchatmung, die im Laufe des Erwachsenwerdens häufig vernachlässigt oder verlernt worden ist. Die Übungen waren so abgestimmt, daß sie sich auch nach der Werkstatt als individuelles Übungsprogramm für Gruppe, Paare und Einzelpersonen eigneten.
Worte fliegen	Des weiteren wurde Textmaterial in Bewegung, Laute oder Gesang umgesetzt und damit nicht nur die Stimme geübt, sondern auch Dramaturgie und Darstellung. Diese Arbeit stand in besonderem Zusammenhang mit der bevorstehenden Projektinszenierung. Dadaistisches Textmaterial, das auf den ersten Blick völlig sinnlos erschien, wurde durch die Studierenden mit ihren neu gewonnenen Erfahrungen erkundet und im Spiel inhaltlich so bearbeitet, daß sie zu ganz erstaunlichen Deutungen kamen. Diese Neuschöpfungen erhielten in der Verbindung von Körper und Stimme (Empfindungslaute, Schreie, Stöhnen) eine solche Darstellungskraft, daß die Geschichten dem Zuschauer unter die Haut gingen.
Hellmut Liske	**Klangspiele**
	Wer kein Instrument gelernt hat, traut sich auch das Musikmachen nicht zu. So kamen unsere Studenten mit Vorbehalten und

Scheu vor großen Instrumenten abbauen

Mißtrauen in die Werkstatt. Hellmut Liske entließ sie aber als begeisterte Musikanten. Sie hatten unterschiedlichste Instrumente kennengelernt, ihnen die verschiedensten Töne entlockt und sich dabei als grenzenlose Erfinder gefühlt.

Ein *wesentliches Grundprinzip* in dieser Arbeit *ist das Entwickeln eines Ostinatos*, das als gleichbleibendes, hartnäckig wiederkehrendes rhythmisches Element das Zusammenspiel aller Beteiligten bestimmt. Wir können es Gruppenostinato nennen. Als Einzelner bringt man sich mit seinem rhythmischen Einfall in das Gruppenostinato ein, bestimmt es mit, behauptet sich darin und entwickelt es weiter, ohne das Ganze zu zerstören.

jeder ist rhythmisch und musikalisch

Im weiteren Verlauf der Werkstatt erlebten die Studierenden die Möglichkeit, mit ihren Instrumenten ganze Vorstellungswelten zu erschaffen, sie verwandelten sich in eine Grille, waren Regen, Sturm oder Sonnenstrahlen.

Die Instrumente ließen sich auch als Requisiten zur Kennzeichnung von Figuren gebrauchen, wurden Bestandteil ihres Wesens. Sie liehen den Spielern ihre Stimme, und halfen ihnen, inneren Stimmungen und Gefühlen Ausdruck zu verleihen und ergänzten die körperliche Darstellung.

die Zimbel – „mein schlechtes Gewissen"

Beispielsweise erlebten wir, wie sich ein aufgeregtes inneres Vibrieren, eine Unruhe, über den Schellenring mitteilte oder wie der Schlag auf das große Becken einer gewaltigen inneren Wut – für die man sonst mindestens zwanzig Teller an die Wand werfen müßte – Ausdruck verlieh.

„Musik ist nie Musik allein, sie ist mit Bewegung, Tanz und Sprache verbunden, sie ist eine Musik, die man selbst tun muß, in die man nicht als Hörer, sondern als Mitspieler einbezogen ist. Sie ist erdnah, naturhaft, körperlich, für jeden erlern- und erlebbar. Musik, Wort und Bewegung, Spiel, alles was Seelenkräfte weckt und entwickelt, bildet den Humus der Seele, den Humus, ohne den wir einer seelischen Versteppung entgegengehen. Zu betonen ist also, daß die Musik in die Schule nicht einzubauen ist als ein Zusätzliches, sondern als ein Grundlegendes. Es handelt sich dabei um Menschenbildung. Alles, was das Kind in dieser Zeit erlebt, was in ihm geweckt und gepflegt wird, ist maßgeblich für das ganze Leben. Nie wieder Einholbares kann in diesen Jahren verschüttet werden, später nie mehr Ansprechbares unentwickelt bleiben." (Carl Orff, Gedanken zu einer elementaren Musikerziehung)

Rita May

Körperarbeit – Einführung in die Pantomime

Grundsätzliches Prinzip dieser Werkstattarbeit war das Erleben der Beweglichkeit und Gestaltungskraft des Körpers, basierend auf Vorstellungskraft und nicht das Aneignen von beispielsweise Rotations- und Deklinationsübungen der Pantomime zur Einübung perfekter pantomimischen Darstellungen.

*natürliche
Beweglichkeit*

Ein ganzkörperliches Begreifen. – Um eine Katze darzustellen, erinnern wir uns daran, wie die Katze schläft, wie sich leckt, frißt, schnurrt, um Essen bittet, eine Maus belauert, und ahmen diese geschmeidigen Bewegungen nach, die wir als den Grundgestus entdecken. Ebenso stellen wir uns vor, wie ein bestimmter Vogel fliegt, und fast von allein ergibt sich ein anschaulicher Bewegungsablauf, ohne daß wir wissen müssen, wie der Ellenbogen zu führen ist.

*Vorstellungskraft,
Konzentration und
Energie*

Gruppenenergie

Eine große Rolle in dieser Werkstatt spielte also die Konzentration der Vorstellungskraft auf den Spiel- oder Arbeitsgegenstand. Ebenso bedeutsam aber waren Übungen zur Beherrschung individueller Bewegungsabläufe, zur Energieführung von Gruppenaktionen, sowie der Energie im Raum. Die Gruppe lernte, die Anwesenheit des Einzelnen zu spüren, mit seiner Kraft zu rechnen und sie zu potenzieren. Der Einzelne lernte, die Energie der Gruppe aufzunehmen und sie mit seiner konzentrierten Aufmerksamkeit zu speisen.

Die Improvisation – Urelement des Schauspielerischen (Ebert)

Ein bildhaftes Entdecken der Welt

Improvisation

als Mimesis

Improvisation ist Mimesis (Nachahmung) menschlichen Handelns, sagt Ebert. Ursprünglich entfaltete sich die Improvisation durch die Trennung der agierenden Menschen in Spielende und Zuschauende, wobei die Spielenden ihre Entdeckungen vital-sinnlich mimetisch widerspiegelten.

als Kunst

als Gerüst

Improvisation wird von verschiedenen Theaterpraktikern unterschiedlich verstanden, verwendet und benannt. Alle aber meinen damit ein höchst kreatives spontanes Spiel, das von der bloßen Nachahmung bis in die perfekt inszenierte Aufführung reichen kann. Beispielsweise in der italienischen Comedia dell'arte agiert der Schauspieler in einer Art Handlungsgerüst, ohne sich vorher mit dem Spielpartner zu verabreden. Das wäre als Kunst des Improvisierens zu bezeichnen. Dieser Schauspieler verfügt allerdings, um so spielen zu können, über eine Menge erprobter Handlungsmöglichkeiten, mit denen er immer wieder unmittelbar neu improvisieren kann.

als Rohmaterial

Barba siedelt die Improvisation zwischen Training und Kunst an und gebraucht sie im Prozeß, durch den die „Rohmaterialien zum Vorschein gebracht werden, aus denen die Blöcke gebrochen werden können", die einer Aufführung als Grundlage dienen.

als Entdeckung

Brook versteht unter Improvisieren „discover" = entdecken und meint, daß „im lebendigen Theater täglich die Entdeckung des Vortages auf die Probe gestellt wird".

als Grundprinzip

Im Darstellenden Spiel ist die Improvisation Grundprinzip und Arbeitsmethode.

freie Improvisation ist nicht frei

Improvisation kann niemals frei sein, denn sie verfolgt ein Ziel und unterliegt bestimmten Bedingungen, wie beispielsweise der Vorgabe eines Themas und eines Rahmens. Improvisation ist in verschieden großen Rahmenbedingungen möglich und wird unter bestimmten Zielstellungen angewendet.

In theaterpädagogischen Arbeitsprozessen muß Improvisation daher immer anzutreffen sein.

Nur einige Beispiele:

erfinden

anhäufen

suchen

entwickeln

probieren

- Das Anhäufen von Material zu einem bestimmten Thema,
- das Entdecken eines Vorgangs, der von einem bestimmten Satz ausgeht oder auf ihn hinführt,
- das Finden lebendiger Vorgänge in einem Text und
- die Suche nach entsprechenden Gesten.

Professionelle Theaterleute halten brauchbare Improvisationshilfen bereit.

Beispielsweise Brecht rät unter anderem, das Erzählen/Spielen mit dem Gestus des Erstaunens, der Nachfrage, des Wunderns oder des Widerspruchs zu probieren.

Improvisieren lernen nach Empfehlungen von Keith Johnstone

„Als ich erwachsen wurde, begann alles um mich her grau und trüb zu werden. Noch konnte ich mich an die erstaunliche Intensität der Welt erinnern, in der ich als Kind gelebt hatte, doch ich glaubte, das Abstumpfen der Wahrnehmung sei eine unvermeidliche Folge des Älterwerdens – so wie das Sehvermögen schwächer wird. Ich wußte nicht, daß Klarheit eine Sache des Geistes ist. Seitdem habe ich Kunstgriffe entdeckt, die die Welt in kaum fünfzehn Sekunden strahlend erhellen können. Meine eigene Wiederentdeckung der Bild- und Phantasiewelt dauerte länger. Die Stumpfheit war nicht eine unvermeidliche Folge des Älterwerdens, sondern die Folge der Erziehung: *„Also, jetzt wollen wir mal sehen, wer die Aufgabe nicht schafft."*

So beginnt Johnstones Buch, in dem er uns beschreibt, wie man seine Spontaneität wiederfinden und erhalten kann. Er beschenkt uns mit zahlreichen Übungen, von denen hier eine Zusammenstellung beschrieben ist.

Geschenke der Phantasie	*Das **Grundprinzip**, das hier gelernt werden soll, um improvisierend entwickeln zu können, ist das Sich-einlassen, das Vertrauen auf den ersten Gedanken, das Entgegennehmen von Impulsen als Geschenke der Phantasie für die eigene Phantasie.*

„Say yes"   Ja-sagen ermöglicht Gespräch, Verständigung und Entwicklung. Es übt das spontane Agieren und Reagieren, begegnet dem sturen Festhalten an einer vorgedachten Idee und hilft, das Loslassen zu üben, das Offensein für anderes.

„Don´t block"   Blockieren und Nein-sagen zu jedem Impuls, jedem Vorschlag, jeder Geste bringt keine Entwicklung hervor.

Mit einer Werkstatt gab Nelly van der Geest aus Utrecht praktische Beispiele, welche Improvisationsmethoden Keith Johnstone entwickelt hat und wie sie wirken. Die Übungen scheinen so simpel, doch sie verändern und üben grundsätzliche Einstellungen und Verhaltensweisen.

Im „Vierköpfigen Experten" beispielsweise sollen vier Leute nebeneinander sitzend einen Satz zu einem vorgegebenen Thema sagen. Jeder darf aber immer nur ein Wort dazu beisteuern. Kritisch wird es, wenn etwa die Hälfte eines Satzes gesagt ist und jemand aus der „Expertengruppe" nicht abwarten kann und unbedingt den Wortlaut des Satzes bestimmen will.

schnell, aber nicht ungeduldig sein   Wie verabredet, dürfte er immer nur ein Wort sagen. Lautet der Satz bis hierher etwa *„An-einem-schönen-kalten-Sonntag*-Komma-

neugierig sein

stürzte-" wäre jetzt ein kleines Wort „*ein*" oder „*das*" dran. Der Ungeduldige aber kann sich nicht zügeln und sagt vielleicht zwei Worte: „*ein Zombie…*". Er konnte seinen *Zombie* nicht für sich behalten, weil er verhindern wollte, daß der nächste Spieler eventuell *Kaktus* sagt. Er ist nicht neugierig auf die anderen. Aber genau diese Neugier gilt es zu entdecken.

verschenken

Dasselbe gilt auch für die Übungen, in denen Geschichten entwickelt werden sollen, wie in „don't say no". Jeder der beiden Spieler soll quasi auf Sprung stehen, um die neuen spontanen Einfälle des Partners aufzunehmen, sie schnell als Bereicherung der Story zu verstehen und einen neuen, ebenso spontanen Impuls zu „verschenken".

say yes

Eine sehr gute Einstiegsübung: „*Heute ist Donnerstag!*"
Man hört diesen Satz und sofort fällt einem etwas ungeheuer wichtiges ein. Beispielsweise „Oh mein Gott, und jetzt hab ich vergessen, den Lottoschein zur Annahme zu bringen!".

Angebote aufnehmen

Es kann zu einem kurzen feuerwerkartigem Zwiegepräch zwischen zwei Spielern kommen. Danach wird der Donnerstag-Satz dem nächsten Spieler im Kreis zum Spielanlaß gegeben.
Erweiterung:
Jemand wählt sich eine Haltung und die entsprechende Gestik mit der er beispielsweise „*Wo ist mein Kind, ich will es füttern?*" fragt. Die Antwort „*Da ist es*" läßt möglicherweise auch Spiel zu, gibt aber dem ersten Spieler kein Angebot. Es wird ihm überlassen, eine neue Erfindung zu machen.
Jedoch eine Antwort wie: „*Oh ich habe es eben noch gesehen, suchen wir es!*" ermöglicht die Entwicklung einer Story.

Story entwickeln

Die Spieler erzählen kleine interessante, sehr kurze Storys.
Danach wird mit einem neuen Satz an den nächsten Spieler im Kreis gegeben.
• Für die Entwicklung der Geschichte ist manchmal auch ein „No" möglich, wenn es nicht blockiert. Beispielsweise „*Oh nein, ich bin nicht der Fotograf, aber kommen sie doch herein, ich will mir Ihre Zähne gleich einmal ansehen!*" oder „*Nein, ich bin ängstlich, es tut doch weh, oder?*"
• Große Bewegungen unterstützen die Entstehung entsprechender Gefühle, die dann wiederum hilfreich auf den sprachlichen Ausdruck, den Sprachgestus wirken.
• Die Geschichten erhalten ihren Impuls aus der in der Begegnung aufgebauten Beziehung zwischen den Spielern. Beispielsweise könnte ein Spieler mit kindlich-ängstlicher Bewegung fra-

gen, ob der Vater das Fahrrad schon weggeschlossen hätte. Oder der Impuls käme aus der körperlichen Aktion: „Helfen sie mir, diesen schweren Karton zu tragen!?"

Don´t say no

Übung für Zwei

Es wird ein Ort und eine Situation gewählt, in der die Zwei eine Geschichte entwickeln, wobei das Wort NEIN verboten ist. Alle Impulse sind anzunehmen. Beispielsweise bei einer Autoreparatur nach einem Unfall oder im Garten, wobei einer arbeiten und der andere sich ausruhen will.

come in

Zuerst betritt ein Spieler die Bühne und entwirft eine körperliche Aktion. Er wischt vielleicht den Fußboden und kreiert dabei mehr und mehr eine Figur.

WER ist diese Figur und WO könnte sie sich befinden? Damit „macht er seine Figur klar".

einsteigen

Die anderen Spieler sind aufgefordert, in das Bild/die Situation auf die gleiche Weise einzusteigen. Auch sie sollen, wenn sie als dritte oder vierte Figur hinzu kommen, Aktionen erfinden, die die angefangene Geschichte entwickeln helfen oder die Routine brechen.

Man stelle sich ein Büro vor, in dem nacheinander einige Leute zu arbeiten beginnen. Dann bricht jemand als Handwerker herein und stört die Routine.

Es ist nötig, sich Zeit für die Entwicklung der Handlung zu nehmen und die Aktionen entsprechend klar zu gestalten.

what now

einer spielt, drei helfen

Dieses Spiel läßt sich gut in Viergruppen spielen.

Drei Spieler setzen sich einem Spieler gegenüber, der wie in der „come in"-Übung eine körperliche Aktion entwickelt und damit eine Figur in einer bestimmten Situation zeigt.

Hält der Spieler inne und fragt *„Wie geht es weiter?"* oder *„Was nun?"*, helfen die drei anderen weiter, indem sie Aufgaben stellen oder Impulse geben. (Dabei möglichst nicht alle auf einmal und durcheinander reden.)

• Die Aufgaben sollten aktiv sein, nicht etwa Zustände oder Charaktereigenschaften beschreiben. Sie müssen sparsam gegeben werden, um die Entwicklung des ersten Spielers nicht zu bremsen, sondern seine Erfindungen herausfordern.

„Was nun?"

• Bitte immer auf die Frage *„Was nun?"* warten, keine Handlung aufdrängen, die den Spieler zur Marionette der drei Helfer werden läßt. Bitte keine Anweisungen geben: Fall hin!, Auf die Nase!, Sie blutet! Und ähnliches.

Es könnte sein, einer entwickelt einen Mann, der sich ständig kratzen muß. Dieser Mann erleidet dabei Schmerz, aber auch Genuß und treibt seine Aktionen ins Extrem. Nun hält der Spieler inne und fragt *„Was nun?"*:

Die Entwicklungsvorschläge könnten lauten: *„Sprühe Dich mit Creme ein!"* Er tut es.

„Es war die falsche Dose!" Er duscht sich, spielt, daß das Zeug nicht abgeht. Es klebt fest.

„Hole jemanden zur Hilfe!" Der zur Hilfe geeilte klebt nun an anderen fest.

• Es wird solange weiterentwickelt, bis ein gemeinsamer Schluß gefunden ist oder der Spielleiter fordert *„Kreiert einen Schluß!"*

Jesus

Hauptperson

Der Titel dieser Übung könnte ebensogut „Rumpelstilzchen" oder „Hamlet" heißen. Die Geschichte ausgehend von einer Hauptperson aufgebaut. Hier die Erläuterung am Beispiel von Jesus:

„Was wird gebraucht?"

• Ein Spieler betritt die Spielfläche, er soll Jesus spielen. Mit der Frage: *„Was braucht er?"* werden alle Spieler aufgefordert, die historische Situation zu kreieren. Er braucht sicherlich ein Kreuz, das er zu tragen hat. Einen Soldaten, der Jesus bewacht, ihn antreibt und schlägt. Gottvater, der das ganze angezettelt hat. Eine Mutter, die um Jesus weint und zu Gott betet.

• Nacheinander gehen die Mitspieler ihrem Einfall entsprechend in die Szene. Der das Kreuz wichtig fand, stellt es auch dar und lädt sich auf Jesus.

In dieser Art und Weise wird die Situation aufgebaut und entwickelt.

• Die Spieler müssen aufeinander achten und spüren, wie sich die Geschichte bewegen läßt, sich für die Entwicklung der Story offenhalten und sich gegebenenfalls zurücknehmen.

• Es sollten möglichst nacheinander interessante Aktion entstehen können, an denen alle beteiligt sind. Beispielsweise könnte sich der Fokus auf die Quälerei mit dem Kreuz und die dementsprechenden Bitten der Mutter an Gottvater richten. Auf den Ausbruch eines Streitgespräches zwischen Vater (Gott) und Sohn (Jesus). Auf die Soldaten, die sich in ihrem „leichenplündernden Exzeß" gegenseitig niedermetzeln.

Es ist auch in diesem Spiel ein entsprechender Schluß zu erfinden. Hier könnte beispielsweise Gottvater über die Revolte sei-

nes Sohnes erbost grelle Blitze schleudern, die alles in Brand
setzen und zerstören.

„Was folgt nun?"

• Die Geschichte könnte auch von Helfern oder vom Publikum
nach dem Prinzip *„Was folgt nun?"* entwickelt werden. Es ist aber
auch möglich, die Improvisation in einem Mix aus Spielerein-
fällen und Zurufen zu gestalten.

how are you

Steigerung der Emotionen

In dieser Übung sitzen mindestens sieben Spieler in einer Reihe
und haben die Aufgabe, Emotionen weiterzugeben. Am Anfang
einer Reihe beginnt das allerkleinste Lächeln, es wandert von
Person zu Person und wird größer dabei. Es geht von Gesicht
zu Gesicht, es bekommt Gesten, Stimme (Empfindungslaute)
und Engagement. Ist die Ausdrucksweise kaum noch weiter ins
Extrem zu treiben, kippt das Gefühl um und wandert in eine
andere Richtung. Beispielsweise kann ein gewaltiges Lachen in
einen riesigen Schrecken umschlagen, der sich nach und nach
verkleinert, bis er ganz belanglos wird und in ein winziges Staunen umschlägt, das sich dann neu entfalten kann.
• Es ist auch aufregend, schlagartig im ekstatischen Moment in
eine andere Gefühlslage umzukippen.
• Der Erfolg dieser Übung besteht in der Beachtung des Prinzips, daß alle Spieler miteinander in unsichtbarer Verbindung
stehen, den kleinsten Impulsen folgen, nichts mit Macht anset-
zen, alles entstehen lassen, nichts abblocken. Gruppenarbeit zu
jeweils vier Spielern.

the emotions

Jede Gruppe übt sich in der Entwicklung kleiner Szenen, in denen Emotionen eine große Rolle spielen. Jeweils zwei Spieler
kreieren eine kleine Geschichte, während die anderen beiden
zuschauend helfen. Ist eine Geschichte gefunden, wird sie in
verschiedenen Emotionslagen durchgespielt. Beispielsweise voller Wut, unheimlich traurig, ganz und gar glücklich oder zu
Tode gelangweilt.

the five emotions

Wechselbad der Gefühle

Zwei Spieler stellen sich für das Spiel zur Verfügung, die anderen geben die fünf Gefühle, bestimmt die zu spielenden Figuren, ihre Beziehung zueinander und ihre Aktion (Tätigkeit) an
einem bestimmten Ort.
Es könnte sein, Vater und Sohn sollen ein Fahrrad im Keller
reparieren. Dabei sollen sie während ihrer Arbeit nacheinander
in folgende Emotionen verfallen: In Neugier, Stolz, Zorn, Angst
und Liebe.

Oder es sollen sich zwei Putzfrauen beim Reinigen der Herren-
toilette auf der Chefetage treffen. Es wechseln etwa gute Laune,
Verzweiflung, Vertrauen, Eifersucht und Ekel.
Eine Chefin gibt ihrem Sekretär ein Diktat in ihrem Büro. Wir
könnten Gleichgültigkeit, Nervosität, Flirt, Überheblichkeit und
Überraschung in ihrem Spiel sich wechseln sehen.
• Weil es für die Spieler zu anstrengend wäre, die „the five emotions" am Beginn der Übung zu hören, um sich im Spiel danach
zu richten, ist es ratsam, ein STOPP anzusagen und die jeweils
neue Emotion einrufen zu lassen.

Enemy and Protektor

*„Schutzmann und
Feind"*

Einführung eines Spiels (zur Erwärmung), nach dessen Prinzip
die nächste Übung funktionieren soll. Jeder Spieler wählt ge-
heim unter den anderen Spielern seinen ganz persönlichen Feind
und seinen Schutzmann oder Schutzengel aus. Mit dem Start-
zeichen beginnen alle Spieler im Raum zu laufen und zwar so,
daß sie möglichst den Schutzengel zwischen sich und ihren Feind
bringen. Das Spiel ist sehr spaßig und bewegungsintensiv,
und es bieten sich dem Betrachter die rätselhaftesten Bewegungs-
strukturen im Raum.

Sexy-Stinker

unsichtbare Fäden

Ein Spiel für vier. Nach dem Prinzip der unsichtbaren Fäden
wählt sich jeder der Spieler insgeheim jemanden, den er im Spiel
ganz sexy finden und ihm ganz nah sein will. Und einen anderen, dem man ganz fern bleiben möchte, weil er stinkt.
• Die Zuschauenden wählen die Figuren, ihre Tätigkeit, wer
von ihnen das Sagen haben soll. Sie schlagen auch den Raum, in
dem das ganze spielen soll, vor und stellen ein STARTBILD auf.
Ein Vorschlag könnte lauten, daß es sich hier um vier Feuerwehrleute handeln soll, die einen Brand zu löschen haben. Als
Startbild könnten die Feuerwehrleute in angestrengten Arbeits-
haltungen zu sehen sein.
• Nach dem Start aus dem Tableau haben die Spieler darauf zu
achten, wem sie nahe sein möchten und wem nicht. In ihren
Aktionen haben sie es nie zu vergessen und sich möglichst immer danach zu richten.
• Wenn die Spieler in ihrer Spielwut ihre Beziehungen vernach-
lässigen oder die Spieleinfälle ausgehen, kann der Spielleiter

*Verstärken durch
Zurufe*

durch Zurufe helfen: *„Versuche, deine Sexyperson zu finden!"*, *„Geh in
euer Feuerwehrauto für eine kleine Pause!"*, *„Vergiß nicht, er stinkt!"*, *„Fahrt
gemeinsam in eurem Feuerwehrauto zurück!"*

• Eine interessante, aber auch schwierige Erweiterung des Spiels wäre gegeben, wenn eine weitere Person einen Stempel bekäme, ein Dummer käme hinzu. Nun müßte jeder Spieler während seiner Aktion auf dreierlei achten.

Man stelle sich eine Szenerie im OP-Saal vor, in dem Ärzte und Schwestern agieren, oder Fischer auf einem Boot bei stürmischer See.

Ausschluß

Während dieser Übung soll eine Person ausgeschlossen werden, ohne daß sich die Spieler vorher absprechen.

unabgesprochene Vereinbarung

• Um das Prinzip einzuführen, ist eine Vorübung angebracht: Alle Spieler nehmen den Raum auf und gehen dabei konzentriert und aufmerksam solange umher, bis sich ein Pulk gefunden hat, der einen Einzelnen nicht mehr einläßt, den Außenseiter.

• Dann können vier Spieler folgendes probieren. Alle vier sind zu einem Tanzvergleich gekommen, bei dem nur ein Tänzer Annahme finden wird. Während sich die vier Tänzer im Vorbereitungsraum beim Aufwärmtraining für den Großen Moment befinden, ergibt sich aus ihren Aktionen das Ausgrenzen eines Tänzers. Er wird ausgeschlossen.

• Andere Ausgangsideen oder Startpositionen für dieses Spiel sind denkbar. Beispielsweise sehen wir Friseurinnen bei der Arbeit. Eine von ihnen soll nächste Woche entlassen/ausgezeichnet werden.

Status

Es geht darum, herauszufinden, über welche unterschiedlichen Gesten sich Menschen mit verschiedenem Status ausdrücken.

Status finden und mit ihm spielen

Alle Spieler nehmen den Raum (gehen im Raum) auf, entscheiden sich offen für einen niedrigen oder hohen Status und finden dazu Bewegungen, Rhythmen, Blicke und Grußformen.
· Die Spieler geben sich durch ihre bloße Begegnungen Impulse für die Verstärkung ihrer Gesten. Beispielsweise zuckt jemand mit niedergeschlagenen Augen unter dem herausfordernden Blick eines Stärkeren zusammen.

nochmals Zurufe

• Die Übung kann verstärkt werden, wenn der Spielleiter zusätzlich Aufgaben formuliert:
„Grüßt euch, ohne euch anzufassen. Den gewählten Status nicht vergessen. Grüßt euch mit typischen Anfass- oder Antatschgesten."

• Personen mit kleinem Status: *„Richtet euren Fokus/Blick auf den Boden, macht den Fokus kleiner und genauer."*

Personen mit hohem Status: *„Richtet euren Fokus/Blick in die Weite, seid ganz offen für alles."*
• *„Eine Person in diesem Raum ist unangenehm, sie gehört nicht hierher oder sie stinkt."*
Die Spieler gehen weiter im selben Gestus, grenzen aber, ohne sich vorher darüber zu verabreden, eine einzelne Person aus.
• Man sollte anschließend über Gefühle und Taktiken reden/ herausfinden, nach welchen geheimen Mustern solch ein Vorgang abläuft.

Der Preis

hold the status

Eine Gruppe befindet sich anläßlich einer Vernissage in einer Galerie. Jeder betrachtet die Bilder ganz intensiv, aber in seinem Status.
• Jeder der Spieler stellt einen der ausstellenden Künstler dar, und er weiß, heute wird ein Preis vergeben. Für den Preisträger steht schon der Stuhl bereit.
• Ohne sich abzusprechen, erwählt die Gruppe während des Umherschauens den Preisträger. Nach einer bestimmten Zeit wird sich der erwählte Spieler auf den Stuhl setzen.

lost the status

Verliert den alten Status, laßt ihn los! Der Impuls dafür kann aus der großen Enttäuschung, der übergroßen Freude, der Schadenfreude, dem Glück, der Trauer, dem Stolz oder dem Neid kommen.
• Diese Übung lebt davon, daß sie nicht durch einen einzelnen Spieler geführt oder bestimmt wird, alles ergibt sich aus der Connection der Gruppe. Es ist zu ErFühlen, nicht zu ErReden.

Geständnis

möglichst peinlich

Ein Spiel für zwei. Ein Spieler wird außer Hörweite geschickt, während die anderen, die Zuschauer besprechen, wer, wem, wo, welches Geständnis zu machen hat und in welcher Beziehung die beiden zueinander stehen. Beispielsweise soll er, der draußen war, ein katholischer Priester sein, der in einem Beichtstuhl die Beichte abnimmt. Der andere soll als Novize dem Priester in der Beichte seine fleischliche Liebe zu ihm gestehen.

Der hilflose Knabe / Der böse Baal

Ausschnitte aus einer Lehrveranstaltung zur Vorbereitung der Projektinszenierung I, Praktische Dramaturgie und Darstellübung, im Anschluß an den Gastvortrag (Prof. Gerd Koch), der sich mit der Kraft des Asozialen in „Der böse Baal, der asoziale" befaßte.

Herstellen der Spielbereitschaft, Mobilisieren der Wirklichkeit, Handlungsvorschläge, Überprüfen der im Text vorgeschlagen Handlung auf ihrer heutige Gültigkeit, Lernen durch Probieren

Bertolt Brecht: **Der hilflose Knabe**

Herr K. sprach über die Unart, erlittenes Unrecht stillschweigend in sich hineinzufressen, und erzählte folgende Geschichte: Einen vor sich hin weinenden Jungen fragte ein Vorübergehender nach dem Grund seines Kummers. *„Ich hatte 2 Groschen für das Kino beisammen"*, sagte der Knabe, *„da kam ein Junge und riß mir einen aus der Hand"*, und er zeigte auf einen Jungen, der in einiger Entfernung zu sehen war. *„Hast du denn nicht um Hilfe geschrien?"* fragte der Mann. *„Doch"*, sagte der Junge und schluchzte ein wenig stärker. *„Hat dich denn niemand gehört?"* fragte der Mann weiter, ihn liebevoll streichelnd. *„Nein"*, schluchzte der Junge. *„Kannst du denn nicht lauter schreien?"* fragte der Mann. *„Nein"*, sagte der Junge und blickte ihn mit neuer Hoffnung an. Denn der Mann lächelte. *„Dann gib auch den her"*, sagte er, nahm ihm den letzten Groschen aus der Hand und ging unbekümmert weiter.

Bertolt Brecht: **Der böse Baal, der Asoziale**
straße in der vorstadt
vor den reklameplakaten eines obskuren kinos trifft baal, begleitet von Lupu, einen kleinen knaben, der schluchzt.

Baal warum heulst du?

der Knabe ich hatte 2 groschen für das kino beisammen, da kam ein jung und riß mir einen aus der hand. der da drüben! er zeigt.

Baal *zu Lupu* das ist raub. da der raub nicht stattfand aus freßgier, ist es nicht mundraub. da er anscheinend stattfand für ein kinobillet, ist es augenraub. nichts desto weniger: raub.

Baal hast du denn nicht um hilfe gerufen?

der Knabe doch.

Baal *zu Lupu* der schrei nach hilfe, ausdruck menschlichen solidaritätsgefühls, am bekanntesten als sogenannter todesschrei.

Baal *streichelt ihn* hat dich niemand gehört?

der Knabe nein.

Baal kannst du denn nicht lauter schreien?

der Knabe nein.

Baal *zu Lupu* dann nimm ihm auch den andern groschen!

Lupu nimmt ihm den andern groschen und beide gehen unbekümmert weiter.

Baal *zu Lupu* der gewöhnliche ausgang aller appelle der schwachen.

Aufwärmen nach dem Prinzip – Aktion und Reaktion

Wir brauchen diese Übungen zur Vorbereitung der szenischen
Untersuchungen am Brecht-Text.

Ruhe und Bewegung
als Arbeitsprinzip

Einatmen – aktive Bewegungsphase

Ausatmen – passive Ruhe- und Haltephase

Übungen zu zweit: „Eine Bewegung du, eine ich."

Thema einführen und szenisch erfinden

• Suche nach Handlungsmöglichkeiten

Vorhaben benennen
und durchsetzen

„Du willst etwas dringend haben, hast aber kein Geld mehr, um es Dir zu
kaufen."

(jeder soll zunächst allein erfinden und spielen)

„Du bemerkst, daß du blank bist, Du überlegst eine Taktik, wie du zu Geld
kommen kannst." (3 grundsätzliche Möglichkeiten = arbeiten, steh-
len, schlauchen)

„Du führst die Taktik aus."

(zu zweit oder zu dritt spielen erlaubt)

Text vorlesen, offenes
Ende

Keunergeschichte vorlesen (oder in Kleingruppen austeilen),
das Ende offenlassen. Gruppen erfinden Lösungsmöglichkeiten, wie die Geschichte ausgehen soll. Dann wird mit Brechts
Vorschlag verglichen. Die erfundenen Handlungsvorschläge
weichen möglicherweise von Brechts Vorschlag ab und werfen
Fragen auf.

Szenische Untersuchung und Darstellung

Figur auswählen
Tableau stellen

• Jeder Spieler wählt sich eine Figur, die er gern sein will. Er
sucht sich einen Partner und bereitet mit ihm zusammen eine
Figurenkonstellation (Tableau) „Baal und Lupu" vor.
Hinweis: Erinnern an die Statusübungen aus dem Improvisati-
onsworkshop (Darstellung der Unterschiede und Gegensätze)

verschiedene
Konstellationen

• Die Gruppe wird geteilt in Darstellende und Betrachtende.
Einzelne Tableaus werden betrachtet, die Figuren erraten und
genauer beschrieben. Beispiele für Konstellationen:
Lupu himmelt Baal an / Baal stellt den überlegenen Fachmann
heraus / der Junge unterwirft sich
(In den von den Spielern vorgestellten Bildern fand sich in keinem Falle Gleichberechtigung zwischen den Figuren.)

vorwiegend ohne
Worte

• Sich ausdrücken über Gruppierung (Arrangement), Gesten
(Körpersprache) und Empfindungslaute, um die Vorgänge ge-
stischer zu zeigen. D.h., die Szenenabschnitte können wie eine
Bilderfolge gespielt werden.

ansagen, was man
tun wird

• Vor jeder Aktion sagen: „Ich mache jetzt das!"
(Erst ansagen und es dann tun/ Pausen halten/ deutliche Gesten)

Jedes Paar bringt sein Bild in Spannung, wie wenn man einen Bogen spannt, der auf einen Impuls hin abgeschossen werden soll. Wird das Bild ein Stückchen weiter gespielt, der Bogen abschossen, läuft die Handlung ein Stückchen weiter.

Zu jeder betrachteten Handlungssequenz gibt es eine Beschreibung.

Beispiele für diskussionswürdige Haltungen und Handlungen:

Baal schlägt den Jungen, um ihn zur Gegenwehr zu zwingen

Lupu beschenkt den Jungen, um ihn zu trösten

der Junge stiehlt Baal die Brieftasche

Bemerkung: Die Darstellungen waren deutlich und spannend, auch spaßig. Figuren wurden konkreter. Zu manchen Sequenzen entspann sich eine lebhafte Diskussion über die Wahrscheinlichkeit dieser Handlungen, über Widersprüche in der Haltung und Auffälligkeiten in der Distanz.

lebhafte Diskussionen

Frage der Spielenden: Sind die Beispiele zu drastisch?

sich fragen, was zu tun ist

• Vor jeder Aktion fragen: **Was mache ich jetzt?**

Szenen werden erneut und ohne vorherige Absprache untereinander gespielt. Die Spieler beachten das Prinzip der Aktion-Reaktion, der Ruhe und Bewegung. Es können spannende kleine Abschnitte mit großer Genauigkeit im Verhalten der Figuren entstehen. Die Figuren arbeiteten taktisch an der Durchsetzung ihrer Pläne. Es kommt zu überraschenden Gesten, Blicken und Gruppierungen.

hilfreiche Technik für handelnd Untersuchende

Bemerkung: Anschließend wurde die Bedeutung des Zeigens und Tauglichkeit dieser Methode zum Zeigen-Lernen besprochen. Dieses (verfremdete) Herangehen erlaubt, den Mechanismus zu untersuchen und zu erkennen, wie sich die kleinen Schräubchen drehen, wie etwas funktioniert und warum. Damit ist die Brauchbarkeit dieser Technik im „Theater in der Erziehung" nachgewiesen.

→ „Operatives Theater" nach Brecht

Gespräch zur Spielleiterdidaktik

Fragen der Studierenden:

Umdenken für die Schule

Wie sollte die Eröffnung des Spiels aussehen, wenn diese Geschichte im Unterricht angewendet werden soll?

Antworten: Vorlesen – Nachspielen/ vorlesen mit offenem Ende/ Schüler erspielen Varianten auf Grund ihrer Wünsche, ihrer Vorstellungen und ihrer Erfahrungen mit der Wirklichkeit

• Welche Fragen könnten mit den Schülern zur Erörterung kommen?

Antworten: Wie sind die einzelnen Menschen/Figuren und welche unterschiedlichen Merkmale weisen die Verhältnisse zwischen ihnen auf? (Abhängigkeit, kühle Distanz, Rivalität, Erpressung, Freundlichkeit, Macht, Liebe usw.)
• Welche Fragen könnten die szenische Phantasie der Schüler herausfordern?

viele Fragen beginnen mit W

Was ist vorher passiert?
Woher hat der Knabe das Geld?
Woher kommt der Junge, der dem Knaben das Geld wegnimmt?

Motivation und Planung

Aus Welcher Situation/Motivation kommt Baal zu seinem Verhalten?
Welchen Plan verfolgt Lupu?
Was bereitet den einzelnen Figuren Schwierigkeiten?
Wie schätzt eine Person die andere ein?
(Alle Fragen können auf unterschiedliche Art und Weise – mit Worten, singend, pantomimisch, szenisch, als Comic – beantwortet werden.)
Wie kann man die Figuren besser kennenlernen?
(Szenen erfinden: im Sandkasten/in der Kneipe/über die Frauen redend/vorm Chef stehend usw.)

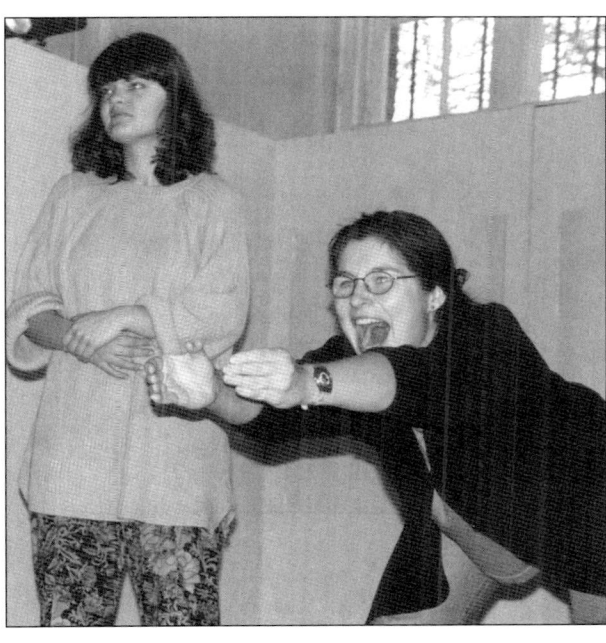

Das andere Schneewittchen

Zugangsversuche zu Spiel und Darstellendem Spiel mit 16jährigen Schülern – über Märchen? Was reizt sie an einem Spiel
um ein Märchen herum? „Gar nichts" oder sich über möglichst
viel lustig machen, alles „gegen den Strich" spielen.

Märchen -
Wirklichkeit

Sind das brave Schneewittchen, der kaum in Erscheinung tretende König, die böse Stiefmutter, die fleißigen sieben Zwerge
des Märchens geeignet als Material zum Abarbeiten von Erfahrungen mit heutiger gesellschaftlicher Wirklichkeit?

Vom Märchenhaften zur Groteske

Anfangs sollte unsere Geschichte äußerlich noch wie ein Märchen aussehen: Die Königinnen (es gibt ja zwei im Märchen)
und Schneewittchen trugen prächtige Kleider, der König einen
goldbestickten Rock, der Prinz samtene Pluderhosen, die Zwerge rote Zipfelmützen (sonst aber moderne Arbeitskleidung: der
Koch wie ein Koch...) – der Spiegel allerdings war schon mit
bunten Lämpchen dekoriert, die aufleuchteten, wenn er sprach,
und die Jäger waren Soldaten in Militärkleidung...

Später wurde weiter modernisiert, denn aus den Improvisationen zu den einzelnen Szenen ist mit der Zeit eine bitterböse
Geschichte geworden, die viele aktuelle gesellschaftliche Bezüge
aufgriff und provozieren wollte – und das kam so:

Figuren drehen

Kind in kaputter
Ehe

Der König ist ein Schwein, er behandelt seine Frau schlecht
und verjagt sie schließlich – wie das zeigen? Eine Szene am Familientisch: Vater und Mutter zerren an der Tischdecke, das
Kind sitzt dazwischen und rettet sein Glas. Der Vater ißt rasch
und sorgt gleichzeitig dafür, daß seine Frau immer zu kurz
kommt, jedesmal, wenn sie zugreifen will, wird das Essen abgetragen. Die Frau will mit ihrem Mann reden, sie versucht ihn
anzusprechen, er verschanzt sich hinter seiner Arbeit (wörtlich:
er stellt den Aktenkoffer vor sich auf den Tisch) usw.

Schneewittchen ist gemein, sie hat aus ihren Beobachtungen
gelernt und wendet alles so an, daß sie immer oben und die
anderen immer unten sind: Zur Entscheidung gezwungen wählt
sie die Krone und nicht die Mutter, ihre Dienerin läßt sie schuften und behandelt sie schlecht, den Zwergen macht sie mit Geld
klar, daß sie alles bestimmen kann, daß sie von ihr abhängig
sind, der Prinz, den sie am Ende nur aus Besitzgier nimmt, wird
von ihr genauso behandelt, wie ihr Vater ihre Mutter behandelte: (Aus dem Spielprotokoll: „Insgesamt die letzte Szene mög-

lichst genau wie die Anfangsszene spielen, nur daß Schneewittchen jetzt die Rolle des Königs, des Reichsten und Mächtig-
sten, einnimmt, daß sie die Diener mit ihren Blicken zu unter-
würfiger Haltung bringt, daß sie den Prinzen an einer Leine
hereinzieht, aber wenn sie das Publikum entdeckt, spielt sie angeblich gute Ehe vor – tatsächlich aber ersetzen Geschäfte das
menschliche Zusammenleben, der Prinz darf nicht reden, er wird

das Glück von
Geschäft und Geld

wie ein Hund behandelt, weil er weniger Geld eingebracht hat...
Es muß möglichst so gespielt werden, daß der Zuschauer er-
kennt: Die Geschichte geht jetzt wieder von vorne los – nur das
Kind fehlt noch...")
Die Zwerge sind feige, weil ihr „Chef" sie dauernd erinnert:
„Denkt daran, wir waren mal sieben! Sieben, Kollegen! Und wie-
viel sind davon übrig geblieben?" (Es spielen also gar nicht mehr

die Zwerge sind
arbeitslos

alle sieben Zwerge mit, weil nicht mehr alle Arbeit haben...)
Einerseits soll sichtbar werden, daß die Zwerge ihre Arbeit
lieben und sie gern machen (obwohl sie auch Pausen und Ab-
wechslungen genießen), und daß sie zusammenhalten (trotz
kleiner gegenseitiger Sticheleien) – aber andererseits werden
sie korrumpiert durch Geldscheine und durch die Angst, den
Arbeitsplatz zu verlieren.

Motive aufdecken

Wie wird Schneewittchen so böse? Sie wird weggestoßen, wo
sie Nähe braucht, statt Zuwendung erhält sie Geschenke, die sie

Geschenke statt Liebe

gar nicht will, am Teddybären übt sie Gewalt aus, die sie zwischen den Eltern beobachtet hat, später auch an Menschen: sie
schubst die Diener-Reihe, bis alle umfallen wie Dominosstei-
ne... Den ersten Freund, den sie mag, darf sie nicht behalten,
weil er im Rang nicht paßt, sie heult, bleibt aber in ihrer Schicht
und verläßt ihn.
Falsche Beziehungen: Die Liebesbeziehung zwischen der neuen
Mutter und dem Vater ist nur schlecht gespielte Fassade, dahinter lauern Gier und Egoismus: Die Schüler spielen feierlichen
„Hochzeitsmarsch" und lassen höflich dem anderen den Vor-
tritt – aber beim Essen am Buffet fallen die Figuren aus dem

öffentliche und
private Moral

„öffentlichen" Verhalten in ihren eigentlichen Charakter zurück:
schubsen, drängeln, nehmen weg – dazwischen wieder angeblich
rücksichtsvolles, liebevolles Verhalten – beides mehrmals im
Wechsel, um den Kontrast und die Falschheit der gespielten
Moral deutlich zu zeigen.
Die Treue der Jäger: Sie schwören ständig „Ewige Treue..." jeweils demjenigen, der sie am meisten bezahlt. Sie sind erbar-

Verrat für Gewinn mungslos gegen jeden, der nicht die Macht hat oder sie sich nicht verschaffen kann. (So schaffen sie auch den König schließlich „als Müll" weg…)

Statuskämpfe

Jeder sucht sich einen, den er unterdrücken kann, sogar bei den Zwergen gibt es Rangstreitigkeiten, die aber nicht so heftig sind wie die zwischen dem König und seiner Frau, zwischen Schneewittchen und der neuen Mutter, zwischen Schneewittchen und dem Prinzen. Je mächtiger, desto grausamer und machtgieriger, je unbedeutender, desto lächerlicher.

Gespielt wird, daß Macht nur vom Besitz abhängt, das Motiv der Stiefmutter ist deshalb nicht mehr, die Schönste sein zu wollen, sondern Schneewittchens Erbe ganz an sich zu bringen, nachdem sie den König beiseite schaffen ließ, und deshalb verspricht sie sich auch: „Spieglein, Spieglein an der Wand, wer ist die Reichste im ganzen Land?"

Nachdem Schneewittchen aus dem tödlichen Wettkampf schließlich als Siegerin hervorging und die Königin tot ist, überschlägt *reich sein wollen* sie, ob sich die Verbindung mit dem Prinzen lohnt – und er tut dasselbe: Beide drehen sich den Rücken zu und rechnen auf ihren Taschenrechnern rasch aus, was der Partner einbringt. Dann erst drehen sie sich um, schauen sich tief in die Augen und spie- *kitschige Liebesszene* len eine kitschige, verlogene Liebesszene, in der jeder dem anderen ewige und uneigennützige Liebe schwört.

Das Erfinden und Zuspitzen solcher entlarvenden Situationen, das Abarbeiten von Ängsten durch die groteske Gestaltung ist das, was die älteren Schüler im Spiel suchen.

Von Spielideen zum gespielten Stück

Wenn sich die Gruppe dafür entschieden hat, ein Anti-Märchen zu spielen, dann konsequent bei dieser Entscheidung bleiben: *Vergleiche* alles weglassen, was den Gegen-Text beeinträchtigen, von der *Text – Gegentext* Gesamtaussage ablenken könnte, also störende Figuren, Situationen – evtl. auch einen anderen Schluß erfinden…

klares Konzept Sich klar entscheiden, welche neue Geschichte man vorspielen will, die den Zuschauern etwas mitteilen soll, worauf sie (bei diesem bekannten Märchen) von allein nicht gekommen wären: z.B. das „andere" Schneewittchen, das durch die und die Einflüsse so und so geworden ist und sich gemein verhält (im Gegensatz zum Märchen, wo sie ein Opfer ist). Alle anderen Figuren diesem Konzept unterordnen, welche Rolle spielen sie darin? Jede Einzel-Szene *klare Aussage* muß einen Beitrag zu diesem Gesamtbogen leisten. Die Figuren einerseits vielfältig, individuell gestalten, andererseits **eindeutige**

Haltungen herausarbeiten, damit sich der Zuschauer orientieren kann. Es macht riesigen Spaß, Werbung, Industrie und Medien auf die Schippe zu nehmen, die Schüler sind darin mächtig erfindungsreich. Die Königin beschimpfte z.B. den „Spiegel", daß er ständig Lügen verbreiten würde, daß sie ihn einstampfen würde. Die Mittel der Mordversuche bot die Königin als „Gratis- und Billig-Angebote" auch dem Publikum an. Diese Gags machen auch den Zuschauern Vergnügen (Wiedererkennungseffekt/Variation), und wenn sie gut sind, sollen sie bleiben, aber vorsichtig verwenden, **nicht nur Gags aneinanderreihen**, sie dürfen nicht den eigentlichen Sinn des Spiels zudecken.

Vorsicht vor Gags

Phantasie und Spiellust der Gruppe sind total wichtig – deshalb sollte auch nach dem Finden der wirkungsvollsten Darstellung noch **Raum für Improvisationen** und spontane Einfälle bleiben.

Ergebnisse dieses Spielversuchs:

- Zunächst ging es um Suchen und Entdecken von „Reiz-Wörtern, Reiz-Situationen, Reiz-Verhalten", und zwar solchen, die an eigenes Erleben erinnern – oder umgekehrt.
- Aus Übungen und Spielerkundungen ergaben sich Formen und Gestaltungsideen.
- Die gefundenen Szenen wurden zu einem Spiel zusammengefügt.
- Der Wunsch nach theatraler Darstellung vor Zuschauern entstand, die Gruppe mußte neue Erfahrungen machen.

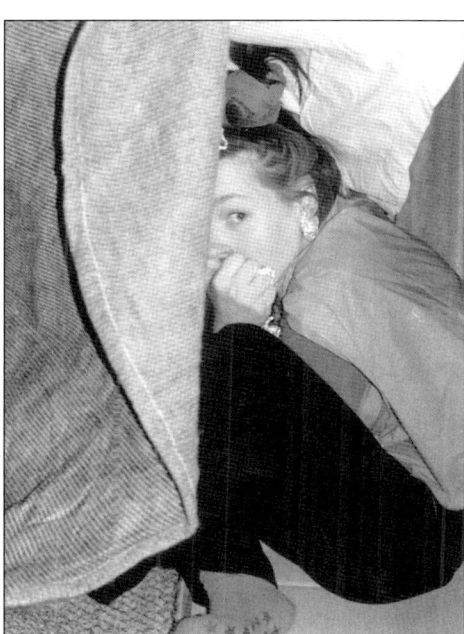

4.3 Figural-mediale Theaterformen

Begriffsinhalte

Eigentlich sollte dieser Abschnitt „Mediale Theaterformen" überschrieben werden. Das moderne Theater der Dinge, Objekte, Puppen und Masken wählt eine Darstellung mittels eines materiellen Mediums, das als Instrument des Spielers und zugleich als eigene Bildgestalt auftritt. Schattenspiel, Maskenspiel, Puppenspiel wurden also nicht aus Gründen des „leichten Einstiegs in das Darstellende Spiel" oder des „Schutzes des Spielers hinter der Maske" gewählt – sondern weil diese Theaterformen das theatrale Prinzip, sich über ein Medium, ein mediales Zeichen zu äußern, es als „Sprache" zu benutzen, am raschesten klarmachen. Die Verwendung des Begriffs „mediales Theater" in Verbindung mit den neuen technischen Medien (siehe L.Gruber, in: Lippert 1998, S.138 ff.) könnte jedoch zu Verwirrung führen, weshalb hier auf den traditionellen Begriff „figurales Theater" zurückgegangen wird – obwohl er nicht denselben Bedeutungsraum repräsentiert.

nur leichter Einstieg?

Neutralmasken

Zweifellos ist der erste *Einsatz weißer Neutralmasken* für die Spieler eine große Hilfe, um die Aussagekraft nonverbaler Ausdrucksmittel zu erfassen. Wenn eine Haltung wie Trauer, Verzweiflung, Demut, Stolz, Überheblichkeit usw. dargestellt wird, erkennt man den deiktischen und symbolischen Charakter der körpersprachlichen Zeichen verstärkt. Die Spieler machen durch Beobachtung der anderen Maskenspieler und durch die eigenen Anstrengungen, eine Aussage ohne Mimik und Sprache deutlich verstehbar zu übermitteln, die Erfahrung, was überhaupt *als Zeichen erkannt* und akzeptiert wird – und was beliebig, zufällig, zerstreut bleibt.

theatrale Zeichen erkennen

Bildhafte Zeichen

Eine gestaltete Maske verändert sofort den Spieler, macht ihn noch deutlicher zu einer *fiktiven Person,* als es die Vereinbarung „jetzt spiele ich eine Person, die ich nicht wirklich bin" zwischen Spieler und Publikum erreicht. Der Darsteller hat nun die Aufgabe, seine persönlichen und privaten Bewegungen der Masken-Person unterzuordnen – was paßt zu ihr, was nicht. Damit wird der Schritt in Richtung theatrales Spiel für den Spieler beschleunigt, während er sich beim personalen Spiel viel länger mit seinem eigenen ICH herumschleppt, ehe er fähig ist, nur genau das aus seiner Persönlichkeit in das Verhalten der

der Spieler ordnet sich der Figur unter

gespielten Figur hinüberzunehmen, was sie noch verträgt und was sie andererseits bereichert. Dieser *Spiel-Charakter*, der dem Publikum in jeder theatralen Veranstaltung bewußt ist, zeigt sich bei den medialen Theaterformen besonders rasch und vergnüglich.

Jede Theateraufführung versucht, sich über *bedeutungstragende Bilder* auszudrücken, vor der Mitteilung über Worte stehen die bildlichen Zeichensysteme, die der Zuschauer im „Schau-spiel", im Theater (griechisch: theatron = „Raum zum Schauen") zuerst wahrnimmt. Die figural-medialen Theaterformen stellen erprobte Rahmen und wirkungsvolle bildhafte Elemente für diese Bilder bereit – die von den Darstellern mit Bedeutung gefüllt werden müssen oder auch als Anregungen für neue Erfindungen gebraucht werden können.

visueller
Bild-Charakter

Der große Nutzen der Beschäftigung mit figural-medialen Theaterformen besteht also vor allem darin, daß die Spieler rascher in das Wesen der theatralen Darstellung eindringen.

Erfahrungs- und Erkenntnisprozeß

Im Lehramtsstudium gliedert sich die Arbeit mit figural-medialen Formen in einen langfristigeren *Erkenntnisprozeß* ein:

Zunächst wird dem Spieler die unübersichtliche Ganzheit von Darsteller-Subjekt-Figur weggenommen (die schon in Rollenspielen und Improvisationen vorhanden war), die *Darstellungsaufgabe wird reduziert* und *der Gestaltungsraum eingeschränkt*.

Reduzierung und Fokussierung

Er muß sich stärker auf *ganz bestimmte Formen und Techniken* der Gestaltung einstellen und lernt, daß mit der Reduzierung zugleich auch eine stärkere Fokussierung verbunden ist: Jetzt werden sogar einzelne Bewegungen wie die Haltung oder Neigung des Kopfes, der Abstand oder die Nähe zwischen den Figuren, das Tempo und die Dynamik von Teilhandlungen schon als *theatrale Zeichen* wahrgenommen, werden zu Aussagen, weil sie innerhalb des bedeutungtragenden Systems Theater vorkommen.

feste Formen

Die Studierenden erhalten Einblick in die spezifische Charakteristik figural-medialer Theaterformen, damit auch in überlieferte, festgelegte, bewährte Elemente der Gestaltung. Gleichzeitig erfahren sie, daß innerhalb des gegebenen Formrahmens eine Fülle weiterer Erfindungen möglich ist, daß es *Raum zum Experimentieren* gibt.

experimentelle Offenheit

Grundeinsicht bleibt jedoch: „Die menschliche Gestalt und ihre Gestik sind die wirkungsvollste Quelle der Suggestion auf der Bühne"(Esslin 1989, S.48), deshalb wird jedes mediale Theaterwesen, wie vereinfacht, grotesk, wie phantastisch, verzerrt oder

das Menschliche des Medialen interessiert

verfremdet es auch erscheinen mag, immer daran gemessen werden, in welcher *Beziehung* es zu den menschlichen Darstellern und Zuschauern und ihrer *Realität* steht.

Die folgenden Beispiele zeigen Ausschnitte aus der Arbeit mit den figuralen Theaterformen Schattenspiel, Maskenspiel, Puppenspiel und versuchen jeweils am Ende eine zusammenfassende „Checkliste" zu ihrer Besonderheit aufzustellen – die sicher noch erweitert und ergänzt werden kann.

Ein besonderes Puppenspiel

BUNRAKU

Anregungen einer japanischen Puppenspieltechnik

Studenten und Puppenspiel? Angeregt von Rudi Müller-Poland, Berlin, kamen wir auf die Idee, uns an den etwa dreiviertel lebensgroßen Puppen des BUNRAKU zu orientieren. Jede Figur wird dabei von drei Spielern geführt, der Text, dem auch Erklärungen des Handlungsortes und der Stimmung beigefügt sind, wird von einem Sänger vorgetragen. Durch diese seit dem 17. Jahrhundert immer weiter spezialisierte Darstellung erreichte das BUNRAKU sein hohes Kunstmaß.

Was konnten wir daraus übernehmen, was wollten wir ändern?

„Bruststück"

• Wir bleiben hinter der Puppenbühne, in diesem Fall 1,20 m hohe und 4 m breite schwarze Stellwände, die Puppe tritt also nur bis zum Bauch auf – während die japanische Puppe ganz auf der Bühne erscheint.

eine lebendige Hand

• Der Kopf der Puppe wird von der linken Hand an einem Stab geführt, eine körperlich schwere Aufgabe – die rechte Hand des Spielers (mit Handschuh) ist die lebendige Hand der Puppe – die japanische Puppe hat Puppenhände.

Puppenführer spielen mit

• Der Puppenspieler ist stets zu sehen, er spielt sogar mit, auch mal gegen die Puppe – im BUNRAKU halten sich die Puppenführer dunkel verkleidet im Hintergrund, nicht sie wollen gesehen werden, die von ihnen geführte Puppe steht im Zentrum.

Stimme kommt vom Spieler

• Die Puppenführer sprechen auch den Text ihrer Figur, nur in Sonderfällen werden Stimmen von außen eingesetzt: wenn der Fährmann der Unterwelt mit hohler, weittragender Stimme den Höllenfürsten anruft oder wenn Engelschöre (mit Flüstertüten verstärkt) warnen: „Faust! Faust! Judicatus es!" – im BUNRAKU sind die Puppenführer stumm, ein Sänger erzählt die Geschichte.

Musik und Geräusche

• Musik wird selbst zum Erzähler, sie gehört unbedingt dazu! Man kann zusätzlich auch einfache Geräuscheffekte einsetzen: Ketten klirren auf einem Kuchenblech und Trommeln grummeln, wenn die Teufel rumoren; ein Gong imitiert die Turmuhrschläge vor Fausts Ende; die Tonleiter des Xylophons rauf: die Gei-

ster erscheinen, und runter: sie verschwinden – diese „Musik"
ist nicht zu vergleichen mit der japanischen Begleitung durch
das Zupfinstrument Schamisen, aber sie erfüllt sehr gut die Pup-
penspiel-Erwartungen der Zuschauer.

Besonderheiten des Puppentheaters

Moderne Einsichten in das Wesen des Puppenspiels:

Symbol

➤ Die Puppe ist nicht eine bloße Nachbildung des Menschen,
sondern ein Produkt künstlerischer Phantasie. Sie bleibt stets
ein bildnerisch-plastisch gestaltetes Symbol für menschliche Verhaltensweisen und Eigenschaften, das fühlen, denken, handeln
kann (auch wenn die „Puppe" nur ein einfaches Stück Holz
ist).

Medium

➤ Das tote Material der Puppe wird durch zielgerichtete Bewegungen des Puppenführers belebt zu einer „Art Mensch", zu
einem „Als-ob-Mensch", sie wird zum Medium in den Händen
des Puppenspielers, sie wird als phantasievoller und variabler
Darsteller und zugleich als Material geführt.

belebtes Material

➤ Für die Zuschauer verwandelt sich die Puppe in ein handelndes Subjekt, sie verkörpert die dramatische Gestalt, die ihm Einsichten vermittelt und Vergnügen bereitet, zugleich bleibt der
wahre Charakter des belebten Materials bewußt und führt zum
Erfassen der symbolischen Bedeutung des Spiels.

stilisiert
Typ

➤ Die Puppe wird vom Spiel und durch ihr Material bestimmt
(weich, hart, biegsam, gummiartig), sie ist viel farbiger oder
auch viel einfacher, stilisierter als ein Mensch, hebt nur wenige
charakteristische Züge hervor, und kennzeichnet dadurch viel
deutlicher den darzustellenden Typ oder das Wesen der Figur.

komisch und poetisch

➤ Dramaturgisch betrachtet ist Puppentheater ein Theater der
Kontraste, des Komisch-Grotesken, auch der Poetisierung und
Stilisierung. Ein Puppenspiel führt vor und karikiert gleichzeitig
(schon wegen der lustigen Person, des Hanswurst oder Kasper).

➤ Eine moderne Auffassung von der Puppe betrachtet sie nicht
mehr als „kleinen hölzernen Schauspieler", sondern – sie ist die
„körperlich gewordene, vergegenständlichte Poesie des Theaters".

Grundzüge des Puppenspielens

Vollkommenheit sollte nicht das Ziel unseres Puppenspiels sein,
aber unbedingt Lebendigkeit und überzeugendes Spiel. Mathi-
as Baxmann, Berlin, ein Puppenspiel-Künstler, wies die Studenten in die Geheimnisse der Puppenspielkunst ein und verriet
einige Tricks, wie man die leblosen Puppen lebendig machen
kann:

Respekt
vor der Puppe

- Das wichtigste ist der **Respekt vor der Puppe**: Sie sieht so phantastisch aus, sie hat so viele Eigenheiten, die man erforschen, auf die man ständig neugierig sein soll. (Die Puppen müssen sorgfältig aufbewahrt werden, und die Spieler sollten sich bei der Puppe entschuldigen, falls sie mal irgendwo mit ihr angestoßen sind…)

Faszination

- **Die Puppe steht im Mittelpunkt**: Von den gebastelten Spielfiguren geht eine besondere Faszination aus – es ist nicht wahr, daß sie nicht in gleichem Maße fesseln können wie der leibhaftige Darsteller – im Gegenteil: Die Zuschauer richten ihre Aufmerksamkeit voll auf die Puppen – die Spieler sind zwar daneben zu sehen, werden aber „übersehen". Im Zentrum des Spiels steht das „sprechende" Material.

    (Vorübungen, in denen z.B. ein Löffel, ein Strick, ein Bauklotz belebt werden, sich als „Personen" mit besonderen Eigenschaften verhalten, auf spezifische Weise „denken und sprechen", machen den Schülern das Problem deutlich, und bereiten darauf vor, daß jede Puppe ein „Individuum" sein muß.)

Präsenz
und Wirkung

- Der Puppe **Zeit lassen**: Wenn die Figur auftaucht (von unten, von hinten, von oben oder von der Seite…), dann muß sie erst mal einige Zeit präsent sein und sich in Ruhe von den Zuschauern betrachten lassen – und ihrerseits auch die Zuschauer mustern. So wird ein Kontakt hergestellt. Beachtet man das nicht, ist das Publikum noch damit beschäftigt, sich über die Eigenheiten der Puppe zu amüsieren und bekommt den Anfang der Handlung nicht mit.

Man kann auf die Wirkung der Puppe vertrauen: auch wenn sie nicht handelt, nur umherschaut oder sogar nur in eine Richtung blickt, erscheint es dem Zuschauer, als ob es in der Puppe arbeite.

Gefühle in Bewe-
gung umsetzen

- Der Puppe **Raum geben**: Das bezieht sich auf viele Dinge: z.B. wenn die Puppe wütend ist oder nachdenkt, so muß sie die innere Unruhe in äußere Bewegung umsetzen, d.h. sie braucht viel Platz auf der Bühne und wandert vielleicht hin und her, um ihren Gemütszustand zu veranschaulichen.

Wenn zwei Puppen (oder mehr) zugleich auf der Bühne sind, dann dürfen sie sich nicht gegenseitig die „Schau stehlen", d.h. wenn eine Puppe aktiv ist, macht die andere nichts außer zuzuhören. Diese Fokus-Bildung ist beim medialen Spiel noch wichtiger als im personalen Spiel.

wenige Bewegungen

- **Sparsame Bewegungen** – eine Grundregel. Sie erwächst schon aus dem begrenzten gestischen Repertoire der Puppe.

(Vorübungen mit den Schülern: was alles kann meine Puppe überhaupt?)

Man muß streng darauf achten, daß die Puppe nicht zu viele Bewegungen macht: eine Regung mit der Hand oder eine Neigung des Kopfes können genügen. Man muß keineswegs die Worte illustrieren. Die ständigen Bewegungen würden die Wahrnehmung der Stimmung und des Wesentlichen einer Szene stören.

große, eindeutige Gesten

• Die **Bewegungen groß machen:** Die Gesten sollte man auf die Aussage konzentrieren und darauf achten, daß sie eindeutig sind. Was man macht, sollte man groß machen, die Puppe vergröbert, typisiert und stilisiert. Dadurch wird sie auch schnell grotesk – man muß prüfen, welche Wirkung entsteht und mit dem vergleichen, was man beabsichtigt hatte. Absurdes und Groteskes sind schnell überzeugend. Es ist also ein Irrtum zu glauben, daß die eigenen Bewegungen des Figurenspielers auf die Puppe übertragen werden können – das zeigt auch das folgende Beispiel.

• **Die Puppe blickt anders:** Blicke sind im Theater ein wichtiges Mittel der Kommunikation. Damit sie auch der Puppe zur Verfügung stehen, muß der Spieler zuerst die Blicke überprüfen.

(Vorübungen: Nur wenn der Spieler weiß, wohin die Puppe bei welcher Kopfhaltung wie „schaut", kann er auch richtig mit ihr agieren.)

Da die Augen nicht beweglich sind, muß der Kopf jeweils so gedreht werden, daß der Zuschauer den Eindruck bekommt, die Figur blicke in eine bestimmte Richtung.

aneinander vorbei-schauen

Schauen sich die Figuren an, tun sie das nie direkt, sondern in einem Bogen in Richtung Publikum. Der Spieler vermutet, die Puppen schauen aneinander vorbei, aber die Zuschauer sehen, daß sich die Figuren anschauen. Die Puppen leben durch ihr Gesicht, und davon soll der Betrachter möglichst viel sehen. Wenn die Puppe „liest", so muß man darauf achten, daß der natürliche Abstand zwischen Buch und Kopf eingehalten wird. Der Arm mit dem Buch bleibt stabil, die Augenbewegung übernimmt der Kopf.

(Was sich sehr gut macht: erst „lesen", dann aufblicken und dann vielleicht einen Kommentar ans Publikum…)

• **Charakteristische Bewegungen:** Der Zuschauer sollte immer erkennen können, wann eine Bewegung anfängt und wann sie endet, denn das gibt der Figur Charakter und läßt die Geste nicht so verwischt erscheinen.

Einrasten, Toc

Hier gibt es einen Trick, den man auch in der Pantomime finden kann, das sogenannte „Einrasten" bei jeder Gebärde. Es handelt sich nur um eine ganz kurze Bewegung, den „Toc": Will man z.B. den Kopf der Puppe drehen, so beginnt man nicht einfach in die gewünschte Richtung zu drehen, sondern dreht kurz in die Gegenrichtung, dann „rastet" der Kopf ein, dreht sich wie gewünscht, und beim Beenden der Aktion kurz und schnell überziehen — und rasch zurück in die gewünschte Endposition, einrasten. Auf diese Weise bleibt die Puppe ein Materialwesen. Der Zuschauer ist gerade von diesem Kontrast fasziniert: einerseits sieht er deutlich eine geführte Sache, andererseits gewinnt sie die Lebendigkeit eines individuellen, vermenschlichten Wesens.

Geräusche definieren Spielsituation

• **Geräusche und Musik:** Da die Puppen nur wenig Gesten haben und auch nicht allzuviel sprechen sollten, helfen Geräusche, eine Situation zu definieren: Wenn das Surren einer Fliege ertönt, werden die Kopfbewegungen der Puppe sofort damit in Zusammenhang gebracht — und sind klar.

Will man eine große Entfernung zwischen den Figuren erreichen, obwohl man nur wenig Platz auf der Bühne hat, so muß man nur so tun, als ob der Abstand da wäre — und laut werden. Zwei Figuren, die sich über 2 m etwas zurufen, obwohl sie sich fast berühren könnten, erzeugen durch die Stimme (und den Text) tatsächlich den Eindruck einer riesigen Entfernung.

Anschauliche Musik (auch Licht/Farbe) kann Stimmungen verdeutlichen, in denen die Puppe sofort ganz anders wahrgenommen wird — ein Puppenspiel könnte auch nur aus Bewegungen und Musik bestehen.

• **Die Sprache:** Die Puppe spricht nicht selbst, die Luft kommt nicht aus ihrem Brustkorb (obwohl sie auch „atmen" kann), die Worte sind vom Darsteller getrennt — deshalb muß ihre Rede auch anders sein als die alltägliche menschliche Sprache. Max Frisch verlangt deshalb für das Puppenspiel eine dichterische, überhöhte Sprache. Genauso gut kann sich die Puppe aber auch nur mit ganz einfachen Geräuschen äußern „Oh!" — „Ah!", weil sie ihren „Text" auch noch durch andere Darstellungsmittel erzählt.

• **Durch Beobachtung prüfen:** Generell immer das Aussehen der Figurenaktionen und die Wirkung der Aussage eines Vorgangs durch Betrachter überprüfen lassen. Die Puppen müssen stets gut gesehen werden, dürfen nicht unter die Spielbande rutschen, die Größenverhältnisse zwischen den Personen müssen stimmen und gehalten werden. Jede Figur hat ein eigenes, indi-

Gesten einteilen

viduelles Repertoire an (sparsamen) Bewegungen — das darf man nicht ständig zeigen, sondern die Gesten einteilen und aufheben für besondere Situationen — sonst sieht der Zuschauer ständig Wiederholungen und ist rasch gelangweilt. Dabei macht die Puppe ganz unwahrscheinliche Dinge: Sie kann sich wahnsinnig

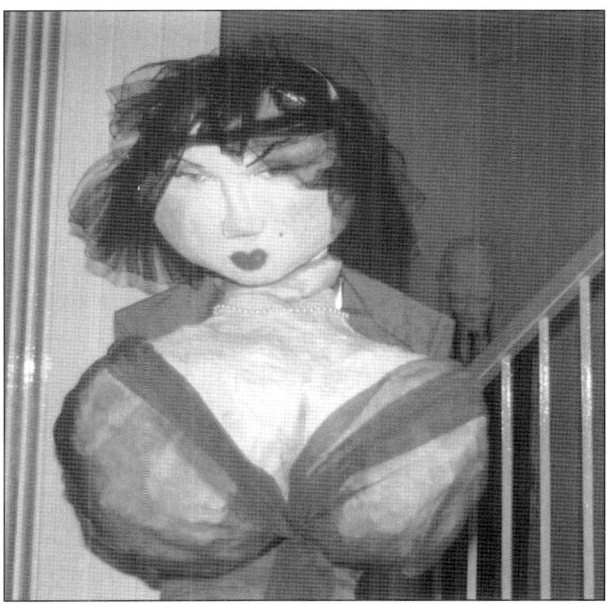

was die Puppe alles kann

schnell bewegen, fast fliegen. Sie taucht unvermittelt von unten auf und verschwindet so auch wieder, sie kann den Kopf wie ein Uhu fast ganz herumdrehen usw… Und durch Zusammenarbeit mit ihrem Spieler vervielfältigen sich ihre Möglichkeiten…

> **Die Grundregel** im Puppenspiel lautet wie immer im Theater: Wer will was warum von wem – wenn man die genau beachtet, sind auch Abweichungen von der oben genannten Spielweise möglich, denn das Handeln der Figur wird motiviert und bleibt plausibel.

„Das Straßburger Puppenspiel vom weltberühmten Doktor Faustus"

Vor dem Spielen lag das Bauen und vor dem Bauen die Entscheidung für ein Stück. Das Puppenspiel vom „Dr. Faustus" lebt schon seit über 300 Jahren und fasziniert noch immer. Es hat nicht nur Marlowe, Lessing und Goethe zu eigenen Faust-Dramen angeregt, sondern ist auch heute noch in vielen Teilen ganz modern.

Ausgangsort der Greifswalder Inszenierung war die literaturwissenschaftliche Auseinandersetzung mit der Historie des Faust-Stoffes. Aus verschiedenen Möglichkeiten entschieden sich die Studenten für den Text der *Straßburger Fassung des Puppenspiels* von 1735, in der es zwar eine Gretel und eine Helena, aber keine Margarete gibt. Das Puppenspiel erzählt auf andere Weise als später

Hölle und Hades

Goethe in seinem Prolog, wie der Plan zustande kam, Faust in die Hölle zu locken: in einer Vermischung von christlicher Hölle und antiker Unterwelt (Charon, Pluto, Styx und Acheron). Mit dem Text gingen die Studenten frei um, kombinierten ihn mit zwei Textausschnitten aus Goethes „Faust I", verwandten Teile aus der dramatischen Bearbeitung von Karl Simrock (von 1846) und an einigen Stellen improvisierten die Darsteller ihre eigenen, aktuellen Texte – dadurch bekam das Spiel Lebendigkeit und Witz. Aber gelernt werden mußte doch, damit man sich auf das anstrengende Spiel konzentrieren konnte.

Die Puppe und ihr Spieler

Normalerweise führt der Spieler Kopf und „Körper" der Puppe (am Hals sind gepolsterte Schultern befestigt, über die das Gewand gezogen wird) mit der linken Hand an einem Stab. Der linke Ärmel ist leer, aus dem rechten schaut die rechte Hand der Figur, die mit einem weißen Handschuh bekleidet ist, damit sie

der Spieler ist zu sehen

deutlich zur Puppe und nicht zum Spieler gehört. Der Spieler soll sich nicht hinter seiner Puppe verstecken, er spricht ihren Text und spielt das Geschehen auch gestisch und mimisch selbst mit. Wir haben also neben der figural-medialen fast noch eine personale Theateraufführung „en taille". Durch das intensive Spiel des Puppenführers verdoppelt sich die Wirkung der Figur – dennoch sehen die Zuschauer vor allem die Puppen. – Aber es gibt Stellen, an denen *die Spieler* in den Mittelpunkt der Aufmerksamkeit rücken:

• Faust senkt verzweifelt den Kopf auf seinen Arm, als ihn die Reue packt – plötzlich ist das Gesicht des Spielers im Focus. Er blickt ernst auf seine Figur, er fühlt und leidet mit ihr.

siehe Fotos

• Faust trifft die „schöne Bürgermeisterin" – wir haben aus dem Botenbericht des Puppenspiels eine richtige Szene gestaltet: Aus ehrerbietiger Annäherung wird inniger Handkuß, liebevoller Kuß und schließlich leidenschaftliche Umarmung der beiden Puppen. Wenn das Paar eng umschlungen unter die Spielbande versunken ist, sind plötzlich die Puppenführer im Blickpunkt. Sie schauen den Puppen erstaunt hinterher, sehen sich an, kommen sich immer näher, blinzeln schelmisch zum Publikum herüber und wählen ebenfalls den Abgang der Puppen, versinken nach unten.

Die Puppe macht sich selbständig

Mephisto war die einzige Puppe des Spiels, die von zwei Spielern geführt wurde. Dadurch konnte sie mit zwei Armen agieren und war auch sonst beweglicher, weil ihr Kopf durch eine rechte Hand gelenkt wurde.

eine Puppe mit zwei Armen

Die beiden Spieler mußten sich das gemeinsame, harmonische Spiel mit dem Teufel hart erkämpfen – denn wer bestimmte, was gemacht wurde? Aus diesen Streitereien erwuchsen aber auch ganz besondere Spieleinfälle:

• Mephisto taucht auf und siegessicher sagt der männliche Puppenführer: „Ich bin Mephisto!" – die Spielerin berichtigt: „Nein, ICH bin Mephisto!" – es folgt ein Blick-Duell über den Kopf der Puppe hinweg, die sich ganz klein macht, dann Entschluß und Chor: „WIR sind Mephisto!" – und die Puppe ist wieder groß da und übernimmt die „Führung".

die Spieler streiten sich,
die Puppe schaut zu

• Bei der Frage „Wo ist der Vertrag für Faust?" steigen die Spieler aus dem Spiel aus und beschuldigen sich gegenseitig: „Du solltest ihn doch mitbringen!" „Nein, du…" – Die Puppe schaut irritiert von einem zum anderen, alle drei sind plötzlich unabhängig voneinander. Als endlich ein Teufel den Pakt bringt, entreißt eine Hand der anderen das Pergament, plötzlich sind vier Hände und Arme im Spiel – bis Mephisto das Spiel an sich reißt und seine Helfer wieder zurücktreten.

Mephisto spielt mit seiner Assistentin: Nachdem der letzte große Betrug an Faust, die Verführung durch die schöne Helena, gelungen ist, spricht der männliche Führer für die Puppe:

„Diesmal heißt es wohl,/wie das Sprichwort sagt: Was der Teufel selbst nicht kann,/stellt er durch ein Weibsbild an!"

Mephisto umarmt seine Spielerin voller Begeisterung und versinkt, von ihrem zarten „Ach!" begleitet, mit ihr nach unten, der Partner schaut ihnen nach und lächelt das Publikum an...

Geteilte schöne Helena

Wie soll man „die schönste Frau der Welt, jene Helena, die selbst die Graubärte Trojas bewunderten" auf einer Puppenbühne gestalten?

• Wir entschieden uns zunächst für ein *eindrucksvolles Äußeres*: Der wohlgeformte kahle Kopf wurde mit einem zarten schwarzen Schleier bedeckt, das Gesicht von einem vollen, kirschroten Mund, leicht verschleiert blickenden Augen, geschwungenen Brauen und zart rosa Wangen bestimmt. Dazu kam ein gewaltiger runder Busen, der nur von durchsichtiger roter Seide bedeckt war. Den Hals zierte eine feine Perlenkette.

Kopf und Busen getrennt

• Aber die eigentliche *Besonderheit der Figur* entstand durch einen Trick: Kopf und Busen waren getrennte Spielteile, so daß die Spielerin den Kopf nach allen Seiten drehen und neigen konnte und auch den Busen wenden, heben und senken konnte. Dadurch war diese Puppe die einzige im Ensemble, die richtig „atmen" und sich viel menschlicher bewegen konnte als die Stabpuppen. Eine einfühlsame Spielweise gab der schönen Helena zarte und weiche Bewegungen und eine verführerische Ausstrahlungskraft.

*Komm...
Komm.
Komm!*

• Im Gegenzug reduzierten wir ihren einzigen Satz „Komme, mein Schatz, und begleite mich auf mein Zimmer". *Ein einziges Wort* „Komm!", in mindestens sieben verschiedenen Klangfarben gefordert, geflüstert, gefleht, gehaucht... gaben der schönen Helena weit mehr „Text", als der eine ausgesprochene Satz geleistet hätte.

Ein anderer Schluß

Alle bekannten Puppenspiele enden damit, daß Faust von den Teufeln in die Hölle gezerrt wird. Das kann durchaus etwas Gruseliges haben, besonders durch die gewaltige Musik, aber durch die komisch-gräßlichen Teufel und den Verlust des Glaubens an höllische Bestrafung wirkt der Schluß dennoch eher belustigend auf heutige Zuschauer.

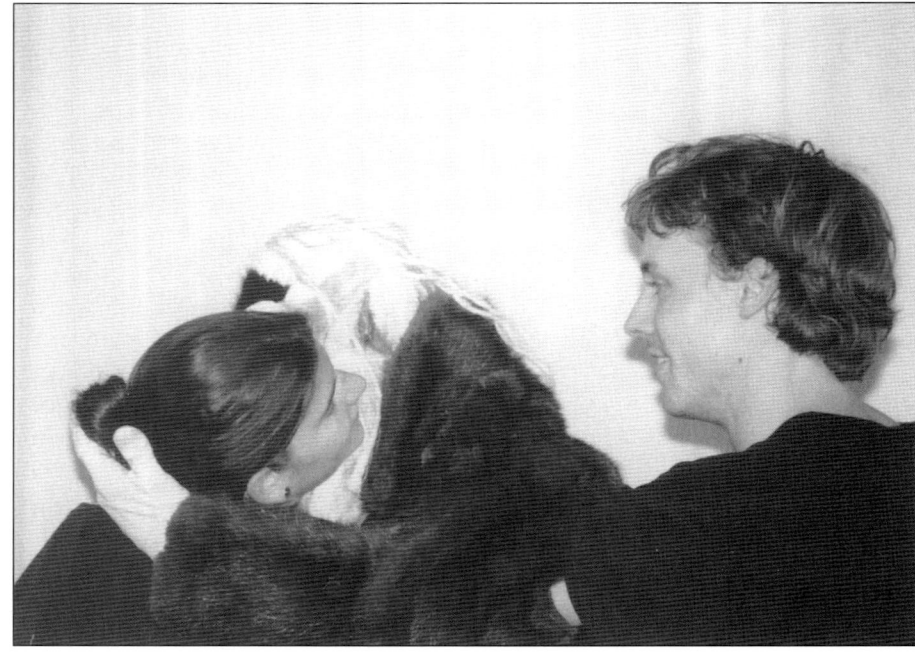

Deshalb haben wir am Ende einen Bogen zur Eingangsszene geschlagen: Wieder taucht in kaltem blauen Licht zum musikalischen Motiv des Anfangs wie ein Fabelwesen, langsam sich wiegend, das sagenhafte Boot der Unterwelt auf. Diesmal lenkt nun der Fährmann Charon den traurigen Faust in seinem langhalsigen, mythischen Gefährt stumm in die Tiefen der Unterwelt — und daraus gibt es kein Entrinnen. Faust muß nun endgültig die Welt verlassen — so haben wir zum Schluß dem Tod den Respekt verschafft, den er verdient.

Maskenspiel I

Vom Bau zur Szene

Jeder entwirft eine Maske für eine Figur seiner individuellen Vorstellung, während und nach dem Bau der Maske lernt man sie dann erst einmal kennen — manchmal ist etwas anderes entstanden, als man ursprünglich vorhatte... Durch Beobachtungen und Bemerkungen der Mitstudenten wird die Aufmerksamkeit für Wirkungen der eigenen Maske erhöht.

Interessant wird es dann, wenn diese Solo-Figuren aufeinander treffen. Man geht mit seiner Maske im Raum umher, bewegt sich, betrachtet die anderen, sucht nach einem passenden Spielpartner — was für eine Begegnung zwischen welchen Figuren ist denkbar? Da ergeben sich plötzlich die spannendsten Spielgeschichten:

kleine
aufregende
Begegnungen

  Der kleine Frosch begegnet dem großen Mond
  Ein stolzer Ritter unterliegt einer schönen Dame
  Ein kühler Herr weist eine leidenschaftliche Frau ab
  Ein mutiger Torero erlegt einen feurigen Stier
  Eine keifende Alte bringt einen wackligen Greis zum Einsturz
  Zwei äußerst vorsichtige Wesen ringen sich zu einem Tanz durch

Die Szenen werden nicht lange einstudiert — sie ergeben sich einfach aus dem improvisierenden Zusammenspiel, manchmal wird ein rasches Konzept verabredet, es kommt auch vor, daß man Unterstützung braucht um ein Ende zu finden oder um das Kernproblem der Begegnung deutlicher herauszuarbeiten, daß die Zuschauer es auch erkennen können. Die Formulierung eines Titels für die Szene hilft dabei (s.o.). Auf Sprache wird verzichtet, hinter der Maske sind höchstens Geräusche möglich (z.B. Schimpfen in Grammolo, nur den Tonfall der Sätze nachahmen, der steigende Entrüstung ausdrückt..), also muß eine eindeutige Körpersprache gefunden werden für das, was man mitteilen möchte. Passende Musikausschnitte können die Bewegungen entwickeln helfen und präzisieren die Aussage. Die

Maske und Musik

Masken sprechen für sich. Auf- und Abgangsmöglichkeiten klären, Vereinbarungen über Spiel-Richtungen, z.B. wie dicht ans
Publikum herangespielt werden soll und eine gut komponierte
Reihenfolge der kleinen Szenen entsteht eine kurze, aber eindrucksvolle Präsentation, die man auch zeigen sollte. Zu viel
Reglement zerstört das Intuitive, die Szenen können Fragment
bleiben.

Maskenspiel II „Armer Ritter"

Prolog

„Auf einer hohen Birke im Garten vor meinem Haus wohnen
zwei uralte Eulen. Sie sitzen den ganzen Tag beieinander in einer Astgabel. Nachts schweben sie vermutlich lautlos im Dunkel und fangen Maulwürfe und Mäuse, aber man weiß nichts
Näheres... Am Tage, wie ich schon sagte, sitzen sie in der Astgabel. Schlafen sie? Hört einmal genau hin. Huh, huh, machen sie.
Ob sie träumen? Nein, sie träumen nicht, sie erzählen sich Geschichten." Da sie aber schon so ur-uralt sind, hat jede Eule eine
andere Meinung von derselben Geschichte. Hört euch mal an,
was sie sagen.

Peter Hacks

Erzähltheater als Ausgangspunkt

Es wurde der Anfang des Märchens „Armer Ritter" von Peter
Hacks vorgelesen, dann abgebrochen und fünf Kleingruppen
erhielten je einen Ausschnitt des Märchens – die übrigen kannten sie nicht. Durch diese mangelhafte Information waren sie
darauf angewiesen, zu ihrem Ausschnitt selbst einen Kontext
herzustellen.

Erzählerrolle und Erzählweise

*auswählen
und entscheiden*

Je nachdem, welche Rolle man sich als Erzähler wählt, wird die
Geschichte auch auf ganz unterschiedliche Weise erzählt: mär-
chenhaft, um die Zuhörer in die Phantasiewelt der Feen zu lok-
ken, abwechslungsreich und spannend, um so wie Scheherezade
nicht die Aufmerksamkeit des Zuhörers zu verlieren, spöttisch
und schnoddrig, um den Abstand zum Erzählten auszudrücken
oder auch wie der Reporter eines Lügenblattes, der aus jeder
Situation eine Riesensensation macht...

Äußerer Erzählrahmen/Situation schaffen

Zuhörer spielen mit

Wie die Zuhörer in besondere Situationen hineingezogen werden können, sie spielten z.B. „Einzug des hohen Gerichts" und
verlangten, daß sich alle von den Plätzen erheben, oder sie zeigten Bilder eines Moritatensängers und erläuterten dazu das schau-
rige Geschehen...

Roter Faden und Spielsequenzen

Erzähler-Rolle

Hauptvermittlung der Story geschieht über den (oder die) Erzähler und seine (ihre) besondere Art zu erzählen. Mimik, Gesten, Stimmklang, auch Kostümteile werden eingesetzt, um eine Figur, eine Situation zu veranschaulichen oder Spannung zu erzeugen. Aber erst darstellerische Aktionen, Spielsequenzen machen die besondere Qualität des Erzähltheaters aus. Der Erzähler kann den Ort oder die Zeit benennen, wo und wann die nächste Szene spielt oder die Personen vorstellen. In der Spielszene ereig-

Spiel-Szenen

net sich nun ein besonders spannendes Moment aus der Handlung, dann nimmt der Erzähler wieder den roten Faden der Geschichte auf, um sie weiter voranzutreiben. Auch Rückblenden können gespielt werden, wie es dazu kam, daß...

Präsentationen Erzähltheater

Es ist sehr wichtig, im Publikum Aufmerksamkeit und bestimmte Stimmungen zu erzeugen. Die Spieler der Gruppe entwickeln Einfälle. In der Präsentation machten die Gruppen ganz unterschiedliche Angebote, Grundstimmung und Erzählton in jedem Spiel boten Überraschendes, Einmaliges und wurden deshalb mit Begeisterung aufgenommen.

Gerichtsverhandlung

➤ In einer streng amtlichen Gerichtsverhandlung wurde der Ablauf des Geschehens nachvollzogen und durch gräßliche Aussprache entstellt.

Erzählerstreit

➤ Es gab einen Streit zwischen Personen, die dieselbe Situation erlebt hatten, sie aber völlig anders erzählten, weil jeder dabei seine eigene Person in ein möglichst günstiges Licht setzen wollte...

Märchenerzähler

➤ Eine richtige „Märchentante" nahm die Zuhörer durch ihren geheimnisvollen Ton und durch die poetische Ausschmückung der Geschichte gefangen, sie wurde vom „Kommentar" zwei alter Uhus unterstützt.

➤ Ein sachlicher Bericht über das Geschehen, der durch drei unterschiedliche Berichterstatter dreimal verschiedenartig ausfiel, wurde mehrmals durch poetische Einlagen unterbrochen:

Moritatensänger

Die „Berichterstatter" verwandelten sich in eine Gruppe von Moritatensängern und faßten in einem gesungenen Couplet jeweils den Ertrag des bisher Erzählten zusammen und bewerteten damit das Verhalten des Helden:

> „Armer Ritter, dummer Held,
> hat sich hinten angestellt..."

Maske und Kostüm

Wir boten den Studierenden verschiedene Techniken an (Draht,
Ton, Pappe als Grundlage) um innerhalb der Gruppe ein größe-
res Erfahrungsvolumen zu schaffen. Einzige Forderung, die gestellt wurde: keine kleinen Gesichter, sondern **möglichst große
Masken** bauen. Je kleiner und zaghafter, desto weniger Eigen-
ausdruck geht von der Maske aus.

Da in erster Linie die Maske wirken soll, sind komplizierte Kostüme zu vermeiden, wo es möglich ist, mit großen Stoffbahnen
das Kostüm eher andeuten (Beispiel: der König). Entscheidend
sind zwei Aspekte:

*Funktion
des Kostüms*

➤ Die Kleidung der Figur muß unbedingt ihr Wesen unterstützen, das von der Maske bestimmt wird.

➤ Das Kostüm muß die charakteristischen Bewegungen der Figur ermöglichen.

Ein eigenes Spiel erfinden

Peter Hacks hat sein Märchen selbst dramatisiert. Der Text ist
sehr schön und witzig durch den selbstsüchtigen schlauen Cas-
perle, da es aber nicht um „Theaterspiel nach einer literarischen
Vorlage" ging, sondern um erste Erfahrungen im Spiel mit selbst-
gebauten Masken, und nur wenig Zeit zur Verfügung stand, kam
dieser dramatische Text nicht in Frage (aber schon das Lesen
bereitete Vergnügen und gab viele Spielanregungen). Die Studierenden hatten sich in die Geschichte hineingedacht, Varianten erzählt , mit ihren Masken charakteristische Figuren geschaffen und wollten nun auch das Spiel selbst erfinden. Diese Erfindung nahm zwei Wege:

*die Eulen als Erzäh-
ler und Sprecher*

➤ Zum einen wurde in gemeinsamer Diskussion eine **Grund-
struktur**, eine mögliche Szenenfolge gebaut. Als **Rahmen** wurden die beiden Eulen aus dem Märchen als Erzähler eingesetzt.
Besondere Farbe bekamen diese Erzähler dadurch, daß sie zu
dem erzählten Geschehen jeweils eine ganz andere Meinung hatten, daß sie auch in Streit gerieten, wer nun „richtiger" erzählt
und die Zuhörer von ihrer eigenen Auffassung überzeugen wollten. Hier wollten die Studenten ihre Erfahrungen aus der Theatergeschichte anwenden: Die gleichen Szenen immer wieder aus
anderer Sicht spielen…

*im Spiel die Szenen
erfinden*

➤ Zum anderen ergaben sich die Spielinhalte aus der praktischen Arbeit beim Üben der Szenen. Jede einzelne Szene steuert
auf eine klare Mitteilung an das Publikum zu – und dazu müssen die passenden Bewegungen und Beziehungen gefunden werden. Für diese **Erfindung im Spiel** wird Zeit gebraucht, weil

man über Versuch und Irrtum geht und erfundene Haltungen von Zuschauern kritisch auf ihre Wirkung hinterfragt, weil kreative Ansätze ausgebaut und zaghafte Spieler in ihrem Mut zu freierer Darstellung bestärkt werden müssen.

Sachhinweise, z.B. zu einigen allgemeinen **Grundsätzen des Maskenspiels** (siehe folgende Übersicht) gehören zu dem erfahrungsbezogenen Lernprozeß. Ein Beispiel: Man muß vermeiden, so an die Maske zu schlagen, daß sie durch den Klang ihr Material verrät – das zerstört sofort die Illusion der Lebendigkeit des Maskenwesens und unterbricht das phantasievolle Mitdenken der Zuschauer.

Maskenspiel üben

Vorbereitung: Das Aufwärmen vor dem Üben der Maskenspielszenen war auf zwei Ziele gerichtet: Es sollte unbedingt eine wirkliche Erwärmung und Lockerung der Muskeln bringen und zugleich Anregungen geben, die in dem folgenden körperorientierten Spiel vielleicht Verwendung finden könnten.

Bewegungsstudien mit der Maske: Zu einer fiktiven Situation („Vernissage") erproben die Studenten im Ausstellungszentrum der Universität für ihre Maske typische Haltungen und Bewegungen.

jede Maske hat typische Gesten

Dabei achten sie darauf, daß die Bewegungen sparsam, deutlich und groß sind, daß die Blickrichtung der Maske deutlich wird und daß unnötiges und verwirrendes „Gezappel" vermieden wird. Die Gruppe beobachtet und kommentiert, für jede Figur muß ein individuelles Bewegungsmuster erfunden werden.

Deutlichmachen von Emotionen und Intentionen: Die Spieler experimentieren, wie bestimmte Gefühle oder Absichten im Spiel zum Ausdruck gebracht werden können:

➤ Angst der Dorfbewohner vor der Bedrohung durch den Drachen

➤ ihr Erschrecken vor seinem Gebrüll

➤ ihre eigene Feigheit und ihre Versuche, den Armen Ritter zum Kampf anzustacheln (oder durch Geschenke zu bestechen)

Sie erkennen, daß beim Maskenspiel, das ohne Sprache, nur mit Geräuschen (oder musikalischer Untermalung) auskommen muß, die Aussage um so wirkungsvoller ist, je eindeutiger, expressiver, überzogener, ja grotesker die Gesten sind, wobei es gleichzeitig wichtig ist, sie auf das Notwendigste zu reduzieren.

vergrößern, expressiver gestalten

Struktur und Rhythmus von Maskenspielszenen: Die Szene ist „Aus Angst vor dem Drachen versuchen die Dorfbewohner den Armen Ritter zum Kampf zu bewegen".

In Gruppenarbeit suchen die Spieler nach Lösungen für aussagestarke Figurenkonstellationen auf der Spielfläche und nach Rhythmen des Zusammenspiels.

Raum und Rhythmus

Ergebnisse der Arbeit:

„Die sieben Schwaben"

• Die drei Dorfbewohner wollen sich *verteidigen*, aber sie haben auch schreckliche Angst. Sie packen gemeinsam einen Besenstiel und schleichen sich in grotesken, ängstlichen Haltungen an einen imaginären Drachen an. Trotz Synchronität können kleine Unterschiede bewußt eingefügt werden, je nach Charakter der Figur: Vorsichtiger, Feigling, Mitläufer. Wenn „Drachengeräusche" ertönen, lassen sie den Spieß fallen – wie das *Chaos der Flucht* gestalten, ohne in Ungeordnetes, Unübersichtliches zu fallen?

„Krisensitzung"

• Die Dorfbewohner *beraten*. Wie sieht das aus? Die Köpfe mit den riesigen Masken eng zusammengesteckt und nach unten gebeugt. Der Inhalt der Situation muß allein durch die Rückenansicht und das Körperspiel erkennbar werden, von den Masken sind nur Teile sichtbar. (Diese wurden mit Hinterkopf gebaut.)

„Mit dem Rücken an die Wand"

• Drachenlaute ertönen, wie die *Angst* zeigen? Die drei drängen sich Rücken an Rücken aneinander. Vorsichtig drehen sie sich so, fest aneinander geklammert, angstvoll nach allen Seiten, mal links, mal rechts herum. Wenn Stille eintritt, erstarrt die Formation – die Spieler müssen den Mut zur Pause aufbringen.

„Hannemann, geh du voran"

• Die Angst wird größer. Einer will sich immer hinter dem Rükken des anderen *verstecken*, rhythmischer Wechsel bei ängstlichem Grundgestus. Schließlich schieben sie den Schmied – als den Stärksten – vor sich her und bewegen sich so über die ganze Bühnenbreite auf den Armen Ritter zu.

„Aufforderung zum Kampf"

• Trübselig sitzt der Arme Ritter auf dem Boden, daneben sein Pferd in noch trübseligerer Positur. Die drei Bauern wollen ihn *begeistern*, machen anfeuernde, kämpferische Gebärden und Geräusche – jeder Spieler muß sich ein eigenes Repertoire seiner Figur dazu ausdenken und sehr mutig wirken. Sie spielen zugleich den Armen Ritter und das Publikum an (das ihren Mut ja schon kennt). Der Arme Ritter wendet sein Gesicht langsam von einem zum anderen und schüttelt den Kopf. Dann schüttelt auch das Pferd den Kopf…

Reflexion: Diese Probenstücke (aus dem Anfang der Szene) machen die Aufgliederung einer Szene in einzelne Vorgänge deutlich.

> Je klarer sich die Spieler das *Ziel* einer Teil-Aktion erarbeiten, desto leichter werden dazu Gestaltungsideen gefunden.
> Es geht darum, für jede Figur einen *Grundgestus* zu finden, dann kann darin auch improvisiert werden.
> Bei *Gruppenaktionen* müssen aber Richtung, Tempo, Dynamik klar sein, damit eine geschlossene Wirkung zustande kommt.

Ein Dialog im Maskenspiel

Die Wende im Märchen spielt sich ab, als der Arme Ritter im Bett der Rosenprinzessin gelandet ist. Ihre Dornen sind tödlich. Bisher hat er sich immer zu allem und jedem überreden lassen – aber diesmal will er widerstehen, obwohl ihm die Prinzessin gut gefällt.

Um diesem Höhepunkt gerecht zu werden, haben die Spieler einen Dialog eingesetzt, und zwar in folgender Weise: Der König und die Kammerzofe halten das Betttuch, hinter dem die Prinzessin und der Arme Ritter stecken, nur ihre Köpfe und Schultern sind zu sehen. Die beiden Eulen geben diesmal nicht ihren eigenen Kommentar zum Geschehen, sondern übernehmen den Dialog der beiden Hauptfiguren, aber als Erzähler:

Masken spielen,   Eule 1: „*'Küß mich', sagte die Prinzessin.*"
Sprecher reden   Eule 2: „*'Lieber nicht', sagte der Arme Ritter.*" usw.

Variabler Schluß

Natürlich wird der Arme Ritter im Märchen glücklich und belohnt für seine Bravheit. Die „Verteidigungs-Eule" sieht die Geschichte auch so und geht gerührt ab, als am Ende das große Fest gefeiert wird.

Die „Streit-Eule" aber bleibt zurück und verrät den Zuschauern: „In Wirklichkeit war alles ganz anders! Der Arme Ritter hat nämlich den Drachen gar nicht besiegt, sondern der Kampf ist so ausgegangen: …" Zu dem anfangs gezeigten Drachenkampf, in dem der Arme Ritter den Drachen schließlich mit dem Besen zu Fall brachte und ihn damit dann auch von der *die Gegen-Szene*   Bühne fegte, wird jetzt die *Drachenkampf-Variante II* gezeigt. Der Drache rennt wutschnaubend dem ängstlich zurückweichenden Armen Ritter im Kreis hinterher, entreißt ihm den Speer, verheddert sich in seinem langen Schwanz, stürzt, spießt sich dabei selbst auf und haucht sein Leben aus. Der Arme Ritter rennt entsetzt fort.

Auch wenn dadurch der Schluß offen und der Zuschauer voller Fragen zurück blieb – die Studenten verwirklichten damit ihre *Varianten spielen*   dramaturgische Idee, eine Spielszene in mehreren Varianten zu zeigen.

Obwohl nur wenig Zeit für diese mediale Theaterform aufgewendet werden konnte, brachte die Arbeit doch eine Fülle spielerischer und theatraler Erfahrungen.

Maskenbau-Merksätze

Ausgangspunkt kann
ganz verschieden sein

➤ Anregungen von bereitgestelltem Material und vorgeführten Arbeitstechniken

➤ aus der Entscheidung für eine Spielgeschichte entstehen Figur-Vorstellungen

➤ Persönlichkeit des Spielers entscheidet sich für einen Typ, eine bestimmte Person, ein Ding…

➤ es werden theatergeschichtlich bewährte Formen nachgestaltet (commedia dell'arte)

➤ es gibt kunsthistorische Anregungen/Bilder, z.B. von Figuren des russischen Futurismus

➤ es werden Phantasiefiguren gebaut, die es noch nie gab

Herstellen der Maske

➤ Material, Werkzeuge, Bauanleitungen müssen vorhanden sein

➤ das Material muß bereits viele Anregungen geben

➤ auf die Suche nach Material gehen

➤ nach grundsätzlicher Einführung wird selbständig gearbeitet, Spielleiter hilft, wo nötig

➤ erste Vorstellungen zeichnen, nachher wird aber vielleicht alles anders, das ist gut so

➤ der Widerstand des Materials (z.B. Kaninchendraht) hilft bei Vergrößerung und Stilisierung

➤ Pausen in der Herstellung (Klebstoff/Farben trocknen lassen) sind günstig, schaffen Abstand und neuen Blick

➤ gegenseitige Beratung in der Gruppe hilft dem einzelnen, sich zu entscheiden

➤ Zufälle nutzen lernen, weil sie Unerwartetes, Neues, Überraschendes bringen

➤ evtl. gebaute Masken für einen anderen Zweck als ursprünglich vorgesehen, einsetzen

➤ eine allgemein ausgefallene Maske kann durch Goldstreifen, farbige Schatten, Umrahmung, schwarze Linien, Kugeln, Borsten o.ä. einen neuen Charakter bekommen

Zur Form

➤ Der Schüler braucht genügend Form-Anregungen, um dann schließlich seine eigene kreative Lösung zu finden

➤ wenn alle dieselbe Form bauen, liegt der Fehler beim Spielleiter

➤ günstiger ist immer, vergrößerte Masken zu bauen, um von naturalistischer Nachahmung des menschlichen Gesichts wegzukommen

➤ Grundformen wie Augenbrauen, Augenhöhlen, Nasenrücken, Nasenflügel, Lippen, Kinn usw. müssen verstanden sein, ehe man sie verändern, stilisieren kann

> Erproben des Ausdrucks, wenn man die Proportionen (je ein Drittel Stirn, Nase, bis zum Kinn) bewußt vergrößert oder einengt

Kaschieren

> viele Techniken arbeiten mit dem anschließenden Kaschieren (Bekleben mit Zeitungs- oder Seidenpapier, Schleiernessel, Gipsbinden, Stoffen, Agoplast usw.) einer Maskenform
> das Bedecken der Grundform mit kleinen Materialstücken ergibt dennoch eine geschlossene Deckfläche, die besonders aus der Ferne ganz einheitlich wirkt
> die Bemalung der Maske schafft einen völlig neuen visuellen Eindruck

Problem Gipsmaske

> eine leichte Technik, die den Reiz hat, daß man sich selbst anschließend „gegenüberstehen" kann – aber wo liegt das theatral Interessante?
> eine Vorübung: das eigene Gesicht in Alu-Folie abdrücken
> die entstehende Maske gibt recht genau ein Menschenantlitz wider – wie als Zeichen verwenden?
> wenn sie grellweiß/gipsweiß bleibt, entsteht dadurch ein Verfremdungseffekt, der stilisiert und verallgemeinert – oder aber die Gipsmaske so bemalen, daß das Natürliche verschwindet.

Maskenspiel-Merksätze

Maske entdecken

1. Maske ansehen – Typ/Charakter erforschen: Maske anderen aufsetzen, anschauen, im Spiegel oder Video ihre Wirkung (zusammen mit Kostüm) betrachten
2. Gewicht, Material der Maske: welches Gefühl entsteht darunter? (zuerst technisch absichern, daß genug Atem- und Sehmöglichkeit vorhanden ist) – dann erkunden: Bewegungsmöglichkeiten, Gangarten, die mir die Maske aufdrängen, sprechender Körper, sichtbares Atmen, Art der Hinwendung, Neigung, evtl. ruckartige Bewegungen (Vögel, Eulen)

Bewegungsmöglichkeiten erkunden

3. Erkunden von Bewegungsabläufen zu zweit, zu dritt, in einer Gruppe, dabei beachten: größerer Abstand nötig, (große) Masken beanspruchen (mehr) Raum
4. Masken-Biographie schreiben (was weiß ich über Herkunft, Alltag, Zukunft, Vorlieben, Tätigkeit der Figur usw.) – wie das zeigen – ohne Worte oder mit einem Erzähler/Sprecher außerhalb?
5. Erproben: Haltungen, Gesten, Handlungen (gegen Klischeehaltungen und falsche Pantomime), Reaktionen auf andere Masken, Konfrontationen üben
6. Motive, Konstellationen und Situationen im Körper sichtbar machen:

a) Handlungsimpulse und Handlungsentschlüsse
b) Partnerbezug (Hin- oder Abwendung)

alles über Körper
ausdrücken

c) Reaktionsverarbeitung (von Impulsen der Partner)
d) Eigenkommentar (Status, sich mögen oder nicht)
7. Sozialzusammenhang/sozialen Gestus mitspielen, das Individuelle wird auch dadurch bestimmt!

> **Zusammenfassung:**
> äußerlich deutlich erkennbaren Haltungstypus entwickeln, der ganze Körper wird quasi zur „Ausdrucksmaske"

8. Zug-um-Zug-Choreografie: „Der gestische Bewegungsvorgang läuft über die Spieler dergestalt, daß nur einer sich bewegt, während die anderen jeweils im Tableau verharren. Damit wird ein Vorgang in seinen Beziehungselementen 'rhythmisiert'" und

wechselnder Fokus

ein Fokus auf die aktuelle Aktion erzeugt.
Jede Äußerung einer Person ➞ nur ein Bewegungsablauf! Inzwischen bleiben die anderen unbewegt oder in einer Art „Bewegungskreisel" (Anschauen, wippen)
9. „…präzise Zusammenfügung einzelner gestischer Schritte (z.B. langsame Neugierbewegung, kurzes Stutzen, Weiterführung der Neugierbewegung nach vorn, sichernde Seitenbewegung, Rückführung auf das Objekt der Neugier, schnelle Fluchtbewegung rückwärts an den Ausgangspunkt) ergeben für sich

Partitur der
Bewegungsabläufe

eine Art „stumme" Musik, eine Art graphische Partitur durch Bewegungsabläufe … auf der Basis des Gestischen."(H. M. Ritter, in: Masken-Symposium, S.34), freeze, slow-motion, große Bewegungen, Rhythmus.
10. Ständiger Wechsel zwischen Partnerbezug und Publikumszuwendung.
11. Stets im Bewußtsein der eigenen Wirkung spielen:
a) als Maskenspieler auf der Bühne handeln,
b) sich als Zuschauer ständig beobachten

sich selbst beim Spiel
zusehen

(„über Eck", mit Hilfe der Gruppe, des Coach/Regisseurs, des Videos), daraus entsteht: Handeln ➞ Beobachten ➞ wieder Handeln
c) Betrachten immanent in das Handeln einbeziehen, Maskenspiel soll in jeder gestischen Nuance bewußt sein!

Hier gelten andere Regeln als beim personalen Spiel lebendiger Darsteller! Die Aufmerksamkeit der Zuschauer richtet sich stringenter auf das Handeln der medialen Figur, gerade weil sie keine Mimik hat – die wird vom Zuschauer durch seine Phantasie erfunden und ergänzt!

Von der Magie der Schattenspiele

Einfühlen, Erfahrungen sammeln, Experimentieren und Gestalten in einer Schattenspiel-Werkstatt

Warum ist das Schattenspiel so wichtig und unverzichtbar im Darstellenden Spiel in der Schule?
- Es verbindet in einzigartiger Weise personales und mediales Spiel.
- Es ist in der Lage, sowohl poetische, traumhafte, magische oder dämonische als auch groteske und absurde Situationen in Bilder zu fassen.
- Es gibt die Möglichkeit, im Schutz der Schattenwand für Kinder und Jugendliche schwer darstellbare Themen und Emotionen (Liebe, Aggression, Tod usw.) auszudrücken.
- Es ist orientiert auf Körper und Bewegung, nicht auf Text, und gibt so auch Kindern eine Chance, die Schwierigkeiten haben, sich sprachlich zu artikulieren.
- Es stellt bei Nutzung seiner vielfältigen Mittel eine faszinierende Synthese aus Körperbewegung, Licht, Farbe, Geräuschen und Musik dar.
- Es hilft, in der Arbeit mit Kindern und Jugendlichen platte, naturalistische Darstellung zu überwinden und zu phantasievollen, verfremdeten, absurden oder surrealistischen Lösungen zu gelangen.
- Seine Einsatzmöglichkeiten beschränken sich nicht auf eine bestimmte Schulstufe, sowohl Schüler der Grund- als auch der Sekundarstufen sollten seine Faszination in altersspezifischen Varianten entdecken und erleben.

Zielstellung der Werkstatt
- Werkstattcharakter, also keine Arbeit an einer Inszenierung
- Vertrautmachen mit dem Agieren hinter der Schattenwand
- kreatives, lustvolles Erproben der speziellen Gestaltungsmöglichkeiten dieses Mediums
- Finden, Gestalten und Präsentieren von Spielideen
- Vermittlung von methodischen Wegen als Rüstzeug für die spätere Beschäftigung mit Schattenspielen in der Schule, in Kinder- oder Jugendgruppen

Methodischer Weg zur Aneignung der besonderen Ausdrucksqualität
Arbeitsweise: Teilung der Gruppe jeweils in Agierende und Zuschauer mit wechselseitigem Austausch der Eindrücke über das Gesehene

I. GRUNDLEGENDE TECHNIKEN des Mediums Schattenspiel kennenlernen
Aufgaben:
- sich einzeln vor der Spielfläche bewegen
  ➤ Kopf im Profil (in einem auf den Projektor gelegten Ausschnitt)
  ➤ in „ägyptischer Haltung" (Kopf im Profil, Körper in Frontansicht)
  ➤ in unterschiedlichsten Fortbewegungsarten
- Verzögerung, Vergrößerung der Bewegungen, Zeitlupe
- Zerlegen der Handlungen in Einzelbewegungen mit „tocs" (kurzen Stops wie in der Pantomime)

Erkenntnis: Die Bewegungen hinter der Schattenwand müssen langsam, deutlich, groß sein, Über-
schneidungen und „Klumpenbildung" müssen vermieden werden, um dem Betrachter das Erfassen
und Deuten der Aktion zu erleichtern.

2. Möglichkeiten der TYPISIERUNG erproben,
beispielsweise
• durch Veränderung des Profils und der Figur, z.B. künstliche Nase, Ausstopfen
bestimmter Körperteile, Deformierung der Proportionen
• durch Erfindung typischer Haltungen und Bewegungen zunächst von Klischeefi-
guren, z.B. eines Diebes, Kraftsportlers, Clowns, Roboters, Kleinkindes, Dämons,
Kobolds, einer (Seil)tänzerin, Hexe, vornehmen Dame …, aber auch für Verhaltensvarianten in bestimmten Situationen: warten, um etwas bitten, neugierig/überheb-
lich/glücklich/müde/verzweifelt sein usw.
• durch den Einsatz von Requisiten und Kostümteilen
Erkenntnis: Es ist eine Lust, die schier unerschöpflichen Möglichkeiten zu entdecken, wie man die
verschiedensten Gegenstände entweder realistisch oder verfremdet verwenden oder wie man mit einem
wilden Kopfputz, durchbrochenen Stoffumhängen und den erstaunlichsten Objekten überraschende
Effekte erzielen kann.
Denn: was hinter dem Schatten steckt, ist Geheimnis des Spielers!

3. Den AUFTRITTSMODUS variieren und sinnvoll mit einer Aktion verbinden
Aufgabe: In Partnerarbeit verschiedene Möglichkeiten des Auftretens erfinden, in
denen sich erst langsam enthüllt, was da eigentlich auf der Spielfläche erscheint –
zunächst nur ein Finger, eine Hand, ein Arm, ein Fuß, ein Knie, eine Nase, ein Kopf,
ein Hinterteil oder ein Requisit – und was für eine Situation sich daraus entwickelt.
Es können z.B. Begrüßungs-, Begegnungs-, Tanz-, Verfolgungs- oder Kampfszenen
entstehen, die durch Übertreibung und Karikierung die grotesken Elemente des Schattenspiels betonen. Nach dem Zeigen der Ergebnisse wird in der Gruppe über Diskrepanz oder Übereinstimmung zwischen dem eigenen Anliegen und den jeweiligen
Interpretationen der Zuschauenden diskutiert.
Erkenntnis: Durch dieses Mittel wird eine besondere Spannung erzeugt, wie es in einem anderen
Medium kaum möglich ist.

4. GRUPPENAKTIONEN gestalten
Themen wie „Rudersklaven in der Galeere", „In der Straßenbahn", „Orchester und
Dirigent", „Tänzerinnen", „Sportler", „Operation grotesk", „Beim Zahnarzt" u.a.
sind geeignet, Regeln des Zusammenspiels auszuprobieren.
Erkenntnis: die Schattenwand läßt nur eine reduzierte Anzahl von Spielern zu, Reihung bzw. Struk-
turierung und Abstand sind notwendig, wenn nicht das Bild einer riesigen, undefinierbaren Masse,
eines Klumpens hervorgerufen werden soll.

5. Die SPEZIELLEN VERFREMDUNGSMÖGLICHKEITEN hinter der Schattenwand ausprobieren
Experimente:
• mit verschiedenen Größenverhältnissen je nach Abstand zur Lichtquelle
➤ unterschiedlicher Status: ein Untergebener vor einem Mächtigen

➤ Bedrohung/Gewalt: ein Mensch zwischen riesigen Händen, hin und her geworfen wie ein Spielball

➤ Angst: ein Kind, bedrängt von formlosen Schatten

• mit Überdeckungen aus mehreren Spielern oder Spielern und Objekten

➤ Spuk/Horror: vielarmige, mehrköpfige Gebilde/eine wogende, sich ausdehnende, pulsierende Masse unter einem großen Tuch

➤ Traum/Alptraum: aus einem Schlafenden treten andere Gestalten hervor

• mit der Einengung der Spielfläche durch Pappstreifen oder Gegenstände, die auf den Projektor gelegt werden

➤ Eingesperrtsein: Wände oder bedrohliche Formen, die sich von oben auf die Spieler senken oder von den Seiten auf sie zubewegen / ein Glas, das sich über sie stülpt

➤ nicht zueinander Können: ein Mann verliebt sich in ein Mädchen in einer Flasche und versucht, ihm seine Gefühle mitzuteilen…

Erkenntnis: Es gehört viel Übung dazu, solche Mittel wirklich zu beherrschen, z.B. die Schwierigkeit, gegen ein zwar für die Zuschauer sichtbares, für die Spieler aber imaginäres Hindernis auf der Schattenwand anzuspielen. Daher ist es in dieser Phase wichtig, sich nicht mit oberflächlichen Lösungen zufriedenzugeben, sondern Zeit zum Ausprobieren, zum Formen und Verändern zu lassen und immer wieder Beobachtungen auszutauschen.

6. Durch den EINSATZ ZUSÄTZLICHER OPTISCHER UND AKUSTISCHER MITTEL den ganzen Zauber des Schattenspiels entfalten

Vorbereitende Aufgabe:

Mit Seidenmalfarben und Farbverdicker eine oder mehrere Projektionsfolien bemalen und auf der Schattenwand der Gruppe vorstellen, die ihre Eindrücke verbal wiedergibt. Beispiele für Assoziationen zu den entstandenen Farbstimmungen: „Aufgewühlte See", „Geburt einer Galaxie", „Sonnenaufgang im Garten Eden", „Gewitterwolken", „Kampf der Antikörper" …

Spielaufgaben:

➤ Spielszenen zu den Farbanregungen erfinden und vor der Farbwand ausprobieren

➤ erkunden, welche Möglichkeiten sich ergeben, wenn während des Spiels auf die Folie gezeichnet oder (in Spiegelschrift) geschrieben wird und die Spieler auf die Zeichen und Botschaften an der Wand reagieren müssen

➤ Geräusche, Rhythmen, Töne oder Schreie in den Szenen verwenden

➤ mit geschlossenen Augen verschiedene Musikbeispiele (Strawinski, Grieg, Mussorgski, Vivaldi, Hughes Le Bars u.a.) anhören und sich von den tänzerischen träumerischen, fremdartig-rätselhaften, sphärischen, aggressiven oder dämonischen Klängen und Rhythmen zu Bildern vor dem inneren Auge inspirieren lassen.

Erkenntnis: Farbe und Musik sind vorzügliche Stimulantien für Schattenspielideen, da sie eine Fülle von Assoziationen und Phantasien hervorrufen können.

7. Alle Möglichkeiten des Mediums KREATIV ANWENDEN

Aufgabe:

Gruppenimprovisationen unter dem Rahmenthema „Träume"

Arbeitsschritte:

➤ Austausch der Eindrücke und inneren Bilder vom Musikerlebnis
➤ Bildung von Interessengruppen
➤ Erarbeitung gemeinsamer Szeneneinfälle
➤ Auswahl von entsprechendem Material an Farbe, Ton, Requisit
➤ Experimentieren vor der Schattenwand
➤ Präsentation von Traumszenen

Reflexion

➤ Eindrücke über die gezeigten Szenen
➤ Meinungen zu den vermittelten Darstellungsformen und ihrer Wirksamkeit
➤ Wiedergabe von Emotionen zur „magischen" Ausstrahlung der Spiele mit Licht
und Schatten, Farbe und Sound
➤ Diskussion über Einsatzmöglichkeiten des Schattenspiels

Resümee

In dem knappen zeitlichen Rahmen einer Werkstatt ist ein formender und verdich-
tender Umgang mit den gefundenen Ergebnissen, also die Erarbeitung einer eigenen
Produktion kaum möglich, wohl aber eine intensive Auseinandersetzung mit den
vielfältigen Potenzen des Schattenspiels.
Die Studierenden konnten davon profitieren, was sie in den vorausgegangenen Lehrveranstaltungen an praktischer Spielerfahrung gewonnen hatten. Ihre erworbenen
Fähigkeiten im bewußten Umgang mit dem Körper, zum Zusammenspiel in der
Gruppe, zur Improvisation und zu Grundlagen szenischer Arbeit erleichterten und
beförderten den Zugang zu dem neuen Medium, so daß ihre darstellerischen Angebote neben der Spielfreude Gestaltungsvermögen und eine Fülle kreativer Ansätze
zeigten. Fast alle Teilnehmer äußerten als kritische Reflexion, sie hätten sich mehr
Zeit zum Experimentieren und Formen erster Spieleinfälle gewünscht. Ein größerer
Zeitraum stand leider innerhalb des Studienganges nicht zur Verfügung, doch vermittelte der Kurs Strategien für den Umgang mit dem Personenschattenspiel, weck-
te Interesse und Begeisterung und legte die Grundlage für eine individuelle Weiterarbeit, um sich auch in diesem phantastischen Medium eine eigene künstlerische
Handschrift anzueignen.

Schattenspiel - Merksätze

1. Raum und Technik
gut zu verdunkeln,
OHP ca. 4 m von Spieltuch entfernt,
zwei OHP ergeben besondere Effekte

2. Grundregeln
Spiel im Profil, parallel zur Leinwand
Variante: „ägyptische Haltung" = Profil des Kopfes + Frontalansicht des Körpers
Überschneidung vermeiden: z.B. beide Arme sichtbar
Bewegungen: langsam, deutlich, groß (slow motion)

Zwischen Einzelbewegungen: Stops (toc)
Typen gestalten: Charakteristische Bewegungen erfinden

3. Verändern der Figur
Kostüm, Hut, Haare
Ausstopfen, Stelzen
Profil verändern: Nase, Kinn, Ohren ankleben
Tierattribute

4. Zusammenspiel
Reihung der Spieler, nicht überdecken
Reduzierung der Spieler
Abstand halten
„Klumpen" vermeiden, Kontraste von dicht-weit, viel-wenig

5. Requisiten
groß, deutlich erkennbar
besonderer Effekt: durchsichtig
durch Requisit Figur charakterisieren
verschiedene Verwendungsmöglichketen des Requisits: realistisch, verfremdet, als Mitspieler...

6. Übungen zum Einstieg
Spielfenster auflegen, begrenzter Spielraum
Profil erkennen, Schattenriß abzeichnen
nur Beine, Füße: wer geht wie warum?
nur Arme, Hände: was erzählen sie?
nur Oberkörper: zwei Nachbarn sprechen miteinander
Gehen: in unterschiedlicher Art, Tempo, als unterschiedlicher Typ, mit unterschiedlichem Ziel
Tätigkeiten
Begegnungen
von Musik zu Bewegung anregen lassen/Geräusche zu Bewegung erfinden

7. Besondere Gestaltungsmöglichkeiten
verschiedene Größenverhältnisse (unterschiedlicher Abstand von Lichtquelle): klein = dicht an Leinwand, groß = entfernt
eine ganze Figur kombinieren mit riesengroßem Kopf/Hand einer anderen Figur
Spielfläche einengen (seitlich, von oben, durch „übergestülptes" Glas)
Achtung: imaginären Raum nicht überschreiten
Überdeckung nutzen: vielarmige, vielbeinige, vielköpfige Wesen
Gespielte Berührung (Schattenboxen)
Bewegung in Zeitlupe
Bewegung mit spezifischem Geräusch verbinden
Steigerung der Gestaltung durch Farbwirkungen (auf Folien)
und Musik/Geräusche

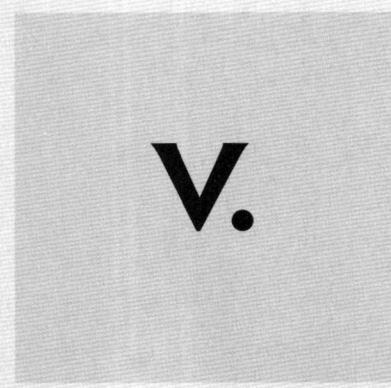

V.

Theater in der Erziehung

TiE und DiE: Spiel und Theater als Hilfsmittel und als eigene Kunst

Der folgende Text könnte als ein Vokabeltest mißverstanden werden; mir geht es jedoch darum, Möglichkeiten im Bereich von Spiel und Theater aufzuzeigen und dabei besondere, in Großbritannien entwickelte Formen ausführlicher zu charakterisieren.

Vokabel Nr. 1: TiE, Theater-in-Education, ein (meist) für Schüler stattfindendes Theater von Professionellen, das vielfach Mitspielformen nutzt, also Zuschauer mit einbezieht. TiE spricht weniger von „Stücken" als von Programmen; diese sind zumindest mehrstündig, wenn nicht ganz- oder mehrtägig, sie nutzen unterschiedliche Aktionsformen, haben aber (fast) immer auch einen Vorführteil – ein Stück „normales" Theater. Veranstaltet wird TiE von professionellen actor-teachers, die von außen in eine Schule kommen (oft aber auch ein kleines eigenes Theater haben); die englische Bezeichnung actor-teacher weist schon darauf hin, daß sich in diesen Theatergruppen zwei Professionalitäten begegnen: Lehrer mit Theatererfahrung und Theaterausbildung, Schauspieler mit pädagogischen Neigungen und Erfahrungen – wenn es sich nicht gleich um „doppelt" ausgebildete Spezialisten handelt.

TiE hat Vorläufer (Joan Littlewood, Peter Slade, Brian Way), beginnt recht eigentlich 1965 mit dem Belgrade Theatre, Coventry, erlebte dann eine künstlerisch-pädagogische Hochblüte und wurde zumindest in der englisch sprechenden Welt weit verbreitet. Dargestellt wurde TiE früh und umfassend von John O'Toole (Theatre in Education, London 1976); Pam Schweitzer gab wichtige Texte heraus (Five Infant, Four Junior, Four Secondary Programmes, London 1980).

Die Einsparungen der Thatcher-Zeit haben zu einer Reduktion der Gruppen geführt: ihre Zahl ist gesunken, die noch bestehenden müssen mit weniger Personal auskommen, der (kostengünstigere) Vorführteil ihrer Programme wurde erweitert, der (finanziell anspruchsvollere) Mitspielteil reduziert. Häufig blieb als Aktiv-Phase für die Zuschauer nur noch die spielerische Nachbereitung des gesehenen Stücks übrig, für die dann ein Theaterpädagoge ausreichend ist, der während der Aufführung Licht und Ton bedient hat. Geblieben ist jedoch der deutliche Bezug von Stoffen und Inhalten der TiE-Programme auf den Lehrplan der Schule.

TiE ist die eine Grundform des unter dem Oberbegriff **Young People's Theatre** (Vokabel Nr. 2) zusammengefaßten professionellen Theaters für junge Zuschauer; eine zweite ist die (mehr oder weniger) reine Vorführform des **Children's Theatre** (Vokabel Nr. 3). Dieses Kindertheater beschränkte sich weithin auf bekannte (Märchen-)Titel, setzte auf Ausstattung und Amüsement und spielte wirklich vorwiegend für Kinder.

In der Gegenwart strebt es eine Ausweitung auf Jugendliche an, müßte also mit „Kinder- und Jugendtheater" übersetzt werden; es hat sich, häufig nur der Legitimation wegen, „pädagogisiert". Zwar werden weiterhin vor allem gängige Titel gespielt, aber auch wichtige Themen (z.B. Umwelt) aufgegriffen und szenische Innovationen gewagt. So hat das Polka Theatre in London zum 100. Geburtstag der Tate-Gallery in einem fantastischen Theaterspektakel elf berühmte Bilder der Galerie szenisch verwandelt; ein faszinierendes Formexperiment, bei dem freilich wiederum Kunst und Handwerk des Theatermachens dominieren – von Inhalten nicht die Rede ist. Ehe ich zum Educational Drama (s.u.) übergehe, also der Form, in der Schüler in der Schule unter Anleitung von Pädagogen tätig sind, muß wenigstens noch erwähnt werden, daß die professionellen Theater in England (neben TiE und Children's Theatre in diesem Fall auch Erwachsenentheater) unterschiedliche Aktivitäten anbieten, die das Publikum vorbereiten und mit einzelnen Aspekten des Theaters vertraut machen (Demonstrationen, Workshops, Szenenausschnitte, Probenbesuche usw.), und ebenso die direkte Arbeit mit dem jungen Publikum kennen, bei dem diese eigene Aufführungen erarbeiten (in Deutschland wird diese Form meist Theaterjugendclub genannt; in Großbritannien gibt es zusätzlich eine landesweite Gruppe: das National Youth Theatre).

Nun also zum **Educational Drama** (Vokabel Nr. 4); dieser Oberbegriff für den Bereich Spiel und Theater in der Pädagogik entspricht dem Oberbegriff des Young People's Theatre auf der professionellen Seite.

Das spezielle Konzept eines **Drama in Education, DiE** (Vokabel.Nr. 5) mit den prägenden Hauptvertretern Heathcote und Bolton hat sich jedoch so durchgesetzt (und über Großbritannien hinaus verbreitet), daß Educational Drama und DiE synonym geworden sind; beide Bezeichnungen müßten also jeweils mit Schulspiel, Darstellendem Spiel übersetzt werden: die Arbeit von Pädagogen in der Schule mit Formen von Spiel und Theater (freilich gibt es seit einigen Jahren einen Gegenentwurf: Education in Drama, dazu s.u.).

Wichtige Etappen für das Educational Drama waren
- Peter Slade: Child drama (1954),
- Brian Way: Development through Drama (1967),
- Betty Jane Wagner: Dorothy Heathcote – Drama as a learning medium (1979),
- Gavin Bolton: Drama for Understanding (1981).

Dabei sollten wir bedenken, daß das englische Wort drama näher am ursprünglichen griechischen Wortsinn geblieben ist, also nicht den geschriebenen Text meint, sondern die kräftige Tätigkeit des „dran": tun, handeln, mit Bewußtsein handeln. Als Übersetzung eignet sich vielfach das deutsche Spiel, häufig auch das präzisere Rollenspiel. Die Erarbeitung von Aufführungen ist also nur ein (mehr oder weniger akzeptierter, mehr oder weniger propagierter) Teil des educational drama, ähnlich wie in Deutschland extracurricular (als Theater-AG) oder als Teil des Stundenplans organisiert.

Ganz ähnlich sieht die von England beeinflußte amerikanische Szene des **Creative drama** aus (bei Nellie McCaslin: Creative Drama in the classroom z.B. ist „sharing a play with an audience" das vorletzte von 14 Kapiteln). Wichtig ist das TUN des Kindes, das schöpferische TUN, nicht das (Sich-) Zeigen vor anderen.

Mit dieser Zielsetzung hat die englische Theaterpädagogik (insbesondere D. Heathcote) eine spezifische Form virtuos entwickelt: Teaching in role. Auch dieses gemeinsame Spiel von Lehrer und Schülern ist nicht auf Zuschauer bezogen; wichtig sind „Haltungen", nicht Charaktere; gespielt wird aus den eigenen, persönlichen Erfahrungen. Die Situation ist vereinbart; Text und Ablauf werden improvisiert (oder besser: entstehen aus der Dynamik der Spieler und ihrer Aktionen). Es geht um Selbst- und Situations-Erkenntnisse für die Spieler; die (soziale!) „Rolle" wird aufgrund der eigenen Identität gespielt. Für den in einer (überlegt gewählten!) Rolle mitspielenden Lehrer sind die Interventionsmöglichkeiten gegenüber der Lehrer-Rolle stark ausgeweitet: er kann im Spiel vieles, was er als Lehrer nicht könnte; die Spieler können anders mit ihm umgehen, als sie es mit einem Lehrer könnten. Überdies behält der teacher-in-role auch noch die Spielleitung und kann sie nach Belieben aktivieren: offensichtlich und direkt durch Interventionen (freeze, besondere Aufgaben...), indirekt durch Spielimpulse und Provokationen aus seiner Rolle heraus. Er kann also die Richtung des Spiels beeinflussen, auf Gefühle, Werte, Inhalte, Techniken orientieren – soweit es ihm gelingt, den Fluß des Spielens (die Attraktivität der Situation) zu bewahren. Teaching in role (deutsche Entsprechungen sind Rollenspiel, Simulation, Planspiel..., jeweils mit mitspielendem Lehrer) ist eine spannende, erfahrungs- und lernintensive, auf Inhalte bezogene Spielform, ein Hilfsmittel für viele Themen und Fächer – ein höchst brauchbarer Schulknecht, könnte man sagen. Kein Wunder, daß das Gegenkonzept von **Education in drama** (Vokabel Nr. 6) auf der Autonomie des Theaters (oder eines Faches Theater) besteht; die künstlerische Disziplin soll sich nicht anderen Fächern „unterwerfen"; ihr Ziel ist dramatic literacy – theatrale Alphabetisierung (David Hornbrook: Education and dramatic art, 1989).

Freilich begegnen und ergänzen sich die Theorie-Konzepte in der Schulwirklichkeit. Englischer Pragmatismus und die relativ große Freiheit der einzelnen Schul(direktor)en unterlaufen scharfe Grenzziehungen und machen besondere Realisierungen möglich. So hat etwa die Crown Woods School in London drei Theater-Studios mit modernster Technik, seit Jahren einen imponierenden Spielplan, eine für beide Seiten bereichernde Zusammenarbeit mit dem Theatre de la Complicite; für theaterinteressierte Schüler bietet sie eine vorprofessionelle Ausbildung auf hohem Niveau. Aber sie empfängt auch das Greenwich Young Peoples Theatre (GYPT) mit einem TiE-Programm zum Thema Rassismus und nutzt vielfach educational drama zur Erarbeitung von Unterrichtsstoffen. Also eine unvoreingenommene Pluralität vieler Formen. Das ist das eine, was sich von Großbritannien lernen ließe. Eine Bereicherung für Lehrer wäre die Kunst des teaching in role. Und: die deutschen Kinder- und Jugendtheater sollten die Scheu vor Unterrichtsstoffen und Sachthemen verlieren und (mit einem Teil ihrer Aktivitäten!) im Sinne des TiE näher an die Schule heranrücken.

Lernen von Boal

Wenn theatrale Methoden in der Bildung und Erziehung angewendet werden, richten sie sich selbstverständlich nicht auf eine Aufführung im eigentlichen Sinne. (Sehr wohl aber kann es zu Präsentationen der Arbeiten zu unterschiedlichen Zwecken kommen.) Die Spielleitung bereitet Wege dafür, daß auch das einmalige Spielen und Vorspielen in theatralen Untersuchungen (TIE) dramatische Spannung aufweisen können, weil dramatische Gesichtspunkte beachtet werden. Das wird jedoch nicht reflektiert. Der Spieler nimmt die Art und Weise des Zeigens/Darstellens in Einstiegs- oder Aufwärmübungen auf und wendet sie unbewußt an, denn sein Hauptaugenmerk richtet sich auf das thematische Handeln. Der Spielleiter sollte, wenn er derartige Prozesse initiieren will, schon gute methodische Fähigkeiten angelegt haben, damit er sich nun ganz und gar der inhaltlichen Auseinandersetzung und Entwicklung von Handlungsfähigkeit widmen, und möglicherweise als „teacher in role" agieren kann. Das Fundament für diese Spielleiterkompetenz wurde im Studiengang Darstellendes Spiel bereits in der ersten Runde, dem Abschnitt Spielen-Lernen angelegt, um darauf die nun neu zu erwerbenden theatralen und methodischen Fähigkeiten aufbauen und erweitern zu können.

Boal entwickelte Theaterformen, die das Publikum zum Mitspielen auffordert oder unaufgefordert – unsichtbar – in Handlungen verwickelt, damit es durch Mitspielen lernt. Beispielsweise im Forumtheater werden Szenen gezeigt und die Zuschauer anschließend in das Finden von Entscheidungen und Handlungsmöglichkeiten der Figuren mit einbezogen. Die Zuschauer können den Figuren Tips und Anweisungen geben. Sie können in das Spiel direkt einsteigen und in der Szene dem Spielpartner die Stirn bieten. Solche Szenen müssen selbstverständlich entwickelt werden, denn sie bilden die Ausgangsbasis für das Forumtheater.

Unsere Beispiele aus der Werkstattarbeit mit Vivian Harris vom Greenwich Young people theatre (GYPT) in London zeigen einfachere boalsche Wege wie Themen theatral erörtert und bearbeitet, wie Argumente gesammelt und Handlungsmöglichkeiten erweitert werden können.

Fünf Themenbeispiele:

Dieses Thema ist gewählt worden, um durch das Spiel, Lernstörungen und Schwierigkeiten bewußt zu machen, zu verbessern oder überhaupt das Lernen zu lernen.

was behindert
was fördert

Die Arbeit kann gut in Kleingruppen erfolgen. Es wird auf große Papierbögen aufgeschrieben, was das Lernen (beispielsweise in der Schule) fördert und was es behindert. Jede Gruppe kreist die wichtigsten Worte ein und kreiert dazu zwei Gruppenbilder (Tableaus). Sie sollen so aufgestellt werden, daß sich die Fragestellungen darin widerspiegeln. Zuerst beschreiben die Spieler sich gegenseitig, was sie sehen, dann stellen sie Fragen zu den Bildern. Die Tableaus werden befragt:

Warum ist das so? Ist es das (was da zu sehen ist), was das Lernen erschwert/behindert/verhindert bzw. fördert/erleichtert?

• Man kann sich nun eine Figur aus dem Bild herausgreifen, sie näher betrachten und analysieren, welche Impulse und Zeichen sie gibt, die das Lernen betreffen. Es ist auch möglich, die Figur/den Spieler direkt zu befragen. Hat sich jemand auf dem Fußboden ausgestreckt und meint, so sei das Lernen leichter, ist zu fragen, warum er das so sehe.

zu Hause lernen • Das wiederum kann den Impuls geben, neue Tableaus zu stellen, die Situationen zeigen, wie zu Hause gelernt wird.

Spielen hilft • Als nächstes könnte die speziellere Frage kommen, ob das Theaterspielen das Lernen fördere und wenn ja, WIE.

Von neuem werden Bilder für die Behauptungen gestellt und untersucht.

Interessen finden

Probleme und Interessen bestimmter Altersgruppen herauszufinden, ist auf vielfache spielerische Weise möglich. Hier wird ein Weg gezeigt, der der hier beschriebenen Methode folgt.

Schwierigkeiten benennen Wiederum in Kleingruppen könnten Themen, Probleme und Interessen der Altersgruppe auf ein großes am Boden liegendes Blatt geschrieben werden.

• Danach sind die wichtigsten Themen einzukreisen, zu unterstreichen und eine kleine Szene zu erfinden, die das Hauptproblem darstellt.

konkret werden • Sollte sich eine Gruppe eine so abstrakte Kategorie wie FRIEDEN gewählt haben, müßte sie in der Szene eine konkrete Situation abbilden. Auch die Wahl des Themas FAMILIE sollte an konkreten anschaulichen Beispielen aus dem Alltag dargestellt werden.

• Beim Anschauen der Szenen entdecken die Spieler gemeinsam die angesprochenen Probleme und benennen, warum sie sie als Probleme bezeichnen. Zum Beispiel

verdeutlichen ➤ die Unfreiheit eines Kindes oder Teenagers verdeutlicht in einem einfachen Tagesablauf (die ständig anwesende Erziehung),

➤ das Problem, seine Identität zu finden und sich selbstbestimmt entwickeln zu können.

untersuchen • Ein nächster Arbeitsschritt könnte z.B. die szenische Erforschung des Themas sein: *„Wie erwachsen lassen uns unsere Eltern werden?"*

Argumente sammeln

Ein Übungsvorschlag, ausgehend von Fotos, Probleme sozial-kritisch zu betrachten und zu diskutieren.

Jede Gruppe erhält ein Foto, auf dem Menschen in bestimmter sozialer Situation abgebildet sind. Die Spieler sollen sich anhand der gezeigten Körpersprache die Situation vorstellen und sich eine Person auswählen, die ein großes Problem zu haben scheint.

Problemstellungen anderer Menschen sehen

Um welche Schwierigkeit handelt es sich hier?

Es wird ein Tableau kreiert, das die soziale Situation und das damit verbundene Dilemma dieser Person sehr deutlich zeigt.

sich in ihre Situation versetzen

• Jemand aus der Gruppe nimmt die **Rolle** dieser Person ein und fragt die anderen, was sie tun soll.

Zum Beispiel könnte es sich um eine Frau handeln, die nachts mit ihren Kindern auf der Straße steht und nun fragt, ob es noch eine andere Möglichkeit gäbe, als sich gleich umzubringen. Ihr Ehemann sei gewalttätig und der Vermieter habe ihnen die Wohnung gekündigt. Sie könnte in ihrer Verzweiflung auch

in der Rolle argumentieren

mitteilen, daß sie ihre Kinder nun zur Adoption freigeben werde und diesen Entschluß verteidigen.

Welche Position beziehen wir dazu und was ist zu tun?

• Sollten auf dem Ausgangsfoto mehrere Personen dargestellt sein, beginnt man mit ihrer Aufstellung, um deren **Meinungen** zu erfahren. Welche Ratschläge können der Frau gegeben werden?

Meinungen austauschen

Ähnlich wie an Karens Beispiel beschrieben, könnten noch weitere Bezugspersonen aufgestellt werden, um sie zu befragen. Diese anderen Figuren antworten auch aus ihrer sozialen Stellung heraus.

Vorschläge machen

• **Handlungsvorschläge** können auf ihre Konsequenzen hin untersucht werden.

Wenn der Spielleiter eine Rolle (Spielleiter als Joker/teacher in role) einnimmt, dann immer, um die Spielenden zu motivieren und ihnen ein Beispiel für die Art und Weise des Zeigens und Antwortens zu geben.

Hilferufe erkennen / auf Hilferufe reagieren

Nehmen wir folgende Situation an: Das Mädchen Karen hat erfahren, daß es HIV-positiv ist. Karen verschwindet und hinterläßt einen Brief: *They tell me I'm HIV positive. I guess I already knew. I can't stick around anymore, sorry, love Karen*

*die wichtigste Frage
formulieren*

WAS wird sie tun?
• Zuerst erhält die Gruppe (auch Kleingruppenarbeit möglich)
Karens Nachricht. Die Spieler können überlegen und zusam-
mentragen, welche Handlungs- und **Verhaltensmöglichkeiten**
Karen zur Verfügung stehen. Beispielsweise könnte Karen zu
Freunden ziehen, sich in eine Selbsthilfegruppe begeben, das
Leben in vollen Zügen genießen oder Selbstmord begehen.
• Die Gruppe sollte eine der **Möglichkeiten** favorisieren und
diese in weiteren Übungen genauer untersuchen.
• Hat die Gruppe sich entschieden, daß Karen z. B. Selbstmord
begehen wird, stellt sie Tableaus, die Karens Gedanken und Gefühle zum Zeitpunkt der **Entscheidung** zeigen. Jeder Spieler
zeigt in einer Haltung, was Karens Selbstmordgedanken ausgelöst haben könnte. Beispielsweise wie Karen ihre Haut auf An-
zeichen der Krankheit untersucht.

Was könnte sie tun?

*Wofür wird sie sich
entscheiden?*

*Entscheidung
darstellen*

Wie konnte es dazu kommen?
• Ein nächstes Bild sollte Karen mit einer der Bezugspersonen
zeigen. Beispielsweise mit dem **Vater**, der sich möglicherweise
angeekelt abwendet, dem Freund, der wegrennt, einer Freundin
usw… Für Karen steht ein leerer Stuhl, die Bezugspersonen werden in Beziehung zu diesem Stuhl aufgestellt. Dann sagt jede
Person aus ihrer Position und aus ihrer Haltung zu Karen heraus ein Wort, beispielsweise *„Hau ab"* und ähnliches.

*Wie verhalten sich
andere zu diesem
Problem?*

Hätte es so kommen müssen?
• Danach sollte jede Person nach einer alternativen **Handlungs-
möglichkeit** suchen, die dazu führen könnte, daß Karen bleibt.
• Der Spielleiter kann sich auch hier als Rolle/Figur im Tableau
einmischen, um das Spiel zu initiieren. Er könnte sagen: *„Ich bin
der Freund Karens und muß sie nun im Stich lassen, denn sie hat mich
betrogen und außerdem kann ich sie nicht mehr anfassen, ohne mich anzuste-
ken."* Auf diese Weise **provoziert** er eine Diskussion, die mit
„dem Freund" gespielt wird. Es werden Meinungen und Argumente herausgefordert, ausgetauscht und dabei gelernt, was AIDS
ist, wie dazu kommen kann und wie man sich dazu verhalten
soll.

*Wie könnten sie sich
verhalten?*

*Auseinandersetzung
provozieren*

Wege suchen

Um Handlungsmöglichkeiten zur Durchsetzung bestimmter Ziele zu probieren, eignet sich folgende Übung. Man
nehme eine Situation, in der man sich völlig unzufrieden
fühlt, weil etwas nicht so läuft, wie es erwartet wurde oder
abgesprochen war.

Eine Verabredung platzt

Ausgangssituation finden

• Nehmen wir an, Peter hat sich mit Luzi **verabredet**, um ihr früh am nächsten Morgen im Wald ein bestimmtes Tier zu zeigen. Sie freut sich sehr darauf, klingelt auch pünktlich an Peters Wohnungstür, aber der macht nicht auf.

• *Was ist zu tun?* Sicher könnte es Luzi gelingen, Peter wach zu klingeln, aber was, wenn er nicht aufstehen will? Hier wird die Frage an alle Spieler gestellt und es können mehrere Handlungsideen auf ihre Wirksamkeit durchprobiert und geprüft werden. Beispielsweise hat jemand die „Frühstücksidee". Hat man aber erst gefrühstückt, ist die Zeit für die Erkundung vergangen.

was tun, um ans Ziel zu kommen

• Entsprechend der Prinzipien des Forumtheaters setzen wir hier Peter (Peters Verhalten) als Problem. Deshalb wechseln wir im Spiel nicht ihn, sondern **Luzi** aus, um Handlungswege für sie zu finden. Peter hält seinen Gegenpol. Er ändert sein Verhalten erst dann, wenn er sich überzeugt oder interessiert fühlt. Hier sagt der Spieler entgegen der Vorschläge von Johnstone auch NO und nicht nur YES: *Nein, das will ich nicht. Was also ist zu tun?*

Luzi muß lernen

• Es wäre hier auch möglich, in Paararbeit nach Ideen zu suchen, sie allen vorzustellen und auf ihre Brauchbarkeit zu prüfen.

Vivian Harris' Liste für den Theaterpädagogen im "theatre in education"

> *Teacher in Role - Checklist*
> *Decide: What you want to teach about / What the important concepts are / What (open) questions you can use to guide your educational aims / What role and story you can use to illustrate your themes / What problem will make the pupils think! Then: How to introduce the role to the pupils / What is their role / How to begin / What questions to ask / How to end / What you want the pupils to do next*

Das nächste Beispiel aus einem Kommunikationstraining für Studenten folgt den Anregungen des Forumtheaters.

Ein theatrales Erkunden von Kommunikationssituationen mit dem **Ziel**, Verhaltensmuster zu erkennen und sie dahingehend zu verändern, daß man seine Meinung mit der nötigen Energie vertreten kann.

Ziel: Verhalten ändern

sich durchsetzen

Alltagssituationen

Es geht um die Betrachtung von schwierigen Situationen im **Alltag**, um Verhaltensweisen und Aktionen und ihre Wirksamkeit. Es werden wirksamere Handlungsmöglichkeiten gesucht, um individuelle Motivationen zu stärken und eigene Pläne zu verwirklichen.

Einführung der Arbeitsmethode:

Methode: Tableau

In Bilder/**Tableaus** springen

• Ein Thema wird angesagt. Jeder Spieler stellt sich sofort und spontan bildlich etwas dazu vor und führt es aus. Wenn alle Spieler stehen, ist das Tableau fertig.

• In einem zweiten Schritt bewegen sich die Bilder im „stop-and-go" nach Impulsen, die die Spielleitung gibt. Hier wird an einem Beispiel mit Studierenden der Weg von der Einführung der Methode bis hin zum Verhaltenstraining in vier Schritten beschrieben. Ein Weg, der von einer ganz unverfänglichen all-täglichen Situation ausgeht und sich schrittweise unmittelbaren Problemstellungen nähert, die die Spieler betreffen.

„6.10 Uhr, Bushaltestelle, es ist kalt"

Erster Schritt: Art und Weise dieses Spielens einüben

• Zuerst in das Bild springen. Das heißt, alle Spieler erfassen die Situation blitzschnell und bilden spontan und ohne Abspra-che ein Tableau. Dann sollte jeder Spieler, ohne daß er seine Haltung verändert, den Einfall jedes anderen Spielers und damit die abgebildete Gesamtsituation erfassen. Dazu darf er sich umschauen.

• Jeder versucht, zu den anderen Figuren (die als Personen wahr-genommen werden sollen) eine innere Haltung zu beziehen, die eine Entscheidung herausfordert. Die Entscheidung treffen und im nächsten Schritt ausführen.

Beispielsweise näher an den Anderen herantreten, ihn abschät-zend beäugen oder sich wegdrehen.

• Vorstellungsaufgabe: *Der Bus kommt lange nicht, es ist sehr kalt, einer Person passiert etwas.* Es darf nicht abgesprochen werden, *was* ge-schieht. Alle Spieler agieren als Figur in der Grundsituation. Wenn *es* passiert, nimmt jeder eine neue Position zur neu ent-standenen Situation ein. Es dürfen Empfindungslaute und Sät-ze geäußert werden.

„Frühmorgens, große Familie, im Bad und um das Bad herum"

Zweiter Schritt: Die Entscheidungen und Aktionen deutlicher individuell bestim-men

• Ins Bild springen (eine Spielerin putzt sich die Zähne, die anderen wollen zur Tür herein)

• Motivation verstärken, inneren Auftrag auszuführen (deutli-cher machen, was man will)

• Lage einschätzen, Entscheidung treffen (Spielerin blockiert weiterhin das Bad mit Zähneputzen, drei andere wollen jeweils zu einer Tür herein)

• Gemeinsame Aktion anhalten/freeze, nacheinander zeigen sich die Spieler ihre Entscheidungen (Einer droht, die Tür einzutre-

ten / Eine wendet sich einer anderen morgendlichen Arbeit zu / Eine andere sucht den Schlüssel für die Tür)
• Die Wahl der Aktionen auf ihre Wirksamkeit befragen. War sie geeignet, um sich der Situation entsprechend durchzusetzen?

Telefonistinnen bei der Arbeit

Dritter Schritt: Eine wirklichkeitsnahe Situation kreieren und darin seine Entscheidungen und Aktionen prüfen

• Kreieren einer Arbeitssituation mit mehreren Leuten. Es wird ein Problem auftreten, keiner weiß welches.
Alle arbeiten, dann passiert es: Eine Spielerin beginnt in ihrer Rolle als Telefonistin ein Privatgespräch. (Sie wird von der Oma angerufen, die unglaublich viel zu erzählen hat und sich nicht abweisen läßt.)
• Diese Szene wird nochmals gespielt unter dem Aspekt, was diese Störung bei jeder anderen hier arbeitenden Figur verursacht, wie diese reagiert, was sie unternimmt. – Eine Figur versucht, sich in mehreren Aktionen (rollt die Augen, wirft Blicke, seufzt genervt) gegen die anhaltende Störung durch Lautstärke zur Wehr zu setzen, hat aber keinen Erfolg damit. Sie bekommt Streß, weil sie zusätzliche Anrufe übernehmen muß. Sie macht die Arbeit der anderen mit.
Ein anderer Spieler wartet geduldig ab. Als er jedoch auch die Geduld verliert, wendet er sich nicht direkt an die privat telefonierende Kollegen, sondern entschuldigt sich bei seinen Kunden, indem er seine Kollegin beschuldigt.

Im Computerkabinett

Vierter Schritt: Problemsituationen aus dem realen Alltag

• Wir nehmen die reale Situation einer Spielerin, die im Computerkabinett ihre Diplomarbeit fertigstellen will und andauernden Störungen ausgesetzt ist. Einer ihrer Kommilitonen bittet sie ständig um irgend etwas, zwei andere Studentinnen freuen sich lauthals an ihren Computerspielen.
Unsere Hauptperson appelliert und erklärt verzweifelt, daß sie Ruhe brauche. Es dauert lange, bis sie klarer agiert und einen Störfaktor nach dem anderen angeht. Als erstes stellt sie mit dem ersten Störer eine separate Gesprächssituation her, indem sie ihn nach draußen bittet. Anschließend klärt sie eindeutig und frontal die Lage mit den beiden lauten Mädchen.
• Danach stellt uns ein Spieler dar, wie er im Zusammenhang mit dem Verhalten seines WG-Partners in Wut geraten war und wie es ihm - zu dessen völliger Überraschung – gelang, ihm mit der nötigen Energie die Grenzen zu zeigen.
• Aufgabe: *Erinnere dich an eine Situation, in der du dich sehr gut, sehr schlecht, erniedrigt oder wütend fühltest.*

Eine Spielerin beschreibt: Da sie auch in einer WG wohne, fühle sie sich in der Übung „*Im Bad*" beim Zähneputzen an ihr tägliches Unbehagen erinnert. Sie könne so schwer andere warten lassen, ihnen Zeit „stehlen", sie behindern. Sie fühle sich

sich mit der nötigen dadurch immer gehetzt. Sie **lerne** nun, sich mit der nötigen
Energie für sich Zeit und Energie um sich selbst zu kümmern und verstehe jetzt,
selbst einsetzen daß andere sie nicht mehr treiben werden, wenn sie es nicht zulassen wird.

Methoden und Techniken des TIE

Im Greifswalder Modell gehört eine Ausbildung im TIE zum Lehramtsstudium. Einige Erfahrungen aus dem workshop mit Steve Day, GYPT London, geben Einblick in diese Arbeit. Steve ist ausgebildeter actor-teacher, verfügt also über beide Fähigkeiten. Die Schwierigkeit, vor der er stand, ist die normale des Lehrers für Darstellendes Spiel: er mußte ohne Team arbeiten, war allein mit der Spielgruppe.

aus einem umfang-reichen Programm Sein sorgfältig ausgearbeitetes Programm vermittelte vielfältige Techniken, von denen einige kurz dargestellt werden sollen.

Seine **Ziele** entsprachen dem Weg des englischen TIE:

1. Mittel von Theater und Dramaturgie werden genutzt, um Probleme mit einer Schulklasse/Gruppe zu bearbeiten, nach neuen Lösungen zu suchen oder bestimmte Lernfelder/Einsichten anzueignen
2. Motivierung und Anregungen durch Erzeugen von Spannung, theatraler Stimmung und durch professionelles Theaterspiel der Theaterpädagogen

TIE-Ziele
3. Aktive Einbeziehung der Schüler in den fiktiven Kontext – durch verschiedene Spielaufgaben
4. Erörterung von Handlungsalternativen – möglichst über praktische Spielvorschläge
5. Rückkopplung über Inhalt, Form, Ergebnisse der Arbeit

Steve Day arbeitet bei uns ohne seine gewohnte Theaterumgebung, mit den sparsamsten Mitteln schafft er es, theatrale Stimmungen herzustellen. Zunächst wärmt er die Gruppe auf und beruhigt sie: Keine Angst vor Bewertung, es geht um praktisches Erfahrungslernen, was gebraucht wird, ist Einfühlung und Phantasie, Vorstellungsvermögen, „don't worry, just enjoy". Er erklärt seine eigene Rolle und daß die Mitspieler schon erkennen werden wann er eine fiktive Person oder er selbst, der Spielleiter, sei.

Der Einstieg

sorgfältige Vorbereitung Vor dem Beginn liegt eine sorgfältige Recherche- und Planungsphase. Das Thema muß klar sein, dazu passende Rollen und eine Geschichte gefunden werden, in der offene Fragen stecken und ein Problem (ein Dilemma), das die jugendlichen Teilnehmer zum Nachdenken, zum Wunsch nach einer Lösung bringt

In der Einführung geht es um das Erzeugen einer „dramatischen Fiktion", an deren Ende die Mitspieler hoch motiviert eine Rolle annehmen, z.E. die von „Experten", um darin zu agieren. Sie werden da hineingelockt durch ihre Phantasie. Zum Erzeugen der Stimmung und Dichte dieser theatraler

*storytelling with
props*

*Vorstellungen
erzeugen*

Situation sind alle Mittel recht.

Der Einstieg geschieht über „FAKTENMATERIAL" und wird wie ein Detektivspiel organisiert: Alle betrachten und betasten die ausgebreiteten „Fundstücke", interessante Gegenstände, Dokumente, Bilder, auch Film- oder Tonbandsequenzen sind möglich, und spekulieren darüber, wem sie gehören könnten, was für ein „Fall" sich hinter diesen geheimnisvollen Gegenständen verbirgt.

> „At a fishing port in the east of England called 'Orford', during the reign of king Henry II. A 'merman' was caught. He was taken to the newly-built castle, did not recognise the cross and did not speak. He escaped 3 times, but each time was caught again. However, the last time the merman returned of his own free will. This is written in the chronicle 'Liber Anglicorum' of Ralph of Coggeshall."

Die Story

*Einsteigen
in die Geschichte*

Klangbilder

*freeze-framing
thought-tracking*

In einer „alten Chronik" wird ein Bericht über einen außergewöhnlichen Vorfall gefunden und vorgelesen:

Nach dem Vorlesen gehen schon die Mutmaßungen los: Was könnte den Wassermann dazu bewegt haben, freiwillig zu den Menschen zurückzukehren? Oder es wird nach Fakten gefragt, die nicht verstanden wurden, der Spielleiter sorgt für das richtige Verständnis.

Um die Spieler in den fiktiven Kontext hineinzuziehen, werden „SOUND PICTURES" entworfen, die Gruppe erfindet Geräusche zu einzelnen Stationen der Geschichte. Diese kleinen Klang- oder Hörspielbilder können zugleich erste Befürchtungen, Ahnungen, Einschätzungen der Spieler über die verschiedenen Charaktere und ihr Verhalten einschließen:

z. B. Der Fang – Der Transport durch das Dorf – Im Kerker, im Verlies.

Durch ein STANDBILD, das mit typischen Requisiten ausgestattet (das Fischer-Netz), auch in Bewegung gesetzt wird, oder von dem die GEDANKEN, einzelne Wörter oder Sätze, auch Geräusche abgerufen werden können, wird die Vorstellung weiter ausgebaut.

Der Mantel des Experten

*Aufforderung zur
Hilfe*

Es entsteht ein Gerücht – der König schickt „Ermittlungsbeamte" zum Baron von Orford, die die Sache gründlich prüfen und den Wassermann als Beweis mitbringen sollen. Die Zuschauer können sich an dieser Untersuchung beteiligen.

enroling

Da die Schüler evtl. Schwierigkeiten haben, aus dem Stegreif in einer bestimmten Rolle zu agieren, werden sie im „MANTEL DES EXPERTEN" herangezogen. Das bedeutet, sie nehmen eine Rolle ein, die ihnen bekannt ist, in der sie sich auskennen: sie sind Freund, Bruder, „Kollege" in ihrem normalen Leben – und in dieser Rolle können sie jetzt eine Person der fiktiven Geschichte beraten. Dabei sollen sie das einbringen, was sie selbst wissen, was aus ihrem Erfahrungskreis stammt und daraus Vorschläge für die Lösung des Problems entwickeln. Da es nur Ratschläge sind, die noch von anderen geprüft werden, können sie sich nicht blamieren oder etwas falsch machen. Dieser „Mantel" des Beraters bietet ihnen Rollenschutz. Da es eine ganze Gruppe von Experten gibt, sind sie zusätzlich dadurch geschützt.

Aufgabe: Beratung

in der Rolle planen

Gemeinsam mit dem Forscher gehen sie an DIE UNTERSUCHUNG heran: Sie sollen den Meermann im Kerker besuchen. Wie bereiten sie sich vor, was nehmen sie mit? Nachdenken, was der Wassermann brauchen könnte, wie man sich mit ihm verständigen könnte usw. Sie waren noch nie vorher dort, sie müssen sehr vorsichtig sein. Der Untersuchungsleiter führt sie „eine dunkle steile Treppe" hinab, die zu dem Verlies führt, in dem der Wassermann eingesperrt wurde. Diese „Reise" wird in völliger Dunkelheit und Stille angetreten, nur eine kleine Kerze in der Hand des Leiters, man tastet sich an Wänden entlang, hört Geräusche, darf nur „im Notfall" leise flüstern usw. Beim Erzeugen solcher STIMMUNGEN durch Licht und Dunkel, durch Material (etwas fühlen), Späne auf dem Fußboden, Sinneswahrnehmungen (Gerüche) usw. nutzt das TIE Mittel und Erfahrungen aus dem Theaterbetrieb.

Reise ins Unbekannte

Zeichen finden

Der RAUM soll als unbekannt erfahren werden: man war noch nie da, muß vorsichtig sein und zugleich aufmerksam wie ein Kriminalist, um wichtige ZEICHEN nicht zu übersehen.

Der Untersuchungsleiter befragt die BERATER-GRUPPE: Was haben sie empfunden und gefühlt, was haben sie entdeckt, bemerkt, wahrgenommen, ihre Gedanken, Hoffnungen, Befürchtungen, Ideen, was man als nächstes tun sollte, mit wem man über die Sache sprechen sollte…

Der heiße Stuhl

schwieriges Problem

Mit dieser Methode wird den Teilnehmern die Chance gegeben, mehr Informationen zu gewinnen, die Geschichte wird weiter ausgebaut. Der Spielleiter nimmt die Rolle des Barons von Orford ein, beantwortet alle Fragen und macht deutlich, in welchem DILEMMA er steckt: Das Problem besteht in einer Zwickmühle: auf jeder Seite möglicher Lösungen gibt es weitere, neue

Probleme, der Baron wird seine Stellung verlieren, egal, wofür er sich entscheidet...

Zunächst alle diese Fragen gemeinsam mit dem Spielleiter erörtern. Dann AUSPROBIEREN VON HANDLUNGSVORSCHLÄGEN:

Was ist als Schlimmstes zu befürchten? ↔ Was ist als Bestes zu hoffen?

Gespräche in der Rolle

• die Figur (den Wassermann) von etwas überreden, überzeugen wollen, einen Kommunikationsweg suchen, ungewöhnliche Formen der Verständigung anwenden. Durch das „Gespräch" mit dem Wassermann ergeben sich neue Probleme, die Geschichte erhält eine weitere Dimension.

Schließlich werden alle Versuche zu einem Gegensatzpaar zugespitzt:

Strategien für eine Entscheidung

• Strategien überlegen, wie man am ehesten in die Richtung der „Hoffnung" gerät.

Es muß eine Entscheidung gefällt werden...

image forum

In der Form von FORUM-THEATER kann ausprobiert werden, wie diese Entscheidung dem König vorgetragen werden kann, welche Varianten es gäbe.

Am Ende des Experiments werden die Teilnehmer gefragt, was ihnen geholfen hat, in die Geschichte einzusteigen, sich mit den Problemen zu identifizieren, oder was sie behindert hat.

Zum Effekt dieser Arbeit für die Studierenden:

theatrale Techniken

• Sie lernten **theatrale Techniken** (tools) kennen, durch die man junge Leute dazu bewegen kann, sich mit sozialen, politischen oder historischen Problemen auseinanderzusetzen.

• Sie erlebten Rahmen und **Gestaltung eines TIE-Programms** in seiner Kombination von ästhetischer Wirkung auf Gedanken und Gefühle der beteiligten Zuschauer und Formen aktiver Einbeziehung, aktiven Lernens durch Spielen.

• Sie konnten sich selbst als Spielleiter ausprobieren und ihre Fähigkeiten testen, andere als „Geschichtenerzähler" und Schauspieler ins Spiel zu ziehen.

der Spielleiter als Joker

• Sie lernten in ihren eigenen Anwendungsversuchen, die mehrfache Funktion des **Spielleiters als „Joker"** erfolgreich auszuüben: Er geht aus der Spielfigur hervor, bleibt in der Rolle, übernimmt zusätzlich Spielleiterfunktion, regt Zuschauer zum Mitspielen an, bietet Motive, Anregungen, schafft Verbindung zum aktuellen Denken der Zuschauer, „reizt" die mitspielenden Zuschauer, ihre Meinung im Spiel deutlich zu zeigen und zu verteidigen, muß beweglich sein und den mitspielenden Zuschauer einerseits fördern, ihm Mut machen, andererseits

Schwierigkeiten, Konflikte vor ihm ausbreiten, für die er immer neue Lösungen suchen muß.

Der wichtigste Unterschied zwischen dem „Ereignis Theater" und „Theater in der Erziehung" liegt im durchgängigen Behaupten des fiktionalen Kontexts auf dem Spiel-Platz.

fiktionaler Kontext

Theater in der Erziehung erreicht diese Qualität nur in einigen Teilschritten:

1. Es wird ein **pädagogisch-ästhetischer Rahmen** gesetzt, mit dem Interesse für ein Problem und für das Medium Theater erzeugt wird.
2. Es wird ein **fiktionaler Kontext** geschaffen, der das interessierende Material so strukturiert, daß Spannung und Aufmerksamkeit der Schüler zur Spielbereitschaft führen.
3. Es werden **Teile einer theatralen Handlung** von den Schauspielern/vom Spielleiter vorgespielt. Die Darsteller sorgen dafür, daß die Charaktere angenommen werden, Sympathie oder Akzeptanz entsteht.
4. Die Mitspieler sollen sich so weit wie möglich konkret beteiligen, helfen wollen, ihre eigene „Agenda" zu dem Geschehen entwickeln.

zuschauende Spieler
spielende Zuschauer

Dadurch, daß die Schüler in Gruppen parallel an verschiedenen Aufgaben arbeiten, gibt es bei der Präsentation der Ergebnisse auch Zuschauer – die jedoch im folgenden selber Spieler oder Diskussionsforum oder Interviewpartner usw. sind.

Szenisches Spiel als Lernform

Im Fach Darstellendes Spiel kann die Beschäftigung mit szenischem Spiel als Lernform nicht Hauptinhalt sein. In das Lehramtsstudium gehört es jedoch unbedingt hinein, am besten als obligatorischer Bestandteil der erziehungswissenschaftlichen Ausbildung.

gehört zur Lehrer-
ausbildung

Der Lehrer für Darstellendes Spiel, der nicht nur Theater mit seinen Schülern machen, sondern ihnen weit über Schultheateranlässe hinausgehende Handlungsstrategien vermitteln will, sollte sich jedoch sehr gut in diesen Techniken auskennen und sie mit Gewinn einsetzen können.

Sie können helfen, Probleme der Interaktion in einer Gruppe zu klären, den Spielern helfen, Diskrepanzen zwischen ihrem Selbst- und Fremdbild zu erfahren, sich in eigenes und fremdes Verhalten leichter einzufühlen. Sie eignen sich insofern auch zur Vorbereitung eines Theaterspiels, zur Auseinandersetzung mit Situationen und Beziehungen dramatischer Figu-

ren. Die Techniken enthalten Rollenspiel-Elemente, haben aber
mit darstellendem Spiel nichts zu tun. Scheller grenzt sie deutlich ab. (Scheller 1998)

Ähnlich wie bei Boal ist „der Weg die Aufgabe" (siehe Neuroth,
1994, S.130), der Prozeß und die Bedürfnisse der Teilnehmer
sind wichtig. Die Verfahren sind deshalb „nicht nur Lehrme-
thode", sondern „zugleich Lehrziel und Lehrinhalt" (ebd.). Der
Spielleiter muß sich flexibel auf die jeweiligen Probleme und
Kontexte der Spielgruppe einstellen.

Drei Beispiele dazu aus einer Werkstatt mit Ingo Scheller:

Persönlicher Gestus

Nach Erkunden des eigenen Gestus (der Nachbar spiegelt mich
wider) eine vertraute Haltung einnehmen, die Beobachter sagen, was die Person in dem Moment ihrer Meinung nach denkt.

Versuch, innere Gedan-   ACHTUNG: Es geht *nicht* darum, was die Haltung **äußerlich** aus-
ken in einer typischen   drückt, *sondern* darum: Was für **innere** Gedanken könnte die Per-
Haltung auszudrücken   son haben?

Es gibt Überraschungen: Man wird anders wahrgenommen, als
man sich innerlich fühlt. Bestimmte Haltungen werden als „typisch" wahrgenommen, auch wenn sie so gar nicht gemeint waren. Die Beobachter projizieren ihre *eigenen* Vorstellungen und
Stimmungen in das, was sie sehen, können es also auch ganz
falsch interpretieren.

Diskrepanzen   Zusammenfassung:

→ Körpersprachliche Signale werden ständig gesendet – ihre Interpretation kann ein völliges Mißverständnis sein.

→ Es gibt Diskrepanzen zwischen Selbstbild, das ich von mir im
   Kopf habe, und meinen körperlichen Reaktionen auf die tatsächliche Situation.

→ Selbstbetrug: Der Vorsatz, einen bestimmten Habitus einzu-
   nehmen (z.B. Lockerheit, Offenheit) funktioniert nur selten,
   meist strahlt der Körper etwas anderes aus (Verkrampfung,
   Angst…).

→ Es geht keineswegs um das Abschaffen von persönlicher Gestik
   oder um das Einführen von albernen Klischee-Haltungen.

→ Mit der persönlichen Gestik deshalb humorvoll umgehen (teilweise kennt man sich schon, ist sich mancher Gesten durchaus
   bewußt).

Selbstvertrauen   LÖSUNG: sich selbst annehmen, sich mögen, zu sich stehen, ge-
                           lassen bleiben, sich nicht irritieren lassen durch andere.

Verhalten in einer Situation

Aufgabe: Sich erinnern an eine Situation, in der man Schwierigkeiten hatte, sich zu verhalten... Diese Situation als Standbild aufbauen, das dann untersucht wird. (s. Scheller, 1998, S. 61 ff.)

Ein Student zeigt einen Kreis von Kindern mit zwei Spielleitern bei den Theater-Werkstätten, dem zwei Erzieherinnen der Kindergruppe abwehrend/abschätzig zuschauen, die außerdem mit

Ärger in der Spiel-
Werkstatt

Ermahnungen an die Kinder praktisch mehrfach in die Spielsituation eingreifen. Er dreht sich mit wütendem Blick um...

Die Gruppe schaut sich das Bild genau an, hört die kurze Erläuterung und die Fragen, die der Spielleiter stellt

Hilfs-Fragen:

Was sagen die Gruppen-Betreuer? (Sie geben Befehle an die Kinder: Marc, paß auf!)

Was denkt der Protagonist? (Sie sind wie eine Mauer...)

Was denken die Kinder? (?)

Was denken die Gruppen-Betreuer? (Wahrscheinlich so: Das habe ich aber ganz anders gelernt...)

Wozu entschließt sich der Protagonist? (Ich mach einfach weiter, obwohl ich sie am liebsten rauswerfen möchte.)

In der gemeinsamen Reflexion mit der Gruppe wird untersucht: Was ist sein Problem?

Aufregung,
Wut, Entrüstung
bis Aggression

Er empfindet die Einmischungen der Gruppen-Betreuer als Störung der Spielsituation, als Aggression gegen die Spielleiter, empfindet aber auch Unterlegenheit gegenüber den Gruppen-Betreuern „Die kannten die Kinder viel länger als wir" und Unsicherheit gegenüber den Kindern: „Die Kinder haben nicht uns gefolgt, sondern waren hin- und hergerissen zwischen den Anweisungen der verschiedenen Leiter..."

Das Ergebnis der Gruppen-Einschätzung ergibt ein anderes Bild, als der Student für sich selbst entworfen hat, auch hier gibt es eine Diskrepanz zwischen der eigenen Interpretation und dem Verständnis der Gruppe.

Aufdecken von
Kommunikations-
schwierigkeiten

➤ Der sichtbare Protest, der wütende Rückblick auf die Gruppen-Betreuer spiegelt das Unvermögen, hinzugehen und die Situation zu klären, zu bereinigen.

➤ Er akzeptiert die schlechte Energie, die von der Situation ausgeht, statt sie zu beseitigen.

Klären der Situation
wäre notwendig

➤ Er möchte eigentlich etwas sagen, die Sache klären, tut es aber nicht, um die Spielsituation nicht noch weiter zu verschlechtern.

➤ Aus Rücksicht auf die Kinder wird die unerträgliche Situation ertragen, damit wird aber nur eine Entschuldigung gesucht.

> In Wirklichkeit fühlt er sich nicht anerkannt, seine Position als Leiter ist gefährdet, es findet ein stiller Kampf zwischen beiden Leiter-Positionen statt: Wer hat die beste Methode, mit den Kindern umzugehen, mit ihnen „fertig zu werden".

Zorn blockiert

> Unsicherheit wird zurückgewiesen als Handlungsgrund, aber Wut im Kopf, Gewalt-Gedanken schränken ebenfalls das freie Handeln ein.

Nach diesem Gedankenaustausch wurden **mögliche Lösungen** einer solchen Situation diskutiert. Hier wird nicht nur Spiellei-ter-Verhalten gelernt.

Interaktionsprobleme

Gruppe und Einzelner

Ein Student bildet einen Kreis, in dem sich alle umarmen, er selbst kniet unten allein, schaut verlassen nach oben in die lä-chelnden Gesichter, die ihn gar nicht wahrnehmen.
Reflexion: Was ist sein Problem?
Er glaubt, die anderen bilden eine geschlossene Einheit, die Gruppe ist nur mit sich selbst beschäftigt, hat Angst, lästig zu sein. Da er nicht angesehen wird, glaubt er, er wird nicht wahr-genommen. Er braucht die Zuwendung der anderen, kann/will

Beziehungskrisen

sich aber nicht aufdrängen.
Diskussion möglicher Lösungen und Zusammenfassung:
→ Die sogenannte „Pseudo-Harmonie", alle lieben sich, ist ein häu-figes Problem in Theatergruppen, deshalb sieht die Gruppe die tatsächliche Isolation Einzelner gar nicht.
→ Die Aufgabe besteht darin, eine Form zu finden, um solche Be-findlichkeiten zu thematisieren, sichtbar zu machen.
→ Die Aufgabe des Spielleiters ist, die Gruppendynamik zu beob-achten, um Beziehungen und Beziehungskrisen bewußt zu ma-chen und zu inszenieren.

(siehe Ingo Scheller: Szenisches Spiel: Handbuch für die päd-agogische Praxis. Berlin 1998 – Auf diese Quelle beziehen sich die o.a. Seitenangaben. Vgl. auch Marcel Kunz)

Szenisches Interpretieren von dramatischen Texten

Friedrich Dürrenmatt: „Der Besuch der alten Dame"
Nur eine Aufgabe für den Deutschunterricht?

Seit den 80er Jahren gehören literarische Rollenspiele und sze-nisches Interpretieren zum Repertoire des Deutschunterrichts (siehe Klinge, in: Der Deutschunterricht 4/1980).
Der Einsatz von theatralen Mitteln und Methoden für das Er-schließen dramatischer Texte sollte unbedingt zur Fachspezifik des Lehrers für Darstellendes Spiel gehören.

siehe Pfister,
Das Drama

Es geht darum nachzuweisen, daß mit spezieller Ausbildung die Textvorlage weit mehr als Spielanweisung erfahren werden kann. Das vorhandene Instrumentarium an theatralen Techniken ermöglicht das Umsetzen unterschiedlicher Interpretationsansätze in Spielgestaltungen.

Ziel des szenischen Interpretierens ist nicht einfach besseres Textverstehen, sondern eine **eigene Vorstellung vom Text als Theaterereignis** zu gewinnen. Nicht allein literarisches Verständnis, sondern Verständnis von Darstellender Kunst unter Berücksichtigung der Bedingungen „Text – Leser – Spieler – Publikum" soll erreicht werden. Der Schüler erlebt den Prozeß der **Umformungen**, der möglichen **Lesarten** ein und derselben Stelle, der **Ausdruckskraft** theatraler Zeichen, der persönlichen Interpretation der Vorlage durch eigene Spielentscheidungen.

mögliche Lesarten
werden zu Spiel-
formen

Die im Prozeß der szenischen Interpretation gemachten Erfahrungen sollen die Spieler neugierig machen auf weitere, auf Theater und auf sich selbst. Für den Spielleiter wird es ebenfalls neue Entdeckungen geben, da ihm allein niemals so viel einfallen kann wie seiner Spielgruppe. Wenn er das zugibt, ergeben sich partnerschaftliche Bedingungen der weiteren Arbeit.

gemeinsames
Entdecken

Vorbereiten: Einspielen

Aus seinem reichen Repertoire an vorbereitenden Spielen wählt der Lehrer die aus, die in der jeweiligen Klasse gute Bedingungen für die folgende Arbeit schaffen. Funktion der Übungen ist vor allem Gruppen- und Vertrauensbildung und Veränderung der üblichen Schulsituation, um auf die ungewöhnliche Arbeitsweise vorzubereiten (möglichst in Blockform unterrichten). Außerdem wird auf Rollenspiel und Improvisieren eingestellt.

Einführung des Textes, Hineinversetzen in die Situation

Imagination von
Ort und Situation

→ Phantasie-Reise, Gruppe schließt die Augen, stellt sich den **Ort,** den verrotteten Bahnhof, vor und versetzt sich in die Lage der Bewohner der Stadt, ihre Wünsche, Vorstellungen, Probleme. Es werden Rollenvorstellungen entwickelt.

Empathie: Welche
Wünsche würde ich
mit dem Besuch ver-
binden?

→ Jeder beteiligt sich nach eigenen Vorstellungen an der Umgestaltung des Bahnhofs zum Empfang der alten Dame und diskutiert mit den Nachbarn über die damit verbundene Hoffnung, Kapital zur Überwindung der Rezession, des drohenden Ruins zu erhalten. Übergreifender Spannungsbogen: Was wird der Besuch (ein)bringen?

Entscheidungen

→ Differenzierung der Rollen:
Wer geht zum Bahnhof? Warum (nicht)?
Es bilden sich 2 Gruppen

Rollenbiographie   → Vorstellung der Rollen: Wer bin ich? Was will ich? Warum neh-
                          me ich (nicht) am Empfang teil? Was erwarte ich?

Szenisches Interpretieren von Ausschnitten

Es gibt zwei Möglichkeiten: die Schüler haben den Text gelesen
oder der Spielleiter führt sie wie auf einer Entdeckungsreise in
das Werk ein.

In den folgenden Beispielen erhielten die Studenten Text-Teile,
die in szenisches Spiel umzusetzen waren. Hinweise: nicht den
Dialog wiederholen oder „mit verteilten Rollen lesen", sondern
den Spielraum zum eigenen Erfinden ausfüllen!

Improvisation   *Wie umwirbt man einen künftigen Bürgermeister?*

Die Honoratioren der Stadt/auch Verwaltungsangestellte/Bahn-
beamte besprechen den Empfang der Milliardärin Claire Zacha-
nassian, die Möglichkeiten festlicher Gestaltung.

Jeder nimmt aber vor allem die Situation zum Anlaß, sich beim
Kaufmann Ill einzuschmeicheln, von dem man annimmt, daß er
zukünftiger Bürgermeister, auf jeden Fall der mächtigste Mann
der Stadt sein wird – wegen der alten Liebesgeschichte.

(Heuchelei und Opportunismus, chamäleonartiges soziales Verhalten konnten hier gestaltet werden.)

informierter Spieler   *Überraschungen in der Ankunftsszene*
trifft auf
uninformierte Rollen   Einzelvorbereitung der Darstellerin der C.Z.: Gesprächsführung
                              und scharfes Herausarbeiten der Fragen, mit denen sie indirekt
bereits auf ihr Programm hinweist, z.B. „Haben Sie schon je-
manden erwürgt?" (S.41) usw. Die anderen Spieler sollen in
ihrer Rolle reagieren, aber so, wie ihnen konkret in der Situation
zumute ist (konsterniert, verblüfft, erschreckt, befremdet usw.).

Reflexion = Vorahnungen, Ankündigungen künftigen Geschehens

wiederholtes Spiel   *Das Angebot – die Reaktion*
bis zum Begreifen
                            Spiel nach Text und Regieanweisung: bombastischer Empfang
(ruhig übertreiben, die Lügen und die verlogene Moral noch
deutlicher hervortreten lassen), dann das Angebot der C.Z. und
die Reaktion darauf (die *Regieanweisung mehrmals genau* nachspielen lassen, bis ihr Sinn erfaßt wird).

Reflexion = Streit und Widerspruch zu Dürrenmatts Anwei-
sung: Warum erst Schweigen, dann Jubel? Was drückt das Verhalten der Bürger aus?

Schließlich Erkenntnis: Sie sind mit *jeder* Bedingung einverstanden.

Eigene Bilder für „Die Versuchung" finden

Textstudium und Spielvorbereitung, dann szenisches Spiel der
Gruppen

Hinweis auf Hauptproblem = die Versuchung durch das in Aus-
sicht gestellte Geld, jeder gerät auf seine Weise in Konflikt mit

seiner inneren Moral und dem Wunsch nach Reichtum, oder wenigstens sozialer Sicherheit.

Die Situationen: Beispiele aus der Arbeit der Studenten

→ Ill und seine *Kunden*/Er erkennt seine Bedrohung (4 Spieler)

innere Wünsche in sichtbares Handeln umsetzen

Deutlich werden Unverschämtheit und Dreistigkeit der Kunden, die auf Kredit immer mehr und teurere Wünsche entwickeln, bis sie ihn schließlich „bis aufs Hemd ausziehen", was wörtlich genommen und bildlich, in körperliche Aktion umgesetzt wird. Ill, der anfangs noch kundenfreundlich und naiv fragt, wie sie das alles bezahlen wollen, begreift langsam, daß er selbst das Zahlungsmittel ist: mit seinem Tod sind alle Schulden hinfällig (ohne daß bis jetzt ein Einzelner zu dem Mord bereit wäre). Diese Erkenntnis bringt ihn so in Rage, daß er den Kunden fast seinen ganzen Laden hinterher wirft.

→ Ill sucht Hilfe beim *Bürgermeister* (3 Spieler)

Gelungenes Splitting des Bürgermeisters: 1. der Beschwichtigende, 2. der Angreifende.

Gute Nutzung des Spielraumes (der Exponate des Ausstellungszentrums, die ins Spiel einbezogen werden).

Verhaltensänderung zeigt Drehpunkt

Die Zurückhaltung wird immer stärker aufgegeben, Ill wird am Ende von beiden Bürgermeistern direkt beleidigt und attackiert. Reflexion = an dieser Stelle passiert der **dramatische Handlungsumschlag**, an dem der geachtete Bürger Ill zum Verbrecher und Opfer gemacht wird

→ Ill sucht Hilfe beim *Pfarrer* (3 Spieler)

Erfinden einer neuen, passenden Ideologie

Über den vorgegebenen Text hinaus erfinden die Spieler immer neue, starke, ideologische Argumente, warum Ills Opfer für die Stadt völlig in Ordnung sei, daß er dankbar sein muß für diese Chance. Die Konstellation, daß zwei auf Ill einreden, verdeutlicht sehr gut die ausweglose Situation des zum Tode Verurteilten.

→ Innerer Konflikt des *Lehrers* (1 Spieler)

Zwei Phasen zeigen: zuerst wehrt er sich noch gegen den Mordauftrag, will Humanist bleiben, dann beginnt er sich selbst zu überzeugen, sucht nach Argumenten zur Rechtfertigung des Mordes – unter Nutzung seiner humanistischen Bildung (die alten Griechen usw.)

für alles lassen sich Argumente finden

Reflexion = diese Haltung verallgemeinern: was der Lehrer vorspielt, spielt sich so ähnlich im Inneren fast jedes Bürgers der Stadt Güllen ab – und sie entscheiden sich genau wie der Lehrer für einen nach außen gezeigten, verlogenen Humanismus.

improvisierte
Gruppenaktion

das eigene Interesse
verteidigen

Ills Fluchtversuch

→ Die Spieler bilden eine Gasse, darin erscheint (real oder nur vorgestellt) Ill auf dem Weg zum Bahnhof, auf der Flucht. Jeder sagt ein bis zwei Sätze zu Ill, drückt darin direkt oder indirekt sein eigenes Interesse daran aus, daß Ill die Stadt nicht verlassen darf, denn er stellt sozusagen bares Geld dar.

→ Die Gasse verengt sich immer mehr, Ill hätte keine Chance zu entkommen, obwohl verbal das Gegenteil behauptet wird.

Rollenlesen der Szene

Der Entschluß („Gemeindeversammlung")

→ Sprechversuche: Wie spricht man hehre und leere Phrasen und behauptet lautstark in der Öffentlichkeit, daß man eine hohe Moral habe, wenn man damit gleichzeitig JA zu einem Mord sagt?

Reflexion = Aufdecken der bürgerlichen Doppelmoral und der offenen Lügen, die der Zuschauer/der Spieler nach diesem Spiel durchschaut.

Szenen erfinden, die
nicht im Dramentext
stehen

Welche Szenen könnte man erfinden, um zu zeigen, daß der Plan der C.Z. nicht nur in der Rache an Ill bestand, sondern offensichtlich darin, die damals *indirekt* am Betrug des jungen Mädchens beteiligten Bürger der Stadt alle in die Mordtat einzubeziehen, ihre tatsächliche Unmoral drastisch vor Augen zu führen.

(siehe dazu Jan Knopf, a.a.O., S. 78: „Die Gesellschaft tut nichts, was sie nicht schon immer – aber noch nicht so offen – getan hat: Existenzen zu vernichten und dieser Vernichtung zugleich den Stempel des Legalen sowie des moralisch Anständigen aufzudrücken.")

Weitere Spielmöglichkeiten:

Szenische Interpretation hat nicht zum Ziel, das Stück nachzuspielen, sondern sich damit auseinanderzusetzen. Das Verständnis des Einzelnen und der Gruppe soll durch eigene Gestaltungsversuche artikuliert werden. Es können zu ein und derselben Szene verschiedene Deutungsvarianten vorgespielt und diskutiert werden.

Deutungsvarianten
handelnd erproben

Zusätzlich zu den selbst gefundenen Möglichkeiten gibt es **weitere Verfahren des szenischen Interpretierens** (Arbeitsblatt, daraus im folgenden vier Beispiele).

Raum-Gefühls-
Geographie

→ Nennen der Räume, zu denen die Figuren eine besondere Beziehung haben, die für die Handlung wichtig sind – oder wie sich ihre Haltung zu dem Raum verändert: Beispiel Bahnhof/Ills Laden

Standbild-Reihe → Darstellung der Grundfabel durch Standbild-Reihe (wichtige Stationen z. B. der jeweiligen Begegnung mit C.Z. und mögliche Haltungen der Güllener Bürger aufzählen)

Statuen im Museum → Figurenhaltungen wiedererkennen: Statuen im Museum

→ den Wechsel in den Bürger-Ansichten jeweils durch gleichzeiti-
Stimmenskulptur ges Reden veranschaulichen: In diesem Stück sind im Prinzip immer alle einer (der gerade aktuellen) Meinung, die sich aber rapide verändert. Trotz individueller Formulierungen muß also der „Gleichklang" der Meinungen herauskommen.

Literatur: Ingo Scheller: Wir machen unsere Inszenierungen sel-
ber. Oldenburg 1989
Ingo Scheller: Szenisches Spiel. Handbuch für die pädagogi-
sche Praxis. Berlin 1998
Marcel Kunz: Spieltext und Textspiel. Seelze 1997 und Spiel-
Raum. Zug 1989
Jan Knopf: Der Dramatiker Friedrich Dürrenmatt. Berlin 1987

Heranspielen an ein Theaterereignis:

Inszenierungsbegleitung oder Nachbereitung

„Inszenierungsbegleitung" ist eine Aufgabe der Theaterpädago-
gen: Sie bereiten auf Wunsch Schulklassen auf den Besuch einer Theateraufführung vor – unter dem Motto: „Erst spielt ihr, dann spielen wir." Einige Studenten wählten diese Aufgabe als Abschlußprojekt des Beifachstudiums.
Der Unterricht im Darstellenden Spiel soll die Schüler nicht nur mit den Erfahrungen des Theater-Machens entlassen, sondern auch mit Interessen und Kenntnissen zum **Theater-Sehen** und **Theater-Verstehen**.

Empfinden, Wenn allerdings nur über das Theater-Ereignis *gesprochen* wird,
Spielen, Sehen, wird dieses Ziel nicht erreicht. Die Verknüpfung von eigenem
Austauschen Körpergefühl und Empfinden mit den Problemen der dramatischen Figuren kann nur über die Anwendung theatraler Arbeitsmethoden geschehen. Theaterleute (Regisseur/Drama-
turg) einzuladen, kann anregend sein, wenn ihre Gedanken über die Konzeption des Spiels Bilder und Figuren der Aufführung plötzlich „durchsichtig" erscheinen lassen. Statt Gespräch wollten wir aber spielerische Annäherung.

„Medea" – Tragödie von Hans Henny Jahnn

Schwierigkeiten vor dem Theaterbesuch:
der Mythos • Der Mythos von Medea ist weitgehend unbekannt, aber wichtig zum Verstehen der Handlung.

- H. H. Jahnn hat die griechische mythologische Fabel weiter verändert, um moderne Zeitprobleme (1926!!!) aufzunehmen – berührt das junge Leute heute?
- Der Autor ist ostdeutschen Jugendlichen kein Begriff, so daß es überhaupt keine Anknüpfungspunkte gibt.
- Die Inszenierung war als sehr intensives Körpertheater unter Verwendung starker, z.T. aber auch rätselhafter Bilder angelegt – eine zusätzliche Anforderung an die Zuschauer

Annäherung an den Mythos und seine Veränderung

Ein Referat zu den mythologischen Hintergründen schloß die Bildungslücken. Der Stoff erwies sich schon vom Ursprung her als interessant und konfliktgeladen.

Dazu kam die Information (Dramaturg Jörg Huwer) über die neue Sicht des Autors: „Als berüchtigte Greuelgestalt ist Medea in die Weltliteratur eingegangen. Immer wieder wird sie als das *schreckliche Medea* abscheuliche Teufelsweib bezeichnet, das sogar vor der Ermordung seiner eigenen Kinder nicht zurückschreckt. Immer wieder dient sie als Beispiel für die schlechteste aller Frauen, als Personifikation des Bösen.

Anders bei Hans Henny Jahnn.

Nicht Bosheit ist der Anlaß für Medeas Grausamkeiten. Sie tritt als Liebende in die Welt der Menschen ein, sie opfert alles ihrer Liebe zu Jason, sogar ihren Bruder muß sie ermorden, zerstükkeln und ins Meer werfen, um den Geliebten zu retten – und sie endet als Ausgestoßene, der keine Möglichkeit bleibt als die Flucht, die gezwungen wird, ihr Lebenswerk zu zerstören.

Bei Jahnn ist die Medea nicht bloß die Vollstreckerin maßloser Grausamkeiten. Sie ist zwar Täterin, gehört aber wie fast alle *Medea als Opfer* übrigen Personen der Tragödie zu der Gruppe der Opfer.

Sie bringt ihre Kinder nicht grundlos um. Vielmehr sieht sie sich zu einer nachholenden Abtreibung gezwungen, als sie erkennt, daß es für sie und ihre beiden Söhne die Möglichkeit eines glücklichen Lebens nicht gibt. Es sind die Trauer über eine vergangene Liebe und – nicht zuletzt – der unerbittliche Haß der Griechen, die sie zum Äußersten treiben."

„Der Konflikt zwischen Europa und Afrika, der Kampf von Weiß gegen Schwarz ist eine freie Hinzufügung Jahnns zu dem antiken Mythos. 'Kolchis liegt erst zu einer sehr späten Zeit am Schwarzen Meer; vorher lag es im schwarzen Afrika. Medea liebt ihren Bruder und schlachtet ihn, um Jason und sich zu erretten, zerstückelt ihn. Das klingt ägyptisch, Isis und Osiris heißen die Gottheiten mit ähnlichem Schicksal.'"(Jan Bürger)

Außenseiter   Medea, die Afrikanerin, und ihre „Bastardkinder" werden wegen
                     ihrer Hautfarbe von den Griechen diskriminiert.
                     Am grausamsten von König Kreon:

> *„Laß dies dich trösten, niemals hätt ich eingewilligt, daß mein geliebtes Kind*
> *als Bettgenoss nem halben Neger beigegeben würde. Ausländer lieb ich nicht,*
> *und wärn sie Götter und schöner als Apoll. Jason ist Grieche, ist der schönsten*
> *Griechen einer, ein Held. Da er um meine Tochter warb, versprach ich sie ihm.*
> *Was kümmert seine im Ausland eingegangene Ehe mich? Sie haben ein Asyl in*
> *meinem Land gefunden. Das gibt zwar Pflichten ihnen gegen mich; doch daß*
> *ich diesen Fremden verpflichtet wäre, kann ich nicht verstehen."*

Suche nach eigenen Bildvorstellungen:

szenisches Erkunden   Es ging in der szenischen Erkundung um zwei Ziele:
                        a) spielerische Annäherung an Mythos und Charaktere des Dramas
                        b) Suche nach nonverbalem Ausdruck für die schweren seeli-
                        schen und moralischen Probleme
                        Aus Medeas Geschichte wurden einige mögliche Situationen
                        herausgefunden und dargestellt. Gestaltet wurde nur, was die
                        Spieler persönlich berührte:
                        1. Begründete Eifersucht?
Wunsch nach   „Der Vater liebt dich mehr als mich"
Anerkennung   Schwester und Bruder.
                        Der Vater liebt beide.
                        Aber bei öffentlichem Auftritt wird Medea zurückgedrängt...
                        2. „Ich liebe dich auf ewig"
Fremdbestimmung   Medea wird gegen ihren Willen, auf Beschluß der Götter, vom
                        Liebespfeil getroffen.
                        Zeigen dieser Vergewaltigung des eigenen Willens.
                        3. Entscheidung und Flucht
                        Medea überredet, tötet und zerstückelt ihren geliebten Bruder,
                        um sich und Jason zu retten.
innere Zerissenheit   Weinen und Schneiden...
                        4. Erzwungene Achtung
                        Medea wird zur Fürstin neben Jason.
die Fremde   Empfang der Retterin in Jasons Heimat: die Argonauten müs-
                        sen nachhelfen...
                        5. Blicke voller Haß
                        Jason geht zur Arbeit.
Furcht   Medea bleibt zurück in „40 qm Deutschland".
                        Einsamkeit und Angst um die Kinder, die raus wollen.
                        6. Trennung und Rache
                        Jason verläßt Medea und die Kinder.
                        Wohin kann sie sich noch wenden? Was kann sie noch tun?

Die **Darstellung der Emotionen**, z.B. durch ganz langsam bewegte Bilder und die anschließenden Gespräche über Gesehenes/Verstandenes und Empfundenes bei den Zuschauenden und Dargestelltes/Intendiertes der Spieler, brachten eine intensive Beschäftigung mit Stoff, Thema, Figuren. Es war nicht beabsichtigt, sich bereits als Theatermacher zu betätigen und der Aufführung dann später die eigenen Erfindungen entgegenzusetzen. Absichtlich blieb das Spiel **nur Andeutung und Fragment**. Es ging uns um Auseinandersetzung mit Stoff und Thema und um Anregungen der Phantasie, um damit auf die außergewöhnliche Aufführung des Theaters Vorpommern (Regie Annett Wöhlert) vorzubereiten.

Einschätzung der Ergebnisse:

Natürlich ist das Spiel im kahlen weißen Arbeitsraum überhaupt nicht zu vergleichen mit den leuchtenden, farbigen, einprägsame Bildern der Bühne, den eindringlichen und zugleich fremd anmutenden Bewegungsrhythmen der Aufführung, zu aufregenden musikalischen Klängen, mit dem unerhörten, ungewöhnlichen Ausdruck der Schauspieler über expressive Körpersprache, dem seltsamen, symbolischen Umgang der Figuren miteinander und mit ausgefallenen Requisiten...

Dennoch fanden die Studenten leichter Zugang zu der Aufführung als das „normale" Publikum, da ihnen die **Imagination in die seelischen Konflikte** der Dramenpersonen durch ihre eigene spielerische Vorarbeit rascher möglich war als den unvorbereiteten Zuschauern und auch das **Denken in Bildern** bereits angefangen hatte. Es blieb die Erfahrung einer sinnvollen Vorbereitungsart auf ein bevorstehendes theatrales Ereignis.

Das Abschlußprojekt „theaterpädagogische Inszenierungsbegleitung" zur Aufführung von Goethes „Urfaust" (Theater Vorpommern/Regie: Uta Koschel) war auch Anwendung der Erfahrungen aus der Künstlerischen Praxis. Die Studenten verfügten inzwischen über ein umfangreiches Repertoire, wie man Schüler vielfältig in die Auseinandersetzung mit Problemen eines Theaterstücks hineinziehen kann. Das Studium rüstete sie aus, spielerisch Rezeption zu ermöglichen.

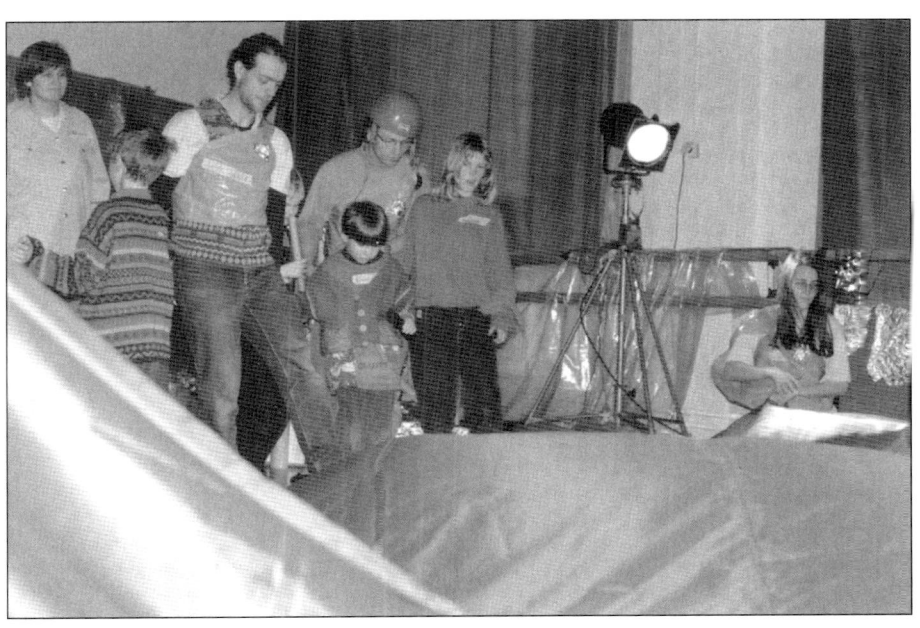

VI.

Darstellende Kunst –
Theaterpraxis

Einführung zum Kapitel

Die Studierenden sind einer Reihe von Theaterbegriffen begegnet, kennen Zeige- und Darstelltechniken, haben in einigen Praxisfeldern zusätzlich Erfahrungen machen können und sind hochmotiviert, eine theatrale Arbeit bis in die Aufführung zu treiben.

In der Arbeitsphase, die wir Fachkurs Darstellende Kunst nennen, entwickeln die Studenten ihre bisherigen dramatischen und dramaturgischen Erfahrungen weiter und lernen in einem theatralen Schaffensprozeß, und zwar in einer Inszenierung, das Schau-Spielen und Spiel-Leiten.

Leider war in jedem Studiengang aus studienorganisatorischen Gründen nur Zeit für eine Projektinszenierung, so daß die Studierenden – wenn sie nicht in studentischen Theaterprojekten verwickelt waren – auch nur einen Inszenierungsweg durch eigenes Erleben kennenlernen konnten.

Im folgenden werden deshalb neben der Beschreibung der beiden Projektinszenierungen (aus zwei Jahrgängen) noch zwei weitere Wege dargestellt, die die prinzipielle Lehr- und Arbeitsweise der Künstlerischen Leiterin anschaulich charakterisieren und gleichzeitig als methodische Anregung dienen sollen. Und zugleich werden drei verschiedene Lernwege demonstriert.

Zuerst soll die Entwicklung eines *theaterpädagogischen Modells* beschrieben werden, das aufzeigt, wie aus einer pädagogisch motivierten Tätigkeit mit Kindern ein Kunstwerk entstehen und in eine öffentliche Aufführung vor Publikum münden kann.

Das zweite Beispiel demonstriert am Lehrstück, wie in einem ästhetisch motivierten Weg – in einer *Inszenierungsübung* – sowohl künstlerisch als auch sozial gelernt wird.

Danach erst folgen die Darstellungen der beiden Projektinszenierungen aus den Studiengängen „Darstellendes Spiel".

Dieses Nacheinander stellt keine Rangfolge dar, ist aber dennoch bedeutsam, weil die beiden Projektinszenierungen im besten Sinne pädagogisch und künstlerisch motiviert sind.

Aufschlußreich ist auch, daß sie gleichzeitig, mehr noch als das Lehrstückbeispiel für Spieler und Spielleiter, *Lehrveranstaltungen für werdende Lehrer* wiedergeben.

Pädagogisch-ästhetische Arbeitsprinzipien der Künstlerischen Leitung

Die hier aufgeführten Arbeitsprinzipien gelten nicht nur in der Arbeit mit Studierenden, sondern auch grundsätzlich in der theaterpädagogischen Arbeit mit Amateuren.

• Durchgängiges Grundprinzip ist das Verknüpfen von Gestalten-Lernen und inhaltlicher Auseinandersetzung, das die Spielleitung durch künstlerische und methodische Kompetenz beherrschen muß.

Das bedeutet, das gesamte Ausdrucks- und Darstellpotential der Spieler von Beginn an ständig herauszufordern und zu schulen. Und zwar in dem Maße, wie es das inhaltliche Vorhaben verlangt. Gleichzeitig entwickelt sich, den Möglichkeiten der einzelnen Spieler entsprechend, ein individuelles Bewegungs-, Darstell- und Gestaltungsrepertoire. Die Spieler bilden alle notwendigen Fähigkeiten aus, um auf der Bühne ohne Angst das ausdrücken zu können, was sie artikulieren möchten. An Stelle getrennter Arbeitsphasen – beispielsweise zuerst Körpertraining, dann Textarbeit, dann szenische Etüden... – setzt die Spielleitung die Methode des fortlaufenden Verknüpfens und garantiert damit ein komplexes Arbeitskonzept.

- **In ständigem Wechsel werden Frontal-, Einzel- und Gruppenarbeit verbunden und ein Transfer zwischen Tun und Betrachten organisiert.**

  Die Trennung in zeitweise Spielende und Betrachtende bestimmt alle Arbeitsphasen und ermöglicht das reflektierende Lernen.

- **Das Interesse der Betrachtenden wird auf immer weiterreichende Gegenstände gelenkt.**

  Zuerst suchen die Spieler Feedback zu sich selbst, zu ihrer Rollengestaltung, zum Spiel mit Partnern in der eigenen Szene bis hin zur Wirkung des gesamten Projektes.

- **Alle künstlerischen Aufgaben werden so gestellt, daß die Studierenden in ihrer Kreativität herausgefordert sind und eigene Erfindungen machen müssen, was zur Stärkung und Entwicklung einer individuellen ästhetischen Sicht und Handschrift führen soll.**

  Dieses Arbeitsprinzip stellt hohe Anforderungen an die Studenten, weil es sich nicht um die übliche und relativ bequeme Vermittlung von Wissen handelt, sondern fordert, Verantwortung zu übernehmen. Verantwortung für das Lernen, das Erarbeiten einer Rolle, einer Szene und der Gesamtcollage. Dabei machen die Studierenden die Erfahrung, wie schmerzhaft das Ringen um den künstlerischen Ausdruck im schöpferischen Prozeß sein kann und wie groß das Glücksempfinden über Lösungen und Einfälle, die den eigenen Ansprüchen nahekommen und das Gruppenkonzept weiterentwickeln.

- **Jedes Gruppenmitglied wird gleichberechtigt gefördert und zu seiner persönlichen Höchstleistung geführt, ohne daß Stars die Szene beherrschen dürfen.**

  Jeder hat das Recht und die Pflicht, seine individuellen Entscheidungen und Erfindungen in der Gruppe zu veröffentlichen, damit zu arbeiten und auf diese Weise Vertrauen in die eigenen Erfindungen und Fähigkeiten aufzubauen. Alle Spieler müssen dem Anspruch der Gruppe an das zu schaffende Werk mit ihrer Leistung gerecht werden. Die Gruppe trägt dann ihrerseits jeden einzelnen in der Inszenierung und garantiert ihm seinen Erfolg.

- **Die Spielleitung wagt den schwierigen Balanceakt zwischen persönlichem künstlerischen Anspruch und dem Leistungsvermögen von Gruppe und Spieler.**

  Die Spielleitung muß in ihrem eigenen künstlerischen Ehrgeiz beachten, daß es sich um ein theaterpädagogisches Inszenierungsprojekt handelt, der Lernprozeß im Vordergrund steht, aber ein künstlerisches Erfolgserlebnis zu gewährleisten ist.

- **An eine öffentliche Aufführung wird der Anspruch gestellt, daß sie das Publikum unterhält und die Spieler schützt.**

  Eine öffentliche Aufführung findet statt, wenn die Gruppe auftrittsfähig und die Vorstellung dem Publikum zuzumuten ist. Die Spielleitung verantwortet den Schutz beider Beteiligten, der Spieler und der Zuschauer.

„P 13" - Ein Kommunikationsmodell

Ein theaterpädagogisches Modell, praktisch erworben und erprobt im Darstellenden Spiel

Theaterspielen bis in die Aufführung hinein

Das Ziel der Arbeit, die hier beschrieben wird, ist auf die Persönlichkeitsbildung gerichtet, jedoch nicht nur auf den pädagogischen Prozeß reduziert.

Das Beispiel soll zeigen, wie aus einer theaterpädagogisch motivierten Tätigkeit heraus eine szenische Darstellung für Publikum entwickelt werden kann, und zwar auf Grundlage der Improvisation, die bis in die Aufführung hinein erhalten bleibt. Die Aufführung ist Bestandteil eines Prozesses, in dem der spielerische Charakter keinesfalls durch den Eintritt in eine Phase des Probierens nach „professionellem Vorbild" aufgehoben wird.

Aufführung als Bestandteil des Prozesses

nacheinander, nebeneinander, einander durchdringend

Es wird der Versuch unternommen, die Schrittfolge *nacheinander* zu beschreiben und zugleich zu verdeutlichen, daß sich dennoch alle Schritte im pädagogisch-künstlerischen Prozeß stets *durchdringen* und sich in einigen Elementen bis in die Aufführung hinein *erhalten.*

• Der Ansatz für die Aufführung lag in der Entstehung der Motivation und dem Gestaltungswillen der Spieler, für ihre Themen adäquate Ausdrucksmittel zu finden, eine thematische Struktur und künstlerische Form zu entwickeln.

• In diesem Arbeitsweg vollzog sich auch der entscheidende Schritt der Fixierung der Improvisation in einem demokratischen Wiederholungs- und Auswahlprozeß. Indem die in der Improvisation geübten Spieler Varianten zu einem aus ihrem Erlebnisbereich kommenden Problem erfanden, die interessantesten davon kollektiv auswählten, in der Wiederholung überprüften, verdichteten und schließlich gestisch und sprachlich fixierten. Dabei kristallisierten sich sowohl die Dramaturgie als auch die künstlerische Form heraus.

• Grundlegend wird die Erfahrung der Begegnung mit dem Publikum hervorgehoben, in der es sich erweisen mußte, ob der Zuschauer über das Spiel, die Spielweise und die Vermittlung der Themen zum Mitspieler wird, d.h. die Rampe überspringt und nicht mehr nur betrachtet, sondern mitspielt.

community-art

Auf diese Weise ergab sich in bestem brechtschen Sinne eine community-art, oder auch das „Hineinbringen eigener Erfahrung während eines Spielprozesses" (G. Koch) – in diesem Falle auch die der Zuschauenden – in eine Aufführung.

Voraussetzungen und Bedingungen
Allgemeine Grundbedingungen sind

angstfrei und geborgen
• ein geborgenes, angstfreies Gruppenklima, ohne Leistungsdruck und Wettbewerbsmilieu, in dem „Fehler" und „Mißglükken" nicht nur zugelassen, sondern als wertvoll und unbedingt notwendig für das eigene und das Verständnis der Gruppe erfahren werden,

geachtet
• die persönliche Achtung jedes Mitgliedes und seiner unterschiedlichen Qualitäten,

lustvoll kreativ
• eine lustvolle schöpferische Atmosphäre, die die Erfahrung von Produktivität als Genuß- und Kraftspender für den einzelnen und die Gruppe ermöglicht und sich auf das gesamte intellektuelle, emotionale und kulturelle Niveau der Gruppe auswirkt.

• Hierbei kommt der Persönlichkeit des Pädagogen und seinem Verhältnis zu den Kindern eine entscheidende Bedeutung zu. Er
partnerschaftlich
trägt die Verantwortung, eine Atmosphäre des partnerschaftlichen Vertrauens herzustellen, die Impulse der Beteiligten aufzunehmen, daraus das Spiel zu entwickeln und zu führen und auf jedes Problem und jede Wendung des Spiels zu reagieren und sie bewußt zu machen.

Dabei spielen natürlich auch die individuellen Voraussetzungen des Pädagogen, d.h. seine persönlichen Stärken, sein fachliches Können und seine Vorliebe für bestimmte Methoden, eine Rolle.

Konkrete Bedingungen ergaben sich

Alter
• aus dem Alter der Interessenten für diese Arbeitsgruppe (12-15jährige Schüler),

Wünsche
• aus ihren Wünschen, gemeinsam beim Theaterspielen eine interessante Freizeit zu erleben (wobei der Wunsch nach einem Aufführungserlebnis mehr oder minder ausgeprägt war)

Vermögen
• aus dem Vermögen der Spielleiterin, das Spiel aus den Impulsen der Kinder herzuleiten, und

• aus ihrer festen Überzeugung, daß in Übungen hergeholte Gefühle allein keine menschliche Weiterentwicklung bewirken, sondern intellektuelle Reflexionen notwendig sind, um zu neu-
Einsichten
en Einsichten zu gelangen und danach handeln zu können.

Konkrete Altersgruppe im beschriebenen Beispiel

Warum dieses Alter?
(Hier handelte es sich um 12-15jährige Schüler, das Modell aber ist ebenso anwendbar in anderen Altersstufen)

Eine Altersgruppe, die wegen ihrer psychologisch und sozial bestimmten Spezifika als schwierig gilt:

Sogenannte Halbwüchsige, nicht mehr fürsorglich aufgehoben,
zu nichts Lust
leichter Griff zum Einschaltknopf und high-tech ausgerüstete Kinderzimmer.

pubertierend

Hinzu kommt die explosionsartige körperliche Entwicklung, die die Heranwachsenden in eine gefühlsbedingte Krise stürzt. Ihre Sehnsucht nach Verständnis, Gespräch und körperlicher Nähe der Eltern wird oftmals übersehen, weil die Kinder zugleich bisherige Autoritäten heftig in Frage stellen. Die Heranwachsenden beob-

ewig widersprechend

achten sich und ihre Kontaktpersonen genauer, entwickeln einen Spürsinn für Verstellung und Zweigesichtigkeit der Erwachsenen und verlieren dabei oftmals ihre Vorbilder. Im Ergebnis der feh-lenden Kommunikationssituationen und körperlchen Kontakte, da sich Berührungen zwischen vielen Eltern und Kindern öfter

sind zickig
hängen rum
und maulen

aus aggressiven als aus liebevollen Motiven ergeben, ziehen sich die Kinder in sich selbst zurück, verschließen sich und nehmen Schutzhaltungen ein, die sich in typischen Verhaltensweisen die-ser Altersgruppe äußern.

Um diesen Mädchen und Jungen die Möglichkeit zu geben, sich zu betätigen und sich über sich selbst zu äußern eignet sich das Theaterspielen.

Der Methodische Weg

Sich kennlernen und sich mitteilen

Organisation der spielerischen Erfahrung – Die Schüler kom-men mit ihren Wünschen, ihren Hemmungen und Erlebnissen, also mit ihrem gesamten Konfliktpotential, in die Arbeits- oder Spielgruppe. Sie bekunden verbal ihr Interesse am Theaterspie-

„Beschäftige mich mal"

len, ihre Haltung aber spricht eine andere Sprache.

In diesem Widerspruch deutet sich ein generelles Problem der Altersgruppe an. Um dieser Haltung zu begegnen, ist es ratsam, schon in der ersten Begegnung die natürliche Spielfähigkeit der Kinder herauszufordern mit einer Vereinbarung: *alles spielerisch*

alle Mitteilungen sind zu spielen

darzustellen, was mizuteilen ist.

So wird ihre gewohnte Kommunikationsform von Anfang an verfremdet, theatralisiert, und es werden ihre Sinne herausge-fordert, die im täglichen Leben nicht bewußt trainiert werden. Die Mädchen und Jungen lernen sich über Improvisationsspiele kennen (was man gern tut und was nicht, wie es zu Hause beim Abendbrot zugeht, ob Geschwister da sind, mit denen man sich versteht oder zankt, o.ä.) und teilten über das spontane Spiel ihre sozialen Erfahrungen mit.

Organisation der Artikulationsform
Herausforderung der gesamten Wahrnehmungs-, Aus-drucks- und Interpretationsfähigkeiten

*Konfliktpotential
braucht einen Kanal*

Die Improvisationen in der Beispielgruppe waren interessant und spannungsgeladen, weil sich die Kinder in dieser Altersgruppe in einer solchen Umbruchphase befinden, die an sich schon dramatisch ist. Es wurde zugleich deutlich, daß sie in bestimmten familiären und gesellschaftlichen Situationen unfähig sind, sich darin ohne Druck von außen zu verhalten oder sie durch eigenes Handeln zu beeinflussen und zu bestimmen.

Aufgabenstellungen, ästhetische Reize und Stimulans

*ästhetische sinnliche
intellektuelle Reize*

Um das Spiel der Kinder über den Ausdruck unmittelbarer Befindlichkeiten hinaus produktiv zu machen, enthielten die **Aufgabenstellungen** *ästhetische Reize*, die sowohl das intellektuelle als auch das sinnliche Ausdruckspotential der Spieler stimulierten. Solch eine Aufgabenstellung war beispielsweise die Aufforderung, eine Begebenheit zwischen mehreren Personen, wie „Abendbrot essen" oder „Geburtstag feiern", allein darzustellen, ohne die Hilfe anderer Spieler.

*Ausdrucksformen
entdecken*

Der Satz „Das geht nicht!" war nicht erlaubt, also mußte jeder seine eigene Vorstellungskraft bemühen und „etwas erfinden". Der eine vermochte es, als Kind einer vierköpfigen Familie, bei Tisch imaginäre Familienmitglieder so anzusprechen, daß sie plastisch wurden. Ein anderer sprang in rasanter Geschwindigkeit von Stuhl zu Stuhl und *wechselte* dabei jedesmal *die Figur*. Noch ein anderer *berichtete in epischer Spielweise* das Geschehen und zeigte (noch unbewußt) die Gesten der anderen Figuren.

anregen

Dieses Beispiel verweist auf die vorhandenen kreativen Ausdrucksmöglichkeiten und die natürliche Vorstellungskraft der Kinder, die in einem nächsten methodischen Schritt angeregt und gefördert werden. Darin sind auch das Denken, Interpretieren und Phantasieren eingeschlossen.

Denken, Interpretieren und Phantasieren

Zur bisherigen Darstellung von Begebenheiten aus der unmittelbaren Umwelt der Kinder kamen andere Gegenstände hinzu.

*Das Spiel mit allem
und nichts*

• Aus einem Ding wird ein anderes.

• Es kann sogar „menschlich" reagieren, in *Beziehungen* zu anderen Dingen treten, auch zu Personen:

Aufforderung des natürlichen Darstellrepertoires

Eine Tür, die sich gern für jemanden öffnet, gar versucht, ihn zu streifen. /Eine Waschmaschine, die die Wäsche bestimmter Personen mit großer Wut besonders rubbelt. /Das Tagebuch wird zur lebendigen Freundin, die die Eintragungen kommentiert.

• Ein Wort, ein Sprichwort, ein einfacher Satz, eine Replik aus literarischen Vorlagen aller Genres wird spielerisches Material.

- Durch die Verwendung einer Maske entsteht eine Figur, die einen Widerspruch zum natürlichen menschlichen *Gestus* hervorbringt und nach einem entsprechenden Gestus für sich verlangt.

Die Spielideen sind so unerschöpflich wie die schöpferische Phantasie der Spieler. In diesen Übungen kamen die Kinder zu ästhetisch und künstlerisch reizvollen Darstellungen, ohne vorher gelernt zu haben, wie man etwas pantomimisch darstellt oder beispielsweise episiert.

Das Material für diese Übungen hatten die Gruppenmitglieder zum Teil in Hausarbeit angefertigt (Masken hergestellt, Bilder gemalt, Comics gezeichnet und Gedichte gelernt). Beim Arrangieren ihrer Bilder, Gedichte und Geschichten entdeckten die Kinder Interpretationsmöglichkeiten und verstanden den Sinn manchen Gedichtes überhaupt erst im Spiel.

Ermutigung zur Ungleichheit, zum Gegensatz

Obwohl die Kinder viele Varianten entwickelten, benötigten sie *Ermutigung*, ihre Einfälle zu akzeptieren und sie mitzuteilen.

> **Prinzip:** *Im Darstellenden Spiel ist die Forderung nach einer aktiven erlebnis- und erfahrungsbezogenen Pädagogik, die vom Kind ausgeht, von dessen Bedürfnissen, dessen Spontaneität und selbständiger Aktivität oberstes Prinzip. (Christel Hoffmann)*

Abbau der Hemmungen
Vertrauen in die eigenen Kräfte fördern

Die Zurückhaltung gegenüber eigenen Ideen ergab sich oft aus der Unsicherheit, dem selbst entwickelten Gedanken zu vertrauen und ihn sprachlich oder gestisch zu formulieren. Deshalb wurde geübt, jede Meinung erst einmal auszusprechen, sie dem verbalen Austausch der Spieler zur Verfügung zu stellen. Dabei erfuhren die Kinder den *Wert ihres Gedankens* und gewannen daraus eine Sicherheit, die ihre Stimme fester und ihre Gesten eindeutiger werden ließ. Sie lernten gleichsam, mit ihren eigenen Meinungen und den Reaktionen anderer darauf umzugehen. Den Hemmungen, sich vor anderen zu präsentieren, die sich u.a. durch leises Sprechen, zurückhaltende Bewegung und die Vermeidung von körperlichen und Blickkontakten mit anderen Spielern äußerte, war mit Übungen und Spielen zu begegnen, in denen geschrien (im „Mörderspiel" muß man laut schreiend theatralisch „sterben") und sich gegenseitig berührt wird (beim „Gordischen Knoten" „verknüpfen" Mädchen und Jungen ihre Körper ganz natürlich miteinander).

Meinung äußern lernen

Spontaneität riskieren

Scheu überwinden

So wurden die Heranwachsenden vorsichtig aus ihrer Berührungsscheu geführt, bis sie schließlich ungeniert miteinander agierten und sogar Spiele bevorzugten, in denen sie einander

Tabuzonen
aufbrechen

„auf den Pelz rücken mußten" und mühelos sogar Tabugrenzen übersprangen (Beispielsweise, während ein Junge das Toilettenbecken darstellt, deutet ein Mädchen die Benutzung an).

Ausagieren und Regeln finden

Alle Spielstunden begannen mit Tobespielen, die dann oft in Assoziations-, Konzentrations- oder Sensibilisierungsübungen mündeten. Aus diesen Bewegungsspielen formierte sich nach und

Entwickeln einer
Arbeitsform

nach ein körperliches Training mit *Regeln und Signalen*, denn es war nötig, die Spieler durch Gewohnheit zu disziplinieren und ihre Bewegungsenergie zu leiten. Im Training wurde beispielsweise geübt, gemeinsam in einem bestimmten *Tempo* im Raum zu gehen (laufen, rennen), ohne jemand anderen zu behindern, auf einen verabredeten Schlagimpuls die Bewegung zu stoppen und reglos zu verharren, bis eine neue Aufgabenstellung vom Spielleiter während des Erstarrtseins kommt, die nun auf eine konzentrierte Aufnahmebereitschaft trifft. Diese Arbeitsform (im weiteren als „stop & go"- Bewegung ausgebaut) wurde aus dem pädagogisch-künstlerischen Vorhaben und den Impulsen der Spieler hergeleitet.

Spielen und Betrachten

Üben, Betrachten und Beschreiben

Es vollzog sich, wie beschrieben, im körperlichen Training ein *Wechsel von Übung, Betrachtung und Beschreibung.* Zu diesem Zweck

Spielende und
Betrachtende

wurde die Gruppe geteilt, jeweils in „Spielende" und „Betrachtende". Diese Trennung ermöglichte die Beobachtung von Haltungen und den Austausch von Assoziationen.

Scheu überwinden

Beispielsweise schauen alle Mädchen und Jungen auf einen Spieler, der während eines Ganges über die Bühne gestoppt worden ist und in seiner zufälligen Haltung verharrt. Er muß die for

Körperhaltung
erzählt Geschichten

schenden Blicke der anderen aushalten. (Bewußtes Wahrnehmen der Sprache der Augen, der Hände und des ganzen Körpers). Sie assoziieren, in welcher Situation sich dieser Mensch auf Grund seiner gezeigten Körperhaltung befinden könnte. Dann arrangiert die Gruppe die vermutete Situation zu einem Bild, indem jeder Spieler eine Figur mit einer dazu passenden Hal

Tableautechnik
lernen

tung erfindet und sich selbst in das Tableau einordnet. Dann wird das Bild Schritt für Schritt oder „Zug um Zug" in Bewegung gesetzt, wobei jeder Figur für jede Bewegungsphase nur

charakterisieren
durch reduzieren

ein Satz oder ein Empfindungslaut und eine Geste erlaubt sind. **Beispiel:** „Er steht so da, als würde er vor einer Kasse anstehen".

Die Handlung wird mehr und mehr thematisiert

Die Mitspieler ordnen sich in die „Schlange" ein und arrangieren somit das Bild/Tableau. Setzt es sich in Bewegung, nehmen die Spieler Beziehungen zueinander auf (einer fragt seinen Hintermann, wo die Gummibärchen liegen, ein anderer schiebt seinem Vordermann den Einkaufswagen in den Rücken usw.) Wenn jeder Spieler seine Bewegung ausgeführt hat, erstarrt erneut das Bild zum Tableau. (Diese Zug-um-Zug-Bewegung kann fortgesetzt werden.)

Beispielsweise behauptet ein Junge an der Kasse, einen Zwanzigmarkschein gereicht zu haben und fordert sein Wechselgeld ein. Die Kassiererin möchte bitte die Kasse überprüfen. Sie glaubt ihm, dem „pubertierenden Bengel", kein Wort und geht auf seine Forderung nicht ein ...

Wahrnehmen und Darstellen lernen

Der spielpädagogische Ansatz ist hier, das Schauen, Beurteilen und Sich-ins-Verhältnis-setzen zu organisieren.

Lernen in einer dramaturgischen Struktur

„Sich ins Verhältnis zu setzen" heißt, sich optisch und dramatisch zu arrangieren (entgegen, ein- oder zuzuordnen) und sich damit zu „theatralisieren", eine Figur in diesem Bild zu werden. Die „Bewegung der Bilder" erlaubte

• dem Spieler, seine Handlung in dieser Situation zu thematisieren und

• dem Zuschauenden, durch das „Anhalten" Zeit zur Beobachtung und zum fiktiven Weiterspielen zu geben. Wenn dann weitergespielt wurde, konnte der Zuschauer den Fortgang des Spiels mit seiner Vorstellung *vergleichen*.

Schulung für späteres Empfinden und Anwenden der Drehpunkte!

In der Auswertung beschrieben die Mädchen und Jungen, sich während des Spiels genau beobachtet und die Pausen für die Entscheidung ihrer Reaktion genutzt zu haben. Auch die jeweils Zuschauenden beschrieben ihr imaginierendes Mitspiel, indem sie ihr eigenes *vorgestelltes Handeln zu dem auf der Bühne in Beziehung setzten*.

Beobachten und Beschreiben lernen

Die Fähigkeit zur Beschreibung entwickelte sich systematisch im Mitteilungs- und Auswertungsverfahren. Anfangs standen die Kinder der Aufforderung, etwas Gesehenes zu charakterisieren, ziemlich hilflos gegenüber und beantworteten die Fragen mit Zustandsbeschreibungen. Erst nach und nach gewannen sie die Sicherheit und die Fähigkeit, genauer zu beschreiben, nachzufragen und hervorzuheben, also Vorgänge zu erkunden, was für die Folgerichtigkeit der Schritte spricht.

„Das war gut gespielt, gut betont, hat mir gut gefallen!"

Bisher wurde geübt, sich auszudrücken, Situationen zu erkennen und Figuren zu spielen. Damit war ein Punkt erreicht, wo Begebenheiten aus dem Erlebnisbereich der Kinder nicht mehr nur dargestellt wurden, um sie zu veröffentlichen, sondern wo die Verhaltensweisen der Menschen wichtig wurden.

Verhalten be-greifen

Aktuelle Anlässe schaffen

Thema Schminken

Einen interessanten Anlaß dafür gab das veränderte Aussehen der älteren Mädchen: Sie waren geschminkt, um hübsch erwachsen zu erscheinen. Im Gespräch kam es zu Äußerungen wie: „Ein bißchen die Wangen und die Lippen mit Mutters Lippenstift.", „Ein wenig die Augen, aber das 'billige Zeugs' taugt ja nichts.", „Kurzzeitig und unerlaubt könne man das 'gute Zeug' der Mutter schon mal 'entwenden'."

Ausgangssituation konstruieren, Verhalten durchspielen

Tochter und Mutter

Diese Äußerungen gaben den Impuls, gemeinsam mit der Gruppe eine *Ausgangssituation* zu *konstruieren*, in der die Mutter die Tochter beim Benutzen ihres teuren Lippenstiftes ertappt, und diesen Augenblick mit verschiedenen Verhaltensvarianten der Tochter durchzuspielen.

Damit vollzog sich ein entscheidender Schritt:
Verhalten betrachten

Im Blickpunkt der Proben standen nicht mehr nur thematische Ideenvielfalt und theatralische Ausdrucksmöglichkeiten, sondern das Verhalten von Menschen, vor allem das eigene Verhalten (womit sich die Spieler auskannten) und das ihrer Eltern.

Da jeder von ihnen zwar seine Erfahrungen mit Mutter und Vater hatte, selbst aber natürlicherweise noch nie Vater oder Mutter war, stellten die Akteure die Handlungsweisen der Elternfiguren

- aus der Nachahmung schon erlebter oder beobachteter Begebenheiten,
- aus der Vorstellung, wie solche Szenen zu Hause ablaufen würden,
- aus der Wunschvorstellung, wie sie ablaufen müßten und
- aus der Suche nach dem Verständnis heraus dar.

Diese Aufzählung ist ein Ergebnis der Spielangebote.

Verhalten verstehen lernen

Die Mädchen und Jungen erhielten im Spiel die Möglichkeit, fremde Anschauungen (in diesem Fall die der Eltern) und Entscheidungen zu verstehen, zu akzeptieren oder zu widerlegen und sich in die Befindlichkeit, aus der dieser bestimmte Mensch (Mutter/Vater) handelt, hineinzuversetzten.

Verhalten improvisierend untersuchen

Mit diesem Ergebnis, daß der Heranwachsende durch spieleri-sche Erfahrung die Fähigkeit erwirbt, sich in einen anderen Menschen hineinzuversetzen, sind eine Reihe von spielpägog-schen Konzepten und Verfahren am Ziel.

Diese Verfahren bleiben aber im Vorhof theatralischer Ausdrucks- und Lernmöglichkeiten, wie die nächste Stufe der Improvisati-on zum Thema „Schminken" beweisen soll:

Verhalten untersuchen

Eine Mutter-Darstellerin, die im Spiel mit sich verschieden ver-haltenden „Töchtern" konfrontiert wird, macht die Erfahrung, daß sie mit der bloßen Reproduktion von Erlebtem, Vorgestell-tem, Gewünschtem nicht auskommt.

Sie sieht sich durch die konkrete Spielsituation und die Hand-lung ihrer jeweiligen „Spieltochter" zu konkreten Aktionen und Reaktionen herausgefordert.

Antizipatorisch lernen

Damit macht die Darstellerin eine reale Erfahrung und lernt, solche Situationen im Leben nicht nur anders zu beurteilen, sondern aus unterschiedlicher Sicht und von verschiedenen Standpunkten aus zu betrachten und zu verstehen.

> In diesem ständigen Wechsel von eingebrachten Erfahrungen, im Spiel gewonnener neuer Erfahrungen und der Reflexion darüber lernen die Heranwachsenden, welche Bedeutung ihr eigenes Verhalten im Miteinander mit anderen Menschen hat. Sie gewinnen Erkenntnisse, die ihnen im wirklichen Leben nicht möglich sind, die aber in ihr wirkliches Leben, in ihre Biographie eingehen. Das Spiel bietet die Möglichkeit, als Rollen in eine direkte Handlung auf der fiktiven Theaterebene zu treten und somit aktiv Erlebnisse zu bewältigen. Dabei kann herausgefunden werden, welche Verhaltensweisen in alltäglichen Problemsituationen möglich sind, und geprüft werden, welche Reaktionen sie bei den Mitmenschen hervorrufen. Kotte nennt diesen Vorgang konsequenzvermindertes Problemhandeln.

Operative Spielformen gestalten

Verhaltensmuster und ihre Mechanismen untersuchen Reaktionsmöglichkeiten erproben

Lernen durch Spielen weckt den Wunsch nach Kommunikation

Da die Berichte und Darstellungen aus dem täglichen Erlebnis-bereich der Heranwachsenden etwas über soziale Verhaltensmu-ster mitteilten, wurden diese Gegenstand der genaueren Betrach-tung.

Abläufe entdecken und durchbrechen

Unter dem Aspekt, daß Verhalten bestimmte Mechanismen ent-wickelt, gewann Brechts Empfehlung, auf A nicht notwendiger-weise auch B zu sagen – möglicherweise war A schon falsch – an Bedeutung.

Wie zuvor geübt, spielten die einen, während die anderen beob-achteten. Nunmehr richtete sich die Aufmerksamkeit darauf herauszufinden, mit welchem Verhalten man in der jeweiligen

Situation den „Fehler" (in der Kommunikation), den Widerspruch ansetzt, der sich dann zuspitzt und zur „Verstrickung" führt.

„Um Verhaltensmuster und Gesetzlichkeiten festzustellen, muß man die natürlichen Vorgänge sozusagen verwundert aufnehmen, das heißt, man muß ihre Selbstverständlichkeit auflösen, um zu ihrem Verständnis zu kommen. ... So lernen die Kinder, ohne Druck und Risiko der Wirklichkeit, mit wirklichen Vorgängen zu spielen, um die besten und menschenfreundlichsten Möglichkeiten zu erkunden, ihre Folgen zu erfahren und selbst tragische vergnüglich zu antizipieren." (Brecht)

Erweiterung der Themen

Hatten die Schüler in diesem Prozeß ein Thema ihrem Vermögen entsprechend bearbeitet, d.h. hatten sie es in seiner Breite (Erweiterung des Themas) und seiner Tiefe (Erprobung der Reaktionsmöglichkeiten) ausgelotet, leiteten sie ein neues ein. Dabei wurden Angebote der Spieler genutzt. Beispielsweise ergab es sich aus dem Überdruß der Jungen, in den „Schminke-Szenen" nur mit weiblichen Figuren zu spielen, daß sie Vater-Sohn- und Geschwister-Beziehungen darstellen wollten.

In diesen Darstellungen tauchten häufig Sätze auf, die mit „Du sollst" begannen, sozusagen Standardsätze, die Beziehungen zwischen Erwachsenen und Kindern widerspiegeln.

...wie der Vater so der Sohn ...

Strategien und Taktiken erkennen und handelnd bewältigen

Während der Übungen fiel den Kindern auf, daß sie ihrerseits auch diese Redewendungen im Streit mit ihren Geschwistern anwendeten. In der szenischen Wiedergabe solcher „Machtkämpfe" zwischen Geschwistern zeigten sich Strategien und Taktiken wie Überredung, Erpressung, Terror, Bestechung und Gewalt.

KAMPFSITUATIONEN zwischen Kindern werden oft durch einen Eingriff der Erwachsenen beendet, der die Beziehungen zwischen den Kindern neu regelt, ohne die Ursachen zu befragen oder von ihnen auszugehen. Damit sollen durch Erziehung Normen sozialen Verhaltens durchgesetzt werden. Beispielsweise wird ein Streit unterbrochen, keine Erklärung zugelassen, die Kontrahenten mit Hausarbeit oder anderer „Strafe" belegt. Die Geschwister nehmen diese Neuregelung nicht hin. Es kommt dadurch häufig zu

Probleme lösen lernen

KONFLIKTZUSPITZUNGEN zwischen Geschwistern. Die Mitglieder der Gruppe zeigten solche Situationen und erkundeten im Spiel Handlungs- und Lösungsmöglichkeiten.

Dafür ein Beispiel:

Ein Junge hatte in seiner Rolle mit seinem „Bruder" zu kämpfen, der ihn unter anderem regelmäßig dazu zwang, die Mathematikaufgaben für ihn zu erledigen.

handelnd bewältigen Aus dieser Rolle heraus und ganz privat hatte dieser Spieler die „Nase voll", immerzu von den anderen Mitspielern (den Geschwistern) erpreßt, geschubst und drangsaliert zu werden. Er traf deshalb im Spiel eine Entscheidung, mit der er ein für alle Mal Ruhe schaffte. Er zerriß bei der nächsten Forderung seines Bruders, für ihn zu arbeiten, dessen Mathearbeitsheft.

Damit trug er gleich zwei Siege davon, einen für sich selbst und einen für die Figur: Indem er die Zange der Figur als existentiell

existentielle Schwierigkeit begriff und daraus den Handlungsimpuls für eine treffsichere Aktion nahm, befreite er sich selbst und seine Figur. Die Bewältigung dieser Situation war von allen Spielern mit Genuß erlebt worden und animierte, mit ähnlicher Konsequenz weiterzuspielen, weil die Möglichkeit der Selbsterkenntnis in der gespielten Figur einen neuen Blickwinkel öffnete.

Selbsterkennen im „Spiegelbild" der gespielten Figur Sich gegenseitig im „Spiegelbild" zu betrachten, erlaubte den Mädchen und Jungen eine andere Beziehung zu sich selbst, ohne die schmerzliche Erfahrung, die das reale Leben verlangt. „Denn im Spiel tritt man neben sich, sozusagen aus der Rolle, und erlebt sich vergnüglich durch die Reaktionen der anderen Mitspieler und Zuschauer. In diesem Prozeß entsteht aus der Selbsterkenntnis die Erfahrung, daß der Mensch ein gesellschaftliches Wesen ist und sich nur als solches realisiert." (Hoffmann)

Anspruch auf künstlerisch-ästhetische Gestaltung

Wunsch nach öffentlicher Kommunikation Dieses Erleben und der Genuß, sich im Spiel kennenzulernen, sollte in einer Aufführung auch dem Zuschauer bereitet werden. Damit war der Anspruch formuliert, der eine intensive künstlerisch-ästhetische Gestaltung herausforderte.

wesentlicher Schritt zur Spielweise der späteren Aufführung Die Vorbereitung einer öffentlichen Aufführung entsprach jetzt dem natürlichen Wunsch der Spieler. Sie suchten die Kommunikation mit ihren Altersgefährten und den Erwachsenen. Sie hatten ihr Thema gefunden und waren durch den bisherigen Umgang mit ihm in der Lage, es gezielt auszuschöpfen.

Szenen gestalten

Form, Spielweise, Verallgemeinerung und Modell

Die Form, in der agiert wurde, entwickelte sich im Spiel zu einem Modell das es ermöglichte, beliebige Themen auf gleiche Weise zu untersuchen:

Man hat ein Thema, zu dem eine Grundsituation gefunden wird, und spielt sie in vielen Varianten durch.

das individuelle Problem verallgemeinern Eine einfache Spielweise zeigte unverschlüsselt individuelles Handeln, das aber als typisches soziales Verhalten von Menschen (Eltern und Kinder) erkannt werden konnte.

Grundsituation und Handlungsvarianten

Dieses Modell wurde auch im Hinblick auf seine künftige Anwendung im Zusammenspiel mit dem Zuschauer interessant: Dem Publikum mußten die Grundsituation vorgestellt und zwei bis drei Handlungsvarianten angeboten werden. Auf diese Weise konnte der Zuschauer die Verfahrensweise erkennen und die Spielvereinbarung annehmen, Vorschläge zu machen und sie im gemeinsamen Spiel auszuprobieren.

Die Verbindung mehrerer Spielvarianten mit einer Grundsituation ergab gewissermaßen eine szenische Einheit, bestimmt durch ein spezielles Thema.

thematische Komplexe

Diese thematischen Einzelteile (Komplexe) waren unter dem Sinnzusammenhang der Problematik der Heranwachsenden in einer Collage miteinander verknüpfbar, aber auch austauschbar.

Themen und Zusammenhänge, Reihenfolge
- Schminken (Problemfall zwischen Mutter und Tochter)
- Geschwister (Taktiken in täglichen Auseinandersetzungen)
- Halbstark (äußerlich zur Schau getragenes Selbstwertgefühl im Test auf seine Wirkungen)
- Hemmungen (Widerspruch zwischen Wunsch und Tat)
- Selbstgespräche u. Tagebuchnotizen (Zweifel, Vertrauen, Enttäuschung)

Entwicklung des formalen Rahmens aus dem Körpertraining

Die konzentrierte Bewegung des Vor und Zurück

Die Idee für die Verknüpfung dieser Reihenfolge zu einer Collage wurde im körperlichen Training durch den ästhetischen Reiz, der von der Körperbeherrschung der Spieler und der Spannung ihrer Bewegungen ausging, gefunden. Das Training beruhte, ähnlich wie die „stop & go"-Übung, auf den Prinzipien der Spannung und Entspannung, dem Innehalten in der Bewegung, dem genauen Hinschauen, dem Zurückdrehen und Wiederholen. Da dieser Grundzug der bisherigen spielerischen Betrachtung eine Rolle in der Aufführung spielen sollte, erwies sich der Einfall, von der körperlichen Übung ausgehend zu stilisieren, als grundlegend für den formalen Rahmen.

Bewegungsrahmen anlegen

Dafür ein Beispiel:

Die Spieler gehen oder rennen im Raum. Wird im „Stop" ein Begriff genannt, so weiß jeder Spieler, daß er dazu sofort einen anderen Begriff assoziieren muß, um ihn auf den nächsten Impuls hin aus dem Stand heraus springend zu rufen, zu flüstern oder zu schreien.

Beispielsweise auf das Stichwort „Geschwister" antworteten die Spieler mit „mein Bruder, Benachteiligung, Streit, blöd, hab keine, gern haben, verstehen, Windeln, Kloppe!!"

Wobei jeder Spieler die besondere Schwierigkeit beherrschen mußte, seinen Sprung so anzusetzen und auszuführen, daß im Erscheinungsbild der Gruppe ein rhythmisches Nacheinander entsteht.

Übungsformen stilisieren und ästhetisieren

Diese besondere Übung sollte für die Eröffnung der Collage genutzt werden und die einzelnen szenischen Komplexe durch das Assoziationswort verbinden.

(Die Verknüpfbarkeit und Austauschbarkeit der Komplexe erlaubte später die mögliche Eigenständigkeit innerhalb einer Aufführung.)

Fixieren – Schritt auf dem Weg zur Inszenierung

Grundprinzip Improvisation bleibt erhalten

In den gespielten Etüden wurden – wie beschrieben – eine bestimmte Problemstellung gewählt und von ihr ausgehend Varianten erspielt. Jeder Spieler brachte seine Variante ein, und so

Varianten auswählen

entstanden bei zehn Spielern zehn Varianten. Einige (zwei oder drei) dieser Vorschläge sind meistens besonders interessant, weil sie zugespitzte Verhaltensweisen zeigen. Diese wurden im Kollektiv ausgewählt, um sie in der Improvisation mit den interessantesten Details der verworfenen Etüden anzureichern.

Das alles geschah nun unter dem Aspekt einer späteren Aufführung.

Wiederholen, Anreichern, Prüfen und Fixieren

Szenen prüfen und anreichern

In diesem ständigen Wiederholen, Anreichern und Prüfen der ausgewählten Szenen verloren sich unwesentliche Gesten und Informationen, wesentliche festigten und Einfälle fixierten sich.

wesentlichen Text fixieren

So entstand ein gestischer Text aus den Redewendungen der Kinder, der sich im Arbeitsprozeß mehr und mehr verdichtete, so daß nur die wirklich wichtigen Sätze übrigblieben, die das gestische Handeln ergänzten.

Den Akteuren, die ja auch zugleich Betrachtende waren, fielen in ihren szenischen Improvisationen und Übungen immer wieder Handlungspunkte auf, an denen sich der szenische Verlauf entschied oder sich die Beziehungen der Spielpartner entscheidend veränderten. Darauf wurde sich nun im weiteren Spiel be-

Stabilisieren der Drehpunkte

sonders konzentriert. Es war wichtig, diese Punkte in den Wiederholungen bewußt zu machen und als wirkliche Drehpunkte in der Handlung anzuwenden. Denn das erst gibt die Sicherheit

und die Freiheit, neu zu erfinden sowie Impulse von außen, vom Spielpartner und vom Zuschauer aufzunehmen und darauf zu reagieren. Damit wurden die Darsteller befähigt, nicht nur die fixierten Szenen zu reproduzieren, sondern sie immer wieder neu schöpferisch entstehen zu lassen. Diese Fixierungen sind *Geländer fürs Spiel* der Halt, das „Geländer" für ein frisches Spiel, das sowohl für das Publikum als auch für die Spieler interessant ist.
Die Spielweise muß lernmethodisch dem Lerngegenstand und den Zielen adäquat sein. (Steinweg)

Improvisieren muß geübt werden

Die bevorstehende öffentliche Konfrontation mit dem Zuschauer, dem Fremden, bedeutete eine Erweiterung der Aufmerksamkeit *Improvisationsfähig-* über den Gruppenrahmen hinaus. Die Spieler konnten sich zwar *keit erhalten -* in ihrer künstlerischen Form frei bewegen, bauten aber trotz- *Ängsten begegnen* dem angesichts des zu erwartenden Publikums ein Gefühl der Unzulänglichkeit auf. Diesen wachsenden Widerspruch versuchte die Spielleiterin mit Hilfestellungen zu beherrschen. In einem Aktions-Reaktions-Training wurden die Darsteller befähigt, den Schutz der geübten Tätigkeiten auf der Bühne und die Freihei- *Agieren und Reagie-* ten der Improvisation zu nutzen. Es sollte gelernt werden, daß *ren können* es im Spiel möglich ist, Angebote zu machen, die die jeweiligen Drehpunkte verändern (auch wenn es nicht vorher abgespro- chen ist). Es besteht für den Spieler also ständig die Möglich- keit der Entscheidung, ob produziert oder reproduziert wird *„Improvisation ist die Freiheit, innerhalb einer vorgegebenen Begrenzung Vari- anten zu finden, sich offenzuhalten für den Partner, für Situationen und Wider- sprüche. Nicht sich einengen zu lassen durch naturalistische Bühnenbilder oder Kostüme und schon gar nicht durch mechanisches Wiederholen von Vorgängen oder mechanische Haltungen" (Ebert)*
Sicherheit, Lust und Ob die Spieler dies auch während der Vorstellung können, ent- *Mut machen Impro-* scheidet auch ihre Befindlichkeit, ihr Mut und ihr Verhältnis *visation möglich* zum jeweiligen Publikum. Dadurch unterscheiden sie sich u.a. vom Schauspieler, dem sein gelerntes Handwerk, die Professio- nalität, Sicherheit verleiht. Für den Fall der Unsicherheit soll- ten die Spieler über dramaturgisch ausgearbeitete Vorgänge ver- fügen, an die sie sich halten können.

Improvisieren in der Aufführung

Bei großer Sicherheit und Spielfreude beginnt in der Auffüh- rung die Produktion schon mit der Wahl des Vorgangs nach der Ausgangssituation. In einem solchen Fall stehen dem Spieler ebenfalls Fixpunkte zur Verfügung:
• Die Verabredung für den unbedingten Verlauf der Szene
• Ein Handlungsziel

Je nachdem, wie sich das Verhältnis zum Publikum entwickelt, kann der Spieler zu einem Thema frei monologisieren. Beispielsweise bedrückte ein Mädchen, daß ihr ihre Freundin fremd geworden war. Sie fand den Mut, ihren Kummer öffentlich zu machen: „Meine Freundin ist ein Grufti".

In der Regel ergreift ein Spieler die Initiative und fordert durch eine Aktion den anderen heraus, ohne Rücksicht auf dessen momentane Befindlichkeit. Darauf ist jeder Akteur durch das Training vorbereitet. Wenn sich nun durch einen solchen Impuls eines Spielers zwangsläufig beide auf eine Improvisation während der Vorstellung einlassen, führen sie einen Kampf um die Qualität der Szene, die auf keinen Fall unter die der Fixierung fallen darf.

Verantwortung für Spielpartner, Gruppe, Publikum und künstlerisches Konzept

Der ästhetische Raum

Entwicklung der künstlerischen Form

So wie die thematische Problemstellung dieser „Inszenierung" sich im spielerischen Erkunden herauskristallisierte, sich durch Wiederholung der Szenen und der bewußten Analyse des Dargestellten ergab, so entstand auf ähnliche Art und Weise die künstlerische Form.

Die Spieler waren durch die theaterpädagogische Arbeit befähigt, wechselnde ästhetische Reize aufzunehmen und in ihr Spiel einzubringen, so beeinflußte das zufällige Spielen in anderen Räumen die künstlerische Form und die Spielweise entscheidend.

Wirkung auf die Spielweise

bewußter Umgang mit dem ästhetischen Raum

Die Gruppe mußte, weil kein anderer Raum zur Verfügung stand, in der *Puppenbühne* probieren. Die Spieler nahmen von ihr Besitz und versuchten, in diesen räumlichen Verhältnissen ihre Szenen darzustellen. Eine Spielerin agierte beispielsweise über die Spielleiste, während eine andere zwischen den schwarzen Tüchern reagierte.

Der Reiz, der von dieser Art Spielerei ausging und sich im ästhetischen Sinne als Form der Darstellung anbot, forderte auch die Aktivität der anderen Spieler heraus.

Formspielerei und Darstellung

Die Mädchen und Jungen ließen sich von Raum und Gegenständen anregen und machten sie als Requisiten für ihre szenische Improvisation nutzbar.

Dabei erfanden sie unbewußt eine wirksame ästhetische Form, die über die Probe hinaus in der Begegnung mit dem Zuschauer tragfähig werden sollte.

Durch die Spielereien mit Vorhängen, Höhen und Tiefen entstanden außerdem Verfremdungseffekte, die unsere bisherigen Formen und szenischen Lösungen aufbrachen und produktiver machten.

Dieser Prozeß setzte sich fort, als wir unseren *eigenen Probenraum* wieder zur Verfügung hatten.

Zunächst wurden einige Tische hochkant aufgestellt, um sie als „Behelfsmöglichkeit" für die Nachbildung der Spielleiste und des Raumes der Puppenbühne zu nutzen. Die Tische brachten objektiv eine andere Wirkung als die Puppenbühne.

wechselnde Wirkungen

Umgekippt konnte man sich dahinter kauern, sich verbergen, um an irgendeiner Seite überraschend wieder aufzutauchen, aufgestellt verwandelten sie sich in ein Rednerpult oder ein Turngerät. Die provisorischen Tische wurden später durch alte Schultischplatten (ohne Beine) ausgetauscht, von denen wiederum neue ästhetische Reize ausgingen. Die Platten konnten sehr leicht getragen und damit zu ständig neuen szenischen Räumen zusammengebaut, als Schutzschild, als Spiegel und sogar als Instrumente für Geräusche und Rhythmen genutzt werden.

Reduzieren auf Zeichen

Zeichenhaftigkeit des ästhetischen Raumes

offene Probe - Zuschauer assoziieren

Dieser zeichenhaft skizzierte Bühnenraum hatte nicht nur Auswirkungen auf die Spielweise, die auch zeichenhaft wurde und immer weniger naturalistische Gesten brauchte, sondern auch auf die Rezeption des Zuschauers. Er entschlüsselte den ästhetischen Raum nun seinerseits assoziativ und brachte so die Realität wieder ins Spiel:

Schutz Versteck

„Angreifbare junge Menschen, die sich hinter den abgewetzten Schultischen verschanzen, sie schutzschildartig vor sich her tragen, um die ‚Pfeile der Erziehung' abzuwehren", „sich verstecken, auch dahinter hervortreten und sich in ihrer Individualität zeigen, ungeschützt", „einmal aus dem Schutz getreten, benutzen sie ihre Schutzgegenstände als Spielobjekte, indem sie damit schaukeln oder darauf treten".

Begegnung mit dem Zuschauer – Aufführung

Publikum assoziiert und spielt mit

Verständigung Austausch Kommunikation

In einer ersten Aufführung der noch unfertigen Collage bestätigten uns 11-14jährige Schüler, daß die dargestellte Thematik ihre eigene sei. Als besonderes Erlebnis beschrieben sie: „Was man alles sagen kann, ohne zu sprechen. Was alles zu erfahren ist, ohne Erklärung." Ihre Lehrerin, selbst Mutter von drei Kindern, ermutigte unsere Spieler zur härteren Zuspitzung der Kon-

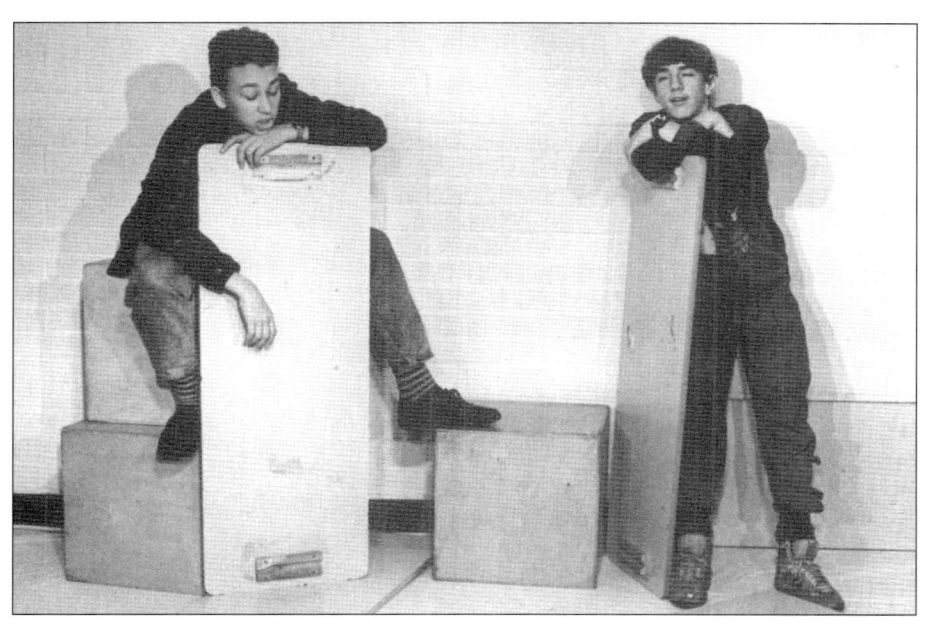

Mutter spielt mit

flikte. Eine Mutter fühlte sich ermutigt, auf der Bühne vorzuspielen, wie sie im Tagebuch ihrer Tochter schnüffelte, um den Akteuren damit eine szenische Anregung zu geben.

Titel finden: „P 13"

Die Begegnung endete damit, daß ein Titel für die Collage gefunden wurde. Das jüngste Mitglied der Gruppe war inzwischen 13 Jahre alt, die Problematik der Szenen kommt aus dieser Altersgruppe und wendet sich an sie. Die gesellschaftliche Norm drückt dieser Altersgruppe Stempel auf, worauf die Collage eine Entgegnung ist. Die Zuschauer unterstützten die Idee der Gruppe, ihre Arbeit „P 13" zu nennen und damit auch in Schulen aufzutreten.

Wirkungen auf Darsteller

Die Aufführung wirkt auf Spieler

Bisher hatten die Spieler nur den Genuß individueller und kollektiver Produktivität in der Gruppe erlebt. Die Berührung mit dem Zuschauer eröffnete eine neue Dimension im schöpferischen Prozeß.

Austausch möglich

Die Spieler stellten fest, wo sie mit ihrer Thematik ins Schwarze trafen und der Zuschauer assoziieren konnte. Sie erlebten, wo die Verständigungsmöglichkeiten und die künstlerische Artikulation noch nicht ausreichten, und erkannten, wo sie durch ihre Scheu vor dem Publikum unter ihren Darstellungsmöglichkeiten blieben. Die Spieler fühlten sich also stolz, ermutigt und verunsichert zugleich.

Scheu ist hinderlich

Die Hemmungen vor dem Zuschauer treten immer wieder auf. Sie kommen unter anderem aus der psychischen Situation des Spielers dieser Altersgruppe.

Selbstdarstellung und Rolle

Rollenschutz erhöhen

Die Spieler haben nicht die Souveränität eines professionellen Schauspielers, um ihre eigene Identität und die Rolle voneinander trennen zu können. Das wird durch das Engagement mit dem Thema, das sie vertreten, zugespitzt. So fällt es ihnen schwer zu unterscheiden, welche Publikumsreaktionen dem Verhalten der dargestellten Figuren oder ihnen selbst gelten, ob beispielsweise mit einem Lachen sie selbst gemeint sind, oder etwa die Rolle. Es wurde immer wieder neu improvisiert, die Rollen vertauscht und damit gezeigt, wie verallgemeinerbar sowohl die Problemstellungen als auch die Verhaltensweisen sind.

Rollentausch

Dabei war es notwendig, daß die Spieler sie selbst bleiben, ihr Spiel nichts an Wahrhaftigkeit einbüßt und Verstellung ausgeschlossen wird.

ermutigen

Die Kinder benötigen diese Ermutigung zur sensiblen Selbstdarstellung und ehrlichen Veröffentlichung ihrer Probleme, Gedanken und Wünsche und gleichzeitig den *Schutz durch die Rolle und den Gebrauch der Mittel.*

Sie brauchten die Gewißheit, sich in der Sprache der Theaterkunst äußern zu können. Daß sie *hervorgehoben*, größer als im Alltag, zu handeln gelernt haben, und zwar vor den Augen der Zuschauer. Dabei halfen auch spezielle Übungen, die immer auf dem Plan stehen sollten. Zum Beispiel alltägliche Gesten zu steigern, also den körperlichen Ausdruck so zu verstärken, daß aus einer einfachen Geste ein deutlich erkennbarer Gestus wird.

vergrößern
verstärken
verdeutlichen

Das Modell funktioniert
Ein öffentliches Verhältnis

Mit dem Dazukommen von Zuschauern hob sich die Teilung der Gruppe in zeitweilig Handelnde und zeitweilig Beobachtende auf, und aus dem intimen Kommunikationsmodell „*Spieler unter sich*" wurde ein „*Spieler und Zuschauer*"-Verhältnis mit öffentlichen Wirkungen.

Spieler und
Zuschauer

Hier war die theaterpädagogische Arbeit an einem entscheidenden Punkt angelangt, wo es sich erwies, daß trotz der theatralen Abgehobenheit die Nähe zum Zuschauer so bewahrt blieb, daß er sich aufgefordert fühlte, die Beobachtungs- und Imaginationsebene aufzugeben und den Schritt, selbst Agierender zu werden, wagte.

agierende Zuschauer

Eine neue Erfahrungseinheit: Das Zusammenfallen der produktiven Präsenz von Spieler und Zuschauer in einer Form ästhetischer Wirklichkeit.

Im Theater hat man normalerweise immer zweifach Probierende. Den Spieler als theatralisch Handelnden und den Zuschauer als zuschauend Handelnden. Die Vorgänge auf der Bühne setzen im Zuschauer ein eigenes Mitspiel in Bewegung. Der Zuschauer spielt mit seinen eigenen Bildern, legt sie — wie Ritter sagt — ein in die Vorgänge auf der Bühne und versucht zu einer produktiven Sinnbalance zwischen dem Spiel in seiner Vorstellung und dem Spiel auf der Bühne zu kommen. Mit „P 13" wurde der erfolgreiche Versuch unternommen, aus dem Publikum einen aktiv handelnden Mitspieler zu machen. Der Zuschauer geht dieses Wagnis ein, weil es eine „Brücke" gibt, die sich zum einen durch die angesprochenen Themen und zum anderen durch die Art der Darstellung (die Spielweise) herstellt. Eine Spielweise, die nicht durch hohe Kunstfertigkeit das direkte Eingreifen verhindert, sondern es durch ihre Klarheit ermöglicht.

Die Spielweise als
Brücke zwischen
Spielenden und
Zuschauenden.

Eine Form, in der agiert wird

Das Publikum erkennt beim Zuschauen nicht nur, um welche Themen es sich handelt (hier werden verschiedene Verhaltensweisen in alltäglichen problematischen Situationen vorgestellt und geprüft), sondern lernt auch, wie man sich ausdrückt.

Die Vorstellung spiegelt alle Phasen des Arbeitsprozesses wieder, so daß der Zuschauer sich zum Thema verhalten, improvisieren und sich in der ästhetischen Form der Aufführung bewegen kann. Schon beim Zuschauen denkt der Zuschauer auf zwei Ebenen und vollzieht seine Handlungsvariante im Kopf, die er, wenn er der Einladung zum Spiel folgt, praktisch überprüfen kann. Das heißt, daß der künstlerisch-pädagogische Prozeß nicht in einem Resultat, der einmaligen Aufführung, aufgehoben ist, sondern sich gewissermaßen auf „höherer" Ebene wiederholt. Dabei kann es zu überraschenden Aktionen und Reaktionen auf der Bühne kommen, denn es wird direkt und somit „unberechenbar" in den Situationen gehandelt. Dieser Aspekt macht das Spiel auch für den Darsteller interessant, weil sein Spielpartner aus dem Publikum seine ganz persönliche Erlebnis- und Erfahrungswelt ins Spiel einbringt. Jeder der Mitspieler gebraucht seinen eigenen Kopf, behauptet und prüft seine Vorschläge.

durchspielen und mitspielen

öffentlicher Lernprozeß auf künstlerischer Ebene

Gemeinsames Lernen während der Aufführung

Beispielsweise beim Ansehen der Gewalttätigkeit zwischen den Brüdern empfahl eine Lehrerin, den Versuch zu unternehmen, die Hilfe des „Bruders" mit einer freundlichen Bitte zu bewirken. Im Spiel aber stellte sich die Untauglichkeit dieses Vorschlages heraus, denn der Spielpartner warf „seinen Bruder" mitsamt seiner freundlichen Bitte raus.

Tauglichkeit der Vorschläge prüfen

Ein Zuschauerkind fühlte sich ermutigt zu zeigen, wie es ihm mit seinem kleinen Bruder erging. Er wählte für sich die Rolle des kleinen Bruders, und ließ sich selbst durch einen Spieler aus „P 13" darstellen. Der wurde nun traktiert und behindert, alle ihm zur Verfügung stehenden Verhaltensmöglichkeiten blieben erfolglos, der „kleine Bruder" ließ sich nicht vertreiben.

Ermutigung und Schutz

Die szenische Suche nach einer wirklich möglichen Variante fiel auch in der nächsten Improvisation nicht sehr erfolgreich aus. Offenbar waren wir mit diesem Thema auf ein wirkliches Problem gestoßen. Diese community art wurde nur durch das Modell möglich, denn ohne diese Struktur käme es nur zu einer „Spielstunde".

Suche nach Verhaltensmöglichkeiten - Feststellen, was alles nicht geht

tragfähiges Modell

Das hier beschriebene Modell ist also nicht nur in der Probe, sondern auch in der Vorstellung tragfähig. Die Collage ist auf Grund ihrer Struktur nicht nur immer wieder neu organisierbar, sondern offen für die Aufnahme der Vorschläge des Publikums. Es äußert seine Erfahrungen und Meinungen nicht in einem anschließenden Gespräch, sondern bringt sie praktisch mit neuen Spielvorschlägen auf der Bühne.

Dieses Spielmodell wurde in mehr als 20 Begegnungen mit unterschiedlichem Publikum (Kindern und Erwachsenen) ausprobiert.

Es prägten sich drei Spielvarianten besonders aus:
• Die geschlossene Vorstellung (künstlerische Einheit) mit anschließendem Gespräch.
• Die offene Form mit Einbeziehung von Publikumsangeboten.
• Neuorganisierung der Themenkomplexe in der Vorstellung.
(Manchmal wurde ein Thema besonders ausgebreitet und dafür ein anderes vernachlässigt.)

Das Modell, - die Struktur und die Spielweise - bietet den „Körper", der ständig neu mit Leben zu füllen ist. Eine Spielweise, die auch auf andere Lernprozesse übertragen werden kann.

Versuchsanordnungen am Beispiel „Schminken"

Ausgangssituation

Die Mutter ist zu Hause und sucht nach ihrem Täschchen mit den Schminkutensilien. Die Tochter kommt heim, sie hat das Gesuchte in ihrer Schultasche.

Entwicklung der Szene aus der Nachahmung

Tochter bekommt einen Schreck über die Verzweiflung der Mutter und bleibt dann ihrerseits verzweifelt zurück:
Mutter sitzt als Mutter nach einer Suchaktion auf dem Fußboden und weint:

Tochter: Mami, du bist schon da?
Mutter: Katja, ich find meinen Schminkkasten nicht, den teuren von Weihnachten. (Tochter versucht, sich den Lippenstift abzuwischen.)
Mutter: (besorgt) Katja, was hast du? (Sie hebt Tochters Kinn hoch, schaut sie an, haut ihr eine runter. Tochter steht wie angewurzelt. Die Mutter ist ratlos.)
Mutter: (brüllt und schüttelt ihre Tochter) Du hättest mich fragen können!
Tochter: Du hättest es nicht erlaubt.
Mutter: Stimmt! (Sie wendet der Tochter den Rücken zu)
Tochter: (nach einer Weile) Entschuldige, Mutti.
Mutter: Entschuldige?? Damit ist das nicht erledigt. Hast vielleicht alle in der Schule damit schminken lassen! Bitte, der

Schminkkasten meiner Mutter! 240,- Mark! Wenn ich Deinen Füller mit zur Arbeit nähme und alle damit schreiben ließe? Mutter verläßt die Szene, Tochter bleibt ratlos stehen

Entwicklung der Szene aus der Vorstellung

Tochter persifliert ihre Mutter und beherrscht mit ihrer Kaltschnäuzigkeit die Szene:

Tochter: Ach, ist die Olle schon da. (Verstellt ihre Stimme) Tag, Mami. (Dabei beugt sie sich zu ihrer Mutter herunter, um deren Kuß zu empfangen)

Mutter: Tag, Kleine. Sag mal, hast du vielleicht meinen Lippenstift gesehen?

Tochter: Wieso ich?

Mutter: (Zieht ihre Tochter hinter sich her) Guck mal, hier lag es sonst immer.

Tochter: Ja und? Jetzt liegt es nicht mehr da, paß doch besser auf deine Sachen auf. (Sie schiebt die Mutter weg) So und nun geh in die Küche und mach mir was zu essen. (Tochter legt den Stift in eine Schublade und ruft laut)

Tochter: Mutti!

Mutter: Oh schön, daß du ihn gefunden hast.

Tochter: Nächstens paßt'e besser auf, wo du deine Sachen hinpackst.

Mutter: Danke –

Tochter: Was gibt es zu essen?

Mutter: Spinat.

Tochter: iiii (beide ab)

Entwicklung der Szene aus der Wunschvorstellung

Mutter sucht zwar gewissenhaft und mit großer Besorgnis den teuren Lippenstift, ist aber schnell bereit zu verzeihen und bietet der Tochter Hilfe an:

Mutter: (fragt ihre Tochter, als käme mit ihr die Rettung) Hast du meinen Lippenstift gesehen?

Tochter: Ja, ich hab ihn. Entschuldige bitte, Mami.

Mutter: Mensch Kind, warum jagst du mir einen solchen Schreck ein. Du weißt, mein Schminkzeug hat 240,- Mark gekostet. Hättest mich doch fragen können.

Tochter: Du hättest es nicht erlaubt.

Mutter: Stimmt …, aber wenn das für dich so wichtig ist, gebe ich dir Geld und du kaufst dir, was du brauchst. Kannst ja Anke mitnehmen, die kann dich beraten. (Sie umarmen sich.)

Tochter: Du bist prima Mutti.

Entwicklung der Szene aus der Suche nach Verständnis

Tochters Versuch, vom Lippenstift abzulenken, bringt sie in eine noch schwierigere Lage, bis schließlich die Mutter einen Punkt setzt, der Verständigung ermöglicht:

Tochter: Mutti? Bist du schon da?

Mutter: Tag, Schatz, ich muß noch mal los. Hast du nicht meinen Lippenstift gesehen?

Tochter: Wieso?

Mutter: Na, weil er weg ist. (Mutter schaut Tochter aufmerksam auf das Gesicht)

Tochter: (lenkt ab) Du Mutti, ich hab heute 'ne 4 in Mathe. (Mutter reißt Tochter die Tasche weg, sucht darin nach dem Heft, findet den Lippenstift)

Mutter: Ist das die Vier? (Tochter antwortet nicht) Und die Vier hast du auch noch?

Tochter: Ja, willst du sie sehen? (Sie langt nach der Tasche)

Mutter: Nein, ich weiß wie deine Vieren aussehen. (Pause) Was würdest du denn jetzt an meiner Stelle tun? Nichts was? (sie wirft Tochter die Tasche zurück, Tochter geht)

Mutter: Tochter! (Tochter geht rückwärts, setzt sich auf den Boden, um die Moralpredigt zu empfangen. Aber die Mutter setzt sich zu ihr auf den Boden.)

Mutter: Du kannst also kein Mathe ... müssen wir üben ... jeden Tag ... kannst also nicht in die Disko gehen, auch nicht in „dein Theater"

Tochter: Bloß weil ich einmal dein Schminkzeug genommen habe!?

Mutter: Schminken sich denn alle in deiner Klasse?

Tochter: Ja, viele.

Mutter: Ich hab mich früher auch geschminkt, meine Mutter hat mir eine geknallt.

Tochter: Du, das tut mir leid mit vorhin, bitte, erzähl mal.

Mutter: Aber dann üben wir Mathe, klar?

Tochter: Klar.

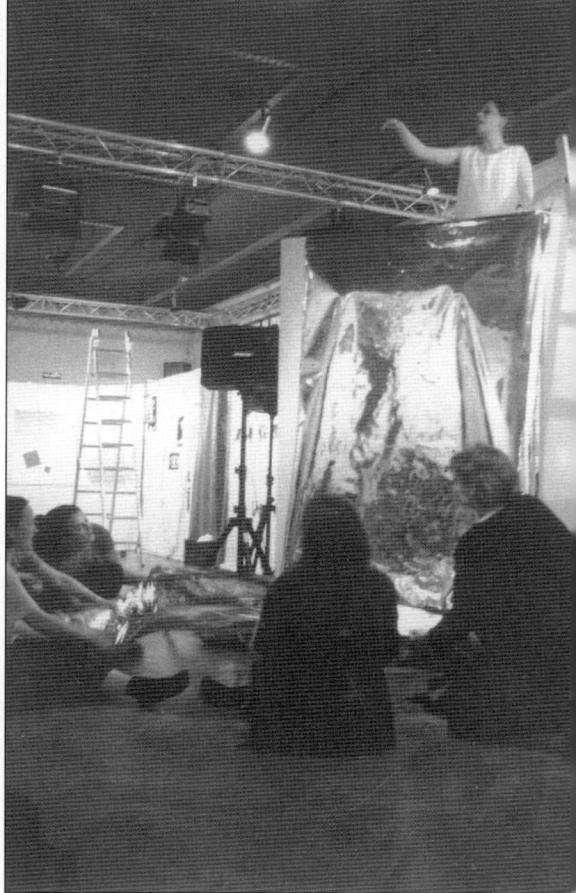

Lernweg am Beispiel eines Lehrstückes
Die Horatier und die Kuriatier von Bertolt Brecht

Erlebnisbericht einer Teilnehmerin einer 10-tägigen Werkstatt mit Konrad Zschiec-rich, (Regisseur und Dozent, Berlin - Barcelona) der Einblicke in seine Arbeits-methoden im Umgang mit Brechts Lehrstücken gibt. Mit der Zielstellung, so zu arbeiten, daß die ästhetisch-künstlerische Auseinandersetzung schließlich eine Form kreiert, die auf eine Vorstellung vor Publikum hinauslaufen soll, verwickelte er die Teilnehmenden in einen universellen Lern- und Inszenierungsprozeß.
In der Erfindung künstlicher Räume und ästhetischer Anordnungen entstanden die Voraussetzungen, in denen Situationen, Vorgänge und Handlungen begriffen und nachempfunden und Konsequenzen verstanden werden konnten.
Es ging darum, keine Kopie der Literatur entstehen zu lassen, sondern die dem Stück innewohnende Zeichenhaftigkeit begreifen und entschlüsseln zu lernen, Fra-gen aufzuwerfen und im besten brechtschen Sinne spielend nach ästhetischen und handlungspolitischen Antworten zu suchen.
(Die Kenntnis des Stückes ist für den Leser wichtig.)

Erste Aufgabe:

Text lesen

Das Stück lesen und sich Notizen zu den ersten Eindrücken machen.

erste Eindrücke

Trocken, referierend und didaktisch sperrt sich der Text meinem Zugang. Erst als ein innerer Film (Filmsicht) zu laufen beginnt, wird es ungeheuer spannend, und es gelingt mir eine Vorstel-lung von dem, was da passiert. Der Text kommt nicht mehr refe-rierend oder trocken daher, sondern spricht mein Herz und meinen Verstand gleichermaßen an.

Fragen über Fragen

Nächste Aufgabe: Sich gegenseitig zu erzählen, was man beim Lesen empfunden hat. Wir versuchen gemeinsam herauszufin-den, was in dem Stück passiert, und erhalten dadurch eine Viel-zahl von Anhaltspunkten und Fragen.

Es geht um Leben und Tod, um menschliche Schwächen und Stär-ken

Entsetzlich, welche einfache Lösung die Kuriatier für Ihre Pro-bleme finden: *„Warum uns selber zerfleischen, zerfleischen wir lieber die anderen".* Die Handelnden und die in die Handlung Gezwunge-nen haben ständig Entscheidungen zu treffen, die von solcher Tragweite sind, daß Leben oder Tod einzelner oder vieler Men-schen davon abhängen. Jede falsche Entscheidung, Unentschie-denheit oder Verzögerung hat sofortige Wirkung. Das wird klar im Angesicht der hier beschriebenen Folgen. Dieses Stück zeigt sehr hart, daß vergangene Zeit vertane Chance ist, unwiderruf-lich. Wir entdecken im Text, daß nicht nur der direkte Weg zum

Ziel führen muß, sondern auch der Umweg oder gar der Rückzug!

Es ist ein politisches Stück. Höchst aktuell politisch angesichts der Kriege um uns herum.

Entscheidungsfragen, die für die Figuren Existenzfragen sind

Wir fragen uns:
- Wie wäre es mit uns, wenn wir in den Entscheidungssituationen dieser Figuren wären?
- Wie ist es mit uns, mit mir, in ähnlichen heutigen Situationen?
- Würde ich aufgeben oder versuchen, den gefährlichen, vagen Weg zu gehen?
- Würde ich den Auftrag unter Einsatz meines Lebens erfüllen?

Indem diese Fragen untersucht werden, lernen wir, mit unseren Handlungsideen die Folgen abzuschätzen und auszuwählen, was wir öffentlich vertreten wollen. Gleichzeitig lernen wir künstlerisch, weil wir den entsprechenden Gestus suchen.

Entscheidungsfragen für die Lesart

- Stehen sich in dem Stück Menschen von gleichen intellektuellen Voraussetzungen gegenüber? Welche Funktion haben die Chöre?
- Wie zeige ich die Frauen? Sind die kuriatischen Frauen albern oder ernsthaft, zuversichtlich oder zweifelnd? Sind die horatischen Frauen heroisch oder einfach und mutmachend?
- Woraus nehmen sie ihre Stärke?
- Geht ein Lernprozeß nur auf einer Seite, in einem Volk vor sich?
- Für wen ergreifen wir Partei und warum? Suggerieren wir unsere Parteinahme über die Inszenierung?

Beim erneuten Lesen des Lehrstückes sollen wir uns fragen, warum die Einteilung in Verse so seltsam ist?

seltsam zerteilte Sätze

- Warum unterbricht Brecht auf diese Weise seine Sätze?

Es hilft, den Text langsam zu lesen, am Zeilenende zu atmen und in der nächsten Zeile neu anzusetzen. Das heißt, da zu atmen, wo Brecht die Pausen gesetzt hat. So zu lesen ist ungewöhnlich, aber es entdeckt uns Akzente, Achtungs- und Fragezeichen.

es wird spannend

Nach jeder Verszeile entsteht Spannung, wie es wohl weitergehen wird, denn es sind unterschiedliche Fortsetzungen möglich. Bsp.: *Warum... Den Tod fürchten, aber nicht... Den Hunger?*

„Der Satz „Reiße das Auge, das dich ärgert, aus" ist gestisch ärmer als der Satz: „Wenn dich dein Auge ärgert, reiß es aus." Im letzteren wird zunächst das Auge gezeigt, dann enthält der erste Halbsatz den deutlichen Gestus des etwas Annehmens, und zuletzt kommt, wie ein Überfall, ein befreiender Rat, der zweite Halbsatz."

(Bertolt Brecht)

Das Gleiche ist nicht dasselbe

Da sind gleiche Sätze für völlig verschiedene Haltungen und Handlungen in der ersten Szene „Der Aufmarsch"zu lesen. Gleiche Texte bei der Waffenübergabe. Aber:

* Was wird übergeben, wie wird übergeben und mit welcher Haltung. Mit welchem politischen Hintergrund geschieht es?

Chor der Kuriatier:
„Wir übergeben den
Heerführern die
Truppen und die
Waffen."

Der Chor der Kuriatier empfiehlt seinen Kämpfern, unter den reichlichen Waffen die besten auszuwählen.

Die Horatier sind unvorbereitet auf einen Krieg und besitzen keine modernen Waffen. Es wird das, was da ist, zusammengetragen: *„Das sind eure Waffen"*.

Chor der Horatier:
„Wir übergeben den
Heerführern
die Truppen und die
Waffen."

Der kuriatische Kämpfer kann verlangen, daß sein Bogen besser sein muß. Ohne guten Bogen geht er nicht kämpfen. Sein Chor erlaubt ihm, seinen Bogen wegzuwerfen. Er wird einen besseren erhalten.

Wenn jedoch der horatische Kämpfer zu bedenken gibt, er könne zwar den Bogen noch mehr spannen, aber dann würde er brechen, ist das nicht dasselbe. Für ihn gibt es keinen anderen Bogen. Für ihn gibt es nur den Auftrag, mit diesem Bogen den Feind zu besiegen. Die Frauen der Horatier wenden zwar ein: *„Wenn der Bogenschütze mit dem Bogen nicht einverstanden ist, kann nicht gekämpft werden"*.

Aber der horatische Bogenschütze antwortet schnell, daß er sich mit den Bedingungen einverstanden erklärt.

Während unserer Arbeit kommen ständig die verschiedensten Assoziationen an geschichtliche und heutige Ereignisse. Beispielsweise an Hitler, der die Sowjetunion mit einem Friedensvertrag beruhigte und sie dann doch überfiel.

Bilder und Zeichen

Wir vergegenwärtigen uns den wesentlichen Aspekt des Theaters, daß alles, was wir auf einer Bühne zu sehen bekommen, etwas bedeutet, was von Amateuren oft vernachlässigt wird. Auch

alles auf der Bühne
hat Zeichencharakter

das scheinbar ganz realistische Theater ist Zeichen. Je erstaunlicher und überraschender das Zeichen ist, um so größer wird die Spannung auf dem Theater.

Wir schauen als nächstes nach, welche Bilder und Zeichen im Text zu finden sind.

Ich versuche, mich an meine Filmsicht zu erinnern und suche darin nach Farben, Bildern und Zeichen für die Bühne. Was war das Spannende, das Aufregende in meinem ersten Eindruck?

Es gibt zwei Lager, Tafeln auf beiden Seiten, einen Scheinwerfer für die Sonne, Witwenkleider werden übergezogen, Fähnchen weggeworfen. Ein Fähnchen steht für eine Kohorte.

Entstehung von Vorstellungen und Metaphern

Andere Zeichen kommen ins Gedächtnis:
Ein Haufen Kinderschuhe. Eine Puppe neben einem Unfallauto. Ein leerer Kleiderbügel. Die deutschen Flieger werden gesegnet, die amerikanischen Flieger werden gesegnet. Frauen werden geehrt für den Fall ihrer Söhne und Männer.
Zeichen für Tod, Ritual, Farbe
Zeichen für Gewinn, für Verlust
Kennzeichnung der Parteien

Alternativen ausprobieren

Wir sollen uns zunächst vorstellen, wie die phantasievollen Bilder, die beim Lesen und Reden entstanden sind, nun auf die Bühne umgedacht werden könnten, und probieren dann einiges aus, um die Wirkungen zu testen.

einfach und simpel fragen

Wir stellen uns einfache Fragen und überlegen ganz simpel:
Was haben wir und was brauchen wir?
• Sind immer alle Figuren auf der Bühne anwesend? Wir haben zwei Lager/Länder.
• Muß der Raum groß – klein, tief – hoch, begrenzt – unbegrenzt, offen – geschlossen, weit – nah sein?
• Spielt das Stück drinnen oder draußen, wird rein- oder rausgegangen?
• Brauchen wir oben und unten?
So stellen wir uns die Fragen. Wir fragen uns nicht, wie man beispielsweise die Berge darstellen kann, sondern ob man sie überhaupt braucht. Wenn sie im Spiel oder im ästhetischen Bild bedeutsam werden, sind sie zu gestalten. Grundlos Bäume, Berge oder anderes darzustellen, wäre Illustration. Diese ist zwar verführerisch, doch unbedingt zu vermeiden.

keine Illustration

In diesem Lehrstück stehen sich zwei Völker gegenüber. Wir fragen uns erneut, ob sie gleich stark sind. Ob sie gleichberechtigt vor dem Publikum eingeführt werden oder ob wir einem der Völker einen Sympathievorschuß geben sollten:
• Die Horatier sitzen zwischen den Zuschauern, damit diese sich mit ihnen von vornherein gegen die Kuriatier verbünden. Wir stellen fest, daß das Erhoffte in unserer Probeanordnung nicht passiert, eher sympathisieren wir in dieser Anordnung (Arrangement) als Zuschauer mit den Angreifern.
• Die Horatier sitzen vorn auf der Bühne, die Kuriatier stürmen von hinten in Richtung auf das Publikum herein.

*vieles anschauen und entscheiden:
viele Dinge sind in einem Ding*

Damit warnen wir, suggerieren, nehmen vorweg. Beide Seiten sind nicht mehr gleichberechtigt.

• Beide Völker betreten gleichzeitig die Bühne und nehmen ihre Plätze ein. Gleichberechtigung

• Die Kuriatier sind zuerst auf der Bühne und beraten, wie sie zu mehr Land kommen könnten.

• Die Horatier sind zuerst auf der Bühne und werden in ihrer alltäglichen Lebens- und Arbeitssituation eingeführt, bevor die Kuriatier sie in einen Krieg stürzen.

Die Chöre als Stimme des Volkes immer anwesend

Die Chöre sind die einzigen Konstanten im Stück, deshalb ist gründlich zu überlegen, wo und in welcher Haltung sie sich befinden.

Beispielsweise, wenn ein Chor am Boden kriecht, gibt das ein Bild der Angst.

• Der Chor steht oben. Er wirkt wie ein Gottesgericht.

• Der Chor steht auf den Treppen im Zuschauerraum. Er ist somit draußen, außerhalb des Geschehens.

• Der Chor ist mit auf der Bühne. Er ist mitten im Geschehen, ist beteiligt.

Bühnenraum

Um ein wirkungsvolles Arrangement zu finden, das das Wesentliche aussagt, muß man vielerlei ausprobieren. Und nicht jedes wirkungsvolle Arrangement sagt notwendigerweise das Wesentliche aus.

Spielraum einteilen

Nach verschiedenen Anordnungsversuchen entscheiden wir: Der Spielraum wird in drei Flächen geteilt.

Durch Seile werden auf beiden Seiten der Bühne je zwei Meter des Bühnenraumes abgetrennt und farbig ausgelegt. Damit stellen wir die beiden feindlichen Lager dar, in denen sich die Heere/

Räume herstellen

Völker mit ihren dazugehörigen Chören aufhalten. Von dort aus können die Krieger in die Mitte, ins Spielfeld gehen, wo die Kämpfe ausgetragen werden sollen.

farbige Markierungen

Wir stellen beidseitig am hinteren Bühnenrand einen Tisch für Spielutensilien auf. Diese Tische werden ebenfalls mit farbigen Tüchern markiert. Die Spieler erhalten die jeweiligen Farben als Arm- oder Stirnbänder.

Aktionsräume prüfen

Wir werden aufgefordert, uns vorzustellen, wie im Mittelteil, dem Kampffeld, agiert werden könnte:

In welcher Art und Weise können die Kämpfe dargestellt werden? Welche einfachen oder ungewöhnlichen Möglichkeiten bietet uns der Raum an?

Wie können wir beispielsweise den langen Weg des Lanzenträgers zeigen oder wie die schmale Schlucht und den schnellen Lauf des Wassers?

Natur und Bühne

Am Beispiel des Bogenschützen soll gezeigt werden, daß der Mensch sich die Natur zum Partner oder Gegner machen kann. Wie können wir das technisch lösen?

Früh am Morgen, als die Sonne den Feind beleuchtete, fehlte dem horatischen Bogenschützen der Mut, auf ihn zu schießen. Mittags war seine Chance nicht mehr so gut. Beide Kämpfer standen im grellen Licht und schossen aneinander vorbei. Später hatte der kuriatische Schütze ein leichtes Spiel, seinen geschwächten Gegner im Abendlicht zu besiegen.

Licht beleuchtet
Licht blendet
Der Lauf der Sonne hatte die Chancen der Kämpfer zu siegen beeinflußt, weil sich ihr Licht veränderte.

Deshalb fragen wir uns:
• Wie ist der Lauf der Sonne zu zeigen?
• Wie machen wir Licht und Schatten für den Kampf der Bogenschützen?
• Wie blenden wir die Kämpfer?

Es gibt viele Ideen, die von der Anwendung eines Blitzlichtes, eines Spiegels, einer Taschenlampe, bis hin zur Verwendung von Tüchern reichen. Wir probieren alles aus und erfahren dabei, wie wirklich unangenehm gleißendes Licht blenden kann und das sich diese entscheidende Erfahrung nicht über die Verwendung von Tüchern mitteilen läßt.

Wichtig ist auch hierbei, daß nicht die tollen Einfälle siegen, sondern die Feststellung:

Mensch und Natur
hängen zusammen
Die Menschen haben keinen Einfluß auf den Gang der Sonne, sie müssen auf die Naturerscheinungen achten, aber sie können sie sich zum Feind oder zum Partner machen.

Rollen, Figuren und Szenen

Erforschung der Schwierigkeiten

Im nächsten Schritt sollen wir uns der Erforschung der Schwierigkeiten und Probleme der Figuren zuwenden.

• Die Kuriatier fordern heraus. Die Horatier weigern sich, sich zu unterwerfen. Deshalb gibt es Krieg.

• Die Horatier haben keine Wahl, sie können sich umbringen lassen oder ihre Feinde mit Steinen bewerfen. (Derartige Beispiele finden sich in der Weltgeschichte)

Angst und Verunsi- • Einzelne Personen haben besondere Schwierigkeiten. Beispiels-
cherung weise der horatische Bogenschütze. Wie wir aus der Waffenübergabe wissen, bekam er einen schlechten Bogen. Er ist verunsichert, hat Ängste, Zweifel, Leistungsdruck, vielleicht sogar
Mißtrauen seinen eigenen Leuten gegenüber, weil sie ihm keine
bessere Waffe geben.

schlechte Ausrüstung Er sah den guten Bogen seines Feindes und kann nicht verstehen, warum man ihn mit solch einem „Plunder", wie er seinen
eigenen Bogen bezeichnet, in den sicheren Tod schicken will.

Lebensgefahr Er gibt zu bedenken, daß sein Bogen schlecht ist und er sich
deshalb in Lebensgefahr begeben müsse.

Wir fragen wir uns, ob er sich mit der Textzeile „*Ich kann ihn [den
Bogen] noch mehr spannen, aber dann bricht er.*" entschuldigt oder ob
er den Chor damit beschimpft oder gar ermahnt, ihn ernst zu
nehmen.

Was der Kämpfer zur Antwort bekommt, hört sich in meinen
Ohren so an: Wenn du für die Unabhängigkeit deines Volkes
bist, beweise es!

Interesse finden, Entscheidung für die Rollen und Szenen treffen

Interesse benennen Beim erneuten Lesen des Lehrstückes frage ich mich, welche
Rolle/Figur mir gefällt und warum?

Was mag ich an ihr? Was mag ich an ihr nicht? Was irritiert
mich?

Welche Situation möchte ich gern bauen, welchen Vorgang gern
spielen?

Wir bilden Gruppen und beschäftigen uns mit den Szenen:
Die sieben Lanzenverwertungen und Der Ritt auf dem Fluß

szenisch erinnern Wir erinnern uns in der szenischen Suche an das, was jeder von
uns beim ersten Lesen interessant und spannend fand, und stel-
len gemeinsam fest, mit welchen Schwierigkeiten sich die Figuren auseinandersetzen müssen.

szenisch entwerfen Wir probieren und nutzen dabei den Raum, den wir gemeinsam
erfanden. Dann stellen wir uns unsere Erfindungen gegenseitig
vor.

Diese Arbeitsphase ist ungeheuer aufregend. Am Ende haben
wir zwei Entwürfe.

Die sieben Lanzenverwertungen

Wir wollen den ständigen Kampf des Horatiers mit der Lanze,
den Bergen, dem Fluß und sich selbst, mit seiner Angst, dem
Leistungsdruck, seiner Schwäche usw. zeigen. Er muß, weil er
so eine kurze, leichte Lanze hat, mit der er seinen Gegner nie im

Lanze als
dritter Fuß, Ast, Lot,
Sprungstab,
Balancierstange,
Hebel, Stützbalken

Zweikampf besiegen könnte, eine List anwenden. Er will ihn vom Hügel aus mit einem riesigen Stein töten.

Wir erinnern uns an den Satz, daß der Text das Resultat einer Handlung, eines Vorgangs sein muß und wollen deshalb deutlich zeigen, wie der Horatier beim schweren Aufstieg auf den Berg nach und nach seine Waffe anders zu gebrauchen lernt.

Sie wird wichtig, um eine Furt zu überqueren, eine Spalte zu überspringen oder sich damit im tiefen Schnee abzustützen. Dann, oben angekommen, baut er die Falle und schläft vor Erschöpfung ein.

„Du hast viel getan,
aber
Du hast den Feind
nicht aufgehalten."

In unserer Szene schildert der Lanzenträger dem Publikum seinen anstrengenden Lernprozeß. Er offenbart sein Versagen und lernt, daß er nun übermenschlichen Mut brauchen wird, um doch noch siegen zu können. Im Nacken den Auftrag des Chores/Volkes: *„Halte den Feind auf!"*
Er faßt einen neuen Entschluß.

Der Ritt auf dem Fluß

Wir arbeiten zu dritt an der szenischen Entwicklung des Lanzenkampfes und stellen uns vor, den Kampf so zu rekonstruieren, daß er wie ein Polizeibericht wirkt. Verfremdet durch Sachlichkeit. Die Beschreibung des Schrecklichen ganz nüchtern, eines nach dem anderen. So, wie manchmal über mit angesehene furchtbare Autounfälle berichtet wird. Auch Träume werden in ähnlicher Sicht erlebt.

nüchtern berichten
Bilder beschwören

(Brechts Empfehlung „Straßenszene" in „Das kleine Organon")
Es laufen Bilder ab. Zwischen ihnen gibt es immer wieder Stopps und Verzögerungen.
• Die Beschreibung des Vorgangs hört sich aus der Sicht des kuriatischen Lanzenträgers etwa so an:
Also das war so und so und so, ich kam in eine schmale Schlucht und ich dachte schon, es passiert nichts weiter. Da sehe ich doch hinter mir diesen Verrückten auf dem Fluß heranrasen! Ich konnte meine Lanze nicht so schnell herumkriegen. Wer rechnet denn mit so etwas.

„...plötzlich die
Floßstange...richtet
sich auf mich..."

Aus der Sicht des horatischen Lanzenträgers (den ich zu spielen habe), sieht die Sache etwas anders aus. Er spricht davon, wie er seine ganze Kraft auf die Vernichtung seines Feindes konzentrieren wird, den er in der Stromschnelle überraschen muß. Dabei wird er sein eigenes Leben riskieren, d.h. er wird seine anfänglichen Fehler mit dem Leben bezahlen müssen.

„...weit unten ein
tödliches Gefälle..."

Die Szene „Der Ritt auf dem Fluß" in Schnittechnik dargestellt:

• Beide Kämpfer betreten das Spielfeld.

• Der Kuriatier führt seinem Chor vor, wie er ganz siegessicher das Flußtal hinunter marschiert und was dann plötzlich passiert. *Stopp/Schnitt*

Mut und Überraschung

• Nun zeigt der Horatier den von ihm eingeleiteten unaufhaltsamen Vernichtungsvorgang seines Feindes, der zu seinem eigenen Tod führt. *Stopp/Schnitt*

• Der Kuriatier bekennt, daß er diesen Angriff nicht vorausberechnet hatte und deshalb schwer geschlagen ist. Er verläßt das Spielfeld. *Stopp/Schnitt*

Sieg und Tod

• Der Horatier legt nun auch sein Farbband ab (er ist gefallen). Der Spieler verläßt das Spielfeld.

Das Tragen der Trauer

Der Frau des gefallenen Horatiers wird ein Witwenkleid angezogen. Wir fragen uns, wie so etwas vor sich geht?

Trauerritual

Wir probieren das Anlegen des Witwenkleides als Zeichen für Verlust und Trauer. Die Frau wird in ein langes schwarzes Tuch gewickelt, während der Chor das Lob-Tauerlied auf ihren gefallenen Mann spricht. Eine effektvolle Idee, sie löst große Betroffenheit aus.

Eine andere einfachere, aber nicht minder eindrucksvolle Idee ist es, der Frau einen schmalen schwarzen Streifen Stoff um die Schulter zu legen.

Sehr rituell und zeichenhaft wirkende Handlungen.

Während man sich als Spielerin der Figur diesem Ritual unterziehen muß, kann man nachempfinden, daß es sich hier um keine Kleideranprobe handelt, sondern um ein großes Trauerritual,

nicht weinen dürfen

das nicht nur traurig, sondern auch in gewissem Maße stolz und unfähig macht, Tränen laufen zu lassen.

Das Auflegen des schwarzen Bandes wirkt wie ein Bann: Auferlegen der Trauer verbunden mit der Verpflichtung, eine stolze Witwe sein zu müssen.

Waffenübergabe

Wir fragen uns, ob die Waffenübergabe von besonderer Bedeutung ist? Sie steht am Anfang und ist wiederkehrendes Moment im Stück.

drohen und abschrecken

Die Kuriatier gehen Schritt für Schritt vor, sie drohen, zeigen ihre fabrikneuen, schrecklichen Waffen nach dem Motto: Wir haben Flugzeuge, aber das ist noch nicht alles!

Chor der Kuriatier: „Wählt unter den reichlichen Waffen die besten aus."

Sie präsentieren und paradieren ihre Stärke.

Als Spielerin der Frau eines dieser Männer stehe ich auf der Seite der Horatier. Ich sehe die furchtbaren Waffen der Kuriatier und ihre Entschlossenheit, Hackfleisch aus uns zu machen.

• Die innere und äußere Handlung einer horatischen Frau bei der Waffenübergabe (Meine Gedanken in der Rolle):

Chor der Horatier:
„Das sind
eure Waffen."

Was wird das werden, das überleben wir nicht, mein Gott, wie sollen wir das schaffen? Was gucken die kuriatischen Weiber so siegessicher, diese Zicken. Was? ... Das sollen unsere Waffen sein, mein Gott, Dietrich, Liebster, was trägst du da heran? Der Haufen Schrott sind unsere Waffen? Die Waffen der Kuriatier sind viel besser, ich sehe sie, der Kuriatier hat einen makellosen Bogen! Er ist ein starker Mann, er zerbricht den schönen Bogen vor unseren Augen und läßt sich einen neuen, besseren geben. Mein armer Mann soll dagegen antreten mit diesem schlechten Bogen. Das ist sein Todesurteil. Gott stehe ihm bei...

Das alles, was ich da denke, zeichnet sich, wie ich hoffe, in meiner Körperhaltung ab, die sich kaum verändert. Ich bin gespannt wie ein Bogen und starre gebannt auf unsere Waffen. Als ich plötzlich den Bogen des Kuriatier auf mich gerichtet sehe, will ich zurückweichen – ich sehe mich persönlich erschreckt und fühle panisches Entsetzen – rühre mich aber keinen Zentimeter, denn ich sehe die Angst meines Mannes, den ich nicht schwächen will.

standhaft bleiben

Die Trennung vor der Schlacht

• Für die Verabschiedung der horatischen Männer in den Krieger finden wir diese Handlung:

Ritual erfinden

Hinknien, sich anschauen, aufstehen, sich umarmen, die nötigen Worte sagen. Eine ganz entschiedene, akzentuierte Aktion, ein Ritual. In dem Moment, wo ich als Figur der Frau meinen Mann verabschieden muß, verliere ich/sie die Fassung. Weinen unterbricht für einen Moment die Zeremonie, bis die anderen Frauen beruhigend eingreifen.

im Gruppenritual gehalten werden

• Die Verabschiedung der kuriatischen Männer in den Krieg: Die kuriatischen Frauen sehen, mit welchem Mut, mit welcher Ernsthaftigkeit und Gefaßtheit sich die horatischen Frauen von ihren Männern verabschieden. Daraufhin begreifen sie den Ernst der Lage und werfen sich ihrerseits verängstigt weinend ihren Männern in die Arme. Diese jedoch wehren unwillig ab: *Nicht in Uniform, bitte! Mein Gott, jetzt heulen die noch.*

Kuriatier: „Weint nicht! Bereitet die Siegeskränze vor."

Wir probieren auch andere Möglichkeiten, beispielsweise das Gegenteil von dem zuerst Gefundenen:

Die Frauen weinen, die Männer trösten sie.
Die Männer weinen, die Frauen trösten sie.

Das Gegenteil probieren

Man muß den Mut haben, Ungewöhnliches auszuprobieren, die Wirkungen für die Szene zu prüfen und es nicht gleich zu verwerfen.

Die Konzeption des Chores

Welcher Konzeption folgt er, und kann er sich auch anders verhalten?

Todeskandidaten

Die schlecht ausgerüsteten Kämpfer werden durch die Befehle des Chores in den sicheren Tod getrieben, um das eigene Volk zu retten.

Beispielsweise der horatische Lanzenträger ist gefallen. Er hat sein Leben beim Ritt auf dem Fluß riskiert und verloren, jedoch seinen Feind stark verwundet und damit besiegt.

Seine Frau steht vor seiner Leiche (seinem Farbband)

Chor der Horatier: Wie verhält sich der Chor?
„Zuletzt ritt er auf
dem Fluß und fügte
seiner kleinen Kraft
die große Kraft des
Flusses hinzu"

• Unsere erste Variante zeigt, wie sich der Chor mit seinem Krieger brüstet, vergessend das tiefe Mißtrauen, das er ihm zuvor entgegenbrachte (*„Er flieht, der Verräter!"*). Dem Toten wird ein Orden angeheftet. Die Witwe muß die Gratulationen des Volkes aufrecht entgegennehmen. Wir probieren das Gegenteil.

Der Chor empfindet
Mitleid und Trauer

• Unsere zweite Variante zeigt den Chor entsetzt über das Resultat seiner ständigen Ermahnungen: *„Halte den Feind auf!"* Damit trieb er diesen Mann zum Kamikaze. Nun ist der Chor beschämt und überwältigt von so viel menschlichem Mut. Er bemitleidet die Witwe aufrichtig. Sie darf weinen.

weinen dürfen

Als Spielerin lerne ich, daß wir die Figuren nicht ernsthaft darstellen können, wenn wir ihre Lebendigkeit, ihre Ängste und Panik nicht verstehen.

Als Menschen lernen wir auf diese Weise, andere in ihren Entscheidungen zu achten, sie zu begreifen und ihnen etwas zuzutrauen.

andere achten
anderen vertrauen

Es gehört viel dazu, jemanden, der flieht (so wie es der Schwertkämpfer aus taktischen Gründen tun muß), nicht für einen Verräter zu halten, sondern ihm zu vertrauen.

Lernen durch Erfahrung
Der Lanzenträger lernt:

beobachtend lernen

Wir schauen uns die Erfahrungen mit der Rolle des horatischen Lanzenträgers an.

Bevor der in seinen ersten Kampf geht, hat er aus dem Kampf des Bogenschützen gelernt. Er spricht seinen Plan vorher mit dem Chor ab. Er schätzt seine unterlegene Waffensituation ein, entwickelt und erläutert seine Taktik, die ihn strategisch überlegen machen wird. So sichert sich der Kämpfer ab, damit ihn der Chor nicht für einen Feigling halten könnte. Er hofft, damit dem Vertrauensproblem zu begegnen.

Bogenschütze:
„Euren Rat ausfüh-
rend am Abend, ver-
gaß ich: Er war am
Mittag erteilt."

• Der Chor denkt über die Strategie nach und erklärt sich einverstanden. Die Bedingung aber lautet wie immer: *„Aber halte den Feind auf!"*

• Der Kämpfer steht mit diesem Auftrag und der ständigen Beobachtung jedes seiner Schritte unter starkem Druck, nicht versagen zu dürfen.

sich Mut zusprechen
Phantasie mobilisieren

Er wird getrieben und fragt sich und den Chor pausenlos, was er tun und wie er weiterkommen soll. Der Kämpfer spricht sich selbst Mut zu. Er erinnert sich an die Kinderzeit, an das Spielen und versucht so, mit den Problemen fertig zu werden. Er benutzt seine Lanze als Hilfsmittel (Die sieben 7 Lanzenverwertungen), den schweren Weg zu überwinden. Er will an einen bestimmten Punkt gelangen, seinem Feind auflauern, um ihn mit einem Stein zu töten, weil seine Lanze ja zu kurz für einen direkten Kampf ist. (Er kennt die Lanze seines Feindes. Wurde sie angesichts seiner Angst immer größer?)

Kräfte einschätzen

Dann ist er an seinem Zielpunkt angelangt, beruhigt und beunruhigt zugleich: *„…ich bin nicht zu erschöpft zu Tun, aber zu erschöpft zum Nichttun."* Er kämpft mit dem Schlaf und unterliegt.

• Als er aufwacht, ist seine Chance vorbei, denn der Feind ist schon vorbeigegangen. Unwiderruflich!

Fehler auswerten

Der horatische Lanzenträger wertet sachlich aus, wie es dazu kam.

• Der Chor beschimpft den Kämpfer nicht, sondern stellt eine neue Aufgabe. Dabei kann nicht berücksichtigt werden, was der Lanzenträger bisher geleistet hat, denn es blieb ohne Ergebnis. Der Chor fordert dem Kämpfer das Äußerste ab und ermutigt ihn dazu. Der Lanzenträger spricht wiederum seinen nun ungleich schwereren Plan mit dem Chor ab. Sterben will er nicht, aber es wird kreuzgefährlich.

die verpaßte Chance
würdigen

Ihm wird klar, daß eine gute Chance verpaßt hat und sich nun die Schwierigkeiten verdoppeln werden. Ein erfolgreicher Abschluß seiner Mission wird nur noch unter Einsatz seines Lebens möglich.

Der horatische Schwertkämpfers lernt:

Kuriatier:
„Deine Brüder sind vernichtet! Ergib dich!"

Die Kuriatier werfen vor dem Schwertkämpfer die zerstörten Waffen seiner getöteten Vorgänger auf den Boden. Ein Zeichen für Untergang.

Damit erfährt er, daß er nicht mehr auf die Hilfe seines Heeres hoffen kann. Er sieht seinem Gegner an, daß der sich bereits als Sieger wähnt. (Zwei seiner kuriatischen Mitstreiter haben schon Siegeslaub, er noch nicht. Das macht ihn besonders gefährlich!)

Informationen auswerten, Taktik finden

Angesichts des kraftstrotzenden Gegners mit seinem übermäßigen Schwert entscheidet sich der Horatier blitzschnell für die rettende Taktik: Er rennt weg.

Chor der Horatier:
„Weiche keinen Fuß-
breit!"

Der „flüchtige" Horatier wird nun nicht nur von den eigenen Leuten als Feigling und Verräter beschimpft, sondern auch von den Feinden. (Wir erinnern uns, daß es vielen Emigranten so gegangen sein muß.)

„Seht, wie er läuft!
Er verhöhnt uns!
Schande!"

Der Chor der Horatier erklärt ihn in diesem Moment für gestorben.

Doch der horatische Schwertkämpfer rennt weiter. Er rennt mit seinem leichteren Schwert dem Feind davon. Der kuriatische Schwertträger wird bei der Verfolgung durch seine Ausrüstung behindert, wütend wirft er seine schwere Waffe weg, um den Horatier zu erwischen. Das hätte er nicht tun dürfen, in diesem Moment stoppt der Horatier seinen Lauf, dreht sich um, schlägt den Kuriatier nieder und entscheidet damit den Kampf. Als Spieler fragen wir uns, ob er diese Taktik schon im Sinn hatte, als er floh oder ob er im entsprechenden Moment blitzschnell die günstige Konstellation begriff und entsprechend reagierte. Jedenfalls erwies sich die neue rettende Taktik des Schwertkämpfers als ungeheuer tapfer und klug. Er erfüllt so die Aufgaben seines Volkes, schlägt das gesamte schon angeschlagene feindliche Heer und wird nun vom Chor als Held gefeiert.

Chor der Horatier:
„Deine List hat die
Feinde getrennt, und
deine Stärke hat sie
niedergeworfen."

Auswertung der Geschehnisse durch den horatischen Chor

Wir lesen den Abgesang des horatischen Chores (und sind damit auch am Schluß unserer Werkstatt angelangt) und versuchen, herauszufinden, worum es sich dabei handelt. Ist es ein Abgesang, eine Auswertung, eine Feststellung, eine Grabrede (am Grabe der gefallenen Kämpfer), eine Siegesfeier? Etwas wird beerdigt, etwas fängt neu an. Neue Chancen. Die Mühen haben sich gelohnt. Wir bemerken, daß wir viel über die Horatier nachgedacht haben. Wie und was haben die Kuriatier gelernt? Die geschlagenen Kuriatier haben drei Männer verloren. Auf der Bühne stehen drei Witwen.

Neue Chancen

Schlußüberlegungen

Wir lernten gemeinsam unter Anleitung eines sehr erfahrenen Spielleiters, Texte von allen Seiten zu betrachten, verschiedene Fragen zu formulieren, Sätze um und um zu drehen, den Worten nicht in ihrer ersten Bedeutung zu glauben, sie mannigfaltig zu beantworten und erste Erfindungen nicht für die gültigen zu halten. Wir erlebten, daß dieselben Worte von unterschiedlichen Leuten in ähnlichen Situationen gesagt, nicht dasselbe bedeuten. Und gleichzeitig teilte sich uns eine künstlerische Arbeitsweise mit, die sich über diesen Erfahrungsbericht auch dem Leser mitteilen sollte. Der Regisseur legte alles darauf an, daß die Spieler begreifen, was sie tun, was da warum, wie und in welchen Zusammenhängen geschieht. Dafür bediente er sich der Methoden, die auch geeignet sind, die in diesem Prozeß (demokratischer Inszenierungsweg) gewonnenen Einsichten über eine Aufführung an ein Publikum weitergeben können.

Aber auch wenn es zu keiner öffentlichen Präsentation kommt, haben die Teilnehmenden viel über die Welt, das Thema und über Brecht gelernt.

2 Studiengänge
2 Projektarbeiten
2 Inszenierungswege

In beiden Studiengängen durchliefen die Studierenden, selbstverständlich bei gleichzeitiger Ausbildung der schauspielerischen-, dramaturgischen und Spielleiterfähigkeiten, alle Schritte, die zu einer Vorstellung vor Publikum führen.

In diesem Prozeß erarbeiteten sie quasi in einem Reißverschlußprinzip die Elemente, die für die spezielle Inszenierung, aber auch für andere Inszenierungen notwendig sind.

Unbestritten, daß grundlegende Strukturlinien prinzipiell nötig sind und sich ähneln – von der Einzelfigur zum Stück, vom Auswählen über Annähern, Anreichern, Aneignen und Gestalten, bis hin zur improvisierenden Wiederholung der gefundenen künstlerischen Form – finden sich doch gravierende Unterschiede in den beiden Arbeitsprozessen.

Die *Projektinszenierung I* spiegelte in jedem kleinen Abschnitt die grundsätzliche Arbeitsweise wider. Die Studierenden konnten sie an den Arbeitsbeispielen der Spielleiterin ablesen und selbst Schritt für Schritt ihre Szene unter Mithilfe der Arbeitsgruppe nach diesem Muster gestalten. Die Gliederung war anschaulich und der Lernprozeß durch die Spielleiterin straff gelenkt, was sich im Ergebnis einer erfolgreichen Aufführung widerspiegelte.

Die *Projektinszenierung II* stellte einen viel offeneren Prozeß dar. Die Studierenden mußten sich mit der Schwierigkeit anfreunden, durch das experimentelle Vorgehen der Spielleiterin tiefer und verantwortungsvoller in den Erfindungs- und Gestaltungsprozeß involviert zu werden. Dennoch wurde das intensivere Ringen um die künstlerische Wahrheit und die umfassendere Beteiligung der gesamten Gruppe an der Produktion deutlich strukturiert und angeleitet.

In solch ein Vorgehen muß eine Gruppe hineinwachsen. Jeder mußte lernen, vom Ich-Interesse ausgehend nach und nach die Verantwortung für das Ganze zu übernehmen.

Projektinszenierung I

Zwischen menschlicheN Beziehungen

*Konzeptionelle
Überlegungen*

In den vorangegangenen Lehrveranstaltungen zur Praktischen
Dramaturgie waren sowohl Szenen dramaturgisch gearbeitet, als
auch das Spiel mit Bühnenelementen eingeführt worden. Die
Studierenden hatten sich mit Texten Brechts und seinen Arbeits-
vorschlägen sowie kleinen Stücken anderer Autoren (Müller,
Brasch, Charms) befaßt. Dann folgte die Praktische Dramaturgie speziell für die Projektinszenierung. (Siehe Beispiel Keuner-
geschichte/Böser Baal) Es wurden Vorschläge von Appia, Brecht,
Penka und Brook beachtet. Die szenische Gestaltung verlief nach
folgendem Schema und schloß mit der Gesamtdramaturgie der
Einzelszenen zur Collage die Inszenierung ab.

**Text – Entwerfen – Anreichern – Zuspitzen – Formen – Fixieren –
Wiederholen – Präsentieren**

Die Spielleitung wechselte in ihrer Arbeitsorganisation zwischen
Frontal-, Gruppen-, Einzel- und Gesamtprobe. Jeder neue Arbeitsschritt wurde zuerst zielorientierend und anschließend reflektierend bewußtgemacht.

Methodischer Weg

Texte bildeten den Ausgangspunkt

Lesen und Textauswahl

Eine Sammlung kleiner Texte, kurzer Stücke bildete die Ausgangsbasis. Die Texte wurden betrachtet, analysiert und improvisiert. Situationen, Konflikte und Vorgänge wurden handelnd
erfunden; Szenen erlebt, belebt, ästhetisch geformt und unter
dramaturgischen Gesichtspunkten zu einer Collage verbunden.
Jeder Studierende wählte drei Stücke, die ihn aus verschiedenen
Gründen besonders interessierten und die er gern inszenieren
oder selbst spielen wollte. Jeder hatte seine Auswahl darzustellen und zu begründen. Manche Stücke wurden als besonders
interessant empfunden und von mehreren Studenten gewählt.

*Verantwortung für
Szenen übernehmen*

Im nächsten Arbeitsschritt bildeten sich Kleingruppen nach
Sympathie und Textauswahl. Jeder Studierende übernahm in der
Kleingruppe die Spielleitung für eine Szene und stellte sich den
anderen als Spieler für deren Szenen zur Verfügung. So sollte
jeder sowohl eine Spieler- als auch eine Spielleitererfahrung
machen. Die Kleingruppen erhielten die Aufgabenstellung, von
den individuell bevorzugten Stücken zwei bis drei auszuwählen
und zu inszenieren.

Folgende Stücke kamen zur Auswahl: „Herzstück" von Heiner
Müller, „Mutter lernt englisch" von Elke Heidenreich, „Fami-
englück", „Der Kamin ist aus" und „Hamlet" von Konstanty I.
Galczynski, „Filet" von Detlef Michel, „Auftritt" von Reinhard
Lettau, „Der Anfang vor dem Ende" von Wilfrid Grote und
„Keuner" von Bertold Brecht.

Das prinzipielle Vorgehen der Spielleitung wird im folgenden am
Arbeitsbeispiel einer Keunergeschichte von Brecht erklärt.

„Wir können nicht mehr miteinander sprechen", sagte Herr K.
zu einem Mann. „Warum?" fragte der erschrocken. „Ich bringe
in Ihrer Gegenwart nichts Vernünftiges hervor", beklagte sich
Herr K. „Aber das macht mir doch nichts" tröstete ihn der
andere. – „Das glaube ich", sagte Herr K. erbittert, „aber mir
macht es etwas."

Szenische Untersuchungen am Text

Grundlegende Fragen, die sich die Studierenden stellen sollten:
Was geschieht? Was geht vor sich?

Fragen stellen Wenn das herausgefunden worden ist, ist als nächstes zu fragen,
Vorstellungen wecken warum es hier so abläuft und nicht anders.

Dazu wird eine *Ausgangssituation* gefunden oder entworfen.
Was interessiert uns am Geschehen?

Gibt es mehrere Varianten, den Text zu verstehen? Was ist an
der Situation interessant, aufregend, berührend oder was läßt
gleichgültig? Dazu Erfahrungen einbringen, Wünsche, Befürchtungen, Ängste, Abscheu, Freude. Gibt es Identifikationsmög-
lichkeiten mit den Figuren oder Widersprüche, Kontraste? Ist
die Situation „wörtlich" zu nehmen, oder sind „Übersetzun-
gen" denkbar?
Was wollen wir mitteilen?

Die Erfahrungen und Interessen der Spieler und ihre *Absicht*,
etwas mit dem Stück zu wollen, gewinnen an Bedeutung.
Lesart entscheiden Zeigen wollen, was zwischen Menschen vor sich geht,
Zeigen wollen, wie etwas zwischen Menschen vorgeht,
Zeigen wollen, warum etwas so zwischen Menschen vorgeht,
Zeigen wollen, daß es so nicht gehen kann oder gehen darf.

Spielsituation entwerfen

Konkrete Situationen für die szenische Gestaltung finden, auswählen und als Spiel entwerfen, sich die Situation möglichst
real vorstellen, in der Situation handeln, verschiedene Möglichkeiten des Handelns ausprobieren, *die Situation dadurch improvisierend aufbauen.*

Bilde Vorstellungen zu einer Replik!

erste Vorstellungen

Die Spieler gehen im Raum umher, sie erhalten die Aufgabe, sich vorzustellen, in welcher Situation die erste Textzeile gesprochen werden könnte.

Eine Textzeile, die unerhört neugierig macht: „Wir können nicht mehr miteinander reden"

• Ihr ist Handlung vorausgegangen, welche?
• Ihr wird Handlung folgen, welche und warum gerade diese?

Finde eine Ausgangs-Situation!

Ort

An *welchem Ort* könnte dieser Satz gehört werden?

Den *Ort* und *die äußere Handlung* nennen.
Bsp.1 · In der Küche beim Abwaschen
Bsp.2 · Feier in der Kneipe
Bsp.3 · Besuch im Krankenhaus

Wer sagt zu wem diesen Satz?

Personen

Die *Personen* benennen und ihre *Beziehung* zueinander.
Bsp.1 · Ein Ehepaar beim gemeinsamen Abwasch nach einer Party. Sie sagt es.
Bsp.2 · Ein Liebespaar, das ein Jubiläum feiert. Sie sagt diesen Satz.
Bsp.3 · Zwei Freunde nach einem Streit. Der im Krankenbett Liegende sagt es.

In welcher Schwierigkeit befinden sich die beiden Menschen?

Grundproblem
Grundkonflikt suchen

Das *Problem* beider Personen sollte benannt werden, aber die Studierenden antworteten folgendermaßen:

Bsp.1 · Auf der Party waren nur noch seine Freunde, sie hat alle ihre Beziehungen aufgegeben. Dessen wird sie sich bewußt. *Sie ist ohne ihre Vertrauten.*
Sie merkt auch, daß sie nur noch die anderen bedient, serviert usw., aber gar nicht mehr Partnerin für ihren Mann ist. *Sie agiert in einer Rolle, die sie nicht will.*

Problem einer Figur

Bsp.2 · Paar feiert in der Kneipe. Sie wünscht sich Zuneigung, Nähe, Wärme und begreift, daß er etwas anderes in der Beziehung sucht als sie selbst. *Unterschiedliche Erwartungen treffen aufeinander.*
Bsp.3 · Zwei langjährige Freunde haben sich gestritten, evtl. aus Eifersucht, dabei hat der eine den anderen so schwer verletzt, daß der ins Krankenhaus mußte. Jetzt besucht er den Verletzten und möchte bereuen. *Die Schwierigkeit, Geschehenes nicht ungeschehen machen zu können.*

Es stellte sich heraus, daß es für die Spieler leichter war, das Problem im Zusammenhang mit nur einer Person zu definieren.

Wie lange kennen sich die Personen?

Beziehungen

Die Frage nach der voraufgegangenen *Dauer* zielte auf deutlichere Vorstellungen vom Charakter der Beziehungen.
Bsp.1 · 4 Jahre
Bsp.2 · 1 Jahr
Bsp.3 · viele Jahre, seit der Schulzeit

Welche Schwierigkeit hat die andere Person?

Problem der anderen Das Problem des anderen benennen, weil zunächst nur die Per-
Figuren son betrachtet wird, die einem eher sympathisch ist. Dabei wird
übersehen, daß die Probleme, die von Figur 2 ausgehen, oftmals
auch durch das Verhalten von Figur 1 mit verursacht werden.

Bsp.1 · Dem Ehemann ist auch klargeworden, daß er sich mit seiner
Frau nicht mehr verständigen kann, sie finden keine Worte mehr
zueinander. Er weicht aus und unterhält sich mit seinen Freunden.

Bsp.2 · Der Mann mag seine Freundin, aber er will keine feste Bin-
dung oder die Freundin entspricht nicht seinen Vorstellungen von
seiner künftigen Frau, aber seinem Schönheitsideal.

Bsp.3 · Beim Versuch, in die alte Welt der ehemaligen Freundschaft
zurückzusteigen, merkt der Verletzte, daß das nicht mehr geht. Er
hält seinen Freund für schuldig an seinem Dilemma, schweigt aber
dazu.

So finden sie keine gemeinsame Sprache mehr. Ausgehend vom
ersten Satz der Keunergeschichte wurden mehrere Ansätze erfunden. Wir verfolgen hier die Entwicklung der drei o. g. Beispiele.

Von der szenischen Idee zum ersten Szenenentwurf

In der entworfenen Situation handeln und sie improvisierend
aufbauen.

Improvisieren nach drei Prinzipien:
Sich erinnern: das habe ich schon mal so oder ähnlich erlebt.
Sich vorstellen: wie würde ich reagieren, wenn ich in dieser Situation wäre.
Direkt auf die Angebote reagieren , die der Mitspieler unterbreitet.

erste szenische Nachdem die Ausgangssituation praktisch erspielt wurde, besa-
Entwürfe ßen wir grobe Entwürfe der Szenen, die in Kleingruppen weiter
ausgearbeitet wurden. Jeweils zwei bis drei Studierende wählten
sich einen Entwurf, um die Ausgangssituation genauer festzulegen und den Grundvorgang zu finden. Der Grundvorgang formuliert den *Grundkonflikt*.

Arbeitstitel Indem die Szenen klarere Konturen gewannen, war es möglich,
ihnen einen charakteristischen Arbeitstitel zu geben.

Bsp.1 **Computer** · Ein Paar zu Hause. Er ist in seine Arbeit am
Computer euphorisch vertieft, sie will seine Aufmerksamkeit gewinnen.

Bsp.2 **Annonce** · In einem Lokal. Es treffen sich zwei Leute auf eine
Annonce. Sie sucht den Mann des Lebens, er ein Abenteuer.

Bsp.3 **Krankenbesuch** · In einem Krankenzimmer. Sie liegt im Krankenbett und macht ihn innerlich dafür verantwortlich. Er kommt zu
Besuch, um ihr seine Liebe zu erklären.

Haltungen
Handlungen
Verhalten

In den nächsten Arbeitsschritten wurden die Einstellungen der Figuren *als geistiges Verhältnis zur Situation* geklärt und ihre Handlungen *als materielles Verhältnis zur Situation* untersucht. Was geht hier vor sich? Was passiert? Die Probleme und Schwierigkeiten der Figuren wurden sehr genau betrachtet, um zu verstehen, warum sie diesen Dialog als Resultat ihres inneren und äußeren Handelns hervorbringen. So wird es möglich, ein dem Problem angemessenes Verhalten für die Figuren zu finden.

Entstandene Szenen betrachten und auswerten

Das gegenseitige Vorspielen der Arbeitsergebnisse ist ein wichtiges methodisches Moment in der Inszenierungsarbeit. Dabei geht es um das gemeinsame Betrachten und Beschreiben der theatralen Erfindungen.

Beobachtung

Was wurde gesehen?

• Eine Menge guter szenischer Einfälle und interessante Texte. Überzeugende Figurenhaltungen und deutliche Entscheidungen.

Beschreibung

Was wurde in den Szenen übermittelt?

• Verständigungsschwierigkeiten zwischen Menschen in bestimmten Situationen.

• Folgerichtige Lösungswege für diese Konstellationen.

Erwartung

Was wurde erwartet?

• Es sollte besser auf die Impulse des Spielpartners geachtet werden.

• Bewußteres Setzen der Reaktionen und Aktionen im Zusammenspiel.

• Pausen halten.

• Gegen die Erwartungen spielen, damit es Überraschungen auf dem Theater gibt.

Überraschung

Welche Überraschungen wurden entdeckt?

Bsp.1 **Computer** · Die Frau redet unaufhörlich, ohne ihren Partner überhaupt wahrzunehmen, geschweige denn, auf ihn einzugehen. Die dadurch beim Zuschauer entstehende Erwartung, *er* würde das deutlich empfinden und sich gleich mit „Wir können nicht mehr miteinander reden" wehren, wird überraschend gebrochen, indem *sie* diesen Satz ausspricht.

Bsp.2 **Annonce** · Die Frau, die auf eine Heiratsannonce in der Gaststätte auf ihren Partner trifft, stellt sich mit wenigen Andeutungen als eine sehr schlichte Frau dar. Wir belächeln ihre Scham und sind überrascht, mit welchen einfachen Gesten sie dem protzenden Angeber Widerstand bietet. Sie läßt sich von seiner Darstellung nicht beeindrucken und verwirrt ihren Gesprächspartner mit ständig neuen Ideen, um seine Aufmerksamkeit auf sich zu lenken. Der Angeber ist oft überrascht, auch neugierig und nimmt ihre Abfuhr „Ich bringe in ihrer Gegenwart nichts Vernünftiges hervor" keinesfalls gelassen hin. Er und wir, die Zuschauer, sind verblüfft über den energischen Entschluß dieser Frau, das Lokal zu verlassen. (Und wie sie es verläßt!)

Bsp. 3 **Krankenbesuch** · Der Besucher kommt mit dem Vorsatz ins Krankenhaus, das alte Freundschaftsverhältnis wieder herzustellen. Er kann sich aber nicht zu einer Entschuldigung entschließen und weicht dieser Anforderung mehrfach durch Ablenkungsmanöver aus. Der Zuschauer wird dadurch überrascht, daß sich das Ende dieser Beziehung ereignet, herbeigeführt durch die Kranke.

Situation und Figuren anreichern

Vorgeschichte

Um eine Figur genauer zu entwerfen, war es hilfreich, ihre *Vorgeschichte* zu erfinden und sie indirekt oder teilweise direkt mitzuspielen. Aus dieser Arbeit ergaben sich Gesichtspunkte, die nützlich waren, den *Grundgestus* einer Figur zu finden und zu gestalten. Durch charakterisierende soziale Gesten (Brecht), Blicke,

sozialer Grundgestus

Sprechweise, Stimmklang und die Art des Lachens sollten die Figuren konkreter erfaßbar sein und in ihren Handlungen verstehbarer werden wie sie beispielsweise auf eine bestimmte Art zu andern in Beziehung treten.

Bsp. 2 **Annonce** · Die einfache Frau benutzt die Stuhlkante, sie ist es nicht gewohnt, am Tage Sekt zu trinken und bezahlt ihre Rechnungen selber. Der Mann trägt groß auf, liest weit ausladend den Geschäftsteil einer Zeitung, redet laut mit großen Gesten, behandelt die Kellnerin als Dienerin, nimmt Stuhl und Tisch ganz ein, greift über den Tisch an das Knie der Frau.

Absicht, Motiv

Der Spieler mußte die Absicht der Figur, ihr Motiv, finden und es erkennbar werden lassen. Was will sie und warum? Danach sollte er eine Strategie für ihr Handeln suchen und eine Vorgehensweise entwickeln. Für diese Vorgehensweise waren Vorgänge zu erfinden.

Vorgang heißt hier, sich handelnd in Beziehung zu setzen.

Bsp. 2 **Annonce** · Motiv: Der Mann will heute mit (irgend)einer Frau nach Hause gehen. Die Frau will herausfinden, ob dieser Mann der Richtige für sie ist.

Ihren Motiven entsprechend werden die Personen die Handlung mehr oder weniger geschickt steuern.

Die Spieler durften in dieser Probenphase selbstverständlich verschiedene helfende Requisiten benutzen, aber keine naturalistische Bühne bauen. Es kam darauf an, Zeichen und Symbole

Zeichen und Symbole

zu finden, nur die notwendigsten charakterisierenden Kostümteile, beredte Gegenstände (die etwas über die Person oder über die Situation erzählen) und Requisiten einzusetzen.

Bsp. 2 **Annonce** · Die Blume, die Zeitung, Kaffeetassen, Sektgläser

Nicht - Sondern

Brechts Vorschlag: *Nicht - Sondern*

Wir zeigen, was die Figur tut und was sie sagt und teilen gleichzeitig mit, was sie nicht tut und nicht sagt, was sie aber tun oder sagen könnte.

> Bsp.2 **Annonce** · Die Frau sieht den Mann schon durch das Fenster des Cafés. Sie zögert, geht aber *nicht* vorbei, sondern tritt ein. Sie schaut sich *nicht* in den Räumlichkeiten um, sondern geht geradewegs auf den Herrn zu. Sie sagt *keine* Begrüßung, sondern baut sich stumm vor dem Tisch auf und streckt ihm ihr Erkennungszeichen, die Rose, entgegen. Der Mann wartet *nicht* mit der Rose im Knopfloch, sondern hat sie auf dem Tisch liegen. Er steht beim Eintreten seiner Partnerin *nicht* höflich auf, sondern betrachtet sie von oben bis unten.

An dieser Stelle wurde eine Zwischenübung (nach Havemann) eingesetzt, die half, das Denken und Tun zu trennen. Der Spieler sagt seine Handlung an, bevor er sie ausführt.

> Bsp.2 **Annonce** · Die Spielerin sagt: *„Die Frau nimmt ihre Rose in die Hand"*, dann nimmt sie die Rose. Sie sagt: *„Die Frau schaut ihre Rose zärtlich an.",* dann tut sie es.

Handlung verzögern

Hier arbeiteten wir mit Brecht weiter, der würde vorschlagen, die Rose nochmals zurückzulegen. Die Spielerin könnte sagen: *„Die Frau nimmt ihre Rose nicht so"* – sie zeigt es – *„sondern so in die Hand"* – sie zeigt die andere Möglichkeit.

Brecht schlägt auch vor, sich zusätzlich vor jedem Vorgang die Frage zu stellen: *„Was tue ich jetzt?"* – und erst nach einer Pause die Entscheidung für die nächste Handlung zu treffen. Er schlägt vor, gestisch unter Umständen etwas anderes auszudrücken, als die Figur sagt.

Gegensätze zeigen

Das ermöglicht dem Spieler, verschiedene Handlungsvarianten auszuprobieren und gegensätzliche Aktionen zu finden. Das könnte heißen, daß der Mann zwar etwas über die Schönheit der Frau sagt, aber seinem Gesicht das Gegenteil abzulesen ist. Diese Arbeitsweise hilft den Spielern, die Beziehungen zwischen den Figuren zu klären, weil Handlungsmotive deutlicher werden. Der Text wird hierbei „gegen den Strich gebürstet". Widersprüche werden damit sichtbarer und die Vorgänge kräftiger.

> Bsp.2 **Annonce** · In dem Gespräch der beiden erhalten wir Signale: Sein Körper hält Abstand, er schaut auf die Uhr. Wenn der Herr dann sagt, *„Was machen wir beiden Hübschen mit dem angebrochenen Abend",* wissen wir, daß sein wahrer Text heißt, *„Wenn ich hier schon so viel Zeit und Geld in dich investiere, will ich jetzt auch meinen Spaß haben!"*

Die Vielfalt der möglichen Äußerungen wird erkennbar und der Zuschauer erhält die Chance zu imaginieren. Dazu braucht er

Pausen setzen

die Pause, den Moment, den man „Dazwischenkommen" nennt,

der aktiv und neugierig macht. Man kann mehrere Handlungs-möglichkeiten *erahnen* und sich dann gegebenenfalls über das Angebot der Spieler wundern.

"Die Kunst des [epischen] Theaters ist [vielmehr], an der Stelle der Einfühlung das Staunen hervorzurufen." (Walter Benjamin)

Die Pause ist die Voraussetzung für die Verwunderung.

Entstandene Szenen betrachten und auswerten

Das Vorspielen der Szenen im Stand der jetzigen Vorläufigkeit bereitet Schwierigkeiten:

Was ist verloren gegangen?

Die Kenntnis der Spieler über die Spielsituation (Sie wissen, wie die Szene abläuft) behinderte sie, denn ihre Szene war schon in der Kleingruppe mehrere Male durchgespielt.

Lebendige Erfindungen verlieren ihr Leben, wenn sie in der Wiederholung zitiert werden.

Problem der Wiederholbarkeit

Das heißt, die Aktion oder Reaktion, die als allererste gefunden und gezeigt werden, sind überraschend und voller Leben. In der Wiederholung weiß der Spieler ja schon, was kommen soll. Neugier und Einlassen auf den Partner werden dadurch aufgegeben, auch das erforschende, entdeckende Verhalten. Sätze, die jetzt schon bekannt sind, nicht mehr aus der Situation heraus erfunden werden müssen, verlieren an Spannung. Sie werden nicht mehr überzeugend angebracht. Text kommt manchmal zu früh (es wird zu früh verraten, was kommen wird), weil die Gründe dafür, daß der Satz notwendig ist, nicht mehr im lebendigen Spiel geliefert, sondern aus der Erinnerung an die Szene reproduziert werden. D. h. ein Satz wird immer aus einer vorherigen inneren oder äußeren Aktion heraus geschöpft

---

Der Text ist das Resultat einer Handlung, eines Geschehens.

Damit ist die Sprache nicht zufällig und das *Wort die Krönung eines gestischen Prozesses*, wie Ebert es sagt, und steht demzufolge an dessen Ende.

Diesen Schwierigkeiten war wiederum mit der oben beschriebenen brechtsche Arbeitsweise und mit zusätzlichen Übungen, die das Pause-Halten übten, zu begegnen.

Die nächsten beiden Arbeitsschritte „Spielsituationen zuspitzen/ Szenen formen und fixieren" halfen selbstverständlich auch weiter.

Was ist hinzugekommen?

ästhetische Aspekte

Aufregend und neu sahen sich die Erfindungen aus der anreichernden gestischen Suche, das Spiel mit den hinzugenommenen Requisiten und das Arrangement im Raum an. Auch zeichenhafte, beredte Geräusche hatten eine verblüffende Wirkung, wie beispielsweise das unermüdliche Klappern der Stricknadeln, das begeisterte Trommeln der Fingerspitzen auf dem Computer-Pappkarton oder das Geräusch des Auf-und-ab-gehens im Krankenzimmer.

Was sollte hinzukommen?

Maske als ästhetisches und verfremdendes Element

In einem Maskenworkshop in Vorbereitung auf diese Projektinszenierung waren sehr aufregende Masken entstanden, die nun in die szenische Arbeit als verfremdende und ästhetische Elemente aufgenommen werden sollten. Einige Masken boten sich für bestimmte Szenen direkt an. So erhielt beispielsweise der Fleischer in „Filet ohne Knochen" einen Stierkopf oder der Mann, den sich eine Frau herbeisehnt (im „Herzstück"von Heiner Müller), einen Märchenprinz-Kopf.

Spielsituation zuspitzen

Gegensätzlichkeit der Motive aufbauen

Im nächsten szenischen Arbeitsschritt ging es darum, die Schwierigkeiten der Figuren zu verstärken, zu verdeutlichen und zuzuspitzen, den Motiven und Handlungen der Figuren mit starken Gegenmotiven zu begegnen, sie zum Kampf herauszufordern. Das Problem, um das es geht, sollte **bedeutend** sein.

Bsp.1 **Computer** · Die Spielerin der Frau zeigt das starke Bedürfnis, mit ihrem Partner ins Gespräch zu kommen. Ihre Motivation kommt aus einem Gefühl unerträglicher geistiger Einsamkeit in der Ehe. Sie leidet unter der Sprachlosigkeit ihrer Beziehung und entschließt sich, ihn aus der Arbeit zu reißen. Sie wählt dafür eine Taktik. Mit dieser Taktik trifft sie auf ihren Spielpartner, der für die Figur des Mannes ein anderes Motiv gewählt hat. Er ist in seine hochinteressante Studie vertieft und will sie heute zu Ende bringen. Er wird sich um nichts in der Welt davon abhalten lassen.

Das Nicht-zueinander- passen verdeutlichen

Bsp.2 **Annonce** · Der Mann, der seine Heiratskandidatin trifft, ist in Wirklichkeit gar nicht an dieser Frau interessiert, dennoch will er mit ihr gemeinsam diese Gaststätte verlassen, um auf jeden Fall sein Wochenenderlebnis zu sichern. Die Frau sucht einen Mann fürs Leben. Sie will ernsthaft herausbekommen, mit wem sie es zu tun hat.

gegenseitige Erwartungen nicht erfüllen

Bsp.3 **Krankenbesuch** · Die Frau liegt nach einem Selbstmordversuch im Krankenhaus. Ihr Partner will sie und die Beziehung retten, findet aber dafür nicht die richtige Sprache. Sie hört zu, aber schweigt die ganze Zeit und verstärkt damit seine Hilflosigkeit. Seine Ungeschicklichkeit vertieft wiederum ihre Enttäuschung bis hin zum gegenseitigen Abwenden.

Szenen formen und fixieren

Wenn den Spielern, Ziele, Motive und Konflikte der Figuren klar geworden sind, dann fällt es ihnen leichter, entsprechende

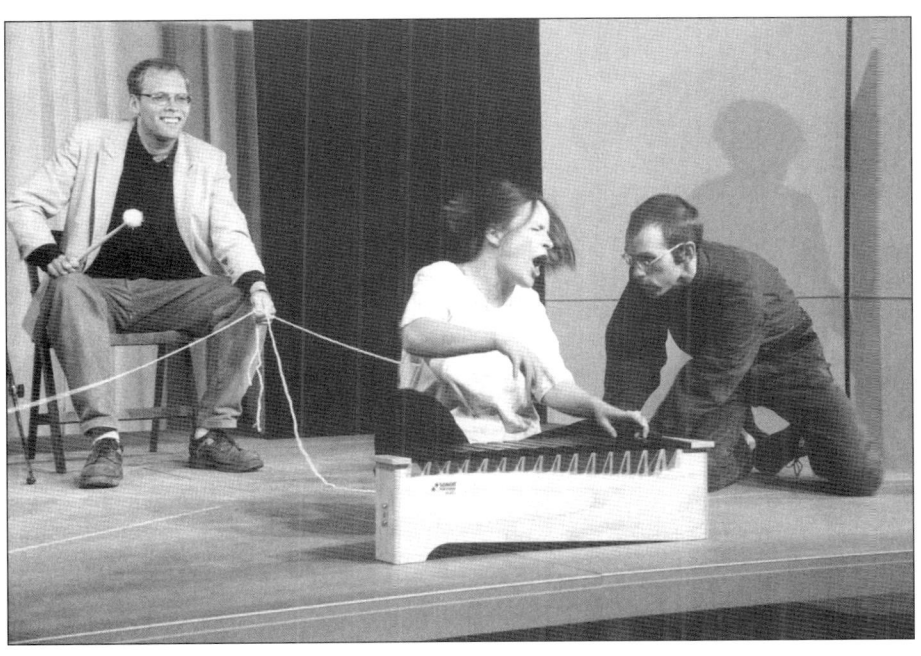

Gestaltungselemente und die richtigen Zeichen und Formen zu finden. Sie müssen jetzt Entscheidungen über die Struktur und den Spannungsbogen (alles so aneinandersetzen, daß es die Aufmerksamkeit und das Interesse des Zuschauers fesselt) der Szene treffen, ihren Verlauf zuverlässig festlegen und wiederholbar machen. Das ermöglicht ihnen, frei in der Szene zu agieren zu können und das Lebendige in ihr wiederzufinden. Indem der Spieler über eine verläßliche Form verfügt und seinen Text im Schlaf kennt, ist er in der Lage, in dieser Struktur neu zu erleben und zu erfinden.

Er muß sich nicht ständig erinnern und kann sich auf die Aktionen seiner Spielpartner verlassen.

Drehpunkte **Kernelemente in Szenen sind die Drehpunkte.** Sie markieren die Änderung der Absichten der Figuren und müssen für den Zuschauer deutlich erkennbar sein. Sie machen die Spannung in einem Stück aus. Gleichzeitig sind sie genauso wichtig für die Spielenden, denn sie kennzeichnen die Struktur der Szenen.

Beispielsweise der Satz aus unserem Keunertext „Wir können nicht mehr miteinander reden", kennzeichnet in jeder Szene einen großen Drehpunkt.

Wenn die Entscheidungen über Drehpunkte von den Spielern in der Probe getroffen und akzeptiert worden sind, haben sie sich im Spiel an die Verabredungen zu halten und zielstrebig auf die Drehpunkte hin zu arbeiten. D. h., jeder Spieler kann sich darauf verlassen, daß diese Punkte sicher gespielt werden und erhält damit eine gewisse Improvisationsfreiheit zwischen ihnen.

Gleichzeitig ist der Drehpunkt damit ein Fixpunkt in der Szene. Der Drehpunkt ist als Entscheidung zu spielen.

> Bsp. I **Computer** · Die Frau kommt mit ihrer Schmuse- und Verführungstaktik nicht weiter. Verständnis will sie nicht mehr zeigen, Weinen erwies sich als ungeeignet, also muß sie das Thema der Sprachlosigkeit ansprechen. Das ist ihre Entscheidung. Sie tut es, sagt den *großer Drehpunkt* Satz, das ist der große Drehpunkt.

Nach diesem Muster wurden die Szenen fertig entworfen, der Grundablauf, die Figurenhaltungen und die Beziehungen gesichert. Das sind die Voraussetzungen, um später weiteren Einfällen folgen zu können, die die Intentionen der Figuren und der Szene unterstützen.

kleine Drehpunkte Innerhalb der Einzel-Vorgänge war ebenfalls auf die jeweiligen kleineren Drehpunkte hinzuarbeiten. Dazu war im Text und in der Szene nochmals zu suchen, um alle Momente zu entdecken, wo sich die Figur so oder anders verhalten kann.

Bsp.1 **Computer** · Die Frau macht sich schön, tritt hinter ihren arbeitenden Mann und bietet ihm schmusend ein Kaffeepäuschen an. Sie gewinnt ein Fünkchen Aufmerksamkeit, er sagt zu. Ein kleiner Drehpunkt, der sie beflügelt. Sie bringt singend den Kaffee ins Zimmer, setzt sich erwartungsvoll zurecht und schaut ihn an. Er reagiert nicht. Ein kleiner Drehpunkt, der sie zu einer Intensivierung ihrer Energie herausfordert. Mit ihrer nächsten Aktion macht sie sich laut bemerkbar. *„Der Kaffee ist fertig"*, singt sie. Ohne sie dabei anzuschauen, verweist er mit der Hand auf einen Platz am Schreibtisch, wohin sie den Kaffee stellen könne, also so wie immer wird er seinen Kaffee trinken, ohne diesen und seine Partnerin überhaupt wahrzunehmen.

kleine Drehpunkte bereiten den großen vor Diese kleine Geste löst bei der Frau eine Menge sich verschärfender Aktionen aus, an deren Ende der große Drehpunkt steht. Erst an diesem Punkt reagiert der Mann.

Gliederung Das Beispiel macht deutlich, wie wichtig es ist, zum Strukturieren der Vorgänge die Drehpunkte herauszufinden und festzulegen. Es wird deutlich, daß Drehpunkte und Fixpunkte Gliederungspunkte in den Vorgängen darstellen, die absolut wichtig sind, auf die hingespielt wird, die wiederholt werden müssen, ohne die der Gehalt der Szene verlorengeht.

Fixpunkt Die Fixpunkte markieren Haltepunkte im Arrangement – bestimmte Gesten in bestimmten Momenten – , stellen Entscheidungspunkte dar und bilden damit das „Geländer" für den Spieler.

Dramaturgie der Szene Sie konstituieren die Dramaturgie der Szene: Die Darsteller arbeiten von Fixpunkt zu Fixpunkt.

Entstandene Szenen betrachten und auswerten
Nachdem die Spielenden die Bedeutung der Dreh- und Fixpunkte begriffen hatten und die Dramaturgie der Szenen damit klarer war, ergaben sich neue Fragen.

Wodurch entsteht Spannung?
Es kommt darauf an, sich zu erinnern, was schon erarbeitet worden ist, nämlich eine starke Motivation der Figuren und das sich deutliche Abzeichnen der Konflikte.

Wenn zwei unterschiedliche Bestrebungen aufeinander treffen, fragt man sich, wie das ausgehen wird.

Beispielsweise trafen in einer Arbeitsgruppe am **„Herzstück"** von Heiner Müller zwei starke Willenskräfte aufeinander: Die *Aufeinandertreffen unterschiedlicher Bestrebungen* Krankenschwester mit ihrem „Putz- und Wisch-Willen" und der Patient mit seinem Wunsch nach Zuwendung, der sich in einem mächtigen „Stör-Willen" äußerte.

Werden die Figuren in solcher Konstellation angeordnet, hat jede *Figur* mit Schwierigkeiten zu kämpfen, die sich vergrößern können.

nicht simulieren, sondern nachempfinden

Das betrifft ebenso den *Spieler*. Es hilft ihm, sich der *inneren Haltung* der Figur *zur Situation* ständig bewußt zu sein, und sie auch durchzuhalten, wenn es ihm persönliches Unbehagen oder Unbequemlichkeit (er arbeitet intensiv mit dem Feudel auf dem Fußboden herum) bereitet. Nur bei ernstzunehmender äußerer oder innerer Störung, die die Figur betrifft, darf er diese Haltung aufgeben. Erst dann hat er für seine Figur neue Entscheidungen zu treffen und danach zu handeln.

Wie können Intensität und Kraft der Figuren verstärkt werden?

Gefühlsausdruck finden

Will ein Spieler seine Figur aus Wut brüllen lassen, muß er aus voller Kraft schreien, damit der Spielpartner für seine Figur die angemessene ReAktion entscheiden kann. Jeder muß *wirkliche Kraft in jede Aktion legen*.

Wie kann man glaubhaft Gefühle darstellen?

Manchmal ist es nötig, sich an wahrhaftige Gefühle in bestimmten Situationen zu erinnern, um sie auf der Bühne glaubhaft darstellen zu können. Hat man keine Erinnerung, ist es auch

Gefühle erzeugen

möglich, in der Probe die Gefühle zu erzeugen, die man braucht. Um beispielsweise die Wut und Aufsässigkeit zu empfinden, die jemand bekommt wenn er aus Schikane eine sinnlose, schweißtreibende Arbeit verrichten muß, könnte man einen Spieler in eine ebenso sinnlose Anstrengung treiben, z. B. Stühle von einer Ecke in die andere zu schleppen und wieder zurück... Dabei wird ein reales eigenes Gefühl erlebt, der Spieler gerät möglicherweise wirklich in Wut oder entwickelt zumindest ein Verständnis dafür, daß jemand in dieser Situation Wut bekommen muß. Diese Erbitterung ist dann szenisch zu reproduzieren.

Gefühle erinnern und reproduzieren

Ein Gefühl kann auch aus der Erinnerung an ein eigenes reales Erlebnis (nach)empfunden werden. Beispielsweise an Schmerzen. Man muß sich möglichst genau an das Gefühl erinnern, an die Gesten und Laute, die damit verbunden waren.

(In diesem Zusammenhang tauchte die Frage auf, wie man die Spieler schützen kann, wenn sie in der Reproduktion eines Gefühls leiden. Es sollte immer der Bezug zum Spiel gewahrt bleiben. Wenn problematische Erlebnisse zum Vorschein kommen, sollten sie reflektiert und für die Darstellung produktiv gemacht werden. Die Verantwortung für die Verfahrensweise trägt der Spielleiter.)

Szenen fixieren und wiederholen

Nochmals wurde jede Szene geprüft, ob sie genau das aussagt, was gewollt war, ob sie über eine feste Struktur verfügt, in der die Spieler zu agieren vermögen, ob die Ausgangsposition stimmt, wie die Figuren eingeführt werden, ob der Spannungsbogen gut geführt wird und gehalten werden kann. Die Spieler erhielten mit folgenden Fragen weitere fachliche Hilfestellungen, die das Wiedererinnern an Text, Gesten und Gefühle erleichtern sollte. Gibt es ein Arrangement in der Szene, bestimmte Gänge und

Arrangement
Choreographie

Gruppierungen? Eine Choreographie? Rhythmische Zusammenhänge, Bewegungsfolgen?

Denn Gruppierungen und Gänge erzählen etwas über den Konflikt. Brecht mißt dem Arrangement eine entscheidende Bedeutung beim Darstellen der Fabel zu.

Arrangement, Gruppierungen, Gänge erzählen etwas vom Konflikt

Vor allem die körperlichen Bewegungen und Gesten halfen, das Gefühl zu erinnern. Zusätzlich kann der Spieler durch Stopps seine Handlungslinie strukturieren.

Bsp.3 **Krankenbesuch** · Er: Wenn der Spieler die Bühne betritt, betritt er das Krankenzimmer. **Stopp**. Kurz innehalten, eintreten, die szenische Situation betrachten.

Stopps einsetzen
Untertext formulieren

Die äußere Situation: *„Wo liegt sie?"*

Die innere Situation: *„Es kommt darauf an, daß ich jetzt die richtigen Worte finde."*

Vor dem direkten Gang ans Krankenbett stehen bleiben. **Stopp**. Die innere Situation: *„Was will ich? Ich will wissen, was ist eigentlich passiert und warum. Und ob es etwas mit mir zu tun hat."*

Die äußere Situation: *„Warum schaut sie mich nicht an?"* …

Nachfrage, wie es den Spielern im Spiel erging:

„Der Zustand der Beklemmung hat mich die ganze Zeit nicht/ nur einmal verlassen. Die innere Erregung der Figur wird auch real empfunden. Es ist schwer, nach langem Schweigen wieder zu sprechen."

Weitere Tips zum Beispiel 2 · „Annonce":

• Nicht aus dem Spiel steigen, wenn unvorhergesehene Schwierigkeiten auftauchen, sondern sie mitspielen!

Zufälle verarbeiten
spontan reagieren

Bsp.: Sollten die Sitzkisten zusammenbrechen, könnte man darauf reagieren, indem man sagt, daß dieses Café auch nicht mehr das neuste ist.

Haltung erzählt

• Nicht vergessen, daß Haltung erzählt.

Das Abwenden von Blick und Körper zeigt das Desinteresse an dem, was der Partner spricht, sehr augenfällig.

NICHTBEACHTEN ERZÄHLT.

Der Kellner kommt, um die Bestellung aufzunehmen. Der Angeber gibt seine Bestellung laut nach vorn, in die Weite auf, ohne den Kellner anzuschauen.

BEWEGUNG VORBEREITEN, ABER NICHT VERRATEN.

Will die Spielerin der Frau im nächsten Moment überraschend aufspringen, sollte sie eine innere Startposition vorbereiten, ohne es äußerlich preiszugeben. So ist sie auf den „Absprung-Moment" eingestellt.

in der Rolle bleiben

• Sollte ein Partner ins Stocken geraten, ein Loch im Dialog auftreten, ist es improvisierend zu füllen, ohne dabei in der Motivlage seiner Figur zu verlassen.

Pausen im Text genießen

• Genießerisch die Spannung halten, um dem Publikum (in seinem Dazwischenkommen) den Genuß am Mißverstehen der Figuren zu gestatten.

Bsp.: Frau sagt *„Ich arbeite von 7-8 in der Bank."* (Sie macht dort sauber.) Er reagiert: *„Tolle Arbeitszeit, da müssen Sie ja viel Geld haben."* (Er hofft auf eine gute Partie.) Sie stellt richtig: *„Ich hab nur eine kleine Wohnung."* Er hört nur *„Wohnung"* und prahlt: *„habe auch Probleme mit meinem Innenarchitekten…"* Sie versucht es nochmals: *„eigentlich nur ein Zimmer, zur Untermiete"* usw.

Gesamtdramaturgie und Spielweise

Ein Spielraum mit erhöhter Spielfläche und verschiebbaren Wänden

sparsamste Bühne

hohe ästhetische Wirkung

Von allen Möglichkeiten den Raum zu gestalten, konzentrierten wir uns auf die einfachsten Mittel: Schwarz bespannte Stellwände und einige Pappkisten, die auf, hinter und vor einer niedrigen Podestbühne verschiedenartige Spielräume ermöglichten. Wir probierten aus: Welche Impulse kommen aus dem Raum? Was gibt er uns an Höhe, Licht und Spielfläche? Es gab Formspielereien, Ideen für die einzelnen Szenen und für das ästhetische Ganze. Beispielsweise, daß die Wände ganz und gar beweglich bleiben, von „Bühnenarbeitern" hin und her geschoben werden oder wie von unsichtbarer Hand immer wieder neue Räume entstehen sollten.

Rhythmus

Das Spiel mit den Wänden, die sehr starke Vereinfachung und Zeichenhaftigkeit des Spiels, forderten eine rhythmische Unterstützung geradezu heraus.

Instrumente als Requisit und rhythmisierendes Element

Es kamen Schlaginstrumente zum Einsatz, die dem Rhythmus der Inszenierung dienten und in manchen Szenen direkt ins Spiel einbezogen wurden.

Beispiel: Ein Chef hält seine Arbeitnehmer an straffen Bändern wie an Zügeln und trommelt einen sich steigernden Arbeitsrhythmus. Die Arbeitnehmer „arbeiten" immer heftiger bis zur Erschöpfung an Xylophonen, Triangeln und Tamburin, bis sie sich spalten. Aussteiger werfen die Instrumente hin, die Strebsamen reißen sie sich gegenseitig aus den Händen und folgen schweißüberströmt dem Trommeln des Chefs.

Durchgängiges dramaturgisches Prinzip

„Die Straße" als verbindendes Element

Das Stück beginnt mit vorübereilenden Leuten auf der Straße. (Impuls aus „Paare und Passanten" von Botho Strauss) So findet sich der formelle Rahmen: Die Geschichten dieser Leute werden in unseren Szenen erzählt. Zugleich helfen diese Straßenszenen, die Bühne umzubauen, Requisiten verschwinden zu lassen und die jeweils neue Auftrittssituation vorzubereiten.

Die einzelnen Szenen konnten in der Gesamtdramaturgie thematisch miteinander verbunden, auch gegeneinander gesetzt werden. Es wurde darauf geachtet, daß ein gutes Verhältnis zwischen kurzen Begegnungen und ausgespielten Situationen entstand, die Arbeit mit Masken entsprechend plaziert wurde oder auch Szenen mit ernstem und humoristischem Charakter wechselten. Das verbindende Element stellten die Straßenszenen dar. Man könnte sie als den „Refrain" der Inszenierung bezeichnen.

Gesamtdramaturgie

Weil eine Collage keine durchgängige Handlung aufweist, aber dennoch einer thematischen Logik folgen muß, stellt sie beim Zusammenstellen der Einzelteile zu einem Ganzen besondere Anforderungen an die Spielleitung.

Alle gewählten Texte hatten etwas mit Beziehungen und Verständigung zwischen Menschen zu tun. Es gab ein Spiel mit Möglichkeiten menschlichen Handelns. Verhaltensmuster und Grenzen, Rebellion und Aufbruch, Humor und Aushalten, Spiel mit den Möglichkeiten, zwischen (den) menschlichen Beziehungen stehend, betrachtend, suchend. Deshalb der Titel: **„Zwischen menschlicheN Beziehungen"**.

Die Spielleiterin bringt für diese Aufgabe der abschließenden Gesamtdramaturgie eine Menge Erfahrung auf dem Gebiet der Collagetechnik mit. Aber auch Gefühl für Rhythmus, Kontraste, Bilder und Bilderwechsel und Kenntnis der verschiedensten theatralen Wirkungsmöglichkeiten. Die Studierenden erhielten Gelegenheit, Regiearbeit zu beobachten, wurden in die Erörterungen mit einbezogen und gewannen damit Einblick in die künstlerisch - ästhetischen Prozesse, die den gestalterischen Entscheidungen zu Grunde lagen.

Aufführung

abschließend prüfen   **Nochmals prüfen für die Gesamtproduktion:**
- Kennt jeder den technischen Ablauf? Weiß jeder, was er zu tun hat?
- Sind alle Bedingungen gesichert? (Raum, Licht, Instrumente, Requisiten, Kostüme)
- Ist die Werbung ausreichend betrieben, und sind alle Gäste eingeladen?

Nochmals prüfen für das Spiel:
- Stimmt die Spannung in den einzelnen Szenen und der Gesamtcollage?
Einzelheiten noch einmal auf ihre Wirkung prüfen (Haltungen, Gesten, Zeichen usw.)
- Hinzugekommene überflüssige Bewegungen bewußtmachen und die Spieler darin bestärken, daß das Gefundene ausreicht, weil es das Wesentliche charakterisiert.
- Wird der gefundene Rhythmus im Spiel in jedem einzelnen Vorgang und im Gesamtspiel gehalten? Stimmt das timing?
- Fühlen sich die Spielenden sicher in der Gruppe? Reicht die Stimmung für ein gutes Zusammenspiel?
- Werden die vereinbarten Arrangements, die Choreographie im Raum und die Distanzen richtig eingehalten?

Die Projektinszenierung wurde zweimal aufgeführt.
Mit diesen beiden Aufführungen der Collage im Ausstellungszentrum der Universität Greifswald schloß die gemeinsame Arbeit im ersten Durchgang des Modellstudienganges erfolgreich ab. Die Studierenden lieferten mit dieser Projektinszenierung eine beachtliche künstlerische Leistung. Sie bewährten sich und wuchsen zum Teil über sich hinaus. Sie übernahmen gemeinsame Verantwortung für die künstlerische Produktion, stellten ihre persönliche Kraft voll zur Verfügung und erlebten sich genußvoll als schöpferische Gemeinschaft.

Projektinszenierung II

Wie? Wir Helden? Helden wie wir!

Die Erfahrungen aus der Projektinszenierung I „Zwischen menschlicheN Beziehungen" zeigten, daß der gängige Weg, zu den vom Text her entwickelten Szenen körperliche Aktionen zu erfinden, zwar auch lebendige Lösungen hervorbringt, aber den expressiven Körperausdruck vernachlässigte.

Konzeptionelle
Überlegungen

Diese Erkenntnis machte es notwendig, andere Wege auszuprobieren. Wegen der ausgeprägten Spielleidenschaft der Studierenden des zweiten Durchganges war es möglich, der Körperarbeit den Vorrang vor dem Text zu geben.

Mit Arbeitsmethoden nach Meyerhold, Grotowski, Barba und Delgado fanden sich Mittel und Wege, in einem speziellen Körpertraining alle Fotenzen zu mobilisieren, die auch Amateuren neue Ausdrucksmittel erschließen.

Damit wurde ein trainiertes körperliches Ausdrucksritual Grundlage für die Projektinszenierung II. Gleichzeitig entwickelte sich eine Spielweise, die gestische und artistische Produktivität ausstellt und auf sinnliche Entfaltung spielerischer Kreativität zielt. Ausgehend vom Training des eigenen Körpers als Instrument der Darstellung und dem Interesse an einer Figur aus der dramatischen Weltliteratur kollidierten in den Proben Körperaktionen und Textfetzen. Es ergaben sich dramatische Berührungspunkte.

Alles Erleben kam anfangs aus der Bewegung. Ein solches Herangehen erlaubte eine neue Begegnung mit dem Text, zunächst mit einzelnen Worten und Sätzen. In den folgenden Schritten entdeckte sich weiterer Text und somit das Stück.

Die Studierenden wurden dazu herausgefordert, Umstände und Problemstellungen, unter denen die Figuren handeln, zu erkunden und szenisch zu belegen. Im Zusammenspiel der Gruppe bildeten sich durchgängige Motive und inhaltliche Klammern, die zu einem ästhetischen Ganzen führten.

Dabei gewann die rhythmische Untersetzung des Spiels an Bedeutung, sie gab den Spielern ein Fundament, sich emotional, auch irrational auszudrücken, Handlungen und Bewegungen rhythmisch zu organisieren und zu fixieren.

Diese Arbeitsweise bewirkte Verdichtungen des Textes, half wesentliche Züge der Realität theatral aufzudecken, kunsthaft zu machen bzw. zu verfremden. Sie bestimmte somit den Charakter der gesamten Darstellung.

Körper trainieren – Auswählen – Annähern – Aneignen – Gestalten –
Zuspitzen – Formen – Fixieren – Wiederholen – Präsentieren

Körper trainieren

Entwicklung eines Trainingsrituals

Den Biomechanikern und denen, die ihre Methoden weiterentwickelten, geht es um das Vermögen des Schauspielers, die Quellen seines Wesens ganz ausschöpfen zu können und Unerwartetes zu entdecken. Der vor Überraschung geöffnete Mund, der
entsetzte Schrei rückwärts, die urplötzliche Geste. Die gewaltige Intensität einer großen Gruppe hilft dem einzelnen Spieler,
an die Grenzen seiner Möglichkeiten zu gehen. (Vgl. Fiebach,
„Von Craig bis Brecht") Auf diesen Ansätzen basieren die Übungen, die wir zusammenstellten und in einem Trainingsritual für
unser Vorhaben modifizierten.

Körper bildet den Ausgangspunkt

Körpertraining ist Dramaturgietraining für die Bewegung und
durchzieht alle Phasen der Inszenierungsarbeit. Zunächst wurde eine Übungsfolge durch die Spielleiterin angeboten und in
der ständigen Wiederholung ausgefeilt und routiniert.
Im Verlauf des Probenprozesses erweiterte sich das Körpertraining und wurde durch die Arbeit der Studierenden mit gestaltet, es kamen Elemente hinzu.

vorgegebenes Muster

Der einzelne Spieler bildete eigenverantwortlich und auf die anderen achtend seinen Körper nach einem vorgegebenen Muster
aus. Dieses Körpertraining unter Beachtung von Atem, Gewicht
und Gleichgewicht bildete die Voraussetzung, mit dem Körper
denken zu können. Alle Übungen, die im Trainingsritual nacheinander absolviert werden, dienen dazu, den Körper wahrzunehmen, ihn zu erden, Standfestigkeit, Konzentration und Raum

mit dem Körper denken lernen

gefühl aufzubauen, sein Gewicht zu spüren, die Balance nach
allen Seiten auszutesten. Entgegen dem natürlichen unbewußten Gleichgewichtsbestreben, entfaltet das Training ein bewußtes Spielen mit riskanten Bewegungen, wie dem Fallenlassen und
Auffangen der Fallbewegung. Das zunächst unbewußte Atmen
wird aktiviert und zu einer unter Anstrengung hervorgebrachten Stimmäußerung. Das Training zielt darauf, die Bewegungen
mutig zu verstärken und ihren Schwung immer intensiver für
die Gestaltung von Aktionen zu nutzen.

Spieler erfinden neue Aktionen

Mit einer **Aktion** wird eine Bewegungserfindung bezeichnet, die
als Muster wiederholbar gemacht werden kann.
Alle Spieler müssen sich als Agierende nicht nur auf sich selbst,
sondern auf das gesamte Geschehen im Raum konzentrieren,

um nicht mit den anderen Spielern zu kollidieren. Impulse der anderen dürfen aufgenommen werden, ohne daß ein Kontakt entstehen soll.

In der Begegnung werden intelligente Konflikte entwickelt und Aktionen geformt.

Was ist ein intelligenter Konflikt?

Man kann in der Begegnung mit anderen z. B. feststellen, daß man zum Ausweichen neigt und jedem Impuls eines anderen Spielers beim Zusammentreffen aus dem Wege geht. Damit zeigt sich möglicherweise ein Grundproblem. Die ständige Begegnung mit anderen Spielern im Körpertraining kann diesen Konflikt hervorbringen und in der körperlichen Aktion verstärken helfen. Der Konflikt kann ins Extrem getrieben werden, wenn sich die Begegnungen häufen, die Ausweichmanöver immer schneller und heftiger aufeinanderfolgen.

Prinzip: Dieser Trainingsteil schafft Möglichkeiten, über eine reine Körperaktion in die Darstellung einer Figur zu finden. Die immer wieder gearbeiteten und damit beherrschten Aktionen bilden die Voraussetzung, später damit zu improvisieren.

Improvisation ist nur möglich, wenn man seine Mittel kennt und beherrscht. Delgado spricht vom „Dritten Auge" – dem Körperbewußtsein –, das gemeinsam mit den beiden geöffneten Augen alles, was vor sich geht, kontrolliert und steuert und darauf achtet, daß mit Respekt gearbeitet wird.

Auswählen und Annähern

Begegnung mit der Figur
Figur auswählen
• Jeder Studierende wählte eine Figur aus der dramatischen Weltliteratur.

Interesse für eine Figur

Motive der Auswahl waren persönliche Berührungspunkte (man glaubte, den gleichen Konflikt zu spüren), anfängliche Bewunderung (die Figur imponierte in ihrem Kampf) oder ein widersprüchliches Verhältnis zur Figur und deren Verhalten (ihre Handlungen und Motive waren schwer verständlich, sollten ergründet werden).

• Alle Studierenden begaben sich selbst in die Haltung ihrer Figuren und versuchten so, ihnen nachzuspüren. Dann nahm jeder eine bestimmte Pose für seine Figur ein und zeigte damit den anderen Spielern, was er meinte. In einem „Skulpturenpark" standen sie alle beieinander, und es war zu raten, welche Julia oder Nora, Werther oder Leonce sei und woran man das erkennen könne. In der Kreation der Skulpturen zeigten sich bei eini-

gen Studierenden bereits Mut und artistischer Einfallsreichtum,
die im Körpertraining angelegt worden waren. (Leonce hängt
kopfüber von der Sprossenwand.)
• Danach las jeder das gesamte Stück und erkundete dabei, woran
sich seine Figur rieb oder zerriß.
Die Ergebnisse wurden den Kommilitonen vorgestellt und be-
gründet.

Auswahl der Helden   **Welche Figuren wurden gewählt?**
AURELIE, Wilhelm Meisters Lehrjahre, Goethe / WOYZECK, Woy-
zeck, Büchner / GRUSCHE, Der kaukasische Kreidekreis, Brecht /
BECKMANN, Draußen vor der Tür, Borchert / DEMETRIUS, Ein
Sommennachtstraum, Shakespeare / THEODOR V. GOTHLAND,
Grabbe / PEER, Peer Gynt, Ibsen / CYRANO, Cyrano de Bergerac,
Rostand / WERTHER, Werther, Goethe / NORA, Nora oder ein
Puppenheim, Ibsen / TEMPELHERR, Nathan der Weise, Lessing /
RUTH, Professor Mamlock, Wolf / JULIA, Romeo und Julia, Shake-
speare / GRETCHEN, Faust I, Goethe / JULIE, Fräulein Julie, Strind-
berg / LEONCE, Leonce und Lena, Büchner.

Was interessiert mich?
Jeder sollte sich mit der Wahl seiner Figur auseinandersetzen,
dabei drei Gesichtspunkte beachten und die Ergebnisse auf ei-
nem künstlerisch gestalteten Blatt präsentieren:
• Bildvorstellung
erste Haltungen   • Konflikt widerspiegeln
• subjektive Beziehung zur gewählten Figur
Die öffentliche Ausstellung der Produkte zeigte die ästhetische
und inhaltlich tiefgründige Auseinandersetzung der Studenten
mit ihren Figuren. Einige Ausschnitte aus den Gedanken der
Studierenden zu ihrer Figur:
Werther/Goethe •
Liebessehnsucht und   An Werther interessiert mich sein zunehmendes Treiben in den
Zurückgestoßenwer-   Wahnsinn, die Konsequenz seiner Selbstzerstörung, seine Sen-
den   sibilität, Egozentrik und manische Depressivität, sein Konflikt,
sich selbst nur über die Geliebte zu lieben, sein Verliebtsein in
die unglückliche Liebe.
Fräulein Julie/Strindberg •
Gewalt erfahren und   Ich will verstehen, wie die Frau mit der inneren Spannung zwi-
ausüben   schen ihrer ausgeprägt männlichen Erziehung und ihrer trieb-
haft weiblichen Veranlagung fertig wird. Mich interessiert ihr
Herausfallen aus den Konventionen.
Leonce/Büchner •
An Leonce fasziniert mich der Widerspruch zwischen den Haltungen, in denen sich einerseits Langeweile, Melancholie, Witz,

Intelligenz gegen sich selbst wenden

Zynismus, Selbstmitleid und Todessehnsucht widerspiegeln und auf der anderen Seite Kraft, Stolz und die Suche nach Vollkommenheit. Wie erträgt er den Konflikt zwischen der Unerträglichkeit des eigenen, als sinnlos empfundenen Zustandes und der Unmöglichkeit, sich der als ebenso sinnlos durchschauten Welt der anderen anzuschließen?

Die Studierenden begaben sich in einen gemeinsamen Disput darüber, was jeder mit der Arbeit in der Projektinszenierung herausfinden wollte. Jeder versuchte das für sich in einer Frage zu formulieren.

Das Nachfragen der anderen half diese Kernfrage zu präzisieren: Warum wählt Beckmann (Borchert/Draußen vor der Tür) den Weg in den Tod ?

Warum setzt sich Grusche (Brecht/Der kaukasische Kreidekreis) für ein fremdes Kind derartigen Gefahren aus?

Was steckt hinter Cyranos (Rostand/Cyrano de Bergerac) Grundhaltung „Ich will mißfallen."?

Text und Körpertraining
Text auswählen und ihn erstmalig mit der Körperarbeit verbinden

Im Anschluß an diese Auseinandersetzungen entschieden sich die Spieler für Auszüge aus einem Monolog ihrer Figuren und begaben sich damit in das Trainingsritual.

• Zunächst wurde der Text während einfacher Gänge im Raum gelernt.

neuartiges Text-erleben

• Im nächsten Schritt gewann der ohne Punkt und Komma gesprochene Text in der anstrengenden Körperarbeit an Leben und brachte unterschiedliche Emotionen hervor.

Hinweis: Noch nicht an die Figur denken, sondern untersuchen, was die Körperarbeit mit Sprache und Worten macht. Hier wird Text nicht, wie im üblichen Sinne, bewußt gestaltet, sondern die Spielenden werden während der Körperarbeit vom Texterlebnis überrascht und sind verblüfft, was alles mit demselben Satz passiert. In manchen Momenten stellte sich ein Glücksgefühl ein über das Erlebnis, daß Text und körperliche Aktion plötzlich eine ungeahnte Einheit bildeten, und dabei entstand ein neues Verstehen des gesprochenen Wortes.

Beispiele aus Werther: Den Satz *„Sie sagte: mein lieber Werther!"* erlebte der Spieler insbesondere in schwingenden Drehungen

ein Satz – drei Empfindungen

als Glückseligkeit. Aufgefordert, stehen zubleiben, auf der Lauer zu sein, um sich her zu schnuppern (beim „Wittern" nach Grotowski), erlebte er plötzlich Mißtrauen, wenn er diesen Satz

sprach. Beim Fallen empfand er mit demselben Text die Verzweiflung, die Werther gequält haben mag.

Den Text mit dem Körper zu erleben, heißt

• die Figur mit ihren Aktionen, Stimmungen und Brüchen anzulegen und eine Wechselwirkung zwischen Text und Aktionen
herzustellen.

• zu entscheiden, welche der vielen gefundenen Bewegungsak-
tionen der körperlichen und emotionalen Vorstellung der Figur
nahekommen.

• typische Bewegungen für die Figur zu suchen.

• die ausgewählten Aktionen so zu üben und zu reproduzieren,
daß sie im weiteren Körpertraining eine Rolle spielen.

Erste Beziehungen in Tableaus

Bilder für Konflikte

Im nächsten Schritt sollten die Studierenden überlegen, mit
welchen Szenen der Konflikt der Figuren am treffendsten be-
wiesen werden konnte. Sie versuchten, eine szenische Grundidee in Tableaus anzuordnen (auch mit Hilfe von Mitspielern)
und darin die Spannung zwischen den Figuren auszudrücken.

spontane Assoziatio-nen

Diese Tableaus lösten bei den Zuschauenden vielfältige Assoziationen aus, die sie spontan äußern sollten.
Diese wiederum bereicherten die szenische Weiterarbeit.

Beispiele:

Tableau zu **Werther** • (Lotte am Flügel, Werther vor ihr kniend,
ihr Ehemann abgewendet am Fenster)
Assoziationen: Dreiecksbeziehung / klare Verhältnisse / gedan-
kenversunken / innig / ich will das gar nicht sehen / blöde Kuh
Tableau zu **Peer Gynt** • (nur eine Figur, aber sehr ausdrucksvolle Körperhaltung)
Assoziationen: ihr kriegt mich nicht / Panik / Bedrohung / ich
verteidige mich / Übermacht / aus Angst Kräfte gewinnen / ein-
gekreist / Angstbilder / Mut der Verzweiflung

Diese Assoziationen reichern die *eigenen Auffassungen* von der Figur an.
Die Tableaus halfen im weiteren Körpertraining, die *anderen Personen* der ausgedachten szenischen Situation *mitzudenken*.
Diese Vorstellung *erweiterte* die *Erfahrungsmöglichkeiten* in den zufälligen Begegnungen mit anderen Spielern im Körpertraining.

Aneignen und Gestalten

Schwierigkeiten

• *Identifikationsprobleme*

Nach ungefähr einem Drittel des gesamten Arbeitsprozesses, zum Abschluß der Einzelarbeit traten einige ernsthafte Identifikationsprobleme auf:

Überidentifikation

Überforderung durch zu starke Identifikation mit der Rolle. Die Figuren kamen manchen Studierenden zu nahe.

Es wurde schwierig zu verstehen, daß nicht „ich die Figur" bin, sondern, daß ich etwas mit ihr untersuchen will und deshalb ihre Verhaltensweisen nachahme, betrachte und einschätze.

Beispielsweise muß sich der Spieler des Werther erinnern, daß es nicht um das Aufrufen seines persönlichen Leidens geht, sondern darum, herauszufinden, in welchen Mustern Werther agiert und warum er darin umkommt.

Interessenpunkt gefährdet

Es kommt darauf an, den Interessenpunkt (Was interessiert mich an der Figur?) nicht zu verlieren, ihn ständig aufzurufen, zu prüfen oder neu zu bestimmen. Eine Figur sollte nur soweit nachempfunden werden, daß man ihre Aktionen lebendig zeigen kann.

• *Festhalten an ersten Ideen*

Andere Studenten wollten das zuerst gefundene Bild von der Figur unbedingt festhalten und auf diesem ersten Eindruck beharren. Sie konnten nicht zulassen, daß andere Erfahrungen aus der Probenarbeit Bedeutung erhielten.

sich sträuben

Beispielsweise sträubte sich die Spielerin des Theodor von Gottland einzusehen, daß auch er angesichts seiner entsetzlichen Bluttat an seinem Bruder in innere Not gerät. Er muß sich alle heroisch-moralisch-militärischen Floskeln als Schutz herholen, um überleben zu können.

Die Spielerin bestritt das, sie meinte, darin drücke sich sein Heldentum aus und nicht seine verzweifelten Rechtfertigungsversuche.

verteidigen

Aus solchen Abwehrhaltungen heraus entstanden bei einigen Studierenden innere Widerstände gegen die Arbeitsweise. Auch die Spielerin des Cyrano äußerte anfangs, ihr Held würde sich nie, so wie im Körpertraining verlangt, auf der Erde wälzen. Er sei – mit seiner Nase – ein aufrechter und sehr stolzer Mensch, und sie wolle ihn nicht demütigen. Und sicher fühlte sich die Spielerin selbst für Momente gedemütigt, wenn sie trotz der behaupteten inneren Haltung ihrer Figur im Trainingsritual auf den Boden gezwungen wurde.

Verstärken der Körperarbeit

Prinzip: Vom Text ausgehend kommt man schnell zu einer unbeweglichen erdachten Figur, aber aus der Körperarbeit mit ihrem Training des Gleichgewichtes und der Konzentration auf das Zentrum findet sich immer wieder ein Bewegungsanfang.

Die Spieler mußten begreifen, daß das Körpertraining nicht nur Ausgangspunkt der Arbeit war, sondern die gesamte Probenarbeit bestimmte, während des gesamten Inszenierungsprozesses erhalten blieb und in die Aufführung einfließen sollte.

neue Erfahrungen festigen

Sie mußten Vertrauen entwickeln, daß die körperliche Erfindung ihnen half, die Figur in ihrem Charakter zu erfassen. Sie lernten auch, daß Unsicherheiten des Einzelnen durch die Gruppe abgefangen und seine Erfindungen gestärkt werden können.

Das rituelle Körpertraining wurde ständig erweitert, die Spieler erhielten neue Anregungen und Impulse.

• *Verstärken und Kontraste setzen*

Verstärke deine Aktion, gib ihr Anfang und Ende.

Impulse der Spielleiterin

Springe ins Gegenteil, brich deine Aktion!
Wiederhole die Aktionen, die den wichtigsten Erfahrungen mit der Figur entsprechen.
Probiere auch das aus, was du bisher ausgelassen hast.

• *Zuspitzen durch Partnerarbeit*

Dem Spieler wird im Körpertraining ein Partner zur Seite gestellt, der helfen soll, Brüche zu spielen.

Aktionswechsel verlangen

Der Spielpartner gibt den Impuls: „*Wechsle deine Aktion!*" auf eine so fordernde Weise, daß die Aktion des Spielers mehr Energie gewinnt.

Text einsetzen

Später waren auch Sätze oder Impulse aus den Texten erlaubt, um die Spielimpulse direkter zu gestalten: „*Woyzeck, Erbsen gegessen?*" Der Spieler wurde getrieben, regelrecht gejagt.

Spieler festhalten

Auch durfte Gegenkraft angewendet werden: „*Peer, du bist kein Kaiser!*" Der Spieler wurde festgehalten und damit massiv im Wegrennen behindert.

• *Hilfestellungen durch direktes Eingreifen*

Die Spielleiterin unterstützte die dramatische Körperarbeit auch, indem sie durch persönliches Eingreifen über bestimmte schwierige Punkte hinweg und neue Ansätze finden half.

Anknüpfen und Brücke bauen

Beispielsweise sah sie der Übung der Gretchen-Spielerin zu, die sich in ihrer Schuld und ihrem Schmerz zerriß. Es gelang ihr nicht, sich mit dem Text „*Es war so schön, es war so lieb*" zu trösten, sie behauptete es zwar, konnte es jedoch nicht erleben (emotional reproduzieren).

Die Spielleiterin setzte sich hinter Gretchen, nahm sie in den Arm, schaukelte sie behutsam und fragte immer wieder „*Wie war es?*" und Gretchen antwortete zunehmend glücklicher und überzeugter, ganz menschlich gefühlt zu haben, mit ihrem Text „*Es war so schön, es war so lieb*".

Diese Sequenz konnte im weiteren Spiel erhalten bleiben und fand in der Begegnung mit Julia ihren Höhepunkt. Beide Mädchen trösteten einander und erinnerten sich, schließlich freuten sie sich, so empfunden zu haben und tanzten übermütig in Gedanken an ihre als wunderbar erlebte Liebe.

Zuspitzen und Formen

erster Szenenentwurf

Nach dem Erfahrungsweg der Studierenden, in dem sie sich selber forderten, in der Paararbeit gefordert wurden und von der ganzen Gruppe höchste Intensität verlangt wurde, entstanden szenische Grundideen, die nicht mehr nur auf dem Text und den ersten Vorstellungen beruhten. Wieder stellte man sich jeweils gegenseitig als Mitspieler zur Verfügung, damit jeder sein spezielles Konzept ausprobieren konnte. In dieser Gruppenarbeit wuchs das Vermögen, schauspielerische und dramaturgische Aufgaben selbständig zu bearbeiten.

Vorstellungen erweitern

Da sich die Gruppen auch nach inhaltlichen Aspekten zusammengefunden hatten, ergaben sich Berührungspunkte zwischen einzelnen Figuren und szenischen Vorstellungen, woraus die Spieler völlig neue Szenen entwickelten.

gegenseitige Hilfe

Ein wesentlicher Lernaspekt bestand darin, daß die Studierenden sich der Hilfe der anderen bedienen durften.

Auch die Spieler, die keine Berührungspunkte mit anderen Figuren sahen, entwarfen in Kleingruppenarbeit ihre Szene, wobei sie sich der Mitarbeit anderer bedienen durften, um ihre eigenen Ideen durchzusetzen.

Die Erfindungen wurden immer wieder vorgestellt, damit die Gruppe ihre Eindrücke beschreiben konnte. Damit erhielten die Spieler Hilfe, Unverständliches zu verändern, ihre Szenen anzureichern und zuzuspitzen.

betrachtend lernen

Prinzip: *Das ständige Zuschauen hilft den Studierenden zu lernen. Beim Betrachten der Arbeit der anderen sollen sie die Wirkungen erfassen und beschreiben. Dabei lernen sie zu sehen, wie Wirkungen erreicht werden können und wodurch sie eingeschränkt oder u. U. verhindert werden.*

Jedoch sollen sie nicht bewerten, sondern lernen, sich hineinzuversetzen, sich zu fragen, wie der andere es macht.

Zuschauen, wo es Blockaden gibt, woher sie kommen und wie man sie im Training bewältigen kann.

Keine Kommentare und Kritiken formulieren, sondern Vorschläge spielen.

Die vorangegangenen Arbeitsschritte führten zu einer immer komplexeren Gestaltung der Szenen und verbindenden Elementen, die schon Zusammenhänge der künftigen Collage anlegten, siehe folgende Beispiele: Thematische Berührungspunkte

Beispiel: *Julie/Woyzeck* •

Suche und Flucht

Die Spielerin des Fräulein Julie sah Julie auf der Suche (nach ihrer Identität) und auf der Flucht (vor Konventionen und Ängsten). Suche und Flucht trafen für die Darstellung des Woyzeck ebenso zu. Deshalb erarbeiteten beide Spieler gemeinsam ein Szenenmuster aus Treiben, Tanzen und Schlagen, das sowohl die Paarbeziehung Julie/Jean als auch Woyzeck/Marie kennzeichnete.

Gretchen/Julia •

Liebe und Verlust

Beiden Figuren ist das Erlebnis der ersten großen Liebe, der Trauer um den Verlust des Geliebten, der verhängnisvollen Verstrickung in die Konventionen ihrer Zeit gemeinsam.

Die Spielerinnen suchten nach einer Form, die es ihnen ermöglichte, diese Gemeinsamkeiten szenisch darzustellen.

Sie fanden ihren gemeinsamen Spielansatz in Gretchens Replik *„Es war so lieb, es war so schön!"* und eine Form, in der sie abwechselnd in ihrer eigenen oder einer gemeinsamen Szene agierten.

Beckmann/Woyzeck •

Gemeinsamkeiten: Qual, Ausweglosigkeit, geschädigt im Menschsein, Zugrundegehen an militaristischen Verhältnissen.

Soldatsein gegen Menschsein

Beide sind Soldaten, sind zerrissen zwischen Mensch-Soldat-Mörder-Sein, finden keine gemeinsame Sprache, sprechen ihre Vorgesetzten an, können nachts nicht schlafen, hören Stimmen, finden keine Ruhe, werden verrückt daran.

Die beiden Studenten beabsichtigten nicht ihre Figuren direkt szenisch zu verbinden, deshalb entstand eine Szene, in der die zwei Figuren zwar nicht miteinander agierten, aber parallel zueinander, so daß sie sich gegenseitig durch Impulse beeinflußten.

Woyzecks mechanisches Marschieren und irrsinniges „Rattattaton" auf der rechten Bühnenseite bringt Beckmann auf der linken Seite dazu, sich die Ohren zuzuhalten und verzweifelt stumm aufzuschreien, weil seine traumatischen Kriegserlebnisse wieder aufzuleben beginnen.

Es treibt ihn fort, seine Fragen an die Menschen zu stellen: „*Und der Mörder bin ich. Ich? der Gemordete, ich, den sie gemordet haben, ich bin der Mörder? Wer schützt uns davor, daß wir nicht Mörder werden?*"
Woyzeck, wie als Antwort: „*Es ist viel möglich. Der Mensch! Es ist viel möglich. Wir habe schön Wetter. Herr Hauptmann.*"
Beckmann /Gretchen •

Schuld und Erlösung

Die Spielerin des Gretchens entdeckte die Verwandtschaft zu Beckmann, der wie sie unter Schuldgefühlen litt. Sie entwickelten deshalb eine völlig neue szenische Situation, in der sich die beiden Figuren treffen, annähern und verständigen.
Beckmann: *Wer bist du?*
Gretchen: *Die Dirne Margarete. Und du?*
B.: *Unteroffizier Beckmann. Woher kommst du?*
G.: *Aus der Schuld. Und du?*
B.: *Aus der Schuld.*
G.: *Ist dir kalt?*
B.: *Ja, immer. Wohin gehst du?*
G.: *In die Erlösung. Und du?*
B.: *In die Erlösung.*
Der Einfall, daß sich am Ende des tragischen Dialogs beide Spieler die Hände reichten und sich gemeinsam aus ihrer sitzenden Haltung nach hinten fallen ließen, konnte beim Zuschauer unterschiedliche Assoziationen von Tod bis Happyend auslösen. Deshalb entschied sich die Gruppe später, diese Szene an den Schluß der Aufführung zu setzen. Alle Spieler griffen die Idee auf, setzten sich in einer langen Reihe dazu, ließen sich ebenfalls fallen, um sich sofort wieder aufzurichten. Damit gaben sie dem Spiel ein lebensbejahendes Ende.

Ursprünglicher Interessenpunkt

In der szenischen Suche wurde durch die Spielleitung immer wieder der ursprüngliche Interessenpunkt angesprochen und die entsprechende Fragestellung aufgerufen.
Zuweilen mußten Spieleinfälle, in die man sich geradezu verliebt hatte, überarbeitet oder wieder verworfen werden, weil sie nicht das Wesentliche trafen. Beispiel:
Demetrius •

Erweitern im Zusammenspiel mit Partnern, die als wirkliche Gegenkraft fungieren

Der Spieler bot als szenische Idee ein tänzerisch schwebendes Taumeln durch den Raum als seine Suche nach der schönen Hermia an. Diese eher träumerische Auffassung ließ die Vorstellung von einer dramatischen Situation mit deutlich gezeigten Vorgängen vermissen. Durch ein einfaches Mittel wurde dieser Szene zum Leben verholfen: Demetrius erhielt eine Gegenspielerin.

Helena, die sich ihm anbot, sich an ihn klammerte und ihn vehement in seiner Suche nach Hermia behinderte. Nun geriet Demetrius in wirkliche Schwierigkeiten, er mußte reale Kraft aufwenden und sein Handeln wurde dramatisch.

Grusche •

Im Zusammenspiel mit den Panzerreitern erfuhr die Spielerin der Grusche eine Erweiterung ihres Interessenpunktes. Ursprünglich stellten die Panzerreiter nur eine Bedrohung für das Kind dar. Im Spiel mit den beiden Männern erlebte sie plötzlich eine sexuelle Gefahr, die die Spielerin zuvor überhaupt nicht bemerkt hatte, die aber sehr wohl im Text enthalten war und die Szene erheblich bereicherte.

Verstärken des dramatischen Ausdrucks der Szenen

Vervielfachen

Erreichen neuer dramatischer Qualität durch Vervielfachen und Verfremden

Beispiel:

Tempelherr •

Der Student wollte im Gespräch zwischen dem Tempelherrn und dem Patriarchen unbedingt das ungleiche Kräfteverhältnis überzeugend gestalten. Er wollte vor allem zeigen, wie ein Mensch mit humanem Denken und guten Argumenten im Gespräch mit einem Mächtigen immer mehr in Bedrängnis geraten, sogar unversehens jemanden verraten und der Todesstrafe aussetzen kann. In dem von ihm angebotenen Dialog kam das jedoch nicht zum Ausdruck.

Die Spielleiterin gab dem Studierenden den Rat, den Gegner des Tempelherrn stärker aufzubauen, die Macht durch *Vervielfachung* (Darstellung einer Person durch mehrere Spieler) zu vergrößern.

Damit konnte erreicht werden, daß der Patriarch optisch vergrößert, nun die Obrigkeit als Kraftfeld, Machtzentrum und Maschine symbolisierte.

Die Steigerung des Ausdrucks durch mechanische Bewegungs- und Stimmführung, das synchronische Sprechen des inzwischen sechsköpfigen (von sechs Frauen dargestellten) Patriarchen, die ständige Wiederholung des hart gesprochenen Satzes *„Der Jude wird verbrannt!"*, verunsicherten den Spieler des Tempelherrn dermaßen, daß er sich in seiner Argumentation immer weiter verstrickte und damit begreifen konnte, wie es dem Tempelherrn ergangen sein muß.

Im Ergebnis dieser Probensequenz entstand ein kräftiges Bild, das den Zuschauern breite Assoziationen ermöglichte, wie der einzelne an der Macht abprallt und scheitert.

Ruth •

Angeboten wurde eine Einzelszene, wie das jüdische Mädchen Ruth sich in Alpträumen windet. Das Bewegungsrepertoire der Spielerin war schmal und gehemmt.

Um der Spielerin die Scheu des Vorspielens zu nehmen, sich vor aller Augen auf dem Boden zu wälzen, erhielten alle Mitspieler die Aufgabe, ihr Bewegungsangebote zu unterbreiten und „schlafend" beängstigende Geräusche der Nacht zu erfinden. Es entstand eine zunächst beeindruckende, beängstigende Stelle, die durch das Aufschrecken einzelner mehrmals gebrochen wurde. Die Verteilung der Spieler im Raum beschwor das Bild vieler Betten in einer Stadt herauf, in denen viele Leute unter Angst und Alpträumen leiden.

Wiederum wurde durch diese Vervielfachung Expressivität, Dramatik und Verallgemeinerung erzeugt. Im Ergebnis dieser Aktion lieferte die Gruppe ein so beeindruckendes Bild, eine so dramatische Stimmung, daß hier DIE Entscheidung für die Szenengestaltung gefallen war. Die Darstellerin der Ruth erhielt damit eine neue Position in ihrer Szene: Ruth geht in ihrer eigenen Szene umher.

Sie richtete ihre Worte *„Vater, sie werden schon nicht kommen, bestimmt nicht"* an einzelne Spieler, die aus ihren Träumen aufschreckten. Darüber hinaus entstand gleichzeitig ein Bild des schlechten Gewissens der Bürger, wenn Ruth mit ihrem Text indirekt vermittelte, „schlaft nur gut, schaut nicht hin.".

VERFREMDEN
heißt, Merkwürdigkeiten herausfinden, sie auffällig machen, Verwunderung zeigen über etwas, das wir so noch nicht gesehen haben. Brecht definiert den V-Effekt so: „Um erkannt zu werden, muß das Bekannte als ein Unbekanntes gezeigt (gesehen) werden. – Findet es befremdend, wenn auch nicht fremd. Was nicht fremd ist, findet befremdlich. Unverständlich, wenn auch die Regel." (Brecht, Arbeitsjournal) „Die kritische Haltung verwandelt das Gewohnte in das Ungewohnte, indem sie fragt: Muß das so sein? War das immer so? Wird das so bleiben? (Wekwerth, Schriften) Verfremdung heißt, daß ein Theater die Welt dem Zuschauer und seiner Aktivität zur Verfügung stellt. Die Gabe der „verfremdeten" Beobachtung, das Vermögen, den Gegenstand in einem neuen und unerwarteten Licht zu sehen, ist eine unerläßliche Bedingung jeder (künstlerischen und wissenschaftlichen) Erkenntnis, jedes auf das Neue gerichteten Denkens.   (Fradkin, Bertolt Brecht, Weg und Methode)

Verfremden

Anschließend wollte die Spielerin die Entscheidung ausdrücken, sich dem Vater mutig zur Seite zu stellen. Sie wollte in ihrer Szene zeigen, daß Ruth am Morgen als eine andere aufwacht.

Ruth trifft nun auf ihre Gegenspieler, die Bürger, die schweigende Masse, die beim Aufwachen und Aufstehen die Ahnungen

ihrer Mitschuld abstreift und zur Tagesordnung übergeht. Obwohl Ruth die Leute provoziert, sie beschimpft (*„Ihr Giftspritzer,
ihr Muffgesichter, ihr Mottenköpfe!“*), reagiert niemand. Was die Spieler deutlich zeigen sollten, ist die Tatsache, daß sich die Leute
immer so verhalten, wegschauen, obwohl sich um sie herum schon
alles zu verändern beginnt.

Das ist das Normale. → Genau das aber sollte befremden.
Mit dem Satz *„Wer ist denn hier der Jude!?“* provoziert Ruth merk-
licher und setzt ein Signal zum Umschlag der Handlung.

Die Gruppe umschließt sie immer enger und erstickt Ruths Stimme. Anstatt sich gegen die bedrohlichen Veränderungen zu wenden, vernichtet sie die Stimme, die sie warnt und aufrüttelt.

Beispiel:

Aurelie •

(Aurelie ist eine verliebte Schauspielerin, die die Ophelia nur
für ihren Geliebten spielt.)

Die Spielerin fand keinen Ansatz für die dramatische Gestalt
ihrer Szene und wurde immer unglücklicher mit ihrer Rolle.
Trotz intensiver geistiger Auseinandersetzung hatte sie Schwierigkeiten, den Text zu produzieren und ihrer Figur einen Körper
zu verleihen. Sie brauchte Hilfestellung.

Beim Vorspiel reagierte die Gruppe spontan auf den Text *„Ich
liebe ihn. Ich spiele nur für ihn. Ich spiele nur eine Rolle. Beifall!“* und

*Die Gruppe als
Kraft und
Gegenkraft*

applaudierte so heftig, daß wiederum spontan die Spielerin vor
ihnen floh. In diesem Moment erkannte die Spielleiterin die
dramatische Substanz der Erfindungen und ließ die Übung
mehrfach wiederholen, damit sich die Handlung improvisierend
weiterentwickeln konnte.

Es entstand folgendes Muster: Die Gruppe trieb die Spielerin
mit ihrem Beifall bis an eine Wand, die Spielerin wehrte sich mit
Händen und Füßen, brach zusammen, aber die Gruppe nahm
das für eine gekonnte Darbietung und applaudierte erneut heftig. Das Spiel begann von vorn.

Damit bekam die Spielerin eine Gegenkraft, entwickelte eine
Vorstellung vom Geschehen in der Szene und konnte sich in
ihrer Figur behaupten.

Cyrano •

Die Spielerin fand in der Auseinandersetzung mit der Gruppe
einen Weg, ihren Cyrano zu finden und zu gestalten. Sie erfuhr
zwei Dinge.

Zum einen fühlte sie sich von der Oberflächlichkeit der Menge abgestoßen und behauptete deshalb mit Überzeugung: *„Gehaßt sein ist mein Glück!"*

Zum anderen gelang ihr endlich darzustellen, wie sich Cyrano mißtrauisch in jeder harmlosen Situation verhöhnt fühlt und sich durch seine Überreaktionen immer unbeliebter macht.

An diesem Beispiel zeigte sich eine Besonderheit. Die Gruppe stellte für die Arbeit der Spielerin nur eine Station dar, sie führte zur Klärung der eigenen Haltung, gab den Impuls für einen starken monologischen Teil und trat in der Endfassung der Szene nur noch reduziert in Erscheinung.

Die Gruppe als Spielgruppe

war auch bei der Entwicklung anderer Szenen von Bedeutung: Peer Gynt fand in einer großen, vielstimmigen Gruppe den Darsteller seines Widerparts, des **Großen Krummen.**

Leonce brauchte die Gruppe als skurrile **höfische Gesellschaft.** Woyzeck holte sich in einer **Tanzveranstaltung** einen Korb von Marie und geriet mit dem Tambourmajor aneinander.

Die Gruppe spielte für Demetrius spontan und voller Lust den **Wald,** das **Füßchen** und die **Brücke.** Der Spieler wehrte sich dagegen und „jagte" alle aus seinem Spielfeld. Dieser Einfall wurde bis in die Aufführung hinein getragen und erwies sich als ein sehr belebendes szenisches und verbindendes Moment. Ein nächster entscheidender Schritt in der Gestaltung:

Inspiration durch Figurine

Durch die Einführung von Kostümpuppen wurde die Arbeit an den Figuren und das szenische Geschehen außerordentlich bereichert. Als Einstieg in die Collage sollten den Zuschauern Figurinen auf der Bühne angeboten werden, die in einer Art Versammlung das Publikum auf das Heldenthema einstimmen sollten. Sie trugen Kostüme, wie man sie sich in dem jeweiligen Theaterstück vorstellen könnte. Hinzu kamen auch Requisiten wie Hüte, Reitpeitsche oder Degen.

Zum hier verwendeten Begriff der *Figurinen:* Es handelte um von den Studierenden selbst hergestellte verschiedenartig gestaltete menschengroße Puppen, meist ohne Gesicht, Hände und Füße. In die Gestaltung bezogen die Studenten ihre eigenen Vorstellungen vom Wesen ihrer Figuren mit ein. Manche Spieler erhielten dadurch die Grundidee für ihr Spiel, für die Darstellung ihrer Figuren.

Peer Gynt •

Der Spieler hatte im Körpertraining die Erfahrung gemacht, daß Peer in panischer Angst immer weiter und weg will. Mit dem

Erleben dieses elementaren Gefühls wurde ihm der Text klar: *„Kaiser? Du bist kein Kaiser, du bist ein Lauch! Nun will ich dich schälen, mein lieber Peer! … Schicht auf Schicht. Kommt denn nicht einmal ein Kern ans Licht?"*

viele Gesichter und darunter nichts – wie das zeigen?

Der Wunsch des Studenten, sinnlich-anschaulich zu zeigen, wie leidenschaftlich Peer herausfinden will, was in ihm steckt, und doch so panisch davor flieht, brachte ihn anfänglich auf die Idee, sich eine Vielzahl von Masken vom Gesicht zu reißen. Das Problem allerdings war dabei, daß letztendlich ja ein Gesicht zum Vorschein kommen würde, das des Spielers.

Die Maskenidee – war so nicht darstellbar.

Beim Bau der Figurine fand sich die Gestaltungsidee.

Zunächst unternahm der Spieler den Versuch, eine Folie von der Puppe abzuwickeln bis nichts mehr da war.

Dann gab die Spielleiterin den Impuls, seine Figurine mit den im Text vorgegebenen Kleidungsstücken auszustatten.

Damit war die grundlegende Idee für die Szene gefunden. Der Spieler zog seiner Puppe *„die Passagierhaut, Goldgräberjacke, die Grobhaut des Pelzjägers, die Kluft des Altertumsforschers, den Rock des Propheten, die Krone des Königs und den Mantel des Kaisers"* an. Eine stolz beladene Figur, breit in den Schultern und erhaben.

Schicht um Schicht entblättern

Diese nun geschält, gibt preis: *„Nichts als Schichten – immer dünnere und dünnere".* Schließlich streckt Peer entsetzt seine Hand zwischen dem nackten Gestell des metallenen Kleiderständers hindurch.

Die Figurinen wurden verwendet,

um in die Rolle schlüpfen zu können, sich ein Requisit zu entleihen, wie es Nora, Gretchen und Woyzeck tun,

um die Figur einzuführen (Grusche, Beckmann, Gothland),

um eine Distanz zwischen sich und der Figur herzustellen (Julia),

um sie als Zeichen (Ruth – Judenstern, Tempelherr – Kreuz, Gothland – Schwert, Julie – Reitgerte) zu setzen oder sie ganz und gar zu ignorieren, (Leonce, Demetrius).

Cyrano, Peer, Aurelie und Werther erhielten durch die Figurinen einen völlig neuen Zugriff und benutzten sie in ihrer Darstellung, um ihre Auseinandersetzung mit der Figur zu zeigen:

Aurelie: Die Figur wird zur Ordnung gerufen: *„Du spielst nur eine Rolle!"*

Werther: Das Innere der Figur soll ergründet werden: Die Brust seiner Figur aufreißen; wissen wollen, wie es im Herzen aussieht.

Peer Gynt: Das eigentliche Wesen der Figur soll erkannt werden: Die Figurine wird entkleidet, ihre verschiedenen Kostümierungen werden sichtbar.

Cyrano: Das wirkliche Problem der Figur wird gesucht und anhand seines Janus-Kopfes (zwei Gesichter mit zwei verschiedenen Nasen) gefunden: *„Cyrano de Bergerac hat sich für eine Nase entschieden!"*

Proben- und Aufführungsraum war eine große moderne Turnhalle, sie beeinflußte die Spielweise durch ihre Weite, Entfernungen, Akustik und Kargheit.

Inspiration durch den Raum

Die Turnhalle bot Spielräume für bestimmte Aktionen und Emotionen.

Beispiele:

Julia treibt es aufs Fensterbrett

Julie muß unter den Podesten hindurchtoben

Gretchen verkriecht sich an der hintersten Wand

Woyzeck durchrast den gesamten Raum

Aurelie wird von der Gruppe auf die Podeste getrieben

Beckmann stellt sich dem Publikum mit seiner Frage nach der Verantwortung frontal gegenüber

Grusche braucht die Mitte für ihren Kreidekreis

Gesamtdramaturgie der Aufführung

kollegiale Arbeitsweise

In die Gestaltung der Einzelszenen wurden, wie oben beschrieben, zunehmend mehrere Spieler und die gesamte Gruppe einbezogen. Damit war eine grundlegende Arbeitsweise entwickelt worden die in der Gesamtregie zum Tragen kam. Jetzt standen die Spieler vor der Aufgabe, die komplexe Gestaltungsfrage zu lösen, aus den vielen Einzelszenen ein ästhetisches Ganzes zu komponieren.

In der bisherigen Arbeit hatten sich schon einzelne szenische Verknüpfungen und thematische Zusammenhänge ergeben. Darüber hinaus kam es jetzt darauf an, dem Grundthema der Projektinszenierung gerecht zu werden: Der Frage danach, ob uns die Schwierigkeiten und Problemstellungen der theatralen Helden heute noch berühren, ob wir in der Auseinandersetzung mit ihnen etwas über uns selbst erfahren.

Voraussetzungen

• die *Wahl einer Figur,* an deren Schicksal ein persönliches Interesse besteht

• die *Forschungsaufgabe,* die Figur für sich zu erschließen, um mit den Erfahrungen in den Austausch zu treten.

Die Durchsetzung einer *Spielweise,* die sich immer wieder über den Körper ausdrücken soll, basierend auf dem Trainingsritual, das Hereinholen des Fühlens und Denkens der Figur in den eigenen Körper

Prämissen der
Inszenierung

• die durchgängige *Beteiligung der Gruppe* in der Entwicklung und im Spiel der Szenen

• die *Arbeitsweise* der Spielleiterin, die nicht in einer Regie von außen besteht, sondern im Setzen von Impulsen und im Schaffen von Situationen, in denen die Spieler eigene, neue Lösungen für neu gesetzte, z. T. fremdartige Schwierigkeiten finden müssen

• die Übermittlung der Gewißheit, daß dieser spezielle Arbeitsweg zu einem künstlerischen Produkt führen wird

• die Anwendung bestimmter Mittel: Verstärkung, Vervielfachung, Verfremdung, Reduzierung

• die Impulse des Arbeits- und Aufführungsraumes, die Turnhalle

Strukturierende Mittel für die Gestaltungsaufgabe

• die **Abfolge** der Szenen wurde bestimmt durch

➤ deutliche thematische Platzierungen einzelner Szenen und ihrer verbindenden szenischen Elemente, z. B. Wechsel von Liebe und Feindseligkeiten

➤ die Notwendigkeit, die Szenen so zu kombinieren, daß es beim Publikum zu keinem Abfall des Interesses kommt, d. h. einen Spannungsbogen über das Gesamtwerk zu ziehen

➤ die rhythmisch-dynamische Gestaltung des Ganzen, der Einzel- und Gruppenszenen

Organisation
Struktur
Gerüst

• **Verknüpfung** von Szenen richtete sich nach

➤ Gesichtspunkten der Zusammengehörigkeit und des Kontrastes

➤ den gefundenen Bindegliedern und Übergängen

➤ dem bewußten Setzen von Pausen, Akzenten, Trennungen und Abschlüssen

• Die vielfache Verwendung der **Figurinen** wurde nicht nur als Grundidee für die Rollengestaltung, sondern auch als Mittel der Gesamtkomposition genutzt

➤ in ästhetischer Funktion im Bühnenbild: Sie hatten eine große bildhafte und symbolische Wirkung

Brücken, Knoten,
Kombinationen

➤ in strukturierender Funktion: Die Figurinen waren immer anwesend, eröffneten und beschlossen szenische Abschnitte, wurden Bestandteile ganzer Szenen

• Die Erfindung eines **Rahmens**, in dem sich die Darsteller als Spielgruppe präsentieren und verabschieden

• Die spannungsvolle Nutzung des **Spielraumes** – links und rechts – vorn und hinten – Mitte – auf den Podesten und darunter

Praktische dramaturgische Tätigkeit

Ausgangsmaterial waren klar umrissene Szenen mit entsprechenden Arbeitstiteln schon gefundene Übergänge und Verknüpfungen, Aktionen mit Einzel- und Gruppencharakter.

Einzel- und gemeinschaftliche Dramaturgiearbeit

Das Ringen um die Gestalt des Gesamtkunstwerkes forderte von jedem einzelnen Spieler Entwürfe und Verteidigung seiner Vorschläge. Gleichzeitig mußten die Gedanken der anderen berücksichtigt und verarbeitet werden. Das anfänglich nur um die eigenen Auftritte kreisende Denken erweiterte sich zunehmend mit dem Interesse an der Wirkung und der Verantwortung für das Gelingen des Gesamtwerkes.

Aufführung - Ästhetisches Ganzes

Aufführungsort/technische Bedingungen

Die Turnhalle war der Grundspielraum und sollte in ihrem Charakter erhalten bleiben. Es kamen lediglich wenige Beleuchtungselemente hinzu, um einiges aufzuhellen oder hervorzuheben. Bühnenelemente, die in der Ausführung dem Hallenboden glichen, sorgten für erhöhte Spielflächen, ohne den Raum zu zerstören.

Einschätzung der Aufführungen

Beide Aufführungen wurden für Spieler und Zuschauer gleichermaßen zu einem besonderen Erlebnis. Jeder Student konnte seine Arbeit im Gesamtwerk erfolgreich darbieten, denn er hatte sich eine szenische Struktur erarbeitet, die ihn wie ein Netz hielt und gleichzeitig Improvisation erlaubte. Das galt auch für die Gruppe als Ganzes.

Die Gruppe als Studiengruppe zeigte eine künstlerisch anspruchsvolle und kollektive schöpferische Leistung. Es gelang mit der Inszenierung, nicht nur einen unterhaltsamen Theaterabend, ein theatrales Ereignis, sondern das Ergebnis gewachsenen theaterpädagogischen Könnens zu präsentieren.

Die individuell engagierte thematische Auseinandersetzung der Studierenden mit ihren Figuren war im Werk aufgehoben und konnte sich dem Zuschauer auf lebendige Weise vermitteln. Das gelang, weil über diese Arbeitsweise eine hohe Qualität von Darstellfähigkeit, Ausdrucksvermögen und szenischer Gestaltung erreicht werden konnte.

Grundsätzlich entwickelte sich ihre Fähigkeit, einen Gesamtprozeß zu knacken.

Reflexionen der Spieler

Birte Arendt – Julia aus „Romeo und Julia", Shakespeare
Diese neue Methode, also für mich neu, über die Körpererfahrung in die Rolle zu finden, war für mich ungeheuer spannend und stürzte mich teilweise in einen Wirbel von Gefühlen, der von wahrhaftigen Gefühlen kaum zu trennen war. Teilweise am eigenen Körperempfinden, doch andererseits auch bei der Betrachtung der Ergebnisse der anderen Spieler; manchmal wollte ich einfach nur loslaufen und die Menschen ganz fest in die Arme nehmen, sie trösten.
Mein stärkstes Erleben war, als ich auf meine gefundenen Bewegungen Teile des Textes sprach. So klagte ich als Julia mein Leid „Nicht Maß noch Ziel kennt dieses Wortes Tod'" und „Keine Zung' erschöpfet meine Not." Erst noch verhalten, leise, in mich hinein, dann wurde alles stärker, auch die Bewegung mußte für das neue, langsam aufsteigende Gefühl erneuert, vertieft werden.
Am Boden, noch rational beschlossen, kam ich dann scheinbar wirklich nicht mehr hoch, gedrückt von der Last, der Not. Und ich rief und wurde lauter, mutiger. „Keine Zung' erschöpfet meine Not". Und wirklich: Keiner war da, mich zu trösten, allein robbte ich auf dem Boden, schrie. Und in dem Moment ahnte ich etwas von der Einsamkeit und der Verzweiflung von Julia, war ihr ganz nah.
Ein anderer wichtiger Punkt, der mir sehr schwer fiel, war, mein Pathos, oder besser das Pathos, das der Text dem Sprecher scheinbar aufoktroyiert, zu überwinden.
Da halfen dann so simple Fragen, wie: „Wie alt bist du eigentlich?" Nein, ich bin ja keine gestandene Frau, vom Leben gezeichnet! Ich bin ein junges Mädchen, das noch gar nicht recht begreift, was da so vor sich geht. Oder der helfende Satz der Spielleiterin: „Komm, erzähl' es mir!" Ganz ruhig, wie Freundinnen sich unterhalten, erzählte ich, trennte mich langsam vom Deklamieren, half der Figur zur Lebendigkeit, zur Natürlichkeit, daß ich stellenweise dachte, ich kenne Julia irgendwie, irgendwie war sie da, manchmal wie ein Schatten neben mir.

Stefan Osnowski – Woyzeck aus „Woyzeck", Büchner
Hat es funktioniert?
Wie sollte es funktionieren?
Durch Herumkriechen auf der Erde, dadurch, daß man gegen die Wände rennt?
Die Anstrengung war sehr groß. Wer läuft schon gern gegen Wände? Nicht nur der Körper schmerzte, auch der Verstand litt unter den Übungen. Alle suchten wir unsere Figur, unseren Helden. Auf dem Fußboden, beim Fallen, beim Laufen, beim Schreien. Jeder spürte den Widerstand im Inneren. Jeder kämpfte. Der eine mehr, der andere weniger. Später durften wir den Text zur Hand nehmen. Alle lallten unverständliche Worte. Auch ich machte mit, obwohl ich nichts von dem verstand.
Ich hatte mich für Büchners Woyzeck entschieden. Warum, weiß ich nicht mehr. Vielleicht war es die unverstandene Persönlichkeit oder das Menschliche.
Ich wollte meinen Woyzeck spielen.
Dann ging es an die Szenenarbeit, und das gefiel mir. Aber ich kannte den Woyzeck noch nicht. Ich mußte ihn suchen. Im Programmheft schrieb ich, Woyzeck suche

eine Wahrheit, diese Wahrheit suchte auch ich. Ich habe sie nicht gefunden. Ich fand auch Woyzeck nie. Es hat nicht funktioniert. Doch war ich ganz nah bei ihm. Bei der Szenenarbeit ließ ich mich von anderen Figuren inspirieren. Viele versuchten, ihre Aussage ins Symbolhafte zu steigern. Die Figuren blieben mir dadurch fremd. Das gefiel mir nicht. So verstand ich sie nicht. Sie sollten Leben ausstrahlen. Ich arbeitete mit jemandem zusammen. Wir suchten Ähnlichkeiten unserer Helden. Der andere war auch Soldat. Woyzeck ist Soldat. Auch ich war einmal Soldat gewesen. Ich dachte an das Marschieren und Schreien. Damals hatte ich ihn fast gefunden, den Woyzeck.

Wir haben unsere Szenen zweimal aufgeführt. Mit jedem Mal näherte ich mich meiner Figur. Das bewirkte die starke Konzentration bei der Aufführung. Das Fiebern vor den Leuten. Ich kenne das von anderer Theaterarbeit. Die Figur wächst. Mit jeder Aufführung nähert man sich ihr ein weiteres Stück.

Doch wir spielten unser Stück nur zweimal und brachen damit meiner Meinung nach die Arbeit ab. Jetzt sollte es doch erst anfangen.

Die Wahrheit Woyzecks, die auch dieser suchte, habe ich nicht gefunden.

Der Weg, den wir mit unserer Projektinszenierung gegangen sind, war ungewöhnlich, sehr beschwerlich. Er trägt auch viele Risiken in sich, die eigentliche Figur aus den Augen zu verlieren, sich nur auf den Körper zu konzentrieren. Aber ich weiß es nicht, es ist eine Vermutung. Bis zum Ende konnten wir nicht probieren, wir hatten keine Zeit.

Stefanie John – Herzog Theodor von Gothland, Grabbe

Warum war ich Theodor von Gothland?

Seine Handlungsweise war mir unbegreiflich. Ein Mitglied der eigenen Familie zu töten, ohne vorher mit ihm zu reden, sondern anderen mehr zu glauben als dem Bruder. Was ich dann sehr gut nachempfinden konnte, war, daß er sich ständig von seiner Umwelt angeklagt fühlte, denn er war sich seiner Schuld bewußt. Ein bißchen Cyrano. Er sieht alle mit dem Finger auf sich zeigen und zeigt in Wirklichkeit mit seinem Finger auf sich selbst. Dieses Schwanken zwischen Angst und Verdrängung ist mir bekannt, bei Gothland aber wirklich sehr extrem. Eine extreme Tat, kein Verbummeln einer Vorlesung. Ich bin Gothland wohl etwas näher gekommen durch die Lektüre des Dramas, er ist als Person sehr komplex, schwer zu begreifen, und man kann mit einem kleinen Monologstückchen nicht alles sagen. Die Arbeit an der Figur hat mir allerdings eines deutlich gemacht: Wie lächerlich es ist, sich von außen angeklagt zu fühlen, wenn die Anklage in einem selbst liegt. Das wollte und konnte ich entlarven und zeigen. Ich konnte die Figur aber einfach nicht glaubhaft spielen, weil sie es nicht ist.

Elena Kozlova – Cyrano der Bergerac, Rostand

Ich suchte meinen Helden aus und glaubte ihn zu kennen und zu mögen. Wahrscheinlich trug ich ein Klischeebild mit mir herum, das eines erfolgreichen, stolzen, unbesorgten Menschen. Als ich in der Auseinandersetzung mit dem Text und mir selbst bemerkte, daß Cyrano so nicht ist, wie ich es annahm, begann ich mich zu wehren.

Ich fühlte mich allein und unverstanden, fand kein Gehör und kam dementsprechend auch mit meiner Gestaltungsarbeit nicht voran. Ich wehrte mich gegen das Körpertraining und wurde immer verspannter. Ich konnte nicht herausfinden, ob meine persönlichen Probleme meine Versuche beeinflußten oder die Art des Körpertraining meine Probleme auslösten. Da ich meiner Figur mit großem Respekt begegnete, scheute ich mich, vorschnell ein neues Bild von ihr zu veröffentlichen. Mit der Erschaffung der Puppe fand ich einen Zugang zu Cyrano. Damit wäre es mir möglich gewesen, wenigstens zwei Gesichter vorzustellen, die zu ihm gehören könnten, jedoch fiel es mir schwer, vor allen zu spielen. Erst als mir die Spielleiterin alleine zusah, wie ich im Austausch mit der Puppe meine Figur mehr und mehr zu entdecken begann, fühlte ich mich beachtet und geborgen. Ich konnte ein Zwiegespräch mit Cyrano halten, ihn herausfordern, verhöhnen, belächeln, bewundern, ihn verstehen und ihn verlassen. Für diese Vorgänge fand ich eine gestische Choreographie, die ich den anderen zeigen konnte.

Mein nächstes wichtiges Erlebnis war die Generalprobe. Unter Angst und Streßgefühlen schlotternd, sah ich unsere Zuschauer kommen.

In dem Moment jedoch, wo unser Spiel begann, fühlte ich mich ihnen und meiner Spielgruppe verpflichtet.

Während die ersten spielten, beschlich mich die Angst, daß wir nicht konzentriert genug das zeigen, was wir können. Aus diesem Gefühl heraus, überkam mich die Kraft, die „szenische Hülle" mit dem lebendigen Inhalt zu füllen, den ich mir schon immer vorgestellt hatte.

Ein weiteres stärkendes Grunderlebnis in der Generalprobe war die Kraft und der Zusammenhalt der Gruppe.

Ich stand nicht mehr allein vor dem Publikum, sondern ich stand mit meiner Gruppe. Ich vertrat nun nicht mehr nur mich selbst, sondern alle. Ich fühlte mich ihnen nah, durch sie gestärkt, und gab mein Bestes auch aus diesem Gefühl heraus.

VII.

Theaterpädagogische Didaktik –
Fachdidaktik

Verteufelte Didaktik

*Kunst und
Pädagogik*

Lern-Modelle?

Theater – ist Kunst und schön, Pädagogik – will erziehen, damit schon weniger schön, denn alles wird ihr nur Mittel zum Zweck, auch das Theater – aber Didaktik will für praktische, also auch künstlerische Handlungen wissenschaftlich-theoretisch begründete Lern-Modelle schaffen – das kann ja nun Theater nur noch umbringen… Das ist die erste Hürde. Jeder Lehramtsstudent bringt seine Schüler- und Studentenerfahrungen mit, die sitzen fest seit mindestens 13 Jahren, da können in der erziehungswissenschaftlichen Ausbildung pädagogische und didaktische Modelle noch und noch dagegen

*Erfahrung Frontal-
unterricht*

gesetzt werden – übrig bleiben meist nur zwei Erfahrungen: der alles durch Aufgaben und Kontrolle steuernde und organisierende Lehrer oder der seinen brillant formulierten Fachtext vorlesende Hochschullehrer. Das ist die zweite Hürde.

*Fachdidaktik als
Lehrveranstaltung*

Lehramtsstudium vermittelt künstlerisch-praktische und theoretische, darunter auch fachdidaktische Ausbildung und verlangt in geringem Umfang schulpraktische Übungen und ein kleines Praktikum im institutionellen Rahmen der Schule, das von Mentoren angeleitet wird.
Für den künftigen Lehrer für Darstellendes Spiel, der unterschiedliche Gruppen in einem zeitaufwendigen, sehr komplexen Prozeß zu anspruchsvollen künstlerischen Produkten führen soll, reicht dieses Angebot nicht aus.
Der Greifswalder Modellversuch geht davon aus, daß die Persönlichkeit des Spielleiters grundlegend herausgebildet werden muß und daß die Grundlagen für ein eigenes künstlerisch-pädagogisches Konzept bereits während des Studiums gelegt werden müssen. Eine vielseitige fachdidaktische Ausbildung, die vor allem den Weg des Erfahrungslernens geht, ist dafür die Voraussetzung.

Didaktik über Erfahrungslernen

I. *Innerhalb der Künstlerischen Praxis*, in der Basisausbildung, den Werkstätten und der Projektinszenierung wurden kontinuierlich Reflexionen zum Ansammeln methodisch-didaktischen Wissens und Könnens genutzt (z.B. Varianten zu Aufgaben-

*theaterpädagogische
Konzepte der Dozen-
ten*

stellungen oder zu Übungsformen entwickeln, über die unterschiedlichen Lehrkonzepte der Dozenten reden, Fragen zu ihrer Methode stellen, sich in die Arbeitsprinzipien der Spielleitung gedanklich hineinfinden, selbst in diese Richtung anfangen zu denken…).

II. Nach eigenen Erlebnissen und Erfahrungen mit Spiel und Theater (als Spieler) waren diese stets in einem *Praxisfeld* mit Kindern oder Schülern anzuwenden (in der Spielleiter-Funktion). Die Vorbereitungen und Konzeptentwicklungen dazu stellten praktisch methodisch-didaktische Lehrveranstaltungen dar. Das Lernmotiv ging jedoch von den Studierenden aus

Entwicklung eigener spielpädagogischer Konzepte

III. Zusätzlich zu Spielefest und Theaterprojekttag wurde „richtiger" Unterricht im Wahlpflichtfach Darstellendes Spiel erteilt. Eine Gruppe von Studierenden war für eine Unterrichtseinheit verantwortlich, in der jeder eine eigene Stunde als Spielleiter zu gestalten hatte. Im Zusammenhang mit diesen *schulpraktischer Übungen* gab es Konsultationen und ein theoretisches *Seminar* zu fachdidaktischen Fragen von Unterricht und Bewertung.

Erste Unterrichts-versuche

Ein Überblick zu den jeweiligen Inhalten:

Fachdidaktik I: immanent in Künstlerischer Praxis	Fachdidaktik II: Vorbereitung der Praxisfelder	Fachdidaktik III: Vorbereitung von Unterricht (spÜ)
- Didaktik des Spielen-Lernens - Didaktik des Darstellen-Lernens - Didaktik des Rollenspiels - Didaktik figural-medialen Theaters - Didaktik des szenischen Improvisierens - Didaktik der Projekterarbeitung und -inszenierung	- Didaktik von Animation und Spielleitung - Didaktik des Theaters in der Erziehung (als TIE-Projekt oder szenisches Interpretieren) - Didaktik der Spielleitungsbefähigung von Spielgruppen	- Ziele, Inhalte, Lernbereiche und Arbeitsweisen des Fachs Darstellendes Spiel - Spielleitertätigkeit und Gruppe - Lehrpläne und Bewertungen - Unterrichts- und Projektgestaltung - Abiturfach, Substitution und Kompetenzkurse - Recht und Versicherung

Spiel im Seminar

Ein fachdidaktisches Seminar zu Spiel und Theater sollte auch theaterpädagogische Methoden anwenden. Ein mögliches Beispiel:

Ausgangsproblem:

Wie sehe ich mich selbst als Spielleiter und mein Verhältnis zu den Schülern?

Drei spielerische Antwortformen:

a) Zettellawine und anschließende kurze Verständigung über mögliche und wünschenswerte Potenzen eines Spielleiters z.B.

der „ideale" Spiel-
leiter

emotionale Ausstrahlung, eigenen körperlichen Einsatz, Phantasie und Vorstellungsvermögen, rechtzeitiges Erkennen von Konflikten, Ideen provozieren, Einfälle entwickeln, Bilder sehen und gestalten können, Intuition und Fähigkeit, Impulse zu geben und aufzunehmen, Anregungen verschenken, Gestaltungswege öffnen usw.

ein Bild des
Nachbarn entwerfen

b) Gegenseitiges Interview, der Nachbar stellt jeweils die Spielleiter-Persönlichkeit vor: „Jan ist leicht begeisterungsfähig, kann gut erzählen und auch andere schnell begeistern. Er möchte, daß möglichst viel von den Kindern zurückkommt. Er redet manchmal selbst zu viel, hat aber das Problem erkannt und arbeitet daran."

wie ich mich selbst
sehe, was ich sage
oder denke

c) Jeder drückt seine Haltung zu Schülern einer Gruppe Darstellendes Spiel in einer Statue oder einem kleinen Standbild aus (nicht mehr als drei Spieler einbauen) und bekommt einen einzigen Satz zugestanden.
Hier wollen wir nur einige Sätze wiedergeben, die Haltung muß man sich vorstellen:
„Schöön. Nein, hast du wirklich schön gemacht."
„Man soll Schülern ja Zeit lassen, aber wie lange soll ich jetzt noch warten?"
„Ja?"
„Ja, weiter, gut so!"
„Hoffentlich haben sie es bald kapiert."
„Los, kommt, macht mit!"
„Meine Vorbereitung war eigentlich super…"

Aufnahmebereitschaft
für fachdidaktische
Fragen

So formulieren die Studierenden selbst ihre Ansätze und Motive zur Auseinandersetzung mit wichtigen fachdidaktischen Prinzipien. Interesse entsteht, wenn konkret Bezug genommen wird zu ersten Praxiserfahrungen oder Erwartungsängsten, zu Fragen nach den eigenen Fähigkeiten und Möglichkeiten, und besonders, wenn eine nächste konkrete Bewährungsprobe bevorsteht.

Lernen durch Widersprüche, aber nicht Einbrüche

Begegnung mit der Praxis bereitet auch Schmerzen: Nicht immer wird die gewünschte Aufmerksamkeit und Akzeptanz erreicht, Aufgaben müssen wiederholt, neu gestellt werden,

auftretende
Schwierigkeiten

die Übergänge zwischen einzelnen Arbeitsschritten fehlen, die Kleingruppen warten auf eine Extra-Einweisung, ehe sie endlich anfangen zu arbeiten, die Ergebnisse sind grauenvoll —

das hat man doch gar nicht gewollt, man weiß nicht, was man dazu sagen soll, der Wechsel mit dem Spielleiter-Partner klappt nicht, wie vorher abgesprochen usw.

Dabei war man sicher, genauso elegant oder zielsicher zu arbeiten, wie man es vorher bei den Dozenten gesehen hatte, außerdem hatte man sich doch einen Plan gemacht.

Reinfall schärft das Verstehen

Selbst Beratung vor dem praktischen Versuch sichert den Anfänger nicht ausreichend, da er selten den tatsächlichen Wert der Hinweise erkennt (Beispiel: Übergänge). Erst die negative Erfahrung macht ihn aufnahmebereit, er hört genauer hin, noch besser: er fängt selbst an, genau die Fragen zu stellen, die seine Lücken betreffen, wo er sich unsicher fühlt.

Erfolge organisieren

Widersprüche haben also ihren pädagogischen Wert, dennoch versucht der Didaktiker immer wieder, möglichst ein Erfolgserlebnis mit dem Studenten zusammen zu organisieren – lernt man nicht auch durch Glücksempfinden?

(Wie gefährlich die „gewöhnliche" Erfahrung von Erfolg ist, wird im Abschnitt „Rolle des Spielleiters" aufgegriffen.)

Nicht immer kann man aber das Verhalten des Studierenden als Spielleiter voraussehen, Überraschungen sind zu erleben, weil der Student als Spieler eine andere Person ist als in der Spielleiterrolle. Dazu ein Beispiel:

Eine sehr sorgfältig vorbereitete Stunde, ein motivierter Student, aber eine ängstliche Klasse, die vor dem Beginn der Spiel- und Theater-Stunde eng an die Wand gedrückt Platz genommen hat und Aufgaben nur zögernd in Angriff nimmt oder sich hinter Ablehnung versteckt. Der Student spielt den verantwortungsbewußten Lehrer für Darstellendes Spiel, er fordert, läßt nicht locker. Immerhin hat er ein ernsthaftes Ziel, das er erreichen möchte und ein sorgfältig durchdachtes Konzept, er bemüht sich also sehr...

Der Spielleiter spielt Lehrer

Derselbe Student ist in unseren Lehrveranstaltungen ein fröhlicher, lebhafter Bursche, der zwar auch über die Stränge schlägt, aber unersetzbar ist, wenn müde oder unentschlossene Mitspieler motiviert und hochgerissen werden müssen, wir haben ihn stets als „Motor" erlebt.

ein fröhlicher Motor, der alle mitreißt

Genau das war also wieder hervorzuholen: diese antreibende, fröhliche Art vom ersten Moment an auf die Schüler übertragen. Auf keinen Fall sich an einem Tisch, entfernt von den Schülern, festhalten und in die Unterrichtsvorbereitung schauen. – Gut, die nächste Klasse war eine ganz andere, die Schüler hatten keine Angst, sich irgendetwas zu vergeben, diesmal

stellte sich der Student sofort auf den zentralen, wichtigsten
Punkt ein: auf die Spielgruppe, die er gewinnen wollte. Schüch-
terne und Zurückhaltende gab es auch — aber die mitreißende
Kraft des Spielleiters war gleich von Anfang an so groß, daß
die Schüler um eine, dann noch eine Stunde Verlängerung
baten und ihn dann auch noch zur Abschlußfeier einluden.

Orientierung ist nötig

Fachdidaktik lernen heißt aber nicht, nur konkrete praktische
Unterrichtssituationen geschickt meistern zu können, sondern
bedeutet vor allem auch, eine deutliche Vorstellung vom "background" zu haben: Welche Rolle spielt mein Fach in der Schule, im Bildungssystem insgesamt, wie ist der internationale
Trend? Was ist unter Gegenstand, Ziel, Methoden des Faches
Darstellendes Spiel zu verstehen, welche Arbeits- und Sozialformen muß ich ken-
im Fächerkanon nen und beherrschen, welche Arbeitsbereiche des Faches sind
meine „starke Seite"? Wie ordne ich das, was ich konkret in
zwei Stunden mache, in ein Gesamtgefüge ein — und wie genau müssen meine Vorstellungen von diesem Ganzen sein?
Wie gehe ich mit offenen Unterrichtssituationen um? Und
was ist eigentlich genau „Fachdidaktik"des Darstellenden
Spiels?
Pädagogik gewinnt zunehmend eine ästhetische Seite, die reine Lernschule erweist sich als zu eng. Auch die Didaktik eines
künstlerischen Faches kann sich nicht auf objektive, wissenschaftliche Lerntheorien zurückziehen. Didaktik des Darstellenden Spiels muß ihre Besonderheit nutzen und sich "in Veränderung zeigen", Methoden des Verfremdens vermitteln usw.
(Koch, Theatralisierung von Lehr- und Lernprozessen, 1995).
Durch das ganze Buch des Greifswalder Modellversuchs ziehen sich spiel- und theaterdidaktische Hinweise, konkrete
Aufgabenstellungen und Arbeitsprinzipien. Die Darstellung
macht deutlich, daß eine enge Verbindung zwischen didak-
tisch-methodischem Lernen und künstlerisch-praktischem
Handeln bestehen muß, daß neben "Meisterlernen" vor allem
auch die eigene ästhetisch-pädagogische Tätigkeit und die
ständige Reflexion zur Ausbildung von fachdidaktischem Wissen und Können führt.
Die angestrebte, möglichst ganzheitliche Förderung der Persönlichkeit erfordert die Verbindung von konkreter künstle-
Kunstbezug risch-praktischer Arbeit (Kunst- und Formbezug), mit der
Erforschung und Gestaltung kommunikativer und gesellschaft-
Sozialbezug licher Erfahrungen (Sozial- bzw. Realbezug) und der Förde-

Subjektbezug

rung des individuellen Wahrnehmungs-, Empfindungs- und Ausdrucksvermögens (Subjektbezug). Eine Verwirklichung dieser Triade über Theaterprojekte ist allgemein anerkannt. Das Greifswalder Modell erweitert die Fachgebiete.

Arbeitsbereiche des Faches

drei Arbeitsbereiche

A. Spielen und Darstellen (lernen)
B. Darstellendes Spielen als Mittel (Theater in der Erziehung)
C. Theatrales Darstellen und Gestalten

aufbauende Folge

• Die drei Arbeitsbereiche können aufeinander folgen, also als Lernbereiche mit immer komplexerer Anforderung betrachtet werden: von **A** → über **B** → zu **C** (die Spieler werden immer stärker gefordert; die unterschiedlichen ästhetischen Produkte erweitern zunehmend ihre Gestaltungskompetenzen.)

Konzentration auf einen Schwerpunkt

• Oder die Arbeitsbereiche können konzentriert werden auf die Qualifizierung eines ausgewählten Bereichs: von **A** → zu **C** (alle Spiele, Improvisationen und Aktionen werden zielgerichtet für die bewußte Gestaltung einer Theateraufführung der Spielgruppe eingesetzt).

Eigenständigkeit der Bereiche

• Oder die Arbeitsbereiche können als völlig eigenständige Lernbereiche betrachtet werden, die innerhalb ihres Arbeitsfeldes eigene ästhetische Produkte erzeugen, ohne aufeinander aufzubauen:
A → Spielefolgen oder Spielefeste, Improvisationen, Werkstatt-Ergebnisse (z.B. Musik und Bewegung)
B → Szenisches Spiel als Lernform/Lernimprovisationen, (darin: szenisches Interpretieren), Rollenspiel oder Lehrstückarbeit (spielpraktisches, handelndes Untersuchen von Haltungen und Motiven, die szenisch-theatralen Ergebnisse sind meist punktuell, Spiel wechselt mit Demonstration und Reflexion)
C → Mediale, figurale und personale Theaterformen, Collage, Eigenproduktion, Textvorlage, Körper-, Bilder-, Musiktheater usw. (Schüler spielen ihre Themen mit verschiedenen Mitteln und Formen der Darstellenden Kunst – es geht also nicht nur um die künstlerische Darstellung einer Idee, sondern um die Darstellung der anwachsenden ästhetischen und fachspezifischen Erfahrungen der Spieler.)

Sozialformen: Bedeutung der Gruppe

Könner ohne Unterricht

Es gibt immer wieder Schüler, die für einen ausfallenden Spieler einspringen, sich sofort in der Gruppe zurechtfinden, ihre Spielaufgabe rasch begreifen und ausgezeichnet meistern. Das scheint gegen Unterricht und ein Fach Darstellendes Spiel zu sprechen. Gutes Gedächtnis, Fähigkeiten zum Nachahmen, auch zum Einfühlen (zumindest in die Wünsche des Spielleiters), emotionale Intelligenz und Beziehungsvermögen, die Hilfsbereitschaft der ganzen Gruppe, dazu die Ausrüstung mit körperlicherAnpassungsfähigkeit, Stimme und ein wenig Ehr-

wird von Netz und Vorarbeiten gehalten

geiz – das erleichtert dem „Ersatzspieler" das Aufnehmen der in monatelanger Arbeit gelegten Fäden. Er steigt in ein fertiges Werk ein, das die Frucht langer Denk- und Spielprozesse ist, das von Gruppe und Spielleiter gemeinsam den Bedingungen der Spieler angepaßt wurde...

Die umfangreichen Erfahrungen aus der Gesamt- und Kleingruppenarbeit, aus Einzel- und Partnerübungen haben nicht nur ein besonderes, schöpferisches Klima erzeugt, sondern auch ästhetisch-künstlerische Maßstäbe herausgebildet, so daß die Gruppe rasch widerspiegelt, welches Verhalten, welcher Vorschlag akzeptiert werden kann, welcher nicht. Sie hat gemein-

Konsens der Spielgruppe

sam mit dem Spielleiter einen Konsens ausgebildet, der für die Orientierung jedes einzelnen wichtig ist. Durch Austausch werden die Phantasie und das Vorstellungsvermögen aller bereichert, es bildet sich ein gemeinsames Gestaltungsziel aller heraus.

gemeinsames Gestaltungsziel

Eigentlich soll die Gruppe als „Gesamtperson" schon vom ersten Schritt an Inhalt und Weg der künstlerischen Arbeit mitbestimmen. Da sich aber das Gestaltungsziel erst im Laufe der Projektarbeit entwickelt, wächst die Gruppe in ihr eigenes Spielvorhaben nach und nach hinein.

wachsender Erfindungsreichtum der Gruppe

Darstellungsprobleme werden nicht dadurch behoben, daß der Spielleiter weiß und anregt, stärker gruppenchoreografische Ausdrucksmittel einzusetzen (gemeinsame rhythmische Arbeit, synchrone oder wiederholte Gesten, Bewegungskette, chorisches Sprechen, Solo-Einschübe auf der Grundlage eines Gruppen-Ostinatos usw.), sondern durch den anwachsenden Erfindungsreichtum, durch experimentelles Erproben der Gruppe.

Rolle des Spielleiters

Gestaltungs- und Formwillen unterstützen

„Lehrer leiten die Spielprozesse der Schüler an, d.h., sie helfen dabei, daß der Wille der Schüler Gestalt gewinnt und eine Form findet, in der er ausgedrückt und ... dargestellt werden kann"
(aus: Reiss/Susenberger/Wagner: Handreichungen zum Darstellenden Spiel, Wiesbaden 1994, S.9)

Gespür für
Entscheidungen

Diese Arbeitsweise verlangt neben der künstlerisch-praktischen auch eine spezifische fachdidaktische Ausbildung, denn der Spielleiter muß Vorrang gegenüber dem Lehrer haben, beide sollten aber miteinander in Verbindung stehen. Dominantes, autoritäres Auftreten ist unbrauchbar, partnerschaftlicher Kontakt nötig, aber gleichzeitig muß er Gespür für den richtigen Zeitpunkt notwendiger Entscheidungen entwickeln.

Struktur geben,
Impulse setzen

Der Spielleiter muß selbst ein künstlerisch-pädagogisches Konzept haben, Anregungen geben, innerhalb der verschiedenen Spielprozesse unterschiedliche Rollen rasch wechselnd einnehmen können, die Prozesse planen, organisieren, strukturieren, durch handlungsleitende Impulse entwickeln helfen und Reflexion und Bewertung handlungsfördernd einsetzen können. – Hauptaufgabe des Spielleiters ist, die Schülerorientierung der Arbeit im Darstellenden Spiel durchzusetzen.
In seiner Arbeit geht „Anregung" vor „Empfehlung", „Rahmensetzung" vor „Inhaltsvermittlung", „Mut machen zum kreativen Erfinden" vor „Regeln, Gesetze und Grenzen bewußt machen".
Diese besondere Qualität fachdidaktischer Kompetenz des Spielleiters ist schwer zu vermitteln.
Als theoretische Veranstaltung ist die Nachhaltigkeit zu gering.
Über Beobachten, Erfahrungslernen und eigenes Handeln sind die Erfolgsaussichten größer, viele unserer Studierenden hoben die allgemeingültige Brauchbarkeit des Gelernten auch für andere Lernsituationen hervor. Es wurden aber auch Schwierigkeiten beobachtet, auf drei soll kurz eingegangen werden.

Schwierigkeit 1: sich Zeit nehmen

Die Studenten erleben die theaterpädagogischen Konzepte hervorragender Werkstattleiter – erkennen aber kaum, daß sie ein Konzentrat darstellen, daß die künstlerisch-pädagogische Leistung unter Ausnahmebedingungen erbracht wird:

„Konzentrierte
Aktion"

Die Spielleiter bieten im Blockseminar eine besondere Fülle von Fachinhalten, treiben die Spielprozesse voran, um Ergebnis-Qualitäten zu erreichen, beschleunigen die Phasen kreativen Erfindens, so weit möglich.
Gelenkt durch konkrete Anregungen und die reife Erfahrung der Spielleiter wird den Teilnehmern nicht immer der zugrundeliegende künstlerische Schaffensprozeß klar, dessen Durchschauen manchmal mehr Zeit erfordern würde, z.B. der Umschlag vom Persönlichen/Biographischen/Thematischen zum

Typischen/Zeichenhaften mit allgemeiner symbolischer Bedeutung und großer Reichweite.

Phasen des kreativen Findungs- und Gestaltungsprozesses
(nach L. v. Werder, 1990, S. 28 ff.)

Anregungen	Assoziation Vorstellung	Suche Einfall	Erfinden Anreichern	Formen Zuspitzen	Darstellung
Inspirations-phase	Imaginations-phase	Inkubations-phase	Illuminations-phase		Verifikations-phase

Beim Übertragen auf eigenen Unterricht wird dann von den Spielleitern auf Tempo gedrückt, statt die Spieler für „Die unendliche Langsamkeit des Seins" zu sensibilisieren.

Schwierigkeit 2: Fehler und Irrtümer zulassen

Schule führt zu Regressionen

In einen konkreten Unterrichtsprozeß im institutionellen Rahmen der Schule eingebunden, entwickelt sich der junge Spielleiter (wie es oft im Schulpraktikum auch anderer Lehramtsstudien beobachtet wird) wieder „rückwärts". Er schafft zwar einen rascheren und nachhaltigeren Kontakt zu den Schülern, aber er erträgt unfertige oder gar mißlingende Ergebnisse, offene Prozesse, Widersprüche oder Widerstände der Gruppe gegen den eingeschlagenen Arbeitsweg schlecht. Der Spielpädagoge leidet unter dem Leistungsdruck der Schule und erinnert sich nicht an die Gelassenheit, an das flexible und intuitive Reagieren seiner eigenen Spielleiter. Es gibt freilich auch Gegenbeispiele, in denen die Spielleiter z.B. souverän ihren Status wechseln, um das Vertrauen der Spieler zu gewinnen und zu halten, auch in schwierigen Situationen.

Vertrauen aufbauen und rechtfertigen

Schwierigkeit 3: Regie an Gruppe abgeben

Muß Schultheater ähnliche Aufgaben erfüllen wie professionelles Theater?

Im Greifswalder Modell wird eine Form der Spielleitung bevorzugt, die einen „Regisseur mit fertiger Konzeption" deutlich ablehnt oder einen Spielleiter, der anfangs nur „eigene Vorstellungen und Versionen" vorspielt und ständig die Gruppe mit *seinen* Einfällen in Atem hält. Wir stimmen Frank Herdemerten zu (in: Lippert,1998, S. 48 f.), daß der „Regisseur" nicht in das Schülertheater und schon gar nicht in das Schulfach Darstellendes Spiel gehört, sondern daß die Arbeit des Spielleiters darauf gerichtet sein muß, die Erfindungskraft der Gruppe zu stärken und sie zu befähigen, auch konzeptionelle Aufgaben der Spielleitung zu übernehmen.

Trotz ihrer andersartigen Erfahrungen im Modellstudium greifen die Absolventen teilweise auf diese rigiden Methoden des „Regierens" zurück: „Geh tiefer, noch tiefer, bis du fast den Boden berührst!" – Es erscheint zunächst einfacher, verfehlt aber das Ziel, daß der Schüler sich sein Handlungswissen über Probieren und eigene künstlerische Erfahrung erwerben soll. Die angeführten Schwierigkeiten machen darauf aufmerksam, daß fachdidaktische Theorie und Praxis weiterentwickelt, daß deutliche Warnsignale aufgestellt werden müssen: „Vorsicht, Grenze, Sie verlassen das Gebiet des darstellenden Spiels. ." und daß ein vielseitiges und flexibel einsetzbares fachdidaktisches Instrumentarium rascher und effektiver zugriffsfähig gemacht werden muß für alle.

Arbeitsformen und Tätigkeiten im Fach

Spiele

Training

Übungen

Erkundungen

Experimente

Improvisationen

Demonstrationen

Diskussion

Reflexion

Analyse und Interpretation

Rollenarbeit

Szenenstudium

Proben

Praktische Dramaturgie

Inszenierung (mit Hilfe der Spielgruppe)

Spielraumgestaltung

Ausstattung

technisch-mediale Aufgaben

Öffentlichkeitsarbeit

Präsentationen

Theoriearbeit (besonders für Sek.II)

Eine vergleichende Betrachtung, wie die jeweilige Arbeitsform aus Schüler- und aus Pädagogensicht wahrgenommen wird, könnte die Zusammenarbeit der Spielpartner genauer definieren helfen.

Zu jeder Tätigkeit sind Produkte denkbar, die das konstruktive Handlungswissen der Schüler ausbilden helfen.

ästhetische Produkte anstreben

Bei den erörternden Aufgaben muß über den ästhetischen Anteil nachgedacht werden.

Unterrichtsgestaltung

Darstellendes Spiel findet in zwei Grundstrukturen statt:

spielen und darstellen lernen

in der **Grundlagenarbeit** (Gruppenformung/Entdecken darstellerischer Elemente/Schulung von Wahrnehmungs-, Ausdrucks- und Darstellmöglichkeiten/Lernen von Techniken und Begriffen, Vermittlung von Theorien, Text- und Aufführungsanalysen mit Mitteln des darstellenden Spiels) und in der **Projektarbeit**, die in folgenden Formen möglich ist:

a) Kurzprojekte/Collagen von Teilergebnissen aus der Grundlagenarbeit

b) Szenische Erkundung/Szenisches Interpretieren/Inszenierungsbegleitung usw.

theatrale und andere Projekte

c) Theaterprojekt (Eigenproduktion oder Textvorlage/Personales oder Figurentheater)

d) Mediales Projekt (Objekttheater/Videotechnik/Film)

Zur intensiven Schulung eines ausgewählten Bereichs von Ausdrucks- und Gestaltungsmitteln ist sowohl in der Grundlagenarbeit als auch in Projekten **Werkstattarbeit** einzusetzen.

Ebenso gehören Phasen der **Prüfung und Bewertung** des Wissens/Könnens zum Fachunterricht.

Planung und Durchführung des Unterrichts im Darstellenden Spiel

Fachunterricht – wie gestalten? Natürlich als Projekt – darüber sind sich alle Experten einig. Zum Projektunterricht gibt es genug Literatur. (vgl. z.B. Schlünzen, Werkstatt Schultheater, Heft DS 1, 1998, S.19 ff.)

Gute Projektarbeit braucht aber auch viel Erfahrung (auf beiden Seiten) und gelingt selten beim ersten Mal.

Der Anfänger wird also mit Unterrichtsstunden in der Schule starten.

Die folgenden Hinweise sind nicht für erfahrene Lehrer, sondern als Hilfestellung für Studenten gedacht, die erst ein eigenes didaktisches Konzept entwickeln müssen, um ihre Intentionen in fest verinnerlichten Haltungen vor der Klasse/Spielgruppe vertreten zu können.

I. Pädagogisch-psychologische Vorüberlegungen

Bedingungen und Voraussetzungen

Berücksichtigung von Altersstufe, Geschlechterdifferenzierung, Lebensumwelt, kultureller Konditionierung, sozialer Situation und Kontakten innerhalb der Klasse, kommunikativer Probleme oder Besonderheiten, von Interessen, ästhetischer Aufgeschlossenheit, Erfahrungen zur Arbeit mit Kunst, Musik, Literatur, Theater, evtl. Anknüpfen an konkrete Vorleistungen oder vorangegangene Kontakte zum Spielleiter

2. Fachliche Analyse des Unterrichtsstoffes

Thema, Form, Gestaltung, Kontext

Die fachliche Analyse muß sich immer auf vier Grundstrukturen erstrecken: auf das Thema, die Formen, die Gestaltung und den Kontext. Sie geht von kulturästhetischen, theaterfachlichen, literatur- und kommunikationswissenschaftlichen, künstlerischen (Entwicklung der Darstellenden Kunst betreffend) und pädagogisch-psychologischen Kenntniszusammenhängen (die Entwicklungsstufe der Schüler, ihre Vorstellungs-, Denk- und Handlungsfähigkeiten berücksichtigend) aus und prüft, welcher Bildungszuwachs wie zu organisieren ist.

Jede Arbeit wird ein oder mehrere Themen berühren, sich auf die Mitteilung oder Erforschung bestimmter Aussagen konzentrieren, dazu wird aus den vorliegenden Materialien und der Fülle möglicher Ausdrucks- oder Spielformen eine Auswahl zu treffen sein, die wiederum eng verbunden ist mit Entscheidungen zu ihrer Gestaltung, z.B. zur Wahl eines bestimmten Stils der Darstellung – die Gruppe sollte daran beteiligt werden.

Auswahl treffen, Entscheidungen fällen

Entscheidend ist jedoch, in welchem Kontext diese Bestandteile stehen.

Der Student muß hier sein Fachwissen einsetzen und beweisen, daß er die Einzeldaten unter Berücksichtigung der Kontexte zu einem sinnvollen Konzept verarbeiten kann. Zugleich muß er darüber nachdenken, wie er seine Spieler für diese Zusammenhänge interessieren kann.

3. Didaktisch-methodische Vorüberlegungen

Didaktisch-methodische Entscheidungen erwachsen aus Zielen, Inhalten und Bedingungen.

Zu den Bedingungen gehören die Besonderheiten des Spielleiters und die sozialen, kulturellen und kommunikativen Konditionierungen der Spielgruppe.

Grundlage jeder Entscheidung muß

das fachdidaktische Konzept von Darstellendem Spiel

sein. Es beinhaltet folgende Schwerpunkte:

lerntheoretischer Aspekt

• den **handlungsorientierten lerntheoretischen Aspekt** (Lernen über ästhetische Erfahrung und produktbezogenes, ganzheitliches, aktives künstlerisch-praktisches Handeln, das wiederum in ein Handlungskonzept mündet, und für kreatives Schaffen auch die notwendigen Spielräume im offenen Unterrichtskonzept bereitstellen muß)

Fachaspekt

• den gegenstandsbezogenen **Fachaspekt** einer sinnvollen Auswahl aus den drei Arbeitsbereichen des Faches im Hinblick auf das jeweilige Bildungsziel und die Leistungsfähigkeit der Spielgruppe (exemplarisches Lernen, Sachstruktur, deutliche Definition mit Abgrenzung und wachsender Progression für die Jahrgangsstufen nötig, aber unbedingt Vermeiden eines starren Curriculums)

Bedeutungsaspekt
- den schülerbezogenen entwicklungspsychologischen und gesellschaftlichen **Bedeutungsaspekt** (Gegenwarts- und Zukunftsbedeutung der Fachinhalte und -methoden und Schwerpunktsetzung: geht es um ästhetisches Erfahrungslernen oder um Kunst-Vermittlung oder Kunst-Ausübung? Oder/und? Zusammenhänge zu anderen Fächern und über die Schule hinaus)

Methodenaspekt
- und den **Methodenaspekt** (der für Lehrer und Schüler spezifische und gleichzeitig ähnliche Methodenkompetenzen vorsieht und didaktische Grundmodelle für verschiedene Stundentypen sowie fächerübergreifende und projektorientierte Methoden und klare Vorstellungen zu Leistungskriterien, Leistungsmessung und Bewertung enthält).

gemeinsam Ziele finden
Zielbestimmung ist nicht allein Sache des Lehrers, er soll die Schüler anregen, Fragen zu stellen und Neues zu entdecken – und wird dabei auch für sich selbst Neues entdecken.

Bei der Planung einer Unterrichtseinheit sind die speziellen Anforderungen von offenem, projekt-, produktorientiertem Unterricht zu berücksichtigen. Da Improvisation ein konstituierendes Moment der Fachdidaktik ist, kann der Lehrer Anregungen zum Improvisieren geben und Impulse zwischenschalten, aber nicht das Ergebnis genau voraussehen.

Improvisation als Kern

Dennoch muß er über die *Funktion* der (Doppel-) Stunde innerhalb des Gesamtkonzepts nachdenken und dabei Anknüpfungsmöglichkeiten an Voraufgegangenes beachten, Hinweise zur Gliederung und Gestaltung des Unterrichts, dazu Arbeits- und Sozialformen überlegen, Einsatz von Spielmitteln/Material/Musik planen und seine eigene(n) Rolle(n) als Spielleiter oder Rollenfigur überdenken, soweit das vorab möglich ist.

Material nach Spielleiter-Rollen

4. Zielstellung

Jede Stunde sollte einen Beitrag leisten zur
➤ Ausprägung des Gestaltungswillens der Schüler,
➤ Aneignung von Formen darstellerischer Artikulation,
➤ Entfaltung künstlerisch-praktischer Gestaltungskompetenzen,
➤ Entwicklung des Beobachtungs- und Wahrnehmungsvermögens,
➤ Ausbildung von Reflexions-, Kommunikations- und Interaktionsfähigkeiten
und damit die drei Hauptziele des Faches berücksichtigen: die individuelle, soziale/kommunikative und ästhetische Entwicklung der Schüler zu fördern.

5. Stundenplanung/Gliederung

Mögliche didaktische Schritte können sein:
Vorbereitung/warming up, *Einstieg*/Motivierung, mit Thema/Zielstellung/Verständigung über das anzustrebende Produkt ver-

Schrittfolge, kein
starres Schema

binden, evtl. Erarbeitung/Demonstration/Aneignung/ Übung von Spieltechniken/Ausdrucksmitteln/Formen, *Gestaltungsaufgaben*, Gruppenarbeit, *Präsentation,* Reflexion, *Auswertung,* Gewinnen neuer Ansätze für die weitere Arbeit, evtl. eine Abschlußübung. Je nach Funktion der Stunde im Gesamtprozeß ist auch Konzentration auf wenige Schwerpunkte denkbar (z.B. nur Üben des Zuspitzens bereits erarbeiteter Szenen mit Präsentation und Reflexion).

Das Hauptproblem besteht darin, den spezifischen interaktiven und künstlerisch-praktisch improvisierenden und erfindenden Charakter dieses Unterrichts zu beachten und Raum für kreative darstellende und gestaltende, auch spielleitende Schülerarbeit, ihre Wahrnehmung und Weiterentwicklung einzuplanen.

6. Material

Es wären auch Formulierungen wie „Technische Vorbereitung" oder „Raumgestaltung" denkbar – je nach den Arbeitsbedingungen und Zielen und dem Grad der Einbeziehung der Spielgruppe.

7. Nachbereitung

Kurz notierte Erfahrungen sind besonders bei Unterricht mit offenem Charakter äußerst wichtig, um Veränderungen während der Arbeit verfolgen zu können.

Ansätze für
Weiterarbeit

Welche Impulse führen weiter, aus welchen Anregungen ergeben sich neue Richtungen, welche Qualität hatten die Reflexions- und Kommunikationsprozesse?

Bewertungsnotizen zu Einzel- und (Klein-)Gruppenleistungen

Supervision wäre schön

hohes Anspruchsdenken

In den Praxisfeldern des Studiums erleben die Studierenden auch Diskrepanzen zwischen eigenem Engagement und der erreichten Zielstellung. Sie sollten aber auch gleichzeitig ein Instrument an die Hand bekommen, damit fertig zu werden. Supervision könnte ein solches Instrument sein, denn sie wird nicht als Kontrolle, sondern als Unterstützung mit dem Aspekt der Weiterentwicklung eingesetzt. Ziel ist immer, die Persönlichkeit des Spielleiters zu stärken. Und der Weg besteht vorrangig darin, das eigene Verhalten durch Impulse von außen noch einmal reflektierend zu betrachten. Handlungszusammenhänge zu unterscheiden und herauszufinden, was warum wie wirkt, was sich behindert oder verstärkt.

mit „fremden Augen"
auf sich selbst sehen

Tatsächlich ist aber für die zeitaufwendige ritualisierte Form der Supervision, die in festgelegten Schritten mehrere Phasen und Unterphasen absolviert, eine Fülle von Fragen (bis auf die verbotenen: Warum? Weshalb? Wieso?) umfaßt und sich in den nachfolgenden Sitzungen reihum auf alle Teilnehmer einer Gruppe erstrecken sollte, im Beifachstudium keine Zeit. Die humanistischen Grundprinzipien des Verfahrens: Anteilnahme, Interesse, Wertschätzung, Sicherheit, Vertrauen, Ernstnehmen des Ratsuchenden (aber nicht unbedingt seiner subjektiven Definition des Problems) sollten aber auch schon in

Auswertungsprinzipien einfachen Auswertungsgesprächen z.B. der schulpraktischen Übungen durchgesetzt werden. Dazu ein Beispiel:

• Nach der Stunde ist der Student unglücklich, obwohl im Prinzip alles wie geplant gelaufen ist, die Schüler sich mit Spieleinfällen aktiv beteiligt haben. Wieso gehen sie nicht besonders begeistert aus dem Spielraum?

• Gemeinsam wird eine „Knackstelle" gefunden: So wurde von den Kommilitonen beobachtet, daß der Student im Unterricht eine klare Aufgabenstellung mit eindeutigen Bewer-

Aufgabe nicht tungskriterien zu aufregenden Neuerungen entwickelt hat-
„durchgesetzt"? te. Wie weit sicherte er, daß die Spieler die Aufgabe zu ihrer eigenen machten und selbst neugierig auf die Ergebnisse wurden? Sie boten nach der selbständigen Gruppenarbeit aber nur „halbe Sachen" an, hatten sich „geschont". Der Spielleiter forderte keine Überarbeitung. Man sah ihm zwar deutlich die Unzufriedenheit an, er machte kurz einen zaghaften Einschätzungsversuch, ging dann aber rasch zum nächsten Arbeitsschritt über.

die Spielgruppe mit • Auf das Verhalten aufmerksam gemacht, entwickelte der
einbeziehen Student sofort Ideen, wie man diese Situation spielmethodisch und damit auch psychisch so ändern kann, daß sich Spielleiter und Spieler gleichermaßen besser fühlen.

• Es sollte nicht so sehr um Ursachenforschung gehen, wie: daß zwar innerlich hohe Ansprüche ausbildet, daß aber die Durchsetzungsfähigkeit nach außen eingeschränkt ist und in allen ähnlichen Situationen bisher immer der Rückzug vorge-

eigenen Durchblick zogen wurde, oder gar um fertige Ratschläge, als vielmehr um
erhöhen die Transparenz des Geschehens, um dadurch die Orientierungs- und Handlungssicherheit zu erhöhen.

Ein solches Vorgehen bringt ähnliche Vorteile wie die Supervision: Auf diesem Wege werden langsam Handlungskonzepte entwickelt — und wenn das Durchschauen einer Situation bereits während des Unterrichts erfolgen kann, der Lehrer so-

Handlungskonzepte fort aktiv darauf reagieren lernt, dann stellt sich das unglück-
entwickeln liche Gefühl erst gar nicht ein.

Wahrnehmung
verbessern

Die Kommilitonen helfen als echte Partner, als gleichberech-tigte Beobachter, vervielfachen sozusagen die Augen und Oh-ren des Lehrenden nachträglich, da man im Unterricht (be-sonders als Anfänger) nur Teile des Gesamtprozesses und am wenigsten sich selbst wahrnehmen kann.

Perspektivwechsel

Auf diese Weise sieht man eine Situation plötzlich aus ande-rer oder mehrerer Perspektive/n (sie kann auch nachgespielt werden) und kommt von allein auf Änderungsideen.

Die vorliegenden Überlegungen für eine Didaktik des Darstellenden Spiels sind der Greifswalder Beitrag zur Diskussion. Sie sollten weiter durchdacht und ergänzt werden.

Unterrichtsmodelle zum Darstellenden Spiel

Wie könnte Grundlagenunterricht im Darstellenden Spiel aus-sehen?

Grundlagen-
Unterricht

Wir stellen einige mögliche Stundentypen vor, die in den An-forderungen steigen, aber nicht einfach als Reihenfolge ge-dacht sind. Schon gar nicht sollen sie „fertige" Muster zum einfachen Nachvollziehen sein, eher Anregungen zum Selbst-Erfinden und Einblick geben in die Vielfalt möglicher Ziele, Inhalte, Organisationsformen.

Abgrenzung vom
Projektunterricht

Der Lehrer für Darstellendes Spiel wird nach und nach sein eigenes Repertoire entwickeln – das er zudem ständig flexibel halten muß, um die konkrete Spielgruppe zu berücksichtigen. Aufgrund des angestrebten Produkts sei jede Art von Unter-richt im Darstellenden Spiel bereits „Projekt" oder „projekt-orientiertes Arbeiten". In Anlehnung an die Auseinandersetzung von Dagmar Hänsel mit den Begriffen von Projektmethode und Projektunterricht (Hänsel, in: Handbuch Projektunter-richt, 1997, S.154 ff.) wird hier ein Fragezeichen gesetzt und lieber allgemein von Unterrichtsmodellen gesprochen.

Modell I

Vom Spiel zum szenischen Spiel (Rollenspiel)

1. Interaktive Übungen, Spiele ohne Verlierer, zunächst alle zu-sammen, dann auch Partner-, Einzel-, Gruppenarbeit, Schwer-punkt: Beweglichkeit und Sicherheit des Einzelnen und sozia-le Kontakte in der Gruppe stärken.
2. Nach und nach zu darstellerischen Qualitäten anregen, die Spiele und Übungen werden so zunehmend als fachspezifi-sche Arbeitsform begriffen, die die verschiedensten Ausdrucks-möglichkeiten von Körper und Stimme als Gestaltungsmittel fördern und entwickeln.
3. Unterschiedliche Anlässe werden zum Rollenspiel genutzt, das Zusammenspiel mehrerer Schüler kann zu kleinen Szenen

führen. Ausgewählte Themen werden in Kleingruppen selbständig bearbeitet.

4. Präsentation der Partner- oder Gruppenszenen und anschließende Reflexion schulen Beobachtungs- und Beurteilungsfähigkeiten und bilden ästhetische Wertmaßstäbe aus.

Mehr ist am Anfang zunächst nicht möglich. In mehreren Doppelstunden kann der Lehrer ein Repertoire von anschaulichen kleinen Rollenspielszenen mit den Schülern sammeln – wenn dazu ein passender Rahmen gefunden wird, könnte man schon eine kleine Arbeitsaufführung damit gestalten.

Ergebnis: Die Qualität wird noch wenig theatral sein, aber die Freude am Darstellen und Gestalten wird gefördert. Die Spieler erkennen, daß auch die kleinste Szene eine Struktur aufweist: erst Spannung wecken, dann Widersprüche austragen, ein möglichst überraschendes Ende, eine Pointe zum Schluß.

Zuschauer sollten nur Bekannte oder Gleichaltrige sein. Kritik ist unangebracht, höchstens freundliche Tips (nicht zu viele) geben.

Modell II

Improvisation üben

1. Gruppenspiele und Aufwärmen lockern und wecken Spielbereitschaft. Schwerpunkt sollten Spiele zu Reaktion und Kooperation sein.

2. Techniken der Improvisation werden vermittelt durch entsprechende Übungen: Wenn die Spielregeln eingehalten werden, wächst das Ausdrucksvermögen der Schüler. Da sie selbst durch eigene Impulse das Spiel vorantreiben und auf die Impulse des Mitspielers echt reagieren müssen, wächst die Glaubhaftigkeit der Darstellung einer fiktiven Situation!

3. Aus den Übungen kann eine kleine Präsentation zusammengestellt werden.

Allein zu diesem Stundentyp kann eine umfangreiche Unterrichtseinheit entwickelt werden. Die Schüler profilieren ihr spontanes Reagieren und das rasche Einstellen auf ungewöhnliche Situationen

Ergebnis: Oft steht der Witz der Dialoge im Mittelpunkt, deshalb auch ohne Worte üben. Wenn weiße Neutral-Masken (oder auch Tiermasken – aber für menschliche Beziehungen) verwendet werden, wird das Spiel sofort theatralen Ausdruck gewinnen: Die Spieler müssen sich stärker mit ihrem Körper ausdrücken und den Dialog reduzieren, auch Zuwendung, Blickkontakte erhalten sofort stärkeren Aussagewert. Jede Geste wird zum Zeichen. Die Erfahrungen aus dieser Art Spiel sind dann auf das Spiel ohne Masken zu übertragen.

Von Alltagsszenen zum bedeutsamen Vorgang

Modell III

1. Körperliches, stimmliches und psychisches Aufwärmen schafft Voraussetzungen für das Eintreten in die künstlerisch-praktische Arbeitsphase. Schwerpunkt: Zug um Zug, um die Gliederung eines Geschehens zu begreifen und zu üben.

2. Im improvisierten Rollenspiel werden aufgeschriebene kleine Alltagsszenen – mit genau durchdachter Handlungsfolge – in Kleingruppen vorbereitet, wobei die Spieler zunächst ganz natürliche Beziehungen einnehmen.

3. Nach der Präsentation jeder Szene wird durch Nachfragen herauskristallisiert, was gesehen wurde, was eigentlich mitgeteilt werden sollte, welche Motive den vorgestellten Handlungen zugrunde lagen und ob das im Spiel zu sehen war.

4. Das Verstehen oder Nichtverstehen der Gruppe ist dann Anlaß zur Präzisierung der Inhalte (Was ist das Wesentliche?!) und der formalen Umsetzung (Wird das sichtbar?). So werden gemeinsam die „beredten", bedeutsamen Vorgänge innerhalb der szenischen Handlung gefunden: Jeder Gang, jede Haltung, jede Pause, jeder Tonfall erzählt etwas über Beziehungen, Wünsche und Ziele. (Wichtige Regel: erst Beziehung aufnehmen, dann reden!)

5. Der Vorgang wird gegliedert. Wenn ein „Drehpunkt" auftaucht, sollte der Zuschauer ihn bemerken. Wie die Aufmerksamkeit des Zuschauers gelenkt wird (Focus) und wie die Komposition des Gesamtvorgangs beschaffen sein muß, lernen die Spieler beim Probieren und Präsentieren.

6. Derselbe Vorgang kann parallel von verschiedenen Kleingruppen bearbeitet werden, die Präsentationen helfen vergleichen.

Ergebnis: Wenn die Schüler diese Strategie begreifen und sich nach und nach zu eigen machen, werden ihre selbst entworfenen Szenen künftig deutlicher etwas Bestimmtes mitteilen, die Gestaltungsmittel werden zielgerichteter dafür eingesetzt, sie werden zum beredten Zeichen – der Ausdruck wird künstlerischer, ohne die Natürlichkeit des Schülerspiels zu verlieren. Die Vergleiche verschiedener Darstellungen zu demselben Thema werden zeigen, daß es viel mehr Gestaltungseinfälle gibt, als man glaubt, und daß sich durch den Einsatz bestimmter Mittel die Aussage ändert.

Modell IV   **Stilisieren und Reduzieren**

1. Aufwärmen ist diesmal besonders wichtig, Übertreiben, Vergrößern, Verlangsamen usw. sollten eingebaut werden.
2. Übungen zu unterschiedlichen Möglichkeiten der Reduzierung – z.B. von Sprache und Sprechen: „Sprache" sind nur vereinbarte „ausländisch" klingende Laute, Grammolo, oder nur Zahlen (1-25) oder sinnlose Wortsilben aus einem diagonal ausgerissenen Zeitungsschnipsel oder nur zwei Silben oder zwei Worte: „Soso" „Ja" oder ähnliche Kombinationen. Die Spieler erproben, wie durch Klangfärbung und nonverbale Gestaltung diese „Sprache" funktioniert.
3. Danach spontane Improvisationen in Kleingruppen zur Anwendung solcher Gestaltungsmittel: Es kann eine Situation vorgegeben werden (z.B. Verkäufer versucht, unbedingt einen Artikel loszuwerden/Mutter fragt Sohn, wann er letzte Nacht nach Hause gekommen ist/Vater weicht aus, weil er nicht bei der Hausaufgabe helfen kann usw.), oder die Spieler denken sich eine kleine Handlungsfolge aus – mit Abschluß! – oder die Handlung wird erst während des Spiels erfunden (Ort/Personenangabe wären hilfreich), es kommen spontan weitere Spieler dazu, die die Situation verändern usw.
4. Präsentationen und Auswertungen

Ergebnis: Was gelernt wird: Die Ausdrucksstärke ist um so größer, je reduzierter die Mittel sind. Die Spieler entfernen sich deutlicher vom Ich, sollten aber erst einmal ihre individuellen Stärken (Beweglichkeit, Dynamik, Bedächtigkeit, Lautstärke, Tonhöhe usw.) entdecken und dann zielgerichtet für die Gestaltung der Aussageabsicht einsetzen.

Dieser Bereich ist riesengroß, hier ein Beispiel:

• Eine Party-Darstellung verändert sich sofort, wenn die Spieler sich als bestimmte, typische Fabeltiere verhalten und sich nur mit Tierlauten verständigen: als hinterlistiger, schmeichlerischer Fuchs, als gemütlicher Bär, als gieriger Wolf, als dumme Gans, als gefährlicher Jaguar usw.

Das Spiel der Gruppe bekommt mehrdeutigen, aber auch allgemeingültigen Charakter, die Spieler entdecken immer neue Möglichkeiten.

Modell V   **Status-Spiele**

1. Vorübungen: Beziehungen zu anderen werden vom Status-Streben bestimmt: sich aufspielen, anderen drohen: Westside-Story, oder je nach Status Körperhaltung ändern (Schultern, Becken, Kopfhaltung, Körperspannung), anderer Blick, anderer Gang,

je nachdem, ob ich mich überlegen/als „Chef" oder unterlegen/abhängig fühle. Dazu Übungen, die ohne Absprache gemeinsame Aktionen verlangen.

2. Status-Übungen 1: Aus der Gruppe wird (ohne Absprache) jemand herausgehoben.

Beispiel: Wer ist auf der Ausstellung der berühmte Künstler, oder: Wer ist auf dem Kongreß der berühmte Wissenschaftler, der den Preis bekommen wird? Wem nach einer (Spiel-)Weile der höchste Status (durch die Mehrheit der Gruppe) zugesprochen wird, dem jubeln alle zu. Welche Anstrengungen werden unternommen, um auf den begehrten Platz zu gelangen?

3. Status-Übungen 2: Status verteidigen oder durchsetzen. Der Ausgang wird durch die Ausdauer und Zielstrebigkeit der Spieler bestimmt: manche geben früher auf und wechseln den Status, den sie eigentlich halten wollten.

Beispiel: Ein Untergebener (z.B. Chauffeur) kann durchaus durch Ausspielen seiner Professionalität in bestimmten Situationen (z.B. Auto kaputt) die Macht an sich reißen und die Handlungen anderer bestimmen: „Halten Sie das mal, Herr Direktor …"

4. Anwendung: Die Erfahrung aus den Status-Übungen wird auf eine Szene aus einer Text-Vorlage angewandt. Jede Figurenhandlung wird jetzt nur unter diesem Gesichtspunkt geprüft und dargestellt. Nimmt die Person Hoch- oder Tiefstatus ein? Freiwillig oder gezwungen? Wechselt sie den Status im Spiel? Die in Gruppen vorbereiteten Szenen werden vorgespielt.

Ergebnis: Der Charakter der dramatischen Figur wird im Spiel sofort deutlicher sichtbar, wenn klar ist, welchen Status sie behauptet oder in welcher Weise sie ihn warum wechselt.

Diese Unterrichtsmodelle sind nur als Ausschnitt vieler möglicher Varianten und als Anregung zu betrachten. Der erfahrene Lehrer braucht sie sicher nicht, für den Anfänger können sie ein Einstieg sein, er sammelt so gemeinsam mit seinen Schülern Erfahrungen zum Darstellen und Gestalten.

VIII.

Theoriebegegnungen

Die Bühne im Gehirn

Educational Drama, Konstruktivismus und die Enttrivialisierung der Schule

I. Profi oder Amateur

Wer in Deutschland etwas lernt, kann seine Kompetenz mit einem Papier beweisen; und wer keins hat, dem traut man nicht. Künstlerische Berufe sind da keine Ausnahme – wir diplomieren Maler, Musiker, Sänger, Tänzer, Regisseure oder Schauspieler. In anderen Ländern fragt man nicht nach Zeugnissen, solange die Leistung überzeugt. Da macht eine gute Köchin ein Restaurant auf und Grandma Moses Ausstellungen. Die Briten haben exzellente Schauspielschulen, aber auch die Tradition, große Begabungen direkt von der Universität an die Bühne zu verpflichten. Richard Burton und Peter Hall kamen von Oxford, John Barton, der langjährige Direktor der Royal Shakespeare Company, war Hochschulprofessor, David Frost und seine Freunde vom Studentenkabarett „Beyond the Fringe" debütierten am Rande des Edinburgh Festival und machten sofort Karriere im Theater und im Journalismus.
Übergangsregelungen der Gewerkschaft erleichtern akademischen Amateuren den Einstieg in einen Bühnenberuf. Amateure sorgen für frische Ideen im Establishment. Roy Nevitt war Englischlehrer in Milton Keynes, als er für die Region ein eigenes Community-Theater entwickelte. Seither wurden seine Produktionen ans National Theatre eingeladen, seine Arbeit vielfach ausgezeichnet und mit Millionenmitteln unterstützt. Solche Durchlässigkeit zwischen offiziellem und inoffiziellem Kulturbetrieb wären hierzulande undenkbar – die entsprechende Originalität und Vielfalt leider auch.

II. Das Erzeugen einer Situation beim Schauspieler, das Erzeugen einer Situation im Verstehensprozess

Letztlich braucht ein Schauspieler nur eine Fähigkeit: sich in eine gedachte Situation, einen Charakter zu versetzen und diese Vorstellung durchzuhalten. Das erfordert eigentlich nur eins: Konzentration.
„Good acting is when you just do it. And don't care, don't bother with whether it shows or not, whether anyone can tell or not. You just don't worry about that. That's all there is to it. It's very simple to explain: you just do it ... It's hard to do because it takes such great concentration. But we all can do it. Anyone can learn to act. ... Your action should have an object. It should be physical. The minute you look inside yourself and you're thinking of yourself, which you have to do if you're looking for emotion, your concentration becomes on yourself. It should always be on something outside yourself."[1]
Was Tony Randall hier formulierte – übrigens für die Zeitschrift amerikanischer Lehrer und Theatererzieher – hat auch schon Stanislawski gefordert: erinnere keine Gefühle, exerziere Gesten, die mit den Gefühlen in Verbindung stehen und das Gefühl wird sich von selber einstellen. Handlungen stoßen eine Kette von eingefahre-

nen Erinnerungen an, zu denen auch Gefühle gehören. Stanislawski wußte nicht, daß er einen Grundsatz moderner Kognitionslehre formulierte, wonach Nervenzellen, die oft zusammen stimuliert werden, stark vernetzt werden und „zusammen schwingen", wenn sie partiell gereizt werden. So findet unser Fuß das Bremspedal, wenn wir Rot sehen, so reagieren wir mit bestimmten Tanzschritten auf entsprechende Rhythmen.

III. Das Bedürfnis nach Erfahrungen in gedachten Situationen – Konstruktivistische Erkenntnistheorie

Ganz offenbar haben wir ein elementares Bedürfnis, in gedachte Situationen und Geschichten einzusteigen: Theater zu spielen, Geschichten zu erfinden, Lust auf Gedankenspiele, Laborexperimente, brainstorming. Theater ist nicht nur eine schöngeistige Erholung von harten Fakten – es führt zurück zu den elementaren Grundlagen menschlichen Erkennens und Lernens.

Die moderne Kognitionstheorie beruht auf dem Paradigma des Konstruktivismus. Ihr Grundgedanke, sehr vereinfacht, ist dieser: unsere Vorstellung von Realität entsteht im Kopf und in der Reaktion auf konkrete Situationen. Wenn es objektive Wirklichkeiten und absolute Wahrheiten gibt, dann entziehen sie sich jedenfalls unserer subjektiven Wahrnehmung. Jeder neue Eindruck wird integriert in unsere bisherige Lebenserfahrung, das was Maturana „praxis of living" nennt. So entsteht aus der gleichen Situation für jeden von uns eine andere Erfahrung. So entsteht in Lebensgemeinschaften, die viele gemeinsame Erfahrungen teilen, ein kultureller Konsens, der als absolute Wahrheit und Wirklichkeit mißverstanden wird und doch tatsächlich genauso vorläufig ist, wie unsere privaten Wirklichkeitserfahrungen. Für die Wirklichkeiten und Wahrheiten, die wir privat oder als Gesellschaft erzeugen, tragen wir genau deshalb auch Verantwortung. Nicht die Umwelt ist unser Schicksal – wir verantworten die Umwelt.

Diese Kognitionstheorie ist natürlich eine Herausforderung für Schule und Hochschule. Verschwunden sind die ‚Fakten", die unbezweifelbaren Wahrheiten, die sich so gut zu Lernzielen eignen. Die Naturwissenschaften haben das zuerst begriffen und verstehen Naturgesetze längst als Beschreibungsmodelle der uns umgebenden Welt, die ebensoviel über die Fragen und das erkenntnisleitende Interesse der Forscher aussagen wie über die beobachtete Wirklichkeit. Wissenschaftlicher Fortschritt wird daher von einem neuen Blick auf die uns umgebende Welt erwartet, nicht von einer unkritischen Tradierung historischer Antworten auf historische Fragen. Es ist gewiß kein Zufall, daß der aktuelle Konstruktivismus seine wichtigsten Impulse einem Physiker und Kybernetiker wie Heinz von Foerster verdankt, Biologen wie Maturana und Varela, Psychologen und Philosophen wie Glasersfeld und Watzlawick.

IV. Konstruktivistisches Lernen

Alles Lernen ist situativ. Man kann gelöst von Kontexten auswendig lernen, aber man kann nicht ohne situative Stimulierung Neues erfahren, und wenn eine Erfahrung sich nicht mit unserer Lebenspraxis verbindet, haben wir nichts „gelernt", nur auswendig gepaukt. Das hat ganz Konsequenzen.

1. Konkrete Situationen stimulieren die Nervenzellen, aber Reize sind nicht mit Inhalten verbunden. Unser Auge hat keine Zellen zur Wahrnehmung verschiedener Farben, es nimmt nur Lichtintensitäten wahr. Farben entstehen dann erst im Kopf. Dies aber ist ein Selektionsvorgang: Wir sehen, was unsere Wahrnehmung anspricht und übersehen, wofür uns die entsprechenden Fragen fehlen. Wahrnehmen und Lernen haben mehr mit der Fähigkeit zu tun, Fragen zu stellen als mit dem Finden von Antworten; und praktisch gar nichts mit dem Pauken von Antworten auf Fragen, die wir nie gefragt haben.

„In daily life, in the actual dynamics of human interactions, an explanation is always an answer to a question about the origin of a given phenomenon, and it is accepted or rejected by a listener who accepts or rejects it according to whether it satisfies his or her particular implicit or explicit criterion of acceptability. For this reason, there are as many different kinds of explanations as there are criteria of acceptability for reformulations of the happening of living of the observers that the observers may specify."[2]

2. Wenn ein Nervensystem etwas lernt, dann bedeutet das auch, daß Nervenzellen, die regelmäßig zusammen aktiviert werden, einen Verbindungsstrang ausbilden, wie Donald Hebb [3] schon 1959 gezeigt hat . So werden ganz unterschiedliche Körperbereiche verbunden. Unsere Motorik beeinflußt unser Gesichtsfeld, unsere Emotionen sind mit unserem Gedächtnis verknüpft, unser Sprachvermögen mit unserem Gleichgewichtsorgan usw.   Physische Systeme sind nicht selten Untersysteme des kognitiven Systems; unser Immunsystem erkennt einen Virus als feindlich oder freundlich – Aids ist solche Wahrnehmungsstörung der Zelle.

3. Lernen ist daher immer der Prozess der Integration neuer Reize in frühere Erfahrungen des Nervensystems. Diesen Kontext kennt nur jeder selbst - auch wenn er uns selten bewußt ist. Damit ist die Verarbeitung des Reizes in die vorhandene „praxis of living" ein sehr persönlicher und nicht prognostizierbarer Vorgang. Damit muß man sich vom geplanten Unterricht mit seinen im voraus exakt definierten Lernzielen verabschieden.

„Wissen ist folglich ein ständig ablaufender Verstehens- bzw. Interpretationsprozeß, der nicht in irgendeiner angemessenen Weise als Menge von Regeln und Annahmen eingefangen werden kann, da er von Handeln und Geschichte abhängig ist und da man in ihn nur durch Nachahmung und aktive Mitgliedschaft hineinwachsen kann."[4] Wer brav das repetiert, was ihm vorgesagt wurde, wird vielleicht gute Prüfungen ablegen, aber er hat nichts gelernt. Aber damit haben selbst überzeugte Konstruktivisten ihre Probleme, wenn sie Lehrer sind. Wie soll man es denn sonst machen? Es ist ein praktisches Problem, das die Vorstellung, was Wissen und was Wissensvermittlung sein könne, radikal verändern muß. Und der Gedanke liegt nahe, daß das Lernen in simulierten Situationen vielleicht genauso wirkungsvoll sein könnte wie das in realen Situationen, das wir ja laufend praktizieren. Darum hat man immer wieder Geschichten und v.a. das Theater benutzt, um Einsichten und Erfahrungen wachsen zu lassen. Schließlich beschreiben alle Dramaturgien von Aristoteles bis Brecht, wie Erfahrungen durchs Theater ausgelöst werden können.

4. Wenn der Organismus auf einen Reiz reagiert, tut er das zwar an einer bestimmten Stelle, aber er stellt insgesamt eine neue Balance her. Wenn unser Nervensystem etwas lernt, reagiert es als ganzes, als selbstregulierendes System. Das hat die Ganzheitspädagogik immer gewußt, damit argumentiert auch das Schultheater. Wir wissen, daß man besser lernt, wenn man sich bewegt, den Körper lockert, vielfältige Aspekte eines Themas mit allen Sinnen aufnimmt – und wir handeln nicht danach. Die meisten Klassenzimmer erlauben es auch gar nicht.

5. Ob wir wirklich Erfahrungen gemacht haben, zeigt sich an einer aktiven Reaktion, wenn der Organismus einen Ausdruck für die neue Erfahrung findet. Dieser Ausdruck steht in einem Analogieverhältnis zur Erfahrung, so wie schon der auslösende Reiz zum Erfahrungsinhalt. Der Ausdruck einer Erfahrung kann physisch und direkt sein oder indirekt in Sprache, Schrift und vielen Formen künstlerischer oder praktischer Produktion.

Szenische Improvisation zeigt den Spielern, welche Erfahrungen sie und andere machen im direkten körperlichen Austausch.

6. Die Kognitionsforschung definiert Wissen neu. Da wir grundsätzlich eine objektive Wahrheit nicht als solche erkennen können, unterliegen unsere Beschreibungsmodelle von Wirklichkeit einer ständigen Revision. Menschen, die in ihrer Lebenspraxis viel gemeinsam haben, werden oft ähnliche Erfahrungen aus gemeinsam erlebten Situationen gewinnen. So entsteht ein vorläufiger Konsens, den man oft als letzte Wahrheit mißversteht, obwohl er oft schon bald revidiert – und von anderen Sozialgruppen keineswegs geteilt wird. Antworten sind konsensfähig, solange es keine besseren gibt, die mehr Zustimmung finden.

Ein ganz vergleichbarer Prozeß spielt sich in Lernimprovisationen ab.

Das, was britische drama-teacher als „negotiation of meaning" bezeichnen: in Spielsituationen nähern sie sich einem Konsens. Ohne eine Minimalabstimmung wird schon die gemeinsame Improvisation unmöglich.

V. Das Angebot des Educational Drama für konstruktivistisches Lernen

„Der Großteil unserer institutionalisierten Erziehungsbemühungen hat zum Ziel, unsere Kinder zu trivialisieren. Ich verwende diesen Begriff 'Trivialisierung' genau so, wie er in der Automatentheorie gebräuchlich ist. Dort ist eine triviale Maschine durch eine festgelegte Input-Output-Beziehung gekennzeichnet, während in einer nicht-trivialen Maschine (Turingmaschine) der Output durch den Input und den internen Zustand der Maschine bestimmt wird.

Da unser Erziehungssystem daraufhin angelegt ist, berechenbare Staatsbürger zu erzeugen, besteht sein Zweck darin, alle jene ärgerlichen innerlichen Zustände auszuschalten, die Unberechenbarkeit und Kreativität ermöglichen. Dies zeigt sich am deutlichsten in unserer Methode des Prüfens, die nur Fragen zuläßt, auf die die Antworten bereits bekannt (oder definiert) sind und die folglich vom Schüler auswendig gelernt werden müssen. Ich möchte diese Fragen als 'Illegitime Fragen' bezeichnen. Wäre es dagegen nicht faszinierend, sich ein Erziehungssystem vorzustellen, das die zu Erziehenden ent-trivialisiert, indem es sie lehrt, 'Legitime Fragen' zu stellen, d.h. Fragen, deren Antworten noch unbekannt sind?"[5]

Auch wenn viele Lehrer insgeheim Heinz von Foersters Kritik nachvollziehen können – darum wissen sie doch noch nicht, wie sie anders unterrichten könnten. Wenn man das, was am Ende einer Stunde gelernt sein soll, nicht mehr vorher festlegen und die Ergebnisse von Denkprozessen nicht manipulieren darf – wie soll man dann Unterricht planen?

Die Lehrmethoden des Educational Drama. sind heute wahrscheinlich die einzige praktikable Antwort, die dem Lehrer dazu angeboten wird.

Lernimprovisationen haben die Briten nach 1945 als drama-in-education entwickelt und dank genialer Pioniere wie Peter Slade, Brian Way, Dorothy Heathcote und Gavin Bolton weltweit exportiert.[6] Inzwischen existieren international zahlreiche Varianten, die in ihrer Herkunft, ihren theoretischen Vorgaben und Zielen und ihrer Durchführung kaum unterschiedlicher sein könnten. International wird dafür der Begriff Educational Drama (E.D.) bevorzugt. Das weltweite Netz von drama-Lehrern und solchen, die so arbeiten, auch wenn sie das in anderen beruflichen Kontexten tun, ist 1992 in Portugal zur Weltorganisation der IDEA geknüpft worden.[7]

E.D. ist kein Theater – aber es nutzt theatrale Techniken. Es ist kein Drama – aber es nutzt die Dramaturgie von Situationen, um Erfahrungen auszulösen; eine vielstufige Improvisation oder Performance (im Sinne der performance art), nicht als Aufführung für Zuschauer sondern als Erfahrungsprozeß der Teilnehmer konzipiert. Trotzdem kann E.D. – wie performance art – für den Beobachter ästhetisch durchaus reizvoll sein. Richard Courtney, der große Spieltheoretiker,erklärte das Potential von E.D. anthropologisch: „Modern research has shown that there is a logical progression from acting-out through fantasy to dramatic play – and it is this which allows mature thought to develop. Dramatic play is the child's method of experimenting with problems for, by acting, he can see possibilities and solutions. It is this process which, becoming internalised and thereby getting rid of associated action, becomes the adult's ability to think in abstractions. In dramatic play the child creates a world of his own to master reality – he attempts in an imaginary world to solve real-life experiences he has hitherto been unable to solve."[8]

Fraglos nahm das E.D. Einsichten vorweg, die heute theoretisch erklärbar sind und lieferten eine äußerst wirkungsvolle Praxis „nicht-trivialen" Unterrichts.

1. Das Lernen in Situationen

Einstieg – Segmentierung – Focussierung – Stimuli

Das E.D. arbeitet nicht nur mit Situationen, es bemüht sich auch, den Einstieg in eine gedachte Situation erleichtern. Bolton beginnt ein „sit-down-drama" und erzählt eine Geschichte im Erzählkreis; er läßt die Figuren und die Schüler allmählich mehr zu Worten, zu direkter Rede kommen; die Erzählung wird zum Rundgespräch, in dem alle für die Figuren sprechen, während der Lehrer in den Hintergrund tritt und zur Rollenübernahme einlädt. „Die Mutter band ihr die Kappe fest und gab ihr einen Rat auf den Weg. – Peter, sag uns, was hat die Mutter Rotkäppchen geraten?" Bolton hält diese Lernimprovisation für die einfachste überhaupt, problemlos selbst für ängstliche und unerfahrene Lehrer.

Erfahrene Lehrer könnten die Klasse aber auch als „teacher-in-role" in eine Situation hineinziehen. Cecily O'Neill begann einen drama-workshop damit, daß sie uns als Spezialisten begrüßte, die ihr Unternehmen eingeladen hatte, um ein nicht näher definiertes Problem zu lösen. Sie machte das so geschickt, daß wir uns rasch als VIPs fühlten, in die man hohe Erwartungen setzte und – eitel wie wirkliche Fachleute – aufmerksam alle Hinweise auf den Charakter der Firma und das Problem registrierten, um Antworten bereit zu haben.

D. Heathcote will die Schüler „in der Falle einer Situation fangen". „What mattered then to me was that suddenly they were in a very real situation where their capacity to understand is being employed in the process of change. It is not for me as a teacher to dictate how they should go about choosing. I have set it up. It has a form. But how they choose is for them to decide."[9] Sie schafft eine Situation, in der die Beteiligten selbst ihre Akzente setzen, die Reize definieren, denen sie nachgehen.

Varela beschreibt diesen Selektionsprozeß fast mit den gleichen Worten. „Gerade unsere alltäglichen Erkenntnisprozesse zeigen mir aber, … daß die größte Leistung der kognitiven Prozesse von Lebewesen darin besteht, innerhalb weit gezogener Grenzen die entscheidenden Probleme zu erfassen, die in jedem Augenblick des Lebens bewältigt werden müssen. Diese Probleme sind nicht vorgegeben, sondern werden handelnd erzeugt (enacted) aus einem (Hinter-/Unter-)Grund hervorgebracht (brought forth). Was wichtig ist, wird vom gesunden Menschenverstand mit Bezug auf den Handlungszusammenhang bestimmt."[10]

Wer eine Situation spielt – statt über sie zu reden – hat viel mehr Möglichkeiten, sie wahrzunehmen, Fragen an sie zu stellen und persönlich zu beantworten. „Varela: 'Frage: Was ist Kognition? Antwort: Wirksames Handeln: die Geschichte der strukturellen Koppelung, die eine Welt hervorbringt bzw. erzeugt."[11]

Eine Situation ist polyvalent; wenn man aber nur über sie redet, legt man sie auf bestimmte Aspekte fest – und versäumt gleichzeitig, sie handelnd tatsächlich zu erfahren. Und immer ist es die konkrete Aktion, die nicht nur Körperspannung löst, sondern auch die automatisierten Gedanken, Gefühle, Erinnerungen zurückrufen, die für jeden einzelnen mit einer Handlung verbunden sind.

Es scheint paradox, aber die Freiheit, ein Thema, eine Situation ganz unterschiedlich zu interpretieren wird größer, wenn die Perspektive eingeengt wird. Wenn Heathcote ein Thema auf mögliche Aspekte „abklopft", denkt sie an Bereiche wie Handel, Kommunikation, Kleidung, Erziehung, Familie, Essen, Gesundheit, Recht, Freizeit, Unterkunft, Reisen, Kunst, Arbeit, Religion. In einer Spieleinheit für 6-jährige wählte sie für das Thema „Am Hof des König Artus", den Aspekt Erziehung und die Frage: „Was muß ein Ritter am Hof von König Artus können?"

Konkret lief das auf Fragen und Aktionen hinaus: wie reinigt man die Rüstung und zieht sie an, wie trägt man ein Schwert, wie reitet, jagt und spricht man mit dem König, wie beträgt man sich an der Tafelrunde, wie sichert man eine belagerte Burg, welchen Gesetzen ist man unterworfen?[12]

Diese Focussierung hat ebenso eine künstlerische wie eine intellektuelle Qualität. Bei New Yorker Schülern fand Heathcote wenig Interesse für Shakespeares „Julius Caesar". Sie begann erneut, als stünde sie an einem Bar-Tresen mit einem imaginären Bierglas in der Hand und schimpfte über „die da oben", denen die einfachen Bürger Roms, „Leute, wie wir" ganz egal seien. Sie verwickelte die Klasse in ein Gespräch über die Ausgangssituation des Dramas aus der Sicht römischer Proletarier und hatte Erfolg.

2. „praxis of living", neue Erfahrungen und die Funktion der Metaphorik

In Lernimprovisationen werden neue Erfahrungen gemacht und mit der bisherigen Lebenserfahrung verbunden. Lebenspraxis ist aber auch die Erfahrungsbasis für Lernimprovisationen, und sie wird in ihnen oft sehr unverhüllt sichtbar. Heathcote nutzte sie, für ihren New Yorker „Julius Caesar", aber sicher hat der Fortgang der dramalesson ihr auch viele Einsichten gebracht und manches Vorurteil korrigiert. Drama-Lehrer rangen leidenschaftlich um die Frage, wie direkt und unverschlüsselt eine Lernimprovisation die Lebenspraxis der Spielenden entblößen darf. Gavin Bolton's Forderung, die Spieler zu schützen, ist generell zur Leitlinie geworden. Das hat – ganz im Gegensatz zum deutschen Rollenspiel – dazu geführt, daß symbolische Darstellungen, Analogien und Metaphern diese Lernimprovisationen prägen und oft sehr reizvoll machen. Themen werden vom Rand und indirekt angegangen, dramatisch-theatrale Leidenschaft wird stets vermieden. Man bevorzugt „cues", Indizien, Metonymien und Metaphern.

James McKenna fragte Schüler, „what you would like to be remembered for in a 100 years".[13] Sie modellierten aus Ton ihr eigenes „Denkmal" und stellten es in der Klasse aus – um dann einander zu erklären, warum eine Kugel, ein Boot, ein Hockeyschläger, ein Flügel die Essenz ihres Lebens ausdrückten. Der Schüler, der die Kugel geformt hatte, wollte, daß man ihn so in Erinnerung behalte, wie er gewesen sei, „for the person I was" – und das zeige die Kugel.

Eine andere drama-lesson begann die Suche nach einem verschwundenen Schüler mit der detektivischen Überprüfung einer Installation im Klassenraum. Die Schüler suchten Indizien, mögliche Gründe und Hintergründe, die Spurensuche nach dem bisherigen Leben des verschwundenen Kindes. Niemand thematisierte Karriere, Lebensplanung oder Lebenssinn; niemand die Traumata eines Kindes. Alles blieb konkret, die Beziehungen zu Familie, Freunden, Schule und sogar ein rätselhaftes weißes Pulver. Die Schüler entschieden, was sie als Indiz, als Metapher lesen oder übersehen wollten.

Die Metaphorik der Spielsituation funktioniert wie der Text einer Rolle, in die eigenes Erleben einfließen muß, die dem Spieler aber auch als Maske dient, um Eigenes in der Vorgabe diskret zu verhüllen.

3. Wissensvermittlung und Educational Drama

Konstruktivistisches Lernen ist gemeinsame Recherche: eigene Fragen stellen, eigene Antworten finden. Das klassische E.D. stellte dies über feed-in von Informationen und Sachhilfen – obwohl Heathcote erstaunliche Funde machen konnte bei ihrer Vorbereitung auf Sachgebiete. Das war vermutlich nötig, um die Verantwortung für die Welt, die sie erzeugten den Spielern nachdrücklich bewußt zu machen. Am weitesten geht wohl die Technik des „mantle - of - the - expert": Schüler urteilen in der Rolle als Experten über eine Situation.

Heathcote präsentierte ihnen die Anamnese eines Patienten, über den das (Schüler-)Concilium von Nervenärzten urteilen sollte, ob er für die Gesellschaft resozialisierbar sei oder nicht. Der Patient war Macbeth, die Anamnese enthielt seine Geschichte, seine Taten in der Sprache des Psychiaters – und die Schüler gaben ihr Urteil als Ärzte, aber eigentlich als Leser des Stücks. Die Frage hätte, traditioneller formuliert, wohl gelautet: „Was halten Sie von Macbeth?" Und natürlich sind die Leser dafür Experten. Wenn schon Naturwissenschaftler nur von Beschreibungsmodellen der Welt reden, und im Zweifelsfall mit zwei Theorien des Lichts arbeiten, so sollten Literaturwissenschaftler zugeben können, daß sie doch eigentlich nur von Eindrücken, Wirkungen, Trends, Intentionen und Spielregeln reden, die offenbar nur dazu da sind, um vom nächsten Talent in Frage gestellt und gebrochen zu werden. Es wäre ja wohl traurig, wenn eine Klasse von begabten Menschen in einem Text nichts anderes finden und erleben könnte, als sich ihr Lehrer vorher ausrechnen konnte.

VI. Educational Drama und Theater

Wenn Varela Kognition definiert als wirksames Handeln, das eine Welt hervorbringt, dann ist das aus dem Mund eines Biologen fast die Wiederholung dessen, was schon Stanislawski seinen Schauspielern geraten hat: mit einer physischen Geste ein Gefühl heraufzuholen. Letztlich läuft beim Verstehen und beim Theaterspielen alles auf Konzentration und Imagination hinaus – wie es Tony Randall so treffend beschrieben hat.

Es gibt eine andere Parallele zwischen Lernen und dem „Durchspielen" von Situationen, die im Unterricht übersehen wird; nur brain-trusts und Forschungslabors dürfen so arbeiten: Wer seine Vor-Urteile durchspielt und auf die Probe stellt, wird nicht selten überrascht.

Ich erarbeitete mit Studenten in Lima „Das Leben des Galilei" mit Methoden des E.D. Bei unserer Recherche des Stückes bat ich sie, in einer Szene darzustellen, wie Menschen nach rationalen oder irrationalen Prinzipien handeln. Sie präsentierten hinreißend komische Szenen aus dem peruanischen Leben – Aberglauben, Wunderglauben, lustvoller Selbstbetrug – und eine mißlungene Szene, die als einzige vernünftiges Verhalten darstellte. Und dann erzählten sie, daß sie eigentlich zeigen wollten, wie man sich von der Vernunft leiten lasse; aber es sei ihnen einfach nichts eingefallen oder sie hätten es nicht glauben und schon gar nicht darstellen können. „Wir sind doch Intellektuelle, und wir glauben selber nicht an die Vernunft – ist das nicht schrecklich!"

Vielleicht hätte es sie getröstet, daß eine Ingolstädter Gymnasialklasse in Brechts „Leben des Galilei" auch nicht den Antagonismus von Wissenschaft und Gläubigkeit entdecken konnte. Sie fanden Galileo nicht weniger einen „Kotzbrocken" als seine kirchlichen Widersacher. „Die sind doch alle gleich – die wollen doch nur andere in die Pfanne hauen und herumdirigieren." Zum Geburtstag oder auf einen Kaffee eingeladen hätten sie höchstens Galileos Tochter und seine Haushälterin, „die Opfer dieses gigantischen Egoisten". Den Inquisitor wollte eine Schülerin gerne fragen, wie er so geworden sei, daß er Menschen nur noch quäle. In den Lernimprovisationen hatte sich das angekündigt – in ihrer Kritik an „Strebern" und „Leuten, die alles besser wissen", am trockenen Lernen, in der Parteinahme für Virgina, die ihr Vater so schlecht behandelt. Als die Klasse eine Musterschule in Venedig gründete, fehlten die Geisteswissenschaften. Als diese Musterschule Bilder für den Karnevalsumzug vorbereitete, variierten alle Gruppen ein Thema: die Bücher fallen lassen oder verbrennen – feiern, leben wollen und es nicht können – zwei erotisch attraktive Jungen haben die Mädchen im Arm, die anderen bleiben allein. Beide Interpretationen wurzelten in der Lebenspraxis dieser Klasse und einem Konsens, dem sie sich allmählich genähert hatten – aber sie beleuchteten auch vorhandene (und von der Sekundärliteratur vernachlässigte) Facetten in Brechts Stück: die Geringschätzung von Gefühl, Irrationalität und Spiritualität (die der historische Galileo keineswegs teilte) und das für Brecht so typische Desinteresse an Erotik, Liebe und Weiblichkeit.

Wenn der Unterricht so zur gemeinsamen Recherche wird, ist er für Lehrer und Schüler eine spannende Begegnung – mit einem Stück und miteinander. Gleichzeitig arbeitet man mit den ältesten Kulturtechniken: dem Durchspielen von gedachten Geschichten und Situationen und universalen Metaphern. Denn zuletzt sind alle Geschichten, alle Symbole, Fragen und Antworten doch nur eine Metapher für die Frage, die wir in der Kunst und anderswo schon immer stellen: Was ist der Mensch? Was ist die Welt?

Anmerkungen

1) Tony Randall in einem Interview mit D. Corathers, Stage of the Art, Winter 1955,18/19.

2) H.R. Maturana, The Biological Foundations of Self Consciousness and the Physical Domain of Existence, in: N. Luhmann, H. Maturana, M. Namiki, V. Redder, F.J.Varela (eds.), Beobachter. Konvergenz der Erkenntnistheorien, München (Fink), 1992, 5o/51

3) G.Hintin, D.Ackley, A learning algorythm for Bolzmann machines, in: Cognitive Science 9,1985, 147-169

4) E.J.Varela, Kognitionswissenschaft - Kognitionstechnik, Frankfurt a. M. (Suhrkamp) 1993, 96. (Connaître. Les sciences cognitives. Paris, Les editions du seuil, 1988).

5) H. v. Foerster, Wissen und Gewissen. Versuch einer Brücke, Frankfurt a.M. (Suhrkamp) 1993, 343-344.

6) Vgl. etwa Stig A. Eriksson, Drama as Education. A Descriptive Study of its Development in Education and Theatre with Particular Relevance to the USA and England, University of Calgary 1979; G. Bolton, Drama as Education, an Argument for Placing Drama at the Centre of the Curriculum, Harlow (Longman) 1984, Kap. 1 - 3.

7) IDEA (International Drama/Theatre and Education Association), gegenwärtig unter Leitung von Maria van Bakelen, Amsterdam School of the Arts, P.O. Box 15079 - 100 1 MB Amsterdam. Die deutsche Sektion ist DGTSL (Deutsche Gesellschaft für Spiel, Theater und Lernprozesse), c/o Prof. H.E.Renk, Kath. Universität Eichstätt

8) R. Courtney, Play, Drama and Thought. The Intellectual Background to Drama in Education, London (Cassel &Collier Macmillan) 1968/74, 94.

9) L.Johnson / C.O'Neill (eds.), Dorothy Heathcote, Collected Writings on Education and Drama, London et.al. (Hutchinson), 1984, 120.

10) F.J. Varela, Kognitionswissenschaft - Kognitionstechnik. Eine Skizze aktueller Perspektiven, Frankfurt a. M. (Suhrkamp) 1993, 90.

11) F.J.Varela, Kognitionswissenschaft - Kognitionstechnik. Eine Skizze aktueller Perspektiven, Frankfurt a.M. (Suhrkamp) 1993, 116.

12) B.J.Wagner / D. Heathcote, Drama as a Learning Medium, London (Hutchinson) 1979, 58.

13) C.Mallett, E. Darvell, J. McKenna, Drama Perspectives, Video des Deakin University Audiovisual Unit, ETC 465/765 Children and Drama, Deakin, Australia 1992.

Aufmerksamkeitsrichtungen

Das Lehrstück lehrt dadurch, daß es gespielt wird, nicht dadurch, daß es gesehen wird... Es liegt dem Lehrstück die Erwartung zugrunde, daß der Spielende durch die Durchführung bestimmter Handlungsweisen, Einnahme bestimmter Haltungen, Wiedergabe bestimmter Reden und so weiter gesellschaftlich beeinflußt werden kann...Ästhetische Maßstäbe für die Gestaltung von Personen...sind beim Lehrstück außer Funktion gesetzt... Die Form der Lehrstücke ist streng, jedoch nur, damit Teile eigener Erfindung und aktueller Art desto leichter eingefügt werden können... (Bertolt Brecht zur Theorie des Lehrstücks 1937)

Zum Verständnis Brechtscher Lehrstück-Pädagogik

Günther Anders schrieb 1941 in seinem Tagebuch zu Bertolt Brechts Theateransatz: „Aber vielleicht ist auch Br. gar kein 'Schriftsteller'; nicht einer der 'schreibt', sondern einer der 'spricht'; vielleicht besteht seine Tat eben darin, daß er den ursprünglichen Status des Sprechens wiederhergestellt hat; daß er uns 'anspricht'".[1]

Bertolt Brecht hat eine Reihe von Spielvorlagen, learning plays (Lern-Spiele – wobei „learning" „knowledge by experience" ist), Lehrstücken entwickelt, die solches Ansprechen in einer text- und personenzentrierten Interaktion provozieren sollen: gedacht für arbeitende Kollektive. Vielleicht so zu denken: Brecht arbeitete bei der Erstellung seines „Me-ti. Buch der Wendungen" mit Karl Korsch zusammen. Er wünscht sich von ihm Materialien, „Sätze" dazu, „die ... können montiert sein, aus dem Zusammenhang gerissen, sporadisch usw. ... Sie können ganz und gar skizziert sein, ohne Gewähr, verantwortungslos in wissenschaftlichem Sinn, Sie verstehen schon. Es wäre Arbeitsmaterial."[2] Im Fall der Fragmente und Lehrstück-Übungen können wir sagen: Material für nichtprofessionelle Spieler, auch zum Zerschmeißen gedacht wie im „Fatzer"-Fragment und für das dezidierte, entschiedene Herantragen und Hineinbringen eigener Erfahrungen während eines Spielprozesses durch die Spielerinnen. Ein Ansatz beim Szenischen (Horst Rumpf) wird für pädagogische Prozesse empfohlen: ebenso eine „Gegenerfahrung wohldosierter Fremdheiten" (Thomas Ziehe). „Der Ansatz beim Szenischen, bei der Arbeit von Subjekten an der Konstitution ihrer Erfahrungswelt kostet (zwar, Anm. gk) mehr Zeit als die Beschränkung auf den puren Inhalt. Das gilt sowohl für die Forschungspraxis als auch und vor allem für die ihr vorgelagerte Erziehungs- und Lernpraxis. Probieren, Irrwege bei der Erforschung der neuralgischen Punkte und Phasen von Lernprozessen sind nicht als Zeitverlust zu verbuchen."[3] Günther Anders referiert aus seinen Gesprächen mit Brecht: „Was Sie in ihrem Theater durchführen, sind gleichfalls Experimente ... Experimentaldramatik. In diesem Sinne habe ich, als Sie sich ... entschlossen, Ihre Veröffentlichungen 'Versuche' zu nennen, Ihren Titel verstanden' ... 'Daß Ihr Titel nicht die Verdeutschung des Wortes 'Essay' oder 'Approximations' darstellt, sondern des Wortes 'Experiment' ... in andern Worten: In der Literatur haben Sie nur deshalb experimentiert, weil Sie darauf

aus waren, mit Hilfe literarischer Werke nützliche Experimente aufbauen zu können." Brecht antwortete darauf: „Stimmt. Kürzer: ... Episches Theater ist zugleich
experimentelles Theater" – und darauf wieder Günther Anders: „Ihre Theorie des
Zeigens ... stammt aus der Praktikum-Situation ... Weil das im Praktikum durch-
geführte Experiment nicht nur dasjenige zeigt, was (Hervorhebung nicht im Original) sich nun physikalisch oder chemisch abspielt, sondern immer zugleich, was
man, soll das Experiment gelingen, zu tun oder zu lassen hat. Die Rolle des in das
gezeigte Experiment hineingehörenden Professors macht dieses doppelte Zeigen ja
völlig klar; der tut nicht nur, sondern zeigt auf das, was er tut; und zeigt auch nicht
nur auf das, was er tut, sondern auch zugleich auf sich, den Tuenden: ist also Zeiger
und Gezeigtes zugleich. Oder: er macht nicht nur seine Manipulationen, sondern
macht sie vor; macht sie ausschließlich, um sie vorzumachen." [4] An anderer Stelle,
in seinen Bemerkungen zu den „Geschichten vom Herrn Keuner" von Bertolt Brecht,
notiert Günther Anders: „‚Schule' war für ihn (Brecht, Anm. gk) eine Lebenskate-
gorie".[5] Lehrstücke stehen in diesem Kontext gewissermaßen als Vorentwürfe einer
Sphäre sozialen Spielens zur produktiven Lebensbewältigung.[6]

„Risikogesellschaft" als Zeitanalyse

Wenn die Zeitanalyse Ulrich Becks[7] stimmt, und eine Reihe von Folgeuntersuchun-
gen auf verschiedenen Ebenen belegen sie, dann leben wir in einer Gesellschaft, für
die Risiko Strukturmerkmal ist, für die Individualisierungen und das Verlassen traditioneller Bindungen und Sicherungen prägend ist. Zugleich finden Globalisierun-
gen von Konflikten statt – nationale Grenzen setzen ökologischen Verheerungen
nichts bremsend entgegen. Die gesellschaftliche und übernationale Mobilität verlangt zusätzlich eine Identitäts-Mobilität, die sich nicht mit traditionellen Indenti-
tätskonzepten erklären, einüben und kritisieren läßt.
In einer neuen Publikation von Beck/Beck-Gernsheim zu diesem Thema wird von
„Riskanten Freiheiten"[8] gesprochen. Die Ausführungen lassen sich wie ein Bedin-
gungsfeld einer politischen bzw. gesellschaftlichen Pädagogik lesen: Man spricht
von den Chancen und Gefahren einer Enttraditionalisierung von gesellschaftlichen
Abläufen; davon, daß wir in mehreren Identitäten zu leben hätten, daß wir sogenannte Bastelbiographien entwickeln müssen, daß wir zugleich von verschiedenen
Lern- und Erfahrungsorten beeinflußt werden und gewissermaßen „Inselspringer"
geworden sind, daß wir verschiedene Heimaten uns aneignen müssen. Die Potenz
dieses Aneignens stellt sich als eine sehr wichtige und die gesellschaftliche Subjekti-
vität stützende und herausfordernde Qualifikation dar. Es werden durch Individua-
lisierungsprozesse innerhalb einer Risikogesellschaft traditionelle Bindungen auf-
gelöst (der Akzent liegt hier auf traditionell) und es geht darum, neue Formen der
Vergesellschaftung und des geselligen Verkehrs sowie der Definition des Selbst zu
erarbeiten. Dem Individuum kommt verstärkt die Aufgabe zu, dies Divergierende/
Ungleichzeitige in sich/mit sich (vorläufig und immer wieder zur Disposition gestellt) zu zentrieren (politisch salopp gesagt: Das Zentralkomitee – ZK – wird ins
Subjekt verlagert ...).

Sozialwissenschaft versteht sich so selber als eine (Gesellschafts-)Pädagogik, eine Intervention[9], die auch mit Szenarien arbeitet, die zum Teil das gesellschaftliche Kommunikationssystem beschreibt mit Sprachen, die wir aus dem Felde des Theaters, aus dem Felde der Theatralität kennen (vgl. schon sehr viel früher den Versuch von Erving Goffman, der die Theatersprache verwendete, um gesellschaftliche und sozialpsychologische Phänomene zu beschreiben. Seine Veröffentlichung zu dieser Thematik heißt im Deutschen „Wir alle spielen Theater". Max Weber nennt gesellschaftliche Veränderungen bzw. Prozesse des gesellschaftlichen Wandels „quasi natürliche Experimente", und die Begriffe „Rolle" und „Akteur" kennen Theater wie Gesellschaftswissenschaft gleichermaßen.[10]
Rauschenbach, Beck und andere formulieren, daß ein neues soziales Lernen mit ästhetischer Erfahrung zu vermitteln sei, ein Appell in Zeiten einer Risikogesellschaft.[11] Verschiedene sozialpädagogische Autorinnen und Autoren weisen darauf hin, daß es gilt, eine community education zu entwickeln, daß community art etabliert werden müsse, daß sich soziale und kognitive Lernprozesse der Anschaulichkeit vergewissern müßten, dies gerade in Zeiten, in denen Primärerfahrungen von Sekundärerfahrungen überlagert würden, daß kommunitäre Rekonstruktionen komplexer Gesellschaften nötig werden.[12]
Der Theaterpraktiker und -theoretiker Bertolt Brecht hat im Februar 1941 aufgrund seines Lebens in den großen Städten mit ihren neuen, gegenüber den dunklen Wäldern abstrakten Kommunikationsformen und aufgrund seiner Exil-Erfahrung notiert, daß die Menschen ihre Individualität (was ja ein Unteilbares meinte) aufsplitten und zugleich die Kräfte zum Integrieren sammeln müßten: „Das Individuum erscheint uns immer mehr als ein widerspruchsvoller Komplex in stetiger Entwicklung, ähnlich einer (physikalischen, Anm. gk) Masse. Es mag nach außen hin als Einheit auftreten und ist darum doch eine mehr oder minder kampfdurchtobte Vielheit, in der die verschiedensten Tendenzen die Oberhand gewinnen, so daß die jeweilige Handlung nur das Kompromiß darstellt."[13]
Brecht hat Stücke geschrieben, Texte verfaßt, die gerade solche brüchigen Lebensläufe thematisieren – wobei das Brüchige als das Normale, Gängige angesehen wurde. Man denke an seinen „Lebenslauf des Mannes Baal", an „Mann ist Mann", an die Fragmente vom „Bösen Baal dem asozialen". Auch seine „Mutter Courage", sein „Puntila", sein „Galilei" sind solche Figuren, die in sich, mit sich, durch sich Verhaltensexperimente deutlich machen.
Namentlich die von Brecht formulierte Lehrstückspädagogik[14] gibt zusätzlich zu den Stückmodellen Lese- und Umgangs- (d. h. Spiel-) Empfehlungen, die den neueren Sozialisationsbedingungen in Analyse, Übung und Kritik nahekommen. Offene Schlüsse, das So-und-anders-sein-Können, der Hinweis, daß etwas fehlt, die Experimentierhaltung; all das sind Strukturierungen des Brechtschen Werkes, die für eine zeitgenössische Pädagogik nicht unwichtig sind. Sie respektieren die Schwierigkeiten, Subjekt zu werden. Und all das eben Gesagte spielt sich zusätzlich im Medium der Kunst ab, im Als-Ob, das ganz real da ist. Dadurch entstehen neue Unschärfen, Ungleichzeitigkeiten, Phantasien. Nichts so hinzunehmen, wie es ist,

wie es scheint, war eine weitere Maxime Brechts. Zwischen den Stühlen zu sitzen, schien dem Dialektiker Brecht der sichere Platz.

Technische Anregungen fürs Anleiten in Lehrstück-Spielgruppen („Gebrauchsanweisungen")

Leite ich nicht selbst theaterpädagogisch an, dann gebe ich Studierenden (evtl. Tutoren) eine Art Handreichung[15] mit, eine schriftliche Form von Aufmerksamkeitsrichtungen für die Arbeit in der Spielgruppe. Solche „Gebrauchsanweisungen" sind bewußt umgangssprachlich und stimulierend gehalten. Sie können auch dazu dienen, einer Gruppe, die sich nur von der Brechtschen Textvorlage bei der Arbeit leiten lassen möchte (was im übrigen sehr häufig erfolgreich ist), einige Tips für die gemeinsame Arbeit zu geben.

• In allen Gruppen muß das Lehrstück als Ganzes bekannt gemacht werden, auch wenn nur Teile gespielt werden oder in verschiedenen Theater-Spiel-Gruppen arbeitsteilig gespielt wird.

• Wichtig ist, daß viele Proben und Gesten-Experimente gemacht werden. Nicht zu schnell auf die eine Fassung kommen. Das Lehrstück lehrt dadurch, daß es gespielt wird! Erholungspausen gut einsetzen und wirklich zur Erholung, zum Setzenlassen des Erspielten nutzen!

• Bitte, Pausen immer schon dann machen, wenn man/frau noch nicht ganz 'aus der Puste' sind!

• Und: Gesprächsrunden von Spielrunden trennen. Die Wirklichkeit der Spielerinnen mit hineinbringen: öffentliche Lernprozesse, die offen für Variationen und Abweichungen sind, veranstalten. Die Widersprüche sind unsere Hoffnungen (Brecht). Und: Fragen sind besser als Antworten. Spielemachen ist besser als bloß Hören und Gucken.

• Die Gruppe sollte ihren Zeitplan verabreden. Bitte auch bedenken, daß die Zeitplanung durch vorläufige Zusammenarbeitswünsche mit anderen Spiel-Lern-Gruppen beeinflußt werden kann.

• Nicht genug kann betont werden: Lehrstücke sind Haltungsexperimente, sind Selbstverständigungsangebote. In der Arbeit mit ihnen sollen Trennungen von ProduzentInnen und KonsumentInnen aufgehoben werden. Es soll ein kontroverser Produktionsvorgang entstehen. Das Lehrstück ist gewissermaßen ein Angebot. Es steht selbst auch zur Disposition – wie auch die sozialen und ästhetischen Kontexte der MitspielerInnen zur Kritik anstehen. Die Stücke sind nicht für professionelle SchauspielerInnen gedacht, obgleich ja alles im Medium des Theaters stattfindet …

• Man sollte keine Angst vorm Spielen haben (obwohl man die auch hat). Man sollte – auch als Spielleiterin – die ersten Unsicherheiten, die 'Schwellenängste' beim allerersten Mal des Theater-Spielens erinnerlich halten. Auch Theater-Spielen ist etwas Einfaches, das schwer zu machen ist.

• Lehrstücke sind ganz unmittelbar ein Übungsfeld für eine andere Kommunikation. Sie sind Übungsstücke für dialektisches, ungleichzeitiges, widersprüchliches Umgehen mit Personen, Texten, Formen, Inhalten, Absichten, Stimmungslagen. Und sie sind ein Stück Utopie eines anderen Umgangs miteinander: Gleichberechtigt im gemeinsamen Tun/Produzieren. Im Lehrstück läßt sich einiges sinnlich erfahren, aber die Lehrstücke haben auch einen theoretischen-konzeptionellen Hintergrund: Theorie nicht in Theoriesprache, sondern in Spiel-Form. Und: Durch gemeinsames Produzieren wird Theorie erst hergestellt, wird ein Versuch unternommen, die Welt besser zu bestehen (Alexander Mitscherlich). Und noch eine Idee zum Verständnis der Lehrstück-Arbeit: Von der Psychoanalytikerin Ruth Cohn gibt es die sog. TZI-Methode = Themen-zentrierte Interaktion. Ist die Lehrstückarbeit nicht auch eine TZ = Text-zentrierte (orientierte) Interaktion (= Verbindung von Ich, Wir und Themen/Text) und alles das eingebettet in Fragestellungen des uns umgebenden 'globe', der historischen, politischen, ökonomischen Umwelt?

• Es gilt auch, verschiedene Medien, Techniken, Spielformen, ästhetische Praxen miteinander zu verbinden: ein Stück anderer Öffentlichkeitsarbeit?! Eine Verbindung von Innen und Außen, von Prozeß und Produkt. Auch ein Produkt kann/soll Urheber eines neuen Prozesses sein.

• Für Brecht war ja die Zuschaukunst wichtig und sollte entwickelt werden. Üben: Beobachten, Benennen, Korrekturvorschläge präzisieren. Da nicht alle immer im Spiel sein können, ist dies vielleicht ein praktischer, die Spielfreude stützender Vorschlag: Jeder ist mal Spieler, mal Zuschauer. Und: Jede/r sollte (besser: muß) jede Rolle oder jede Variante mal ausprobieren. Man glaubt gar nicht, was dabei schon an Zufälligem, Neuem herauskommen kann!

• Immer bedenken: Die Versuche sind es, die interessieren. Auf jede Reflexion, auf jeden Gedanken, auf jede Spiel- und Interpretationsidee muß eine Umsetzung ins Spiel, eine Probe auf Exempel folgen. Also: Laßt die Kritik immer praktisch, gegenständlich, körperlich werden.

• Auch im Fortgang des Theater-Spiel-Seminars, vor allem bei längeren Unterbrechungen, daran denken, daß Lockerungs- und Kennenlernübungen gemacht werden müssen. Vielleicht lockert ein so angeregter Körper auch den Geist! Bedenken: Neuhinzukommende verändern die Dynamik der Spielgruppe und eines jedes Subjektes!

• Mit Requisiten usw. später auch zu spielen, motiviert und bietet manchmal noch andere Blicke auf die Spielvorlage. Die Kleidung stellt eine eigene 'Sprache' dar. Die Auswahl nur eines typischen Kleidungsstücks kann interessant sein oder man wählt Kostüm oder Requisit quer zu Erwartungen aus.

• Auf sog. Kleinigkeiten, auf das Nebenbei im Theaterspiel achten: Im Fortgang einer Szene können sie wichtiger und größer werden.

• Es kann das Problem auftreten, daß man ohne Text in der Hand (endlich) 'richtig' spielen möchte! Verständlich. Aber, weil der Text ein Mitspieler ist, sollte der nicht sehr schnell und nur vorübergehend verabschiedet werden. Warum nicht mit dem Blatt in der Hand spielen? Wir sind doch keine Schauspieler, sondern spielende und denkende Menschenkinder … Interessant ist schon, mal ohne Text zu spielen: Wie wirkt das, was blieb schon hängen; was wurde wie umschifft oder geglättet …?! Das

Stück ist ja auch nicht aufs persönliche Identifizieren, sondern eher auf Zeigen angelegt ... Betrifft uns aber doch ... Vielleicht schreibt die Gruppe einen neuen Text oder fügt einen aus der Presse vom Tage mit ein ...?!

• Im übrigen: Nicht alle SpielleiterInnen/SpielerInnen brauchen sich an meine Ideen zu halten – sie haben ja selber welche und nicht die schlechtesten! Hinzu kamen noch die Ideen, die sich spielend während der Proben/der Detail-Experimente einstellen, die mit (anderen) entwickelt werden, die man vorher gar nicht voraussah (das Entwickeln einer Gruppen-Theater-Spiel-Kultur beachten!).

• Übungen mit den Text-Spiel-Vorlagen von Bertolt Brecht sind als Übungen im Unterschiedlichen, im Unterscheiden zu verstehen. Sie sind ferner Übungen im Störenden, sprachlich Störrischen, im Brüchigen, zeigen Risse auf, nehmen ungewohnte, nichtharmonische Verläufe. Daß Brecht bei Karl Valentin und im Kabarett der sog. Zwanziger Jahre (auch) gelernt hat, steht außer Frage und begünstigt die spiel- und eingreif-motivationelle Seite. Wie man in den Zwanziger Jahren von der Gebrauchsmusik sprach, so könnte man – um zu akzentuieren – vom Gebrauchstheater bei Brechts Lehrstücken sprechen. Wie Alltagsszenen uns lehren, so tun es auch solche vom (querdenkenden) Brecht gestaltete. Alltagsszenen rechnen mit uns als sich Einmischende, als Beteiligte, als Beobachtende, Bewertende, als Fremde und Nahestehende zugleich. Ebenso soll es nach Brecht in seinen/mit seinen Lehrstück-Vorschlägen vonstatten gehen. Lehrstücke sind Begleitungen von Sozialisationsverläufen, und mittels ihres Spiels findet durch sie Sozialisation statt. Und solche Lehrstück-Vorlagen verändern sich dadurch, daß spielende Subjekte sich in die Texte förmlich einschreiben/einspielen/einbringen: Ein gespielter Text ist ein anderer als der, der am Anfang Spielvorlage war.

Anmerkungen:

1) Günter Anders: Der Mensch ohne Welt. München 1993, 2.Aufl., S.149

2) Brief von Brecht an Karl Korsch, Ende 1936/Anfang 1937, In: Bertolt Brecht. Briefe. Frankfurt am Main 1981, S.301

3) Horst Rumpf: Worauf zu achten wäre - Aufmerksamkeitsrichtungen für die Friedenserziehung. In: Reiner Steinweg (Red.): Friedensanalysen. Frankfurt am Main 1979,, S.165

4) Günter Anders: (wie Anm. 1), S. 138 f.

5) Ebd., S.164

6) Vgl. die konkret-utopischen Perspektiven von Wolfgang Heise: Theater und Spiel – ein Bewegungsferment des Sozialismus, In: notate, H.5, 1983, S. 8 f.

7) Ulrich Beck: Risikogesellschaft. Frankfurt am Main 1986

8) Frankfurt am Main 1994

9) Vgl. Gerd Koch: Theaterspielen als Interventionspädagogik: Eingreifen und Vermitteln, In: Elinor Lippert (Hrsg.): theater spielen, Bamberg 1998, S. 198 ff.

10) Vgl. Gerd Koch: „Is denn das a Sünd, wenn der Mensch a Acteur is?" (Nestroy), In: Zeitschrift für Theaterpädagogik „Korrespondenzen", H.19/20/21, 1995, S.49 ff. Goffmanns Buch erschien in München zuerst 1976, 1985 schon in 5. Auflage

11) Vgl. Thomas Rauschenbach/Hans Güngler (Hrsg.): Soziale Arbeit und Erziehung in der Risikogesellschaft. Neuwied/Krefeld/Berlin 1992 und Themenschwerpunkt der Zeitschrift für Theaterpädagogik „Korrespondenzen", H. 23/24/25,1995 (Red. Gerd Koch)

12) Vgl. Gerd Koch: Differenz und Anerkennung. Eine Skizze zu Kommunitarismus und Lehrstück-Pädagogik. In: Zeitschrift für Theaterpädagogik „Korrespondenzen", H. 19/20/21, 1995, S. 68 ff.

13) Bertolt Brecht Werke, Bd. 22.2, S. 691 („das" statt „der" im Original).

14) Grundlegend immer noch Reiner Steinweg: Das Lehrstück. Stuttgart 1972, 1976 (2., verb. Aufl.) und seine weiteren Publikationen. Kritisch dazu und neues zeit-kulturelles Material (namentlich aus der Musik) liefernd: Klaus-Dieter Krabiel: Brechts Lehrstücke. Stuttgart/Weimar, 1993. Steinweg diskutiert Krabiels Einwände gegen ihn in seinem Buch: Lehrstück und episches Theater. Frankfurt am Main 1995, S. 110 ff. Vgl. auch die Kritik von Joachim Lucchesi an Krabiel in der Zeitschrift für Theaterpädagogik „Korrespondenzen", H. 19/20/21, 1995, S. 113f.
Krabiels Antwort darauf findet sich in den „Korrespondenzen", H. 23/24/25,1995, .S. 91 ff. Vgl. auch Gerd Koch: Ungleichzeitigkeiten entdecken und bearbeiten. Zum szenischen Spiel und Theater mit Spielangeboten aus Bertolt Brechts „Bösem Baal dem asozialen", In: Margret Bülow-Schramm (Hrsg.): Theater in der Lehre? Theater in die Lehre! Hamburg 1996, S. 21 ff. (Diesem Aufsatz sind Passagen entnommen, die hier vorgelegt wurden.)

15) In Anlehnung an Gerd Koch: Methodische Anmerkungen aus Anlaß einer experimentellen Produktion des „(Badener) Lehrstücks (vom Einverständnis")im Mai 1991 in Berlin, In: Wissenschaftliche Zeitschrift (der Pädagogischen Hochschule Zwickau) Jg.1991, H.2, S. 33 FF., formuliert. In ähnlicher Fassung unter demselben Titel als Einleitung in die Dokumentation der Hochschul-Fachtagung „Auch ein künstlerisches Produkt war einmal ein Prozeß", veröffentlicht in „Korrespondenzen", H.11/12/13, 1992, S. 3 ff.

Spiel und Kompetenz

Die Ausbildung von Spielpädagogen und das subjektive Curriculum

Ausbildung im Bereich Spiel und Theater muß sich auf unterschiedliche Arbeitsfelder einstellen, die jeweils spezifische Kompetenzen verlangen. Sie sind so unterschiedlich, daß auch im Bereich der Schule unterschiedliche Ausbildungsgänge und unterschiedliche Bezeichnungen gerechtfertigt sind; sie haben jedoch einen gemeinsamen Kernbestand, der im folgenden herausgearbeitet werden soll. Ich beginne mit dem zentralen Begriff Spiel.

I. Spiel

In Berlin gibt es die Lehramtsprüfung Schulspiel (Spielpädagogik und Darstellendes Spiel), wobei sich (ohne die beiden Bereiche rigoros voneinander zu trennen) Spielpädagogik auf die Grundschule, Darstellendes Spiel auf die Oberschulen bezieht. Der Vollstudiengang an der Hochschule der Künste Berlin und das die Ausbildung tragende Institut fungieren unter einer anderen Bezeichnung: Spiel- und Theaterpädagogik. Erklärt wird diese Verbindung in der Studieninformation für Erstsemester so:

„Beginnen wir ex negativo, mit einer Beschreibung dessen, was am Institut NICHT zu erwarten ist: Wir bilden nicht aus für die großen Schauspielhäuser mit ihrer weit getriebenen Spezialisierung. Dort entsteht Theater in einem komplizierten arbeitsteilig organisierten Prozeß mit Kostümbildner, Maskenbildner, Requisiteur, Intendant, Dramaturg, Disponent, Inspizient, Kritiker, usw.; alles männlich; Souffleuse, weiblich; auch mit Schauspielern/ Schauspielerinnen).

(Nennen wir aber auch eine Ausnahme des professionellen Theaters: den Theaterpädagogen/ die Theaterpädagogin auf einer ABM-Stelle an einem großen Haus; sie übernehmen die Vermittlung des theatralen Ergebnisses, seiner Entstehungsbedingung und Entstehungsgeschichte an das Publikum – arbeiten also wieder ganzheitlich zusammenfassend und auf eine Zielgruppe beziehend – also NICHT in dem oben beschriebenen Sinne spezialisiert. Deshalb sollten Theaterpädagogen dieser Art auch am Institut ausgebildet werden).

Am Institut nämlich bilden wir aus für ein „Theater der kleinen Formen", das in einem überschaubaren Rahmen hergestellt werden kann, bei dem alle Beteiligten weitgehend eine Gesamtübersicht haben und NICHT speziell nur für einzelne Aufgaben zuständig sind. Deshalb müssen unsere Absolventen Theater von vielen Seiten her kennen und von möglichst vielen Seiten her kompetent vertreten können. Deshalb sind im Studium viele verschiedene Bereiche des Theatermachens vertreten, auch wenn in keinem Bereich eine intensive Spezialausbildung angeboten werden kann. In diesem Theater der kleinen Formen sind unsere Absolventinnen vor allem als Spielleiter/Spielleiterin mit Nichtprofessionellen tätig.

Wir bilden jedoch NICHT NUR für Theater aus, sondern ebenso für den Bereich Spiel. Spiel kann eine Vorform von Theater sein. Dann geht es im Spiel um Gruppenbildung, Entwicklung von Spielfähigkeit (im Sinne von Darstellungsfähigkeit), Themenerarbeitung, Konzept- und Inszenierungserarbeitung. Spiel ist aber immer auch ein Bereich eigenen Wertes, der auch für sich bestehen kann, NICHT zu Theater führt und sich nicht vom Theater her legitimiert und bestimmt. Spiel ist dann ein Ziel in sich – oder es führt zu anderen Folgerungen, zu anderen Themen: zum Beispiel zum Engagement im sozialen Bereich, zu anderen Künsten, zur Untersuchung von Sachfragen oder „einfach" zur Entwicklung der Persönlichkeit. Dann geht es vor allem um soziale Kompetenz, um Ausdrucks- und Wahrnehmungsfähigkeit, um Sensibilisierung und Expression, um Erfahrungen mit sich selbst, mit anderen, mit der Spielgruppe, mit der Umwelt. Spiel und die Arbeit mit Spiel ist also die zweite Säule des Instituts, oft, aber nicht notwendig, im engen Zusammenhang mit Theater" (Kommentiertes Veranstaltungsverzeichnis WS 1997).

Spiel wird in dieser Studieninformation an zweiter Stelle genannt; entwicklungspsychologisch wie von der Wertigkeit steht es jedoch an erster Stelle: es ist Herzstück und Keimzelle.

Ich will hier nicht die Fülle der Spieldefinitionen wiederholen[1]; ich möchte nur eine Grundqualität von Spiel akzentuieren: es ist Überraschung, Wagnis, Abenteuer, es ist ein Schritt ins Offene hinein, in Unvorhersehbares, in Neues, Kreatives[2]. Es wird als gemeinsames Spiel getragen von der Interaktion der spielenden Gruppe; soweit sie angeleitet wird, wird zusätzlich die Beziehung Spielgruppe – Spielleiterin wichtig. Für Spielpädagogik ist sie konstitutiv.

Nehmen wir ein einfaches Kinderspiel, das Kinder auch ohne Anleitung spielen, das aber auch als Anfangsspiel vielfach (und mit vielen Variationen) Verwendung findet: Mein rechter Platz ist leer. Einen Wunsch frei zu haben (eine uralte Märchensehnsucht), die Machtposition auskosten zu können (ICH bestimme den nächsten Spielschritt), sehr langsam (oder schnell) jemanden zu wünschen (vielleicht ein Mädchen?), diesen Wunsch vor aller Augen und Ohren (verstohlen, geniert, überheblich) zu formulieren; auf den Wunsch zu reagieren, sich als Wunschpartner (echt? oder nur Fopperei?) zu dem Wünschenden zu begeben (und dann ist schon ein Dritter der neue König, der wünschen darf; das „alte Paar", eben noch im Zentrum der Aufmerksamkeit, ist „abserviert") – das ist in wenigen Sekunden ein Drama von Shakespeareschen Ausmaßen. Oder eine Banalität, lustlos, albern, oberflächlich exekutiert - das falsche Spiel für diese Gruppe? Angst vor der Entblößung? Flucht in die Schablone? verlorene Spielfähigkeit? übertünchte Naivität? Wie findet die Spielleiterin dann einen anderen, den echten Kontakt zur Gruppe?

Der Spielleiter ist freilich der Dynamik der Gruppe nicht direkt und ungeschützt ausgesetzt; ihm hilft die Spielregel als flexibles Element. Weil es zunächst und vor allem um den Kontakt zur Gruppe und das „echte" Spiel geht, er dieses Spiel nicht aus einem vorgegebenen Curriculum, passend zu einem vorformulierten Lernziel aussuchen muß, sondern aus dem „subjektiven Curriculum"[3] der Spielgruppe entwickeln kann, ist er ähnlich „frei" wie die Spielgruppe in ihrem Spiel; auch für ihn gilt: Spiel als Abenteuer, als Schritt ins Offene. Das Abenteuer für den Spielleiter ist die neue Gruppe, sind überraschende Entwicklungen in der bekannten Gruppe. Sie offenbart sich im mißlungenen Spiel, sie öffnet sich im gelungenen: eine Entdeckungsreise für Spielgruppe wie Spielleiterin.

Spielleitung verlangt also den doppelten Blick; im Hier und Jetzt auf die Gruppe und ihre Reaktionen; zugleich prospektiv auf mögliche, günstige, förderliche, vielleicht auch neue Spielregeln, die im Moment er- oder gefunden werden. So bilden Spielregeln und das Umgehen mit ihnen (das Variieren und Verändern) die primäre Professionalität des Spielleiters. Einsichtig also, daß die Ausbildung einer Spielleiterin (nach allgemeinem Konsens) mit umfangreicher eigener Spielpraxis beginnen muß, daß die Handlungsfähigkeit im Spielprozess zum entscheidenden Qualitätskriterium von Ausbildung wird.

Ich zitiere aus meinem Gutachten zum Modellversuch Greifswald; Handlungsfähigkeit und Offenheit werden in dieser Passage miteinander verknüpft: „Studierende/ Absolventen sind handlungsfähig, das zeigt sich in den Eigenprojekten wie in der starken Eigenaktivität bei angeleiteten Projekten. Handlungsfreiheit setzt Fähigkeiten und Fertigkeiten voraus; es wird also deutlich, daß diese im Studium vermittelt wurden bzw. werden; Handlungsfreiheit erfordert aber vor allem einen gewissen „Spiel-Geist", d.h. die Möglichkeit, mit Spiel und Theater in eine Begegnung mit Gruppen hineinzugehen, sie als Abenteuer, Begegnung, Interaktion, Offenheit mit Neugier zu erfahren und zu einem für die Spieler positiven Ende zu führen. Diese Offenheit ist für mich das Herzstück jeglicher Spiel- und Theaterpädagogik".

Zusammenfassen können wir das bisher Gesagte in einer Grafik (s.u.), dem didaktischen Dreieck aus Spielgruppe – Spielregel – Spielleiter[4]. Die Interaktion dieser Faktoren führt bei Gelingen zum glücklichen Spiel und provoziert beim Mißlingen zumindest eine Reaktion der Spielgruppe, die die Spielleiterin bei der Wahl des nächsten Spiels berücksichtigen kann. Eine Spielstunde folgt also einem dialogischen Prinzip: die vom Spielleiter vorgeschlagene Spielregel ist gleichsam eine Frage, die von der Gruppe durch ihr Spiel beantwortet wird; das Spiel der Gruppe wird wiederum zur Anfrage an den Spielleiter und zur Aufgabe für ihn: was zeigt sich „eigentlich[5]" in diesem Spiel? welche Kräfte, Möglichkeiten, Verweigerungen, Ängste, Wünsche werden darin deutlich? wie läßt es sich weiterführen, verändern, entwickeln? Fragen, die zunächst für die Spielgruppe insgesamt dann aber auch für jeden einzelnen Spieler zu stellen sind. Spielregeln erweisen sich so als Interventionsmöglichkeiten zur Gestaltung eines Gruppenprozesses[6]. Um seine „Inhalte" genauer zu bestimmen, ist die Situation der jeweiligen Spielgruppe zu charakterisieren. Sie ist je nach Spielleiterin, je nach Institution und Rahmenbedingungen verschieden.

2. Institution

In der Schule ist die Spielpädagogin nur selten Spezialistin; gewöhnlich unterrichtet sie ein oder mehrere andere Fächer, ist also (auch oder vor allem) Fachlehrerin (Typ 1).

Spielt dieser Fachlehrer im Fachunterricht und bezieht er sein Spiel auf das Fach, dann ist Teil der „Spielregel" der Stoff, das Thema, der Unterrichtsgegenstand[7]. Damit nähern wir uns der Darstellung des Unterrichtsgeschehens in der themenzentrierten Interaktion von Ruth Cohn:

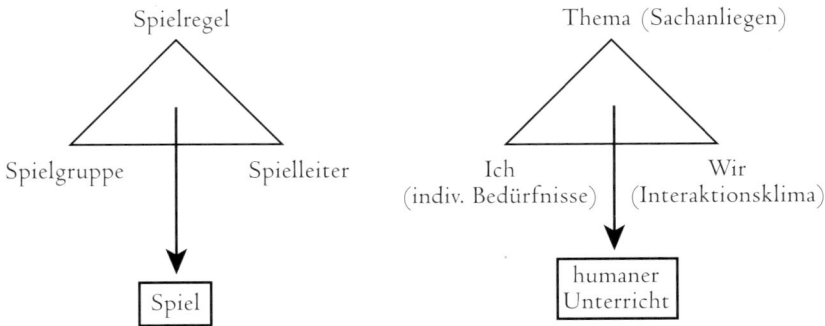

spielpädagogisches didaktisches Dreieck   Ruth Cohn, themenzentrierte Interaktion (TZI)

Soweit gespielt wird, ist die Gruppe wichtiger als der Stoff; Inhalt und Thema dürfen das Spiel nicht erdrücken, wenn es Spiel bleiben (und echte Lernerfahrungen
bewirken) soll. Auch bei Ruth Cohn haben Störungen (die Befindlichkeit der Gruppe) Vorrang; der Stoff kann sich erst entfalten, wenn die Gruppe wirklich bereit ist,
sich ihm zuzuwenden, wenn sie Interesse an ihm hat.

Anders ist es bei Typ 2. Die Fachlehrerin Spiel kann die Gruppe selbst, das soziale
Verhalten, die Spielfähigkeit der Spieler zum (Haupt)-Thema machen; sie kann fair
play, Selbst- und Fremderkenntnis, Identitätsentwicklung fachungebunden fördern;
sie kann die, häufig deformierte oder verschüttete, basale Spielfähigkeit wieder herstellen, kann Angst, Hemmungen, zerstörerische Aggressionen über Spielaufgaben
abbauen – bis hin zu therapeutischen Spielformen und wirklicher Therapie[8]. Wichtig auch hier: nicht verzwecktes Spiel „um-zu", sondern Spiel als Abenteuer, als freie
Lust. Mit dem Fachlehrer Spiel befinden wir uns nicht mehr in der allgemeinen
Lehrerbildung, der Verfügung über Spielformen im Zusammenhang mit einem Fach,
sondern in der besonderen Professionalität einer erweiterten Spielkompetenz in bezug auf die spielende Gruppe[9].

Nun ist das Spielrepertoire der Spiel- und Theaterpädagogik reich und weit; besondere Spiele brauchen besondere Fähigkeiten/Kompetenzen: Spiele mit Musik, mit
Sprache, mit dem Körper, mit Materialien, mit anderen Spielern zeichnen sich aus
durch spezifische Erfordernisse, auch durch Nähe zu einzelnen (Schul)-Fächern,
die sie bereichern können und von denen sie bereichert werden.

Ziel des lebenslangen Lernens von Spielpädagoginnen sollte es demnach sein, nicht
nur Prozesse im Spiel genauer sehen zu lernen, sondern auch das Spielrepertoire
ständig zu erweitern. In diesem Zusammenhang wird sichtbar der Typ 3: der Spezialist für besondere Spielformen. In unserem Zusammenhang relevant ist der Spezialist für die besondere Spielform Theater[10] (Körpertheater, Sprechtheater, Bildertheater, Musiktheater, mediales Theater, experimentelles Theater...), der sich als
Theaterpädagogin (oder als DS-Lehrer) genauer bezeichnen läßt. Um die Spezifik
seiner Aufgabe deutlich zu machen, sollten wir unterscheiden: Es gibt das einfache,
das naive **Theater** – es gehört zum Repertoire jeder Spielleiterin. Wenn anderen
etwas mitgeteilt werden soll, wenn andere zum Zuschauen (Mittun) eingeladen

werden, dann ergeben sich, wie einfach auch immer die Aufführung sein soll, besondere Anforderungen an die Spieler und ihr Spiel. Bei diesen Anforderungen sollte jeder Spielpädagoge helfen können. Vom Zeigen eines Spiels jedoch zum bewußten Theatermachen, vom Klassenzimmer zur Aula, von den Eltern bis zum Festival-Publikum macht sich ein Komplexitäts- und Anspruchsunterschied deutlich, der besondere Kompetenzen, das „Handwerk des Theatermachens" erfordert. Aber auch für die Theaterlehrerin muß, ob sie nun von einem Text ausgeht oder mit der Gruppe einen eigenen Text erarbeitet das subjektive Curriculum als Grundbedingung erhalten bleiben; sie muß das Theatermachen als Spiel verstehen, als Experiment, als Weg in das Offene und das Eigene der Gruppe. Theaterpädagogik hilft und formt also in zwei aufeinander verwiesenen Richtungen: beim Entwurf von Gestaltungen wie beim Sich-Entwerfen der Gruppe in diese Gestaltungen und die eigene Zukunft hinein.

Vergegenwärtigen wir uns noch einmal konkreter die Aufgabe beim Theaterspielen: ich will etwas mitteilen, über mich, über die Welt, über einen besonderen Zusammenhang; ich will mich zeigen vor anderen/für andere. Ich habe ein paar Worte als Hilfsmittel (bei einem fremden Text), oder ich habe ein Problem, eine Grundidee, eine kleine Geschichte – dieser bescheidene Ansatz muß zu einer Gestalt gebracht werden. Es braucht den Partner und den Mut, sich in die Gestaltung hineinzubegeben, es braucht die Offenheit, die Gestalten der Mitspieler zu sehen und auf sie einzugehen, die Kritikfähigkeit, die Gestaltung zu überprüfen (und in bezug auf das Publikum zu bewerten). Ob eine bescheidene Szene gespielt wird in einem einfachen Spielraum, dicht inmitten weniger bekannter Zuschauer, oder ob vielerlei Hilfsmittel des Theaters sinnvoll genutzt werden auf einer großen Bühne vor einem zahlreichen, zahlenden, theatererfahrenen Publikum: die Aufführung muß Spielcharakter behalten als ein (offenes, improvisierendes) Spiel mit dem Publikum und seinen Reaktionen. Auch in diesem Abenteuer einer Begegnung ist das subjektive Curriculum, sind die Spielgruppe und ihre Erfahrungen wichtiger als das Produkt[11] Jede Erarbeitung und Darstellung einer kleinen Szene hat Projekt-Charakter: das gilt auch für die Inszenierung insgesamt und die Aufführung vor Publikum: ein Entwurf, eine Projektidee, ein im Kopf oder auf dem Papier (wie rudimentär auch immer) vorgedachtes Vorhaben wird realisiert, dann auf seine Wirksamkeit untersucht und bewertet. Das gilt, mit Einschränkung, auch für jeden kleinen Spielzug in „Mein rechter Platz ist leer" (s.o.) und anderen Spielen – zumindest in der Reflexionsphase wird mit der Gruppe auch bewertet. Für den Spielleiter gilt der Projektbegriff noch in einer anderen Weise: er kann jeden seiner Spielvorschläge als eine Projektidee verstehen; die Realisierung des Projekts durch die Spielgruppe erlaubt ihm dann Rückschlüsse auf die spielende Gruppe, die seine nächsten Spielvorschläge anregen können.

Freilich muß im DS-Kurs über spielerisches Experimentieren hinaus auch der Fachlehrer Theater (Typ 4) zu seinem Recht kommen; er hat ein objektives Curriculum zu vertreten (die europäische Theatergeschichte, das Welttheater, die Ästhetik des

Theaters, Theaterformen, die lokale Theaterszene…) – in diesem Sinn ist er ein
Fachlehrer wie andere auch, der eine spezifische, in diesem Fall theaterwissenschaft-
liche, Ausbildung braucht.

3. Balance

Der in der Regel vorgegebene, im Spiel aktualisierte und realisierte Vorgang ist immer mehrdimensional; er wurde bisher mit dem Begriff „Spielregel" summarisch
benannt und soll im folgenden genauer bestimmt und explizit werden. Wir hatten
schon die Begegnung mit dem Publikum als Regel des Spiels „Theater" genannt; in
der Regel inbegriffen ist immer auch die Begegnung der Spielenden untereinander,
der Gruppe oder Teilgruppe als Träger des Spiels, einzelner Spielerinnen in besonderen Funktionen. Besondere Tätigkeiten, oft verbunden mit Materialien, werden
von der Spielregel vorgegeben, besondere Fähigkeiten aufgerufen (aufnehmende in
der Wahrnehmung, gestaltende als Äußerungen). Und häufig (oder immer) enthalten Spiele besondere Sachinhalte und Sachinformationen.
Wenn wir diese genaueren Bestimmungen in drei Benennungen zusammenfassen, so
geht es um <u>Fähigkeiten</u> (die pragmatische Ebene) – um <u>Beziehungen</u> (in der Gruppe und von der Gruppe nach außen; die psychologisch-gruppendynamische Ebene)
– um <u>Inhalte</u> (die Sachebene); Beziehungen können wir mit ihrer äußeren (Mitteilungen) wie mit ihrer inneren Dimension (Gefühle) charakterisieren; wir können
eher den „aktiven" Ausdrucksvorgang und seine Gestaltung oder gezielt die Wahrnehmung (den Eindruck) fokussieren.

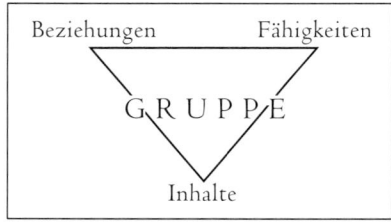

Diese unterschiedlichen Ebenen sind in jedem Spielvorgang enthalten; Akzentuie-
rungen und Fokussierungen gelten immer nur mit der Einschränkung, daß letztlich
die einzelne Spielerin entscheidet, was und wo und mit welcher Intensität sie spielt;
von daher auch die Notwendigkeit einer besonderen Spielleiter-Sensibilität: er muß
sehen (erspüren, erkunden, auch erfragen), wo seine Spieler „eigentlich" sind.
Mit dieser Einschränkung kann die Spielleiterin (kann die Spielgruppe) die Sache
(das Thema, den Inhalt) ins Zentrum stellen und weiter verfolgen, vertiefen (Sach-
unterricht); die Person des Spielers (einer Spielerin, der Spielgruppe) kann vor
allem interessieren (Persönlichkeitsbildung, Erziehung, soziales Lernen); das Au-
genmerk kann auf der Qualität der Mitteilung liegen (Theater).
Neben diesen drei Grundtypen[12] gibt es vielerlei Kombinationen: ein Spielleiter kann
versuchen, seine Spieler zu entwickeln in Richtung Mitteilungsfähigkeit und zwar
auf gezielte Mitteilungen im Theater (dann wird er ein intensives Schauspielertrai-
ning anbieten); er kann an der Kunst der Mitteilungen arbeiten, um die Spieler als

Personen zu fördern (dann steht die Arbeit an der Ausdrucksfähigkeit im „Dienst"
der Persönlichkeitsentwicklung, der sozialen Kompetenz; in diesen Dienst kann dann
auch ein Theaterprojekt gestellt werden – muß es aber nicht).
Spiel erweist sich also als ein mehrfacher Kreuzungspunkt, von dem aus viele Wege
gewählt werden können, unterschiedliche Prozesse möglich sind – vorausgesetzt,
daß dabei der Spielcharakter, die lustvolle Freiwilligkeit erhalten bleiben!
Traditionellerweise gehört auch die (Aus-)Gestaltung von Festen und Feiern zur
Aufgabe des Spiel- und Theaterpädagogen; sie wird, nicht ganz zu unrecht, häufig
als Zumutung empfunden. Auftragsproduktionen sind aber durchaus legitim (vergl.
viele Beispiele in der Geschichte von Musik, Kunst, Theater, z.B. Molière) und eine
lohnende Herausforderung. Werden Thema und Anlaß ernst genommen, können
Spiel und Theater auch in der Schule wichtige Impulse geben. Aufführungen sind
dann nicht nur ein unbewußter, gleichsam naiver Beitrag zur Schulkultur, sondern
beziehen sich auf ein spezifisches Publikum, behandeln Inhalte, entwickeln einen
Stil, die zur Schule passen, die Schulatmosphäre beeinflussen, und schaffen dadurch
Selbstverständlichkeiten, die die Schule als ihr Spezifikum (an-)erkennt.

4. Schulkultur und Theatralität

Im folgenden soll von einer möglichen weiteren Aufgabe des Spiel- und Theaterpädagogen die Rede sein, sie ist neu und noch wenig diskutiert; deshalb erfolgt zunächst eine ausführlichere Klärung von Begriffen und Positionen.
1. Einigen wir uns zunächst darauf, daß **Kultur** (lateinische Grundbedeutung: Pflege, vor allem des Ackers, Bearbeitung, Anbau) nicht nur die Künste meint, sondern
„die Gesamtheit der Gewohnheiten eines Kollektivs". Mit anderen Worten: „Neben
den materiellen wie geistigen Leistungen eines Kollektivs umfaßt Kultur die Stan-
dardisierungen, die in ihm gelten" (Klaus P. Hansen: Kultur und Kulturwissenschaft,
UTB Francke: 1995, S. 15, S. 31). oder, auf eine knappe Formel gebracht, „Kultur
steckt die Konturen des Selbstverständlichen ab" (Ronald Hitzler: Sinnwelten, 1988).
Kultur ist nicht ein bloßes Wachsenlassen (das wäre „Natur"), sondern bewußte
Pflege, die über Ziel, Erfolg, Vorgehensweise reflektiert, die die Auswirkung der
Kultur beobachtet und danach die weiteren Handlungen bestimmt. So postuliert
Rothacker „für das Wesen der Hochkultur" notwendig „eine Reflexivität, die freilich erst spät theoretische Selbsterkenntnis wird, vielmehr primär bildhafte Selbst-
spiegelung bleibt" (Rothacker: Probleme der Kulturanthropologie, Bonn: 1965, S.
19).
Kultur ist also nicht, wie noch Herder meinte, substantiell gegeben, von oben bestimmt (von Gott, der Natur, der Kirche), sondern zu entwickeln; sie kann nicht
verordnet werden, sondern entsteht durch die Lebensäußerungen vieler Beteiligter;
sie ist auch nicht schlichtweg nützlich (also nicht funktional-instrumentell zu verstehen), sondern kennt Irrwege und schafft Schwierigkeiten. „Kultur ist einerseits
Lebenshilfe, die zur Lösung von Problemen bereitstellt, andererseits aber ist sie es,
welche die Mehrheit dieser Probleme verursacht... Das Verhältnis erschöpft sich

nicht darin, daß das Individuum über die Kultur verfügte, vielmehr verfügt auch die Kultur über das Individuum.

Das Verhältnis ist nicht monokausal instrumentell, sondern dialektisch. Diese Dialektik gilt es zu erfassen, wozu der instrumentelle Kulturbegriff nicht in der Lage ist" (Hansen, a.a.O., S. 204). „Zu jeder Art von Vorschrift, sei es ein Gesetz, das die Todesstrafe androht, sei es ein soziales Tabu oder ein moralisches Gebot, gehört, wie die Empirie tagtäglich zeigt, die Verweigerung" (S. 178 f.). „Kultur ist demnach erstens *integral*, sie meint die Ganzheit menschlicher Werte und Verhaltensweisen.

Sie ist zweitens *dynamisch,* d.h. sie ist nicht statisch vorgegeben, sondern Tradition im offenen Entwicklungsprozeß von Herausforderung und neuer Gestaltung.

Sie ist drittens *korporativ*, also auf Formen der Gemeinschaft bezogen, wenn auch vielleicht nur einer besonderen Gruppe oder Schicht.

Sie ist viertens *plural*, mindestens so vielfältig wie die Sprachen der Völker, ja die Dialekte; Kultur stellt uns heute vor das Problem der multikulturellen Welt und Gesellschaft" (Helmut Donner, Hg.: Kirche und Kultur in der Gegenwart, GEP-Buch 1996, S. 13).

2. „So umfassend der Begriff der Kultur 'die Summe der von einem Volk hervorgebrachten und tradierten geistigen, religiösen und künstlerischen Werke, seine Kenntnisse, Handfertigkeiten und Verhaltensweisen' (Hirschberg) bezeichnet, so umfassend kann Schulkultur als die Gesamtheit der inhaltlichen Ausrichtung, Qualität und Organisation der pädagogischen Ressourcen der einzelnen Schule angesehen werden" (Inckemann, in: Seibert: Anspruch Schulkultur, Klinkhardt 1997, S. 162). Schulkultur bedeutet also mehr als schulische Theatertradition. Der Begriff entspricht dem früheren „Schulleben" oder „Schulklima", wird aber seit einigen Jahren wieder verstärkt propagiert und hat durch die Nähe zu Organisationskultur eine besondere Färbung angenommen.

Schulkultur ist „die äußere Struktur und Organisation ebenso wie der Geist der Schule, die Inhalte ebenso wie die Methoden, das Erscheinungsbild der Schule ebenso wie die in ihr ablaufenden Prozesse, die schulinternen Konzepte ebenso wie die Außenrelationen – das gesellschaftlich-politische Umfeld nicht zu vergessen" (Ipfling, a.a.O., S. 11).

„Schulkultur ist durch das Gesamt von Konsens, Kooperation und Aktivitäten an der Schule definiert... Schulklima hat daher sehr viel mit Qualitätsmanagement zu tun, Schulleben mit Kulturaneignung und Unterrichtsgestaltung mit Lernkultur. Dies alles zusammenzubringen, eignet sich in der Tat der Integrationsbegriff 'Schulkultur' (Wiater, a.a.O., S. 39, S. 41). Dieser Begriff der Schulkultur macht schon deutlich, wie nahe hier an Wirtschaftswissenschaften angeknüpft wird, wie Corporate Identity, Total Quality Management, Unternehmensphilosophie stilbildend wirken. Das sollte zunächst wertneutral verstanden werden. Denn „jede Organisation entwickelt eine eigene Kultur, die als Muster gemeinsamer Wahrnehmungen und Überzeugungen auf neue Mitglieder übergeht" (Vernooij, a.a.O., S. 56). Freilich darf Kultur auch hier nicht als schlechthin einheitlich angesehen werden; Schulen

wie andere Organisationen sind „lebensweltlich begründete Handlungszusammenhänge mit eigenen und unverwechselbaren Kulturen und Subkulturen; Organisatio-
nale Kulturen wirken weltbildprägend und integrativ, aber auch über Subkulturbil-
dung innerhalb der Großorganisation durchaus dissoziativ" (Türk. a.a.O., S. 209).

3. Auch der Begriff der **Theatralität**[13] ist ein relativ neuer Begriff, der eine neue
Betrachtungsweise, vielleicht eine neue Praxis begründen kann. Er bezieht sich auf
einen grundlegend theatralen Charakter des sozialen Lebens (eingeschlossen das
Theater), wie er etwa bei Goffman[14] bezogen auf den Alltag, bei Thomas Meyer in
bezug auf Politik[15], in der Rollensoziologie bezogen auf Gesellschaft und schließlich zusammenfassend in der Theaterwissenschaft[16] herausgearbeitet wurde. Nehmen wir diesen Ansatz ernst, so erscheint das Schulleben insgesamt als ein theatrales Gefüge, eine spezifische Inszenierung, die sich vielfach wildwüchsig entwickelt,
aber auch von gezielten Eingriffen gestattet wird, die keinesfalls einheitlich, oft
konfliktär ist, die aber einer bewußten Gestaltung zugänglich wäre. Es geht also um
die Entdeckung des Lernstoffes und Arbeitsgebietes „Unsere Schule", die Beschäftigung mit dem, was „uns" betrifft. Denkbar wäre ein Theaterlehrer als Inszenator des
Schullebens, ein Typ 5: Fachlehrerin für Schulkultur. Sie befaßt sich mit der öffentlichen, öffentlichkeitswirksamen Inszenierung des schulischen Lebens, der Gestaltung des Schulklimas, der Entwicklung der sozialen Persönlichkeit „Schule" und
ihrer Handlungsfähigkeit im sozialen Raum nach innen und außen. Daß auch dies
nur bei einem dialogischen Kulturbegriff (einem semiotischen, wie Hansen sagt[17])
als ein subjektives Curriculum möglich und förderlich ist, dürfte selbstverständlich
sein. Daß die Spielpädagogin für eine solche Aufgabe weitere Qualifikationen (eine
spezifische Ausbildung) braucht, dürfte sich ebenfalls von selbst verstehen. Auf
jeden Fall aber muß der Fachlehrer Theater sich und seine Schüler diesen Fragen
zumindest theoretisch konfrontieren!

Anmerkungen:

[1] Vergl. dazu als neuere Veröffentlichung Nickel, Hans-Wolfgang und Christian
Schneegass (Hg.): Symposion Spieltheorie. LAG-Materialien Berlin 1998 oder die
in vielen Auflagen erschienenen Arbeiten von Hans Scheuerl (Das Spiel) und Andreas Flitner (Das Kinderspiel; Spielen-Lernen. Praxis und Deutung des Kinder-
spiels).
[2] Vergl. Nickel: Theater gestalten, in Lippert, Elinor, Hg.: Theater spielen, Buchners
Verlag, Bamberg 1998, S. 69 ff. – Schlünzen spricht in seinem Artikel „Freies Schultheater" von der „Experimentierbereitschaft als Grundhaltung"[1] und meint: „Kreativität braucht Freiheit" (a.a.O., S. 7 ff.), Reiss schreibt, der Qualifikations- und
Kompetenzenerwerb beim Spiel sei „erfahrungsbezogen, 'chaotisch', lebensnah"
(a.a.O., S. 223).

[3] Hans-Wolfgang Nickel: Vom subjektiven Curriculum, zur Diskussion gestellt in „Theater des Zorns und der Zärtlichkeit", hg. von Emmanuel Bohn und Siegmar Schröder, Theaterlabor Bielefeld 1988; inzwischen mehrfach aufgegriffen, zuletzt von Joachim Reiß: Theaterspielen als subjektives Curriculum, in: Lippert, Elinor: Theater spielen, Buchners Verlag, Bamberg 1998.
„Die Schüler werden als Subjekte in die curricularen Entscheidungen einbezogen, aber nicht nur auf der Ebene der Fächerwahl und des selbständigen Arbeitens in gegebenen Aufgaben, sondern sie bestimmen einige Themen und Inhalte des Unterrichtsprojekts weitgehend selbst. *Die Fähigkeiten, Meinungen und Erfahrungen* der Kursteilnehmer werden zu curricularen Bausteinen" (S. 223). Ich würde das subjektive Curriculum noch weiter fassen: es ist durch die Schüler selbst gegeben, durch ihre Person – durch ihr Dicksein, Lispeln, Angeben, Ängstlichsein, durch das, was sie in ihrem Körper und in ihrem Gefühl haben – nicht nur durch ihren Kopf (ihre Interessen, ihre Meinungen), nicht nur durch ihre Aktivität (ihre Fähigkeiten und Tätigkeiten). Sie selber sind der „Lerngegenstand": jeder für sich selbst und für die anderen, die Gruppe insgesamt für jeden einzelnen und für die Gruppe insgesamt. Fassen läßt sich das vielleicht mit dem Begriff „Erfahrungen" (s.o.), wenn wir ihn mit Dewey/Dilthey verstehen: Erfahrung als Sediment des bisherigen Lebens. Thesenartig formuliert:
Der Schüler IST das Curriculum.
[4] Vergl. dazu Dörger, Dagmar und Hans-Wolfgang Nickel: Spielpädagogische Grundformen, in: Bernhard, Hans, Hg.: Theaterarbeit für Amateure (Loseblattsammlung), Wilhelmsfeld 1979 ff., S. 5-16; vergl. auch Dörger: Animationstheater, in: Lippert, a.a. O., S. 153 ff.
[5] Im Sinne von ursprünglich, wirklich, eigen, charakteristisch.
[6] Weiter unten habe ich das „dialogische Prinzip" einer Spielstunde als eine Abfolge von Projekten zu fassen gesucht; bei einer solchen Betrachtungsweise wird die Reflexionsebene von Spiel durch die Trias Entwurf-Durchführung-Bewertung deutlicher. Auch müßte ausführlicher das „Klima" der Spielstunde behandelt werden (bei Victor Turner als communitas, bei Cziszentmihalyi als flow beschrieben) und Eingang wie Bildung von Erfahrungen/Erlebnissen im Spiel. Gewährsleute dafür sind u.a. Dilthey und Dewey. Diese Themen sind ausführlicher behandelt in Nickel: Theater gestalten; vergl. Fußnote 2.
[7] „Das offene und das geschlossene Rollenspiel gehören inzwischen zur Grundausstattung eines handlungsbezogenen Unterrichts" (Elinor Lippert, a.a.O., S. 33). Das heißt aber auch: Spiel als Methode sollte ein Teil der allgemeinen Lehrerbildung sein!
[8] Bei Schlünzen heißt es: „... er begleitet und fördert die Entwicklung von Kindern und Jugendlichen für eine bestimmte Zeit, indem er mit ihnen Theater spielt" (a.a.O., S. 8). Freilich könnte man das Wort „Theater" in diesem Satz auch streichen!

[9] Für Herdemerten kennzeichnet „das *Pädagogische der Theaterarbeit*" die „eigentliche Professionalität des Spielleiters" (a.a.O., S. 48); kein Widerspruch, nur sehe ich Spiel als gleichberechtigt mit Theater.

[10] Möglich wäre z.B. auch der Spezialist für Spiele mit der/in der Natur (Spielpädagogik und Ökologie, Spielpädagogik und Biologie), der Spezialist für Spiel und Fremdsprache (Deutsch für Ausländer).

[12] Schlünzen spricht von der „Balance zwischen den Polen der persönlichen Aussage (der Gruppe wohlgemerkt!), dem Thema und der Form" (a.a.O., S. 9). Der Spielleiter „sollte sich als Anwalt der Schüler und Schülerinnen, als Anwalt der Autoren oder des Textes und als Anwalt des Publikums verstehen" (Frank Herdemerten: Leitung und Selbststeuerung der Spielgruppe – ein dialogisches Prinzip, a.a.O., S. 50).

[11] Ganz abgesehen davon, daß sich das Produkt eigentlich erst in den Köpfen/Herzen der jeweils Zuschauenden realisiert.

[13] Er entspricht in etwa dem Begriff des Performativen; dieser wird in Anlehnung an die amerikanische performance theory neuerdings auch im deutschen Sprachraum häufiger gebraucht. In Vorbereitung ist eine Publikation über „Performative Verfahren in Kunst, Bildung und Wissenschaft", hg. von Hanne Seitz.

[14] Wir alle spielen Theater. Die Selbstdarstellung im Alltag, dt. 1969.

[15] Oberflächlich in: Politik als Theater, Aufbau Verlag 1998; besser in: Die Inszenierung des Scheins. Edition Suhrkamp 1992.

[16] Arbeiten von Münz. Fischer-Lichte, Baumbach, Kotte und anderen.

[17] S. 209 ff.

Anhang

Curriculum zum Teilstudiengang Darstellendes Spiel als Beifach/Drittfach im Lehramtsstudium

A.   Präambel
B.   Zielstellung
C.   Zu erwerbende Kompetenzen
D.   Erfahrungs- und Lernfelder
E.   Studienstruktur und Zulassung
F.   Dauer des Studiums, Abschluß
G.   Curriculum-Revision, Evaluation

auf Grund des Kerncurriculums „Theaterpädagogik" von Ulrike Hentschel und Gerd Koch vom September 1994 und des Modellversuchs „Darstellendes Spiel als Beifach im Lehramtsstudium" an der Ernst-Moritz-Arndt-Universität Greifswald 1994 - 1998

A. Präambel

Das bereits in fast allen Bildungssystemen deutscher Länder existierende Schulfach Darstellendes Spiel erfordert zumindest ein **Fachstudium** in der ersten Phase der Lehrerausbildung.

Teilstudiengang Darstellendes Spiel als Beifach/Drittfach:

Auf der Grundlage des vom Bundesministerium für Bildung, Wissenschaft, Forschung und Technologie und vom Kultusministerium des Landes Mecklenburg-Vorpommern geförderten Modellversuchs an der Greifswalder Universität wird hier ein Curriculum für die **Beifach**-Variante des Lehramtsstudiums vorgelegt, also eine relativ schmale Studienform von 30 SWS (20 SWS obligatorisch und 10 SWS wahlobligatorisch), die **neben zwei anderen Lehramtsfächern** innerhalb der Regelstudienzeit studiert, nur mit Belegen, ohne Prüfung abgeschlossen wird und der keine ergänzende Ausbildung in der zweiten Phase des Lehramtsstudiums folgt, die aber mit einer **Lehrbefähigung** auf dem Staatsexamenszeugnis ausgewiesen wird und zum Unterricht im Pflichtfach Haupt- und Realschule (Klasse 5 und 6), im Wahlpflichtfach der Sekundarstufe I an allen Schulformen und in den Projektkursen der Oberstufe (letztere ohne Bewertung) im Land Mecklenburg-Vorpommern berechtigt.

Studienmodul:

Das Curriculum ist so angelegt, daß es innerhalb der Universität **auch** anderen interessierten Studierenden aus **Magister- oder Diplomstudiengängen** gleichzeitig die Prüfung für ein Wahlpflichtfach (z.B. für Psychologie) oder ein Zusatzfach ermöglicht: Aus den Grund- und Fachkursen ist der für das jeweilige Studienziel festgelegte Inhalt/Umfang verbindlich, die fachdidaktischen Veranstaltungen einschließlich schulpraktischer Übungen sind nur für die Lehramtsstudierenden obligatorisch.

Künstlerisch-ästhetische Erziehung und Bildung im Schulfach Darstellendes Spiel

Das Curriculum Lehramtsstudium geht davon aus, daß innerhalb der ästhetischen Bildung ein künstlerisches Schulfach Darstellendes Spiel (die *Fachbezeichnung* Darstellendes Spiel ist nicht unumstritten, jedoch geeignet, um die **Anlehnung und zugleich Erweiterung zum Gegenstand der Darstellenden Kunst** zu kennzeichnen) in dem gegenwärtigen Wandel und noch mehr in der künftigen Entwicklung der Gesellschaft dringend notwendig ist.

Ziel des Faches ist **nicht** die Aneignung der Darstellenden Kunst, die Nachahmung professionellen Theaters oder die Schauspielausbildung dafür begabter einzelner Schüler, **sondern** der Erziehungs- und Bildungsauftrag, die Sozial- und Ich-Kompetenz sowie die ästhetische Gestaltungskompetenz aller Schüler so auszubilden, daß sie sich kreative Möglichkeiten erschließen können, um innerhalb einer teamorientierten schöpferischen Tätigkeit Selbstbestimmung, kulturelle Identität, neue Wertvorstellungen und Handlungsfähigkeiten zu erwerben.

Zum Begriff Darstellendes Spiel

„Darstellendes Spiel" ist nicht identisch mit der darstellenden Tätigkeit professioneller Künstler, die vor einem Publikum spielen.

Der Greifswalder Modellversuch geht von „Darstellendem Spiel im weiteren Sinne" aus und definiert dies wie folgt:

> „Darstellendes Spiel im Zusammenhang des Bildungssystems bedeutet nicht einseitige oder vorwiegende Orientierung an Theater oder professioneller Darstellender Kunst, sondern an einer künstlerischen Aneignungs- und Gestaltungskompetenz, die sich spielpädagogischer und theatraler Mittel und Methoden bedient, um die Persönlichkeitsbildung der Schüler zu unterstützen."

Aus dieser Begriffsbestimmung geht hervor, daß Darstellendes Spiel keineswegs immer auf die Präsentation eines theatralen Produkts vor Publikum gerichtet sein muß, daß sich Darstellendes Spiel innerhalb der Klasse oder Spielgruppe auch sinnvoll ereignen kann, ohne daß eine Trennung zwischen Spielern und Zuschauern erfolgen muß und daß demzufolge auch andere Unterrichtsformen als nur Projektunterricht möglich sind.

Bezugspunkte für das Lehramtsstudium Darstellendes Spiel:

Der oben definierte Begriff bezieht sich auf zwei grundlegende **Richtungen** der Entfaltung von moderner **Darstellender Kunst**:

➤ einerseits auf die Nutzung theatraler Mittel zum Zwecke von Erziehung und Bildung der Teilnehmer, **ohne** die **Präsentation** vor Zuschauern unbedingt anzustreben (in den Traditionen von Brechts Lehrstücktheater und Boals „Theater der Unterdrückten", z.B. unsichtbares Theater),

➤ andererseits auf die Fülle fachspezifisch gestalteter Formen und Entdeckungen der Theatermacher zum Zwecke der **Mitteilung an ein Publikum**

Weitere Bezugspunkte für das Lehramtsstudium Darstellendes Spiel sind **Pädagogik, Psychologie und Fachdidaktik**, aus denen die *Vermittlungskompetenz* erwächst:
- Bildungs- und Erziehungsintentionen,
- das Verständnis für die Rolle und Haltung von Spielern und Spielleiter/Lehrer,
- ein Begriff von der pädagogischen Situation, die als eine ästhetische zu inszenieren ist,
- ein Begriff von der ästhetischen Situation, die als eine pädagogische zu inszenieren ist,
- ein didaktisch-methodisches Repertoire, das geeignet ist, Unterricht so zu strukturieren, daß Schüler zu eigenen Entdeckungen geführt, ästhetische Spiel-, Ausdrucks- und Gestaltungsfähigkeiten altersangemessen und gruppenbezogen entwickelt werden können.

Vom Lehrer für das Fach Darstellendes Spiel werden **Fachkompetenzen für alle Bereiche** erwartet. Das Curriculum des Lehramtsstudiums muß entsprechende **Selbsterfahrungen** der Studierenden durch eigene künstlerische und pädagogische **Praxis** mit der Vermittlung von notwendigem **Grundlagenwissen** verbinden und gleichzeitig **Offenheit** der Ausbildung strukturell erfassen und Stellen für das individuelle Interesse, die *Ausprägung der je besonderen Spielleiter-Persönlichkeit* einbauen. Die Universität kann nicht dem Ehrgeiz einer geschlossenen, vollständigen und einheitlichen Ausbildung für alle Studierenden folgen, sondern muß Raum für die **Erfahrung und Selbstausbildung der eigenen pädagogischen und künstlerischen Identität** ermöglichen. Das Studium kann aus Theatergeschichte, Beobachtungen und Theorien, Spiel- und Theaterpraxis nur **Zugänge eröffnen**, will aber eine *grundsätzliche ästhetisch-kreative Haltung* vermitteln.

B.   Zielstellung

Ausgehend von einer Auffassung von Darstellendem Spiel, das den Fachgegenstand **weiter** faßt als nur schulische Vermittlung und Aneignung von Kenntnissen und Fähigkeiten zum Theater, strebt das Lehramtsstudium zum Darstellenden Spiel folgende Ziele an:

① Mit dem Beifachstudium erwerben die Studierenden theoretische und künstlerisch-praktische Grundkenntnisse und Kompetenzen zur Spielpädagogik und zum Darstellenden Spiel. Sie lernen, Mittel und Methoden des Theaters sinnvoll zu nutzen für die Persönlichkeitsbildung der Spieler ihrer Gruppe.
② Das Beifachstudium befähigt den Absolventen dazu, aus dem Überblick verschiedener theaterpädagogischer Konzeptionen einen eigenen künstlerisch-pädagogischen Ansatz zu finden und in der Arbeit mit einer Spielgruppe so zu verwirklichen, daß zugleich die Spieler befähigt werden, ihre Suche nach eigener Identität in ästhetischer Form einzubringen und kreativ in künstlerisch darstellender Gestaltung zu bearbeiten.

③ Die Studierenden entwickeln in mehreren Praxisfeldern pädagogisch-didaktische Fähigkeiten zur Planung, Vermittlung, Anleitung und Reflexion spiel- und theaterpädagogischer Prozesse unter Berücksichtigung der vorhandenen darstellerischen Möglichkeiten von Kindern und Jugendlichen mit dem Ziel der Weiterentwicklung ihrer altersgemäßen Ausdrucks- und Gestaltungsmittel.

④ Das Beifachstudium bereitet die Studierenden darauf vor,

➤ theaterpädagogische Methoden als Lernform in Schulfächern aller Fachbereiche, in künstlerisch-musischen und sprachlich-literarisch-künstlerischen Aufgabenfeldern sowie in Schulprojekten anzuwenden,

➤ eine fachangemessene, werkstatt- oder projektorientierte Unterrichtstätigkeit und Bewertung im Wahlpflicht- oder Pflichtunterricht „Darstellendes Spiel" auszuüben,

➤ sowie verschiedene Formen der Spiel- und Theaterpädagogik in Freizeit-, kultur- und sozialpädagogischen Bereichen zu nutzen.

Zusammenfassung zum Absolventenbild:

Der angezielte Absolvent des Beifachstudiums ist in der Lage, auf der Basis eines eigenen kreativen künstlerischen Ansatzes seine Spieler zu eigenschöpferischer darstellender und gestaltender Arbeit zu befähigen, ihre sozialen und kulturellen Konditionierungen und unterschiedlichen Lebenswelten zu berücksichtigen, ihre verschiedenartigen Potenzen zu entdecken und zu fördern, die ästhetische Tätigkeit in Gruppenprozessen zu organisieren, die Spieler oder Darsteller durch Erfahrung, Beobachtung, Reflexion und Künstlerische Praxis zunehmend zur Verständigung und Verantwortung, Selbständigkeit und Selbstbestimmung und zur Ausführung eigener künstlerischer Entwürfe zu führen und sich selbst so weit wie möglich zurückzunehmen, ohne die pädagogische Intention und künstlerische Anleitung/Orientierung aufzugeben.

C.   Zu erwerbende Kompetenzen

1. Ich- oder Subjektkompetenz
Wahrnehmung, Analyse und Modifikation von Eigen- und Fremdverhalten,
Überzeugung von dem eigenen künstlerischen Wollen und Können,
Fähigkeit zu „pädagogischer Bescheidenheit", d.h. Anleitung, wo nötig, Zurücknehmen, wo möglich,
Anregen und Akzeptieren innovativer Vorstellungen und Experimente,
Einbringen eigener Intention und Weltsicht,
Einfühlungsvermögen und Eingehenkönnen auf andere

2. Sozialkompetenz
Kooperations-, Kommunikations- und Interaktionsfähigkeit,
Fähigkeiten zu Selbstreflexion und Anregen von (stärkender und weiterentwickelnder) Reflexion,
Wahrnehmen und Reagieren auf soziale und kulturelle Unterschiede,
Aufmerksamkeit, Akzeptanz und Achtung, auch bei ungewöhnlichen Vorschlägen,
Bereitschaft zur Zusammenarbeit/Teamfähigkeit,

Durchsetzungsvermögen und Rücksichtnahme,
Vorausschauen, Zuverlässigkeit und Verantwortungsbewußtsein

3. Künstlerische Kompetenz
3.1. Rollenspiel- und Darstellvermögen
allgemeine Spiel- und Improvisationsfähigkeit,
Erfinden, Einfühlen und Beleben imaginierter Personen und als-ob-Wirklichkeiten,
Wahrnehmung von Impulsen und Reaktion auf Mit- und Gegenspieler,
Vermögen, rasch zwischen Figuren- und Spielleiter-Rolle zu wechseln,
Fähigkeit, theatrale Gestaltungsmittel zielgerichtet für bestimmte ästhetische Wirkung einzusetzen,
Erfinden und Gestalten von beredten Vorgängen

3.2. Sachkenntnisse zu Formen und Gestaltungsmitteln
(beinhaltet das durch künstlerisch-praktische Erfahrung oder Beispiele/Vermittlung gewonnene Fachwissen zu den verschiedenen Möglichkeiten darstellerischer Artikulation)
a) Kompetenz für Form:
zu den Formen allgemeiner ästhetischer Spiel- und Improvisationsfähigkeit,
zu theatral angenäherten Gestaltungsmitteln für nichttheatrale Zwecke,
zu theatralen Ausdrucksmitteln und Formen und ihrer ästhetischen Wirkung für Aufführungen
b) Kompetenz für Bedeutungen der Form, für Erschließung der Inhalte, auch offener Sinnstrukturen,
c) Kompetenz für Einordnung von Formen in ein Gefüge sozialhistorisch-kultureller Bedingtheiten

3.3. Gestaltungskompetenz
3.3.1 Berücksichtigung allgemeiner Gestaltungsprinzipien zum Darstellenden Spiel
Gliederung, Akzentuierung, Steigerung, Proportion, Kontrast/Gegensatz,
Ordnungsprinzipien: Symmetrie-Asymmetrie-Reihung-Wiederholung-Variation,
Rhythmus, Bewegung-Gegenbewegung, synchron-asynchron, Zusammenklang, Differenzierung, Ausdruckssteigerung, Dynamik, Statik,
Charakter: Geschlossenheit-Offenheit, Harmonie-Dissonanz-Expressivität, Spannung, Atmosphäre, Stimmung,
Geschwindigkeit: Bewegung in Raum und Zeit, Parallelität, Gegenbewegung,
Anordnung im Raum: Positionen-Gänge, Arrangement, Raumgliederung, Richtung
Bewegung als Kraft, Gewicht, Balance,
Verändern: Verformen, Vereinfachen, Reduzieren, Verdichten, Umkehren, Verfremden, Überlagern

3.3.2 Gegenstandsbezogene Gestaltungsprinzipien
So, wie spezifische Formen und Gestaltungsmittel den jeweiligen Studienbereichen zugeordnet werden können, gibt es auch spezifische Gestaltungsprinzipien für die Bereiche Spielen lernen, Darstellen lernen, Mediales Theater, Theater in der Erziehung, Theatrales Darstellen und Gestalten/Projektinszenierung und Praktische Dramaturgie/Projektinszenierung (hier nur **ein** Beispiel):

Gestaltungsprinzipien zum Lernbereich Praktische Dramaturgie/Projektinszenierung :

• zwischen **möglichen Spielweisen** entscheiden (wie identifikatorisch, demonstrativ-abstrahiert, tragisch, komödiantisch oder grotesk),

• allmähliche **Fokussierung** des Blicks/zur Positions- und Zielbestimmung beitragen,

• **expressive Darstellung**: Umsetzung von Emotion und Motivation der Figur in plastische **Bilder** und bewußt konstruierte, ausdrucksstarke Handlungen,

• Entwickeln einer gewissen **Logik oder Folgerichtigkeit** der (Gesamt-)Handlung, einen szenischen Ablauf nachvollziehbar an vorangegangene Abläufe anschließen (weniger geeignet sind Konzepte, in denen bewußt Alogik und Irritation angestrebt werden),

• Brechung von allzu linearen Tendenzen und allzu logisch-plausibler Figurenzeichnung: auf **Gegensätze, Kontrapunkte, Brüche** achten,

um **spannende Abläufe** zu garantieren: die Bühnenbewegung stets kontrapunktisch aufbauen,

• **Akzente** setzen, die Inszenierung muß eine Art „**Musikalität**" gewinnen, also **Wechselspiel** von Schnelligkeit, Langsamkeit, Betonung; (Meyerhold: „die Bühnenhandlung stets kontrapunktisch aufbauen"),

• **Dynamische Steigerung und Kontraste** auch im Zusammenspiel der Akteure, durch: abrupte Wechsel von Tempo, Lautstärke und Rhythmus innerhalb des Ensemblespiels,

• **visuelle Zeichen** im Hinblick auf Raum und Bewegung/Wechselnder Abstand/ Anordnung im Raum, Art der Bewegung und Körpersprache setzen,

• **Wechsel des Status**, den die Figuren gegeneinander behaupten bzw. miteinander definieren,

• innere wie äußere **Präsenz**, permanente Aufmerksamkeit und motivierte Haltung der Spieler gegenüber dem Geschehen sowie gegenüber den übrigen Mitspielern,

• Einfügen von **Überraschungseffekten und Pointen.**

4. Methoden- oder Vermittlungskompetenz

4.1 im Umgang des Spielleiters mit den Schülern:

Fähigkeit zum Herstellen von Spielbereitschaft und Spielfähigkeit, Animation und Mitspiel,

Zielstrebige Inspiration und Stimulierung zum Herausfiltern von Problemen der Gruppe,

Sichern von Rollenschutz beim Ausagieren konfliktreicher Verhaltensweisen.

Anregen, Erkennen und Aufgreifen von Impulsen und innovativen Angeboten der Spieler,

Geschicklichkeit im Umgang mit unterschiedlich begabten Schülern, Rotation als Entdeckungsfeld individueller Ausstrahlung, sinnvolle darstellerische Beteiligung aller garantieren,

Teamgeist, Verantwortungsbewußtsein und Einsatzbereitschaft fördern und fordern, das Vergnügen an selbständigen Entdeckungen und an der gemeinsamen Arbeit erhalten,

Spielleiterpräsenz und partnerschaftliches Arbeiten, Vermeiden autoritären Verhaltens, aber Fähigkeit zu Entscheidungen

4.2 in der Organisation von Lernprozessen zum Darstellenden Spiel:
Voraussetzung ist eine schon vorhandene Konzeption,
Vermögen zu ästhetischer Rahmensetzung für verschiedene Darstellungs- und Gestaltungsaufgaben,
Motivieren und Entwickeln durch gezielte Übungsprozesse und Trainingsrituale,
Zielgewinnung gemeinsam mit den Schülern durch Inspirieren, Anregen, Stimulieren,
Offenheit für Änderungsideen und Experimente, künstlerisch-praktisches Erproben organisieren,
Wechsel von Anregung, Aufgabenstellung für selbständige Erarbeitung, Präsentation und Reflexion,
Fähigkeit zu sinnvoller Zusammenfassung und Verallgemeinerung des Erlebten und Erfahrenen,
exemplarisches Lernen von Fachinhalten, die zugleich die Persönlichkeit der Schüler profilieren,
kreativer Umgang mit institutionellen Rahmenbedingungen (Randstunden, Blockbildung usw.),
Fähigkeit, psychische, soziale und ästhetische Faktoren in Spielprozessen und Theaterproduktionen aufeinander zu beziehen und auseinander zu entwickeln.

5. Theoretische Kompetenz
Fachtheorie: Überblickswissen zu theatergeschichtlichen und -theoretischen Zusammenhängen (Auswahl),
Lesen, Verstehen, Analysieren dramatischer Texte (Begriff der Lesart),
Theatersehen und Aufführungsanalyse.

Fachdidaktische Theorie:
Fähigkeiten zu Auswahlentscheidungen für die eigene künstlerisch-kreative Konzeption und ihre flexible Anwendung auf die aktuelle Situation,
Beherrschen von Unterrichts- und Projektgestaltung,
Fähigkeit zu selbständiger analytischer Reflexion und zur Anleitung analytischer Prozesse,
Ausbildung ästhetisch-künstlerischer Wertmaßstäbe, Erkennen und Vermeiden von Klischees,
Entwicklung schülerbezogener Kriterien zur Bewertung und Beurteilung,
Auseinandersetzung mit Theorien stets im Zusammenhang mit dem spielpraktischen Vorhaben

6. Technische, handwerkliche, organisatorische Kompetenz
Fähigkeit, einschlägige technische Probleme erkennen und beurteilen zu können und die notwendigen Schritte zu ihrer Bewältigung zu ergreifen,
Fähigkeit zu selbständiger handwerklicher Lösung von technischen oder Gestaltungs-Problemen-oder zur Organisation von Kooperationen über institutionelle Grenzen hinweg,

Fähigkeit, organisatorische Aufgaben in bezug auf Gruppenprozesse und auf die Anforderungen des spielpraktischen oder darstellerischen Vorhabens zu erkennen und rechtzeitig arbeitsteilig zu bewältigen,

(z.B. Proben- und Lichtplan, Programmheft und Plakat, Öffentlichkeitsarbeit und Finanzierung),

Kenntnisse und Fähigkeiten zum erfolgreichen Einsatz von Medien und medialen Theaterformen

D. Erfahrungs- und Lernfelder (Gegenstandsbereiche)

Das Studium strebt Lernen durch eine Verbindung von Erleben, Erfahren und Erkennen an. Reine Theorieveranstaltungen sind in der Minderzahl, die künstlerisch und pädagogisch praktischen Lehrveranstaltungen müssen jedoch Abstraktionen und Einsicht in übergreifende Zusammenhänge ermöglichen.

Die Lernbereiche spiegeln die unterschiedlichen Bestandteile von Darstellendem Spiel wider.

Die „Abkehr von interaktionistischen, politisch-emanzipatorischen und quasi-therapeutischen Konzepten" führt gegenwärtig zu einer (Wieder-) Entdeckung des **isthetischen Kerns** in allen diesen Arbeitsbereichen.

1. Spielen lernen – Spielpraxis

Entwicklung von individueller Spielbereitschaft/Spielfähigkeit und zur Interaktion mit Gruppe und Partner,

Erwerben eines Spiel- und Übungsreservoirs,

Aufbau von Spielfolgen zur Sensibilisierung, Konzentration, Wahrnehmungsschulung usw.,

Setzen von fiktiven, narrativen, ästhetischen Rahmen,

Entdecken des darstellenden Charakters von Spielen,

Einsatzmöglichkeiten von Musik und Bewegung,

Einführen in den kreativen, spielerischen Umgang mit Material und Raum,

Entwicklung von Vorstellungsvermögen und Phantasie, thematische Anverwandlung von Vorschlägen der Spieler,

Einführung in Theatersport/theatre match

2. Darstellen lernen – Werkstattpraxis

Schulung des Ausdrucksvermögens über Körper- und Bewegungsarbeit, Atem, Stimme, Sprechen,

rhythmisch-musikalische Ausdrucksmöglichkeiten, Improvisation und Darstellung

Arbeit mit Impulsen der Mitspieler, des Raumes, des Publikums

3. Figurale/mediale Theaterformen

Arbeit mit ästhetischen Medien (Material-, Figuren-, Masken-, Schattentheater, technische Medien, Licht, Ton usw.)

spielerischer Umgang mit Texten Kennenlernen unterschiedlicher Theaterformen (u.a. Erzähltheater)

4. Theater in der Erziehung – Darstellendes oder szenisches Spiel als Lernform
Kommunikation und Konfliktbewältigung mit Darstellendem Spiel:
Schaffen fiktiver Spielsituationen und als-ob-Wirklichkeiten, Wahrnehmung und Reaktion auf Mit- und Gegenspieler,
Fragen oder Probleme der Zuschauer in Spielaufgaben umwandeln,
Gegenüberstellen und Ausspielen alternativer Handlungsmöglichkeiten,
Provozieren von Haltungen und Entscheidungen durch das Spiel
Rückführung der Erfahrungen im Spiel auf die eigene reale Lebenspraxis ermöglichen.
Szenisches Spiel als Lernform/Szenisches Interpretieren:
Aufbau und Entfaltung des Vorstellungsvermögens unter Einbeziehung sinnlicher Wahrnehmungen,
Wechsel von Rollenspiel, szenischer Improvisation und szenischer Demonstration,
Körper- und Sprechhaltungen als Verhaltensinszenierungen erkennen und bearbeiten,
Wesentliches einer Situation/Handlung/Haltung z.B. über Standbilder, Rollenspiele, Statuen, Stimmenskulptur usw. darstellen lassen,
über Intervention des Spielleiters (als Hilfs-Ich, alter ego oder in Rollengesprächen) oder anderer Spieler Motive und Widersprüche im Handeln aufdecken,
Perspektivenwechsel und Distanzierung als Voraussetzungen für Erkenntnisse,
Wechsel von Spiel und Beobachtung, Kommentar und Wertung,
Verknüpfen wesentlicher Inhalte aus literarischen Werken mit aktuell interessierenden Problemen der Spieler

5. Darstellende Kunst - Theaterpraxis und Projekt
Theatrales Darstellen und Gestalten einer Projektinszenierung
Zugangsweisen, Körper-, Text- oder Themenbearbeitung,
Improvisation,
Vorgangs-, Rollen- und Szenenarbeit,
Entwicklung spielerischer Übergänge und Verknüpfungen
Praktische Dramaturgie einer Projektinszenierung
Szenenstudium, Produktionsdramaturgie,
Verschiedene Inszenierungskonzepte,
Inszenierungspraxis,
Theatertechnik,
Medieneinsatz,
Öffentlichkeitsarbeit

6. Theoriegrundlagen
6.1 Fachtheorie
Überblickswissen, das exemplarische Einsichten in Entwicklung und Theorie theaterbezogener Kulturbereiche gibt (inkl. Aspekte der Kommunikationswissenschaft):
Gesellschaftliche Bedeutung von Theater und Darstellendem Spiel,
Entwicklung von Theaterräumen und Theatertechnik,

Entwicklung von Improvisationstheater und Autoren,
Ästhetik des Gegenwartstheaters,
Regiestile und freie Theater,
Bilder-, Objekt- und Aktionstheater, Performance usw.,
Medienästhetik
6.2 *Fachdidaktik*
Geschichte des pädagogischen Theaters, Spielpädagogik und Spieltheorie,
Entwicklungspsychologie und Rolle der ästhetischen Bildung und Erziehung,
Begriff, Gegenstand und Zielstellung des Faches,
Planung, Vorbereitung, Durchführung, Analyse und Reflexion von Unterricht,
Prinzipien der Werkstattarbeit und Projektgestaltung,
Probleme und Möglichkeiten von Beurteilung und Bewertung,
Prüfungsgestaltung,
Ebenen der Spielleiter-Tätigkeit

E. Studienstruktur und Zulassung

Das Studium umfaßt 30 SWS (20 SWS obligatorischer und 10 SWS wahlobliga-
torischer Lehrveranstaltungen) in 4 Semestern und wird als Beifach/Drittfach
zeitlich parallel zum regulären Fachstudium (zu Erst- und Zweitfächern) inner-
halb der Regelstudienzeit absolviert. Die zeitliche Belastung der Studierenden
beträgt durchschnittlich 5-7 SWS.
Lehrveranstaltungsformen sind
➢ Vorlesung, Seminar, Kolloquium, Übung
➢ Künstlerische Praxis, Werkstatt
➢ Praxisfeld oder Präsentation
➢ Exkursion (zu einem theatralen Ereignis)
Pro Semester sind drei Wochenendwerkstätten (insgesamt ca. 40% der Ausbildung)
einzuplanen, die durch ihre Blockform ein besonders intensives Lernen und Erfah-
ren ermöglichen.
Jeder Ausbildungsabschnitt schließt mit einem Praxisfeld oder einer Präsentation
ab.
Das Beifachstudium gliedert sich in Grund- und Hauptstudium.
Das **Grundstudium** umfaßt vier Grundkurse in zwei Semestern:
A. Spielpraxis, B. Darstellen lernen, C. Figurales/mediales Theater, D. Theater in
der Erziehung
dazu grundlegende theoretische Veranstaltungen (Spielpädagogik und -theorie, Psychologie des Darstellenden Spiels und Theatergeschichte)
Darüber hinaus können die Studierenden aus dem Universitätsangebot ästhetische,
philosophische, kommunikations- oder literaturwissenschaftliche Lehrveranstaltungen
oder weitere interessierende Angebote wahrnehmen.
Im Grundstudium sind ein Spielefest (PF I) in Zusammenarbeit mit regionalen
Kultureinrichtungen, ein Theaterprojekttag in den Schulen der Stadt (PF II) und

zwei Präsentationen aus dem erworbenen darstellerischen Können der Studiengruppe gemeinsam zu gestalten (öffentliches Improvisations-Seminar und Maskenspiel).

Das **Hauptstudium** konzentriert sich in zwei Semestern auf den Schwerpunkt Darstellende Kunst sowie auf die Fachdidaktik:

Fachkurs A: Theatrales Darstellen und Gestalten innerhalb einer Projektinszenierung

Fachkurs B: Praktische Dramaturgie: Inszenierung und Aufführung des Studententheaterprojekts (PF III),

Fachdidaktik: Unterricht, Projektgestaltung, Bewertung, schulpraktische Übungen

Selbständige Planung, Durchführung und Dokumentation eines Abschlußprojekts (PF IV)

Eine **Zulassungs- oder Eignungsprüfung** gibt es für das Beifachstudium nicht, aber vor Beginn des Beifachstudiums sollte eine **1-2 tägige Einführungswerkstatt** liegen. Sie hilft Studierenden und Lehrkräften, eine gegenseitige Begutachtung vorzunehmen:

a) Die Studenten erhalten Einblick in spiel- und theaterpädagogische Methoden und Studieninhalte und entscheiden sich bewußt für die Wahl des Beifachstudiums einschließlich seiner Anforderungen und Organisationsstruktur, u.a. mit mehrfachen Blockveranstaltungen am Wochenende.

b) Die Dozenten erhalten Einblick in die Eignung der Bewerber und können in Problemfällen beraten.

F. Dauer des Studiums und Abschluß

Das Beifachstudium umfaßt 20+10 SWS in 4 Semestern und schließt mit der **Lehrbefähigung für das Beifach** Darstellendes Spiel auf dem Zeugnis für das **Erste Staatsexamen** ab.

Bedingungen sind der Nachweis eines ordnungsgemäßen fachlichen, künstlerisch-praktischen und fachdidaktischen Studiums in einem Gesamtumfang von 30 SWS, darunter:

➤ Erfolgreiche Teilnahme an zwei grundlegenden bzw. vertiefenden Veranstaltungen (mit Übungen). Die erfolgreiche Teilnahme wird bestätigt, wenn eine Belegarbeit bzw. ein schriftlich ausgearbeitetes Referat vorgelegt werden zu folgenden Veranstaltungen: • Theater in der Erziehung
                                              • Darstellende Kunst

➤ Erfolgreiche Teilnahme an einer grundlegenden Veranstaltung zu didaktischen Theorien des Darstellenden Spiels an der Schule. Nachweis in Form eines verschriftlichten Referates zur Veranstaltung Fachdidaktik III bzw. eines Belegs zur schulpraktischen Übung

➤   Planung, Vorbereitung, Durchführung und Dokumentation eines Eigenprojekts zu inszenierten oder improvisierten Spiel- und Ausdrucksformen (darin Reflexion über die Entwicklung, Anwendung und Verteidigung eines individuellen künstlerischen und theaterpädagogischen Konzepts und den selbst gewählten Kontext)

Der Abschlußbeleg kann im 5. Semester angefertigt werden.

Für Studierende, die das Fach als **Magister-Zusatzfach** oder **Diplom-Wahlpflicht-fach** absolvieren, bildet darüber hinaus eine mündliche Prüfung von 30 Minuten den Abschluß. Die Prüfungsinhalte rekrutieren sich aus den Gegenstandsbereichen des Grund- und Hauptstudiums wobei besondere Bezüge zum Magister- oder Diplomhauptfach hergestellt werden sollen.

G. Curriculum-Revision, Evaluation

Hauptproblem des Beifachstudiums ist die begrenzte Stundenzahl.

Andererseits fördern diese Beschränkung und die Praxisfelder die Durchsetzung kontinuierlicher Teilnahme und führen dadurch zu einem äußerst intensiven Studium.

Dennoch ist die Verwirklichung der hohen Zielstellung des Curriculums ständig neu zu evaluieren, evtl. zu präzisieren. Insbesondere die Anhebung der (oft sehr emotionalen) Erfahrungen aus der künstlerisch- und pädagogisch-praktischen Tätigkeit auf theoretisch-verallgemeinernde Ebene ist ständig neu zu prüfen. Die theaterpädagogische Didaktik wird anfangs in Verbindung mit gemeinsamen Reflexionen vermittelt, die notwendige Zusammenfassung von Einzelerfahrungen ist jedoch zeitaufwendig. Dasselbe gilt für die Dramaturgie- und Inszenierungsarbeiten, die oft in immanenter Verknüpfung erlebt werden.

Zwischenauswertungen, z.B. zu den Praxisfeldern, sind deshalb notwendige Kulminationspunkte. Ebenso hilft das **Abschlußkolloquium**, Schwerpunkte noch einmal in das Bewußtsein zu rufen, auch auf Lücken aufmerksam zu machen. Schriftliche **Stellungnahmen** zu Ergebnissen und Desiderata des Studiums sowie die **Beurteilung** der Lehrveranstaltungen stellen weitere Möglichkeiten der Evaluation dar. Eine **Supervision** des Studiengangs mit Mitteln des Szenischen Spiels (z.B. das gespielte Soziogramm) ist ebenfalls eine Möglichkeit, auf Gelungenes und Versäumnisse aufmerksam zu werden.

Im Rahmen des Modellstudiengangs wurde außerdem eine psychologische **Befragung** der Studierenden durchgeführt und statistisch ausgewertet.

Letzte Möglichkeit ist das **Verfolgen** der beruflichen Umsetzung des Studiums.

Die erste Evaluationsmöglichkeit ist der ständig aktuelle **Vergleich** mit anderen Curricula und Studienkonzepten sowie die Auswertung moderner Forschungsergebnisse.

Aus allen diesen Formen können Anregungen in die Revision des Curriculums einfließen.

Studienordnung für den Teilstudiengang „Darstellendes Spiel" als Beifach

§ 1 – Aufgabe und Geltungsbereich

① Aus der Einrichtung des Wahlpflichtfaches „Darstellendes Spiel" für Klassen der Sekundarstufe I aller Schularten, des Pflichtfaches in Klasse 5 oder 6 für Haupt-/ Realschulen und der Projektkurse für die Oberstufe[1] sowie aus der Veröffentlichung des „Rahmenplans Darstellendes Spiel für alle weiterführenden allgemeinbildenden Schulen (schulart- und jahrgangsübergreifend)" 1997 durch das Kultusministerium des Landes Mecklenburg-Vorpommern sowie aus der bestehenden Lehrerprüfungsverordnung (s.3) ergibt sich die Notwendigkeit und Möglichkeit einer fachspezifischen Ausbildung an einer Hochschule.

② Die Studienordnung regelt Aufbau, Inhalte und Anforderungen des Teilstudiengangs „Darstellendes Spiel" mit dem Ziel der Lehrbefähigung für ein Beifach im Rahmen des Ersten Staatsexamens für das Lehramt an Grund- und Hauptschulen, Haupt- und Realschulen, Gymnasien und Gesamtschulen.

③ Diese Studienordnung bezieht sich auf die

> „Verordnung über die Ausbildung von Lehrern für die öffentlichen Schulen des Landes Mecklenburg-Vorpommern (- Lehrerausbildungsverordnung - LAVO)" vom 09.07.1991

> „Verordnung über die Erste Staatsprüfung für Lehrämter an Schulen im Lande Mecklenburg-Vorpommern (VESpL)" vom 17.07.96 sowie die Fortsetzung: „Neufassung der Verordnung über die Erste Staatsprüfung für Lehrämter an Schulen im Lande Mecklenburg-Vorpommern (Lehrerprüfungsverordnung) vom 3.November 1997"

§ 2 – Studienziele

① Mit dem Beifachstudium erwerben die Studierenden theoretische und künstlerisch-praktische Grundkenntnisse und Kompetenzen zur Spielpädagogik und zum Darstellenden Spiel. Sie lernen, Mittel und Methoden des Theaters sinnvoll zu nutzen für die Persönlichkeitsbildung der Spieler ihrer Gruppe.

② Das Beifachstudium befähigt den Absolventen dazu, aus dem Überblick verschiedener theaterpädagogischer Konzeptionen einen eigenen künstlerisch-pädagogischen Ansatz zu finden und in der Arbeit mit einer Spielgruppe so zu verwirklichen, daß zugleich die Spieler befähigt werden, ihre Suche nach eigener Identität in ästhetischer Form einzubringen und kreativ in künstlerisch darstellender Gestaltung zu bearbeiten.

③ Die Studierenden entwickeln in mehreren Praxisfeldern pädagogisch-didaktische Fähigkeiten zur Planung, Vermittlung, Anleitung und Reflexion spiel- und theaterpädagogischer Prozesse unter Berücksichtigung der vorhandenen darstellerischen Möglichkeiten von Kindern und Jugendlichen mit dem Ziel der Weiterentwicklung ihrer altersgemäßen Ausdrucks- und Gestaltungsmittel.

④ Das Beifachstudium bereitet die Studierenden darauf vor,

> theaterpädagogische Methoden als Lernform in Schulfächern aller Fachbereiche in künstlerisch-musischen und sprachlich-literarisch-künstlerischen Aufgabenfeldern sowie in Schulprojekten anzuwenden,

> eine fachangemessene, werkstatt- oder projektorientierte Unterrichtstätigkeit und Bewertung im Wahlpflicht- oder Pflichtunterricht „Darstellendes Spiel" auszuüben,

> sowie verschiedene Formen der Spiel- und Theaterpädagogik in Freizeit-, kultur- und sozialpädagogischen Bereichen zu nutzen.

§ 3 – Zulassungsvoraussetzungen

① Zulassungsvoraussetzung zum Beifachstudium ist lediglich die Hochschulzugangsberechtigung für ein Lehramtsstudium. Die Bewerbung wird erst nach Abschluß des Grundstudiums (nach 4 Semestern) empfohlen.

② Das Beifachstudium erfordert die Fähigkeit und Bereitschaft, künstlerisch-praktische Spiel- und Theaterarbeit mit Schülergruppen anzuleiten und Projektarbeit bis zu öffentlichkeitswirksamen Ergebnissen zu führen. Da besondere künstlerische oder spielpädagogische Befähigungen oder praktische Erfahrungen bei den Bewerbern selten vorausgesetzt werden können, wird ihre spielpädagogische und künstlerische Eignung in einer *Einführungswerkstatt* getestet und in Problemfällen eine Beratung angeboten.

§ 4 – Aufbau des Studiums

① Das Studium wird nach Erbringen der Leistungsnachweise und der Dokumentation des Eigenprojekts ohne Prüfung abgeschlossen.

② Das Studium umfaßt 30 SWS (20 SWS obligatorischer Lehrveranstaltungen und 10 SWS wahlobligatorische Veranstaltungen) in 4 Semestern und wird parallel zum regulären Fachstudium (zu zwei Fächern) innerhalb der Regelstudienzeit (neun Semester) absolviert. Die zeitliche Belastung der Studierenden beträgt durchschnittlich 5-7 SWS.

③ Das Studium gliedert sich in zwei Semester Grundstudium und zwei Semester Hauptstudium. Die Dokumentation des Abschlußprojekts kann bis zu zwei Semester nach Absolvierung der Lehrveranstaltungen abgegeben werden.

④ Das Studium beginnt im Wintersemester und ist ein Direktstudium.

§ 5 – Organisation und Struktur des Studiums

① Das Beifachstudium bietet zwei feste Lehrveranstaltungs-Zeiten pro Woche an: 4 Std. Künstlerische Praxis und 2 Std. Fachtheorie bzw. Fachdidaktik.
Dazu kommen drei Wochenendwerkstätten pro Semester von je 12 Stunden und eine Exkursion. Die Grund- und Fachkurse sind nicht wahlobligatorisch, sondern verbindlich. Darüber hinaus werden Zusatzveranstaltungen empfohlen.

② Aktive Beteiligung an Präsentationen, Praxisfeldern und schulpraktischen Übungen gehört zu den obligatorischen Studienverpflichtungen.

③ Gegenstand und Art der Lehrveranstaltung sind
  ➤ Fachtheorie: Vorlesung (V), Seminar (S), Übung (Ü), Kolloquium (K)
  ➤ Künstlerische Praxis (KP): Grundkurs (GK), Werkstatt (W), Fachkurs (FK)
  ➤ Fachdidaktik: Seminar (S), schulpraktische Übung (Ü)
  ➤ Ausbildungsphase abschließendes Praxisfeld (PF), Präsentation (Präs.)
  ➤Exkursion (E)
④ Das Studium gliedert sich in der Künstlerischen Praxis in sechs Ausbildungs-
  schwerpunkte, die wesentliche Inhalte und Ziele des Studiums widerspiegeln.
  Jeder Ausbildungsschwerpunkt eröffnet ein neues Lernfeld, das mit einem Praxisfeld
  oder mit einer Präsentation abschließt und in der *spiralförmigen, aufbauenden Struktur des*
  Beifachstudiums in den folgenden Abschnitten wieder aufgegriffen und weiterentwik-
  kelt wird.
⑤ Lehrveranstaltungen anderer Fachbereiche aus dem universitären Angebot (z.B. Literaturgeschichte, Psychologie, Soziologie, Sprecherziehung) werden empfohlen, wenn
  sie in Beziehung zum Studiengegenstand treten. Sie geben Einblicke in Bedingungen,
  die Spiel ermöglichen, es hervorbringen oder die durch Spiel geschaffen werden. Sie
  beziehen ihre Notwendigkeit und ihren Umfang aus dem Studienziel und den Kompetenzen, die den künftigen Lehrer oder Spielleiter für „Darstellendes Spiel" aus-
  zeichnen sollen.
⑥ Ein ordnungsgemäßes Studium setzt voraus:
  aktive und kontinuierliche Teilnahme an den laut Studienplan obligatorischen Lehrveranstaltungen und an einer Auswahl des fakultativen und zusätzlichen Angebots,
  aktive Beteiligung in Praxisfeldern und Projektinszenierung der Studenten,
  Erbringen der vorgesehenen Leistungsnachweise, Dokumentation des abschließenden Eigenprojekts.

§ 6 – Studieninhalte Grundstudium (s. Anhang)

1. Obligatorische Lehrveranstaltungen (10 SWS)
<u>Grundkurs A:</u> Praxis des Spielens, inkl. Didaktik der Spielleitung (Fachdidaktik I)
<u>Grundkurs B:</u> Darstellen lernen, Werkstatt 2: Improvisation
<u>Grundkurs C:</u> Figurale Theaterformen, Werkstatt 5: Material beleben
<u>Grundkurs D:</u> Praxis des Theaters in der Erziehung, inkl. Didaktik des Theaters in
der Erziehung (Fachdidaktik II), Werkstatt 6: theatre in education (TIE)

2. Wahlobligatorische Lehrveranstaltungen (7 SWS)
V/K: Psychologie v. Rollen- und Darstellendem Spiel, Spielpädagogik/Spieltheorien
Werkstatt 1: Spiel-Räume
Werkstatt 3: Einführung in pantomimisches Gestalten
Werkstatt 4: Eigenproduktion Maskenspiel
V: Theatertheorie und -geschichte
S/Ü: Lehrstücktheorie und -praxis

3. Präsentation/ Praxisfeld
<u>Praxisfeld I:</u> Spielefest im Theater

Präsentation 1 Öffentliches Improvisations-Seminar
Präsentation 2 Aufführung Maskenspiel
Praxisfeld II: Theaterprojekttag in der Schule
4. Leistungsnachweise
Beleg zum Grundkurs D: Theater in der Erziehung
5. Exkursion
zu einer professionellen modernen Theateraufführung

§ 7 – Studieninhalte Hauptstudium (s. Anhang)

1. Obligatorische Lehrveranstaltungen (10 SWS)
Fachkurs A: Darstellende Kunst
Werkstatt 7: Klangspiele
Werkstatt 8: Atem, Stimme, Sprechen
Fachkurs B: Praktische Dramaturgie
Werkstatt 10: Gesamtregie und -dramaturgie
Fachdidaktik III: Unterricht, Projektgestaltung und Bewertung
Ü: schulpraktische Übung
2. Wahlobligatorische Lehrveranstaltungen (6 SWS)
V: Theatergeschichte, Kinder- und Jugendtheater
Werkstatt 12: Szenisches Spiel als Lernform/Supervision
3. Präsentation/ Praxisfeld
Praxisfeld III: Theater als Projekt
Präsentation 3 Projektinszenierung der Studenten
Präsentation 4 Aufführung der Performance (als Zusatzveranstaltung)
4. Leistungsnachweise
Beleg zum Fachkurs Darstellende Kunst
Beleg zu Fachdidaktik III

Sowohl im Grund- als auch im Hauptstudium gibt es darüber hinaus **fakultativ** zu besuchende **Zusatzveranstaltungen** (siehe Studienplan im Anhang).
nach dem 4.Semester abschließender Beleg: Planung, Vorbereitung, Durchführung und Dokumentation des EIGENPROJEKTs (Entwicklung, Verteidigung und Anwendung eines individuellen künstlerischen und theaterpädagogischen Konzepts in einem selbst gewählten Kontext)

§ 8 – Leistungsnachweise und Abschluß (Präzisierung der gültigen Verordnung)

① Nachweis eines ordnungsgemäßen fachlichen, künstlerisch-praktischen und fachdidaktischen Studiums in einem Gesamtumfang von mindestens 20 + 10 SWS darunter:
  ➤ Erfolgreiche Teilnahme an zwei grundlegenden bzw. vertiefenden Veranstaltungen (mit Übungen). Die erfolgreiche Teilnahme wird bestätigt, wenn ein Beleg zu folgenden Veranstaltungen vorgelegt wird:

- Praxis des Theaters in der Erziehung
- Fachkurs Darstellende Kunst
- ➤ Erfolgreiche Teilnahme an einer grundlegenden Veranstaltung zu didaktischen Theorien des Darstellenden Spiels an der Schule – Nachweis in Form eines verschriftlichten Referates zu Fachdidaktik III bzw. eines Belegs zur schulpraktischen Übung
② Planung, Vorbereitung, Durchführung und Dokumentation eines Eigenprojekts zu inszenierten oder improvisierten Spiel- und Ausdrucksformen (darin Reflexion über die Entwicklung, Anwendung und Verteidigung eines individuellen künstlerischen und theaterpädagogischen Konzepts und den selbst gewählten Kontext)

§ 9 – Gesamtnote und Zeugnis

① Der Studierende erhält für jedes Semester einen Leistungsnachweis, der den Umfang der absolvierten obligatorischen, fakultativen und Zusatzveranstaltungen und die erbrachten Belege ausweist. Auf einem Sammelbeleg werden die Leistungen entsprechend der Forderungen der Prüfungsordnung zusammengefaßt.

② Für das Beifachstudium wird bei Vorlage der geforderten Nachweise die Absolvierung des Studiums und damit die Lehrbefähigung für das Beifach auf dem Zeugnis für das Erste Staatsexamen bzw. auf einer zusätzlichen Bescheinigung durch das Lehrerprüfungsamt des Landes Mecklenburg-Vorpommern bestätigt.

§ 10

Diese Studienordnung tritt nach der hochschulöffentlichen Bekanntmachung in Kraft.

Ort, Datum

Anhang: Studienplan/Umfang der Lehrveranstaltungen

---

[1] siehe „Verordnung für die Stundentafeln an den allgemeinbildenden Schulen vom 3. Juni 1996", in: Mitteilungsblatt des Kultusministeriums Nr. 6/97

Anmerkung:
Diese letzte Fassung der Rahmenstudienordnung für das Beifachstudium Darstellendes Spiel wurde in Auswertung des gesamten Modellvorhabens erarbeitet und enthält die Erfahrungen aus den beiden absolvierten Studiendurchgängen.
Greifswald, den 17.07.1998

Studieninhalte (30 SWS, davon 20 SWS obligatorisch) und Studienplan

1. Semester (5o+3f)

1. Ausbildungsschwerpunkt SPIELEN LERNEN (2+2)

K/V (1 SWS) Psychologie von Rollenspiel und Darstellendem Spiel, Einführung in Spielpädagogik und Spieltheorien (fak.)

KP (2 SWS) Praxis des Spielens, Spiele mit darstellendem Charakter (Grundkurs A) incl. Didaktik der Spielleitung (Fachdidaktik I)

W (1 SWS) Werkstatt 1: Spiel-Räume (fak.)

PF Praxisfeld I: Spielefest im Theater (Animation und Mitspiel)

2. Ausbildungsschwerpunkt DARSTELLEN LERNEN (3+1)

KP (2 SWS) Rhythmus und Bewegung, Körpertraining (Grundkurs B)

W (1 SWS) Werkstatt 2: Improvisation

W (1 SWS) Werkstatt 3: Einführung in pantomimisches Gestalten (fak.)

Präs. Öffentliches Improvisations-Seminar

E Exkursion zu einer modernen Theateraufführung

2. Semester (5o+4f)

3. Ausbildungsschwerpunkt FIGURALE THEATERFORMEN (2+1)

KP (1 SWS) Maskenbau und Maskenspiel/Schattenspiel (Grundkurs C)

W (1 SWS) Werkstatt 4: Material beleben

W (1 SWS) Werkstatt 5: Eigenproduktion Maskenspiel/Darstellen (fak.)

Präs. Öffentliche Aufführung des Maskenspiels

4. Ausbildungsschwerpunkt THEATER IN DER ERZIEHUNG (3+3)

KP (2 SWS) Praxis des Theaters in der Erziehung (Grundkurs D) **Beleg** incl. Didaktik des Theaters in der Erziehung (Fachdidaktik II)

W (1 SWS) Werkstatt 6: Methoden des theatre in education (TIE)

S/Ü (1 SWS) Lehrstücktheorie und -praxis (fak.)

V (2 SWS) Theatertheorie und -geschichte (fak.)

PF Praxisfeld II: Theaterprojekttag in der Schule (Kommunikation und Konfliktbewältigung)

3. Semester (5o+2f)

5. Ausbildungsschwerpunkt PROJEKTINSZENIERUNG

KP (3 SWS) Darstellende Kunst: (Fachkurs A) Theatrales Darstellen und Gestalten der Projektinszenierung **Beleg**

W (1 SWS) Werkstatt 7: Klangspiele

W (1 SWS) Werkstatt 8: Atem, Stimme, Sprechen

W Werkstatt 9: Bühnenbild und -technik (Zusatz-LV)

V (2 SWS) Theatergeschichte und Kinder- und Jugendtheater (fak.)

4. Semester (5o+1f)

Fortsetzung der Arbeit an der PROJEKTINSZENIERUNG (3)

    KP (2 SWS) Praktische Dramaturgie: Szenenstudium/Regie (Fachkurs B)

    W (1 SWS) Werkstatt 10: Gesamtregie und -dramaturgie

    PF   Praxisfeld III: Theater als Projekt: Öffentliche Aufführungen
                  der Projektinszenierung

    W   Werkstatt 11: Performance (Zusatz-LV)

    Präs.   Öffentliche Aufführung einer Performance

6. Ausbildungsschwerpunkt FACHUNTERRICHT (2+1)

    S/Ü (2 SWS) Fachdidaktik III: Unterricht, Projektgestaltung und Bewertung, Beleg
                 incl. schulpraktischen Übungen im Pflicht- oder Wahlpflichtunterricht
                 (Sekundarstufe I oder II)

    W (1 SWS) Werkstatt 12: Supervision mit Mitteln des Darstellenden Spiels,
                 Szenisches Spiel als Lernform (fak.)

nach dem 4.Semester:

Abschlußprojekt:

    Planung, Vorbereitung, Durchführung und Dokumentation vom Eigenprojekt
    (Entwicklung, Verteidigung und Anwendung eines individuellen künstlerischen und
    theaterpädagogischen Konzepts in einem selbst gewählten Kontext)

Autoren

Kapitel 2
S. 25-27

Prof. Heidi Adam, Hochschule für Musik und Theater Rostock
Institut für Schauspiel/Darstellendes Spiel
Ulmenstraße 69 Haus A
18057 Rostock

Kapitel 4, 5 und 6
S. 7-9, 66-97,
139-146, 166-
256

Hedwig Golpon, E.-M.-Arndt-Universität Greifswald
Institut für Deutsche Philologie
Modellversuch Darstellendes Spiel
Bahnhofstr. 46/47
17487 Greifswald

Kapitel 8
S. 293-299

Prof. Gerd Koch, Alice-Salomon-Fachhochschule Berlin
Fachkonferenz Theorie und Praxis der Sozialen Kulturarbeit
Alice-Salomon-Platz 5
12627 Berlin

Kapitel 5 und 8
S. 136-138,
301-311

Prof. Hans Wolfgang Nickel, Hochschule der Künste Berlin
Fakultät Darstellende Kunst
Institut für Spiel- und Theaterpädagogik
PF 126720
120595 Berlin

Kapitel 1, 2, 3, 4,
5, 7 und Anhang
S. 7-9, 12-63,
98-128, 147-162,
260-279, 314-332

Dr. Susanne Prinz, E.-M.-Arndt-Universität Greifswald
Institut für Deutsche Philologie
Modellversuch Darstellendes Spiel
Bahnhofstr. 46/47
17487 Greifswald

Kapitel 8
S. 282-291

Prof. H. Elisabeth Renk, Katholische Universität Eichstätt
Lehrstuhl für Deutsche Sprachwissenschaft
Universitätsallee 1
85071 Eichstätt

Kapitel 4
S. 129-133

Lilo Schlösser, (ehem.an E.-M.-Arndt-Universität Greifswald)
Heinrich-Zille-Str. 19
17109 Demmin

Fotos

Hans-Joachim Dieme, Hedwig Golpon, Konstanze Kühl,
Rita May, Susanne Prinz, Manfred Prinz, Brar Schlee

Dozenten des Modellstudiengangs

Künstlerische
Leiterin des Mo-
dellstudiengangs

Hedwig Golpon
Spielpraxis/Theater in der Erziehung/Künstlerische Praxis
Projektinszenierung I und II
Theaterpädagogische Fachdidaktik/ Betreuung von Praxisfeldern
und Abschlußprojekten

Wissenschaftliche
Leiterin des Mo-
dellstudiengangs

Susanne Prinz
Spielpraxis/Szenisches Interpretieren
Figurenbau/Puppen- und Maskenspiel
Theaterpädagogische Fachdidaktik/Betreuung von Praxisfeldern
und Abschlußprojekten

Wiss. Mitarbeite-
rin des Modellstu-
diengangs

Lilo Schlösser
Spielpädagogik Psychologie des DS/Theatergeschichte und -
theorie/Schatten- und Maskenspiel /Theaterpädagogische Fach-
didaktik/Betreuung von Praxisfeldern und Abschlußprojekten

Gastdozenten / Wochenend-Werkstätten

Rostock	Heidi Adam, Material beleben
Münster	Martina Bruns, Körperbewegung und Tanz
GYPT London	Steve Day, Methoden und Techniken des theatre in education
	Vivian Harris, Methoden und Techniken des theatre in education
Utrecht	Nelly van de Geest, Improvisation und theatre match nach Keith Johnstone
Berlin	Hellmut Liske, Klangspiele
	Dieter Marks, Großmaskenbau und -spiel
	Rita May, Einführung in pantomimisches Gestalten
Lingen	Andreas Poppe, Atem, Stimme, Sprechen – Zum Gebrauch der Stimme
Oldenburg	Ingo Scheller, Supervision mit Mitteln des Szenischen Spiels
Berlin	Bernd Stude, Spiel-Räume
Bayreuth	Susanne Vill, Performance
Rostock	Falk von Wangelin, Bühnenbild und Bühnentechnik, ihre Bedeutung für die Entwicklung des Theaters

Gastdozenten/Vorträge, Seminare, Übungen

Leipzig	André Barz, Psychologie von Rollenspiel und Darstellendem Spiel
Berlin	Matthias Baxmann, Materialanimation, Figurenarrangement und Puppenführung
	Dagmar Dörger, Didaktik der Spielleitung
Greifswald	Margit Düwel, Musik und Bewegung
	Jörg Huwer (Theater Vorpommern), Theater als Ereignis: „Medea" von Hanns Henny Jahn
	Probenauswertung von Christoph Hein „Randow"
	Ibenthal/Kock/Steffen, Spielpädagogik
Berlin	Gerd Koch, As(s)oziales Theater und Lehrstücktheorie
Greifswald	Koschel/Küster/Ballnus/Brandtstetter (Theater Vorpommern), Inszenierungsbegleitung zum „Urfaust" und Ferienwerkstätten mit Spielaktion „Hexen"
	Andreas Kruse. Rollenspiel in der Psychologie/Bedeutung des Spiels für die Entwicklung sozialer Kompetenzen
Wettingen	Marcel Kunz, Szenisches Interpretieren von Goethes „Faust"
Greifswald	Georg Kunze/Hendrik Niesler (Theater Vorpommern), Techniken der Theaterplastik/des Puppenbaus
	Gunnar Müller-Waldeck, Geschichte des deutschen Theaters im 18. und 20. Jahrhundert
Berlin	Hans-Wolfgang Nickel, Abschluß-Kolloquium mit Studieren-den des 1. und 2. Durchgangs des Modellversuchs
	Heide Schiffer-El Fuly (Theater Vorpommern), Autorentheater und GRIPS-Theater
Hamburg	Wulf Schlünzen, Abiturfach Darstellendes Spiel und Kompetenz-kurse

Einen Toast auf jede Leserin!

Beim Schreiben unserer Texte fanden wir es sehr umständlich, das unglückliche „/Innen/in/innen" andauernd anhängen zu müssen und bitten deshalb um Nachsicht, wenn wir es — auch im Interesse einer fließenden Lesbarkeit — nur mitdenken, aber nicht schreiben. Das Einsparen der geschlechtsspezifischen Bezeichnungen soll keinesfalls als Mißachtung unserer Kolleginnen, Studentinnen und der Frauen überhaupt verstanden werden. Wenn wir im Text von „Studenten" reden, dann sind damit zugleich „Studentinnen und Studenten" gemeint. Ebenso verhält es sich, wenn wir beispielsweise den „Spielleiter" ansprechen.

Dieses Buch ist vorrangig von Frauen geschrieben — der Frage, ob sich durch Wortendungen gesellschaftliche Änderungen ergeben, wollen wir hier nicht nachgehen.

Wir bitten unsere Leserinnen um Ihr Verständnis und versichern sie unserer größten Hochachtung.

Hedwig und Susanne

Literatur und Quellen

ARTAUD, Antonin: Das Theater und sein Double. Frankfurt/M. 1979

BARBA, Eugenio: Jenseits der schwimmenden Inseln. Reinbek b. Hamburg 1985

BARTUSSEK, Walter: Pantomime und darstellendes Spiel. In: Körperausdruck – Selbsterfahrung – Persönlichkeitsbildung. Matthias-Grünewald-Verlag Mainz 1991

BARZ, André (Hg.): Darstellendes Spiel: Texte. Volk und Wissen Verlag Berlin 1996

BARZ, André: Vom Umgang mit Darstellendem Spiel. Volk und Wissen Verlag Berlin 1998

BATZ, Michael / SCHROTH, Horst: Theater zwischen Tür und Angel. Handbuch für Freies Theater. Rowohlt Reinbek Hamburg 1983

BECK, Johannes / HOLKENBRINK, Jörg / KEHL, Anne: Tragt Masken, schont das eigene Gesicht! Edition Temmen Bremen 1996

BELGRAD, Jürgen: TheaterSpiel. Zur Ästhetik des Schultheaters und Amateurtheaters. Schneider Hohengehren 1997

BENJAMIN, Walter: Das Kunstwerk im Zeitalter seiner technischen Reproduzierbarkeit. Frankfurt/M. 1977

BENJAMIN, Walter: Versuche über Brecht. In: Lesezeichen. Reclam Leipzig o.J.

BOAL, Augusto: Theater der Unterdrückten. Übungen und Spiele für Schauspieler und Nichtschauspieler. Suhrkamp Frankfurt/M. 1989

BRAUN, Karlheinz: Mini Dramen. Verlag der Autoren 1994

BRAUNECK / SCHNEILIN (Hg.): Theaterlexikon. Begriffe und Epochen, Bühnen und Ensembles. Reinbek Hamburg1986

BRECHT, Bertolt: Der Böse Baal der asoziale. In: Große kommentierte Ausgabe, Band 10. Berlin / Frankfurt 1989

BRECHT, Bertolt: Gesammelte Werke in 20 Bänden. Frankfurt/M. 1967

BRECHT, Bertolt: Geschichten von Herrn K. In: Kalendergeschichten. Reclam Leipzig 1979

BRECHT, Bertolt: Horatier und Kuriatier. In: Große kommentierte Ausgabe, Band 4. Berlin Frankfurt 1989

BRECHT, Bertolt: Kleines Organon für das Theater. Dialoge aus dem „Messingkauf". In: Über Theater. Reclam Leipzig 1966

BRECHT, Bertolt: Mißverständnisse über das Lehrstück. In: Zur Theorie des Lehrstückes. Reclam Leipzig 1978

BRECHT, Bertolt: Schriften zum Theater. Frankfurt/M. 1963

BRECHT, Bertolt: Über Kunst und Politik. Reclam Leipzig 1977

BROICH, Josef: Spielebücher. Maternus Köln 1994 -1997

BROICH, Josef: Anwärmspiele. Über einhundert neue Gruppenspiele. Maternus Köln 1993

BROICH, Josef: Körper- und Bewegungsspiele. Über einhundert neue Gruppenspiele. Maternus Köln 1993

BROKEMPER, Peter / EL KERK, Sybille: So ein Theater. Einführung in die Theaterarbeit in Schule und Freizeit. Verlag an der Ruhr Mühlheim 1988

BROOK, Peter: Das offene Geheimnis. Gedanken über Schauspielerei und Theater. Frankfurt/M. 1994

BROOK, Peter: Der leere Raum. Alexander Berlin 1994

BUBNER, Claus / MANGOLD, Christiane: Schule macht Theater. Westermann Braunschweig 1995

DÖRGER, Dagmar: Animationstheater. Kommunikationsstrukturen und pädagogische Implikationen. Brandes & Apsel Frankfurt/M. 1993

DÖRGER, Dagmar: Mini- und Mono-Dramen. Eine Anleitung zu theatralen Kleinformen. Heinrichshofen Wilhelmshaven 1985

EBERT, Gerhard / PENKA, Rudolf (Hg.): Schauspielen. Handbuch der Schauspieler-Ausbildung. Henschel Berlin 1991

EBERT, Gerhard: Improvisation und Schauspielkunst. Über die Kreativität des Schauspielers. Henschel Berlin 1993

ESSLIN, Martin: Die Zeichen des Dramas. Reinbek Hamburg 1989

FIEBACH, Joachim: Die Toten als die Macht der Lebenden. Henschel Berlin 1977

FIEBACH, Joachim: Von Craig bis Brecht. Studien zu Künstlertheorien in der ersten Hälfte des 20. Jahrhunderts. Henschel Berlin 1975

FINKE, Ulrike: Spielstücke für Gruppen. Eine Praxis der Spielpädagogik. EB-Verlag Rissen Hamburg 1985.

FISCHER-LICHTE, Erika: Semiotik des Theaters. Narr Tübingen 1994/95

FLITNER, Andreas (Hg.): Das Kinderspiel. München 1978

FO, Dario: Kleines Handbuch des Schauspielers. Frankfurt/M. 1989

FRITZ, Jürgen: Interaktionspädagogik. München 1975

GIFFEI, Herbert: Theater machen. Ein Handbuch für die Amateur- und Schulbühne. Otto Maier Ravensburg 1982

GOFFMANN, Erving: Wir alle spielen Theater. Die Selbstdarstellung im Alltag. München l983

GOLEMAN, David: Emotionale Intelligenz. München und Wien 1996

GOLPON, Hedwig: Anspruch, Legitimation und Praxis, ein erzählendes Interview zur Geschichte einer theaterpädagogischen Arbeit in der ehemaligen DDR und der Bundesrepublik Deutschland. In: Geschichte(n) der Theaterpädagogik. Materialien zur 6. Bundestagung Theaterpädagogik in Lingen 1991

GOLPON, Hedwig (Red.): „Programme, Profile, Perspektiven – Theaterpädagogische Bildungsgänge in der Diskussion" Teil 1 und 2. In: Korrespondenzen. Zeitschrift für Theaterpädagogik, Heft 8 1997

GROTOWSKI, Jerzy: Für ein armes Theater. Orell Füßli Zürich 1986

GUDJONS, Herbert: Spielbuch Interaktionserziehung. 185 Spiele und Übungen zum Gruppentraining in Schule, Jugendarbeit und Erwachsenenbildung. Bad Heilbronn 1977

HACKS, Peter: Armer Ritter. Mit Anleitungen zur Inszenierung von Theaterstücken in der Schule. Klett Stuttgart 1993

HAUKE, Marion: Spielintelligenz. Spielend lernen – Spielen lehren? Heidelberg 1992

HENTSCHEL, Ulrike / KOCH, Gerd: Kerncurriculum Theaterpädagogik. In: Korrespondenzen. Zeitschrift für Theaterpädagogik. Heft 23-25, 1995

HENTSCHEL, Ulrike: Theaterspielen als ästhetische Bildung. Über einen Beitrag produktiven künstlerischen Gestaltens zur Selbstbildung. Deutscher Studien Verlag Weinheim 1996

HOFFMANN, Christel / ISRAEL, Annett: Die Kunst des Spielleiters. In: Theater Spielen mit Kindern und Jugendlichen – Konzepte, Methoden & Übungen. Juventa 1998

HOFFMANN, Christel: Darstellendes Spiel der Kinder und einige Gesichtspunkte von Bertolt Brecht. In: Beiträge zum Kindertheater. Heft 11, Frankfurt/M. 1995

HOFFMANN, Christel: Spielen und Theaterspielen. Der Kinderbuchverlag Berlin 1989

HOFFMANN, Christel: Theatrale Zeichen im Theater für kleine Kinder. In: Das Kindertheater aktuell – Praxis Grundschule. Heft 11, 1997

HOFFMANN, Christel: Vom Verhältnis von Theater und Pädagogik. In: Richard (Hg.): Theaterpädagogik und Dramaturgie im Kinder- und Jugendtheater. Dokumentation zur internationalen Tagung der ASSITEJ in Bremen 1989. Frankfurt/M. 1990

HOFFMANN, Ludwig / WARDETZKY, Dieter: Meyerhold, Tairow, Wachtangow – Theateroktober. Reclam Leipzig 1972

HOPPE, Hans: Theater als Lernform. Spiel und Theater. Weinheim 1985

JENISCH, Jakob: Der Darsteller und das Darstellen. Grundbegriffe für Praxis und Pädagogik – ich selbst als ein anderer. Henschel Berlin 1996

JENISCH, Jakob: Szenische Spielfindung. In der Bearbeitung von Josef Broich. Maternus Köln 1991

JOHNSTONE, Keith: Improvisation und Theater. Alexander Berlin 1993

KOCH, Gerd (Hg.): Theatralisierung von Lehr-Lernprozessen. Schibri Berlin Milow 1995

KOCH, Gerd u.a. (Hg.): Assoziales Theater: Spielversuche mit Lehrstücken und Anstiftung zur Praxis. Prometh-Verlag Köln 1983

KOCH, Gerd: Lernen mit Bert Brecht: Bertolt Brechts politisch-kulturelle Pädagogik. Brandes & Apsel Frankfurt/M. 1988

KRIEGER, Uwe / NICKEL, Hans Wolfgang (Red.): Symposium Figur, Maske, Puppe. Hochschule der Künste Berlin 1990

Kulturelle Praxis. Handreichungen zum Darstellenden Spiel. Hessisches Institut für Bildungsplanung und Schulentwicklung. Wiesbaden 1994

KUNZ, Marcel: Spiel-Raum. Literaturunterricht und Theater. Überlegungen, Annäherungen und Modelle. Klett und Balmer Zug 1989

KUNZ, Marcel: Spieltext und Textspiel. Szenische Verfahren im Literaturunterricht der Sekundarstufe II. Kallmeyer Seelze 1997

LEONHARDT, Paul: Bühne und Beleuchtung. Anleitungen zu schöpferischer Gestaltung des Spielraumes. Dt. Theaterverlag Weinheim o.J.

LEONTJEW, Alexej: Tätigkeit Bewußtsein Persönlichkeit. Volk und Wissen Berlin 1987

LIPPERT, Gerhard (Red.): Theaterspielen in der Schule : Ein Fortbildungsmodell. Donauwörth Auer 1992

MARKS, Dieter: Maskenbau. Ein Praxisbuch. Frankfurt/M. 1985

MARKS, Dieter: Puppen u. Masken: Materialien zur Spiel- und Theaterpädagogik des Theaterpädagogischen Zentrums Lingen, Heft 3, Lingen 1985

MEYERHOLD, Wsewolod E.: Schriften. Henschel Berlin 1979

MIAMI ANDERSON, Marianne: Theatersport und Improvisationstheater. Buschfunk Planegg 1996

MOLCHO, Samy: Körper. Goldmann München 1996

MÜLLER-POLAND, Rudi: Inszenierung als zentrale Aufgabe im Fach Darstellendes Spiel. In: RITTER, Hans-Martin (Hg.): Spiel- und Theaterpädagogik. Berlin 1990

NEUROTH, Simone: Augusto Boals „Theater der Unterdrückten" in der pädagogischen Praxis. Deutscher Studien Verlag Weinheim 1994

NICKEL, Hans Wolfgang: Spiel – Theater – Interaktionspädagogik. Versuch einer praxisbezogenen Systematik der Spielformen. In: Hilfen für Spielleiter. LAG für Spiel und Amateurtheater in NRW Recklinghausen Heft 16, 1976

NÖBEL, Manfred (Hg.): Literatur und Puppe – Gedanken zum Figurentheater 1900-1945. In: Stücke für Puppentheater. Henschel Berlin 1974

O'TOOLE, John / HASEMAN, Brad: Dramawise. An introduction to drama. Heinemann Educational Australia 1988

PRINZ, Susanne / SCHLÖSSER, Lilo (Hg.): Spiel- und Theaterarbeit mit Kindern und Jugendlichen in Mecklenburg-Vorpommern. Wolgast 1997

PRINZ, Susanne: Der Greifswalder Modellversuch: Universitäre Ausbildung für das Lehramt Darstellendes Spiel. In: Symposium. Die Ausbildung zum Theaterpädagogen. Interdisziplinärer Studienschwerpunkt Spiel- und Theaterpädagogik an der Universität München. München 1996

PRINZ, Susanne: Der Modellstudiengang „Darstellendes Spiel als Beifach" an der Ernst-Moritz-Arndt-Universität Greifswald und grundsätzliche Probleme eines eigenständigen Studienganges Darstellendes Spiel im Lehramtsstudium. In: Darstellendes Spiel in Lehramtsstudiengängen an deutschen Hochschulen. Greifswald 1997

PRINZ, Susanne: Modellstudiengang Darstellendes Spiel als Beifach an der Ernst-Moritz- Arndt-Universität Greifswald. In: Korrespondenzen. Zeitschrift für Theaterpädagogik. Heft 28, 1997

PRINZ, Susanne: Schülertheater und Darstellendes Spiel in der DDR. In: Woher — Wohin? Kinder- und Jugendkulturarbeit in Ostdeutschland. Bundesvereinigung Kulturelle Jugendbildung e.V. (Hg.). Remscheid 1993

PRINZ, Susanne: Stand der Durchsetzung des Faches Darstellendes Spiel. Lehrpläne und Angebote der Lehreraus-, fort- und -weiterbildung in allen Bundesländern. Darstellendes Spiel in den Neuen Bundesländern. In: Darstellendes Spiel in Lehramtsstudiengängen an deutschen Hochschulen. Greifswald 1997

RAPP, Uri: Handeln und Zuschauen. Untersuchungen über den theatersoziologischen Aspekt in der menschlichen Interaktion. Luchterhand Darmstadt/Neuwied 1973

REGEL, Günther: Politische und soziale Dimensionen der Erneuerung des Kunstunterrichts. Frank Schulz sprach mit Günther Regel. In: BDK-Mitteilungen, 34. Jahrgang, Heft 3, 1998

REINHARDT, Friedrich: Menschen- und Figurenschatten-Spiele. In: Modelle — Szenen — Experimente. Don Bosco München 1986

REISS, Joachim / SUSENBURGER, Bernd / WAGNER, Günter: Handreichungen zum Darstellenden Spiel. Wiesbaden 1994

RELLSTAB, Felix: Handbuch Theaterspielen. Bd. 1 und 2. Stutz & Co. Wädenswil 1994 - 1996

RITTER, Hans-Martin: Figur, Maske, Puppe. In: Symposion. Hochschule der Künste Berlin. Band 1-4, 1985 - 1991

RITTER, Hans-Martin: Spiel- und Theaterpädagogik. Ein Modell. Hochschule der Künste Berlin 1990

RITTER, Hans-Martin: Theater als Lernform. Beiträge zur Theorie und Praxis pädagogischer Theaterverfahren. Hochschule der Künste / Institut für Spiel- und Theaterpädagogik Berlin 1981

RUPING, Bernd (Hg.): Gebraucht das Theater: die Vorschläge Augusto Boals. In: Theaterpädagogik Bd. 17, Münster 1993

RÜSTER, Barbara: Schattentheater. Ästhetische Erfahrungen und soziales Lernen. In: Korrespondenzen. Zeitschrift für Theaterpädagogik. Heft 23-25, 1995

SCHAU, Albert: Szenisches Interpretieren. Ein literaturdidaktisches Handbuch. Deutsch im Gespräch. Klett Stuttgart 1996

SCHECHNER, Reinhard: Theateranthropologie. Spiel und Ritual im Kulturvergleich. Reinbek b. Hamburg 1990

SCHELLER, Ingo: Das szenische Spiel als Lernform in der Hauptschule. Oldenburg 1987

SCHELLER, Ingo: Szenisches Spiel. Handbuch für die pädagogische Praxis. Cornelsen Scriptor Berlin 1998

SCHELLER, Ingo: Wir machen unsere Inszenierungen selber (II) : szenische Interpretation von Dramentexten: "Die Soldaten" (Lenz) – "Faust I" (Goethe) – "Maria Stuart" (Schiller) [u.a.]. Oldenburg 1993

SCHLÜNZEN, Wulf: Werkstatt Schultheater. Übungen, Experimente, Projekte. IFL: Themenhefte: Sekundarstufen I und II, Heft DS, Hamburg 1998

SCHLÜNZEN, Wulf: Werkstatt Schultheater. Zur Didaktik und Methodik. IFL: Themenhefte: Sekundarstufen I und II, Heft DS, Hamburg 1998

SCHUSTER, Karl: Das Spiel und die dramatischen Formen im Deutschunterricht. Schneider Hohengehren 1996

SCHWARZWALD, Michael: Bücher, Texte, Tips zum Schülertheater. Eine kommentierte Auswahlbibliografie. Landesinstitut für Schule und Weiterbildung (Hg.). Soest 1992

SCHWERIN VON KROSIGK, B.: Der nackte Schauspieler. Die Entwicklung der Theatertheorie Jerzy Grotowskis. Berlin 1986

SEITZ, Rudolf: Masken. Bau und Spiel. Don Bosco München 1991

SELLE, Gert: Das ästhetische Projekt. Plädoyer für eine kunstnahe Praxis in Weiterbildung und Schule. LKD Unna 1992

SIMHANDL, Peter: Theatergeschichte in einem Band. Berlin 1996

SPOLIN, Viola: Improvisationstechniken für Pädagogik, Therapie und Theater. Junfermann Paderborn 1993

STANISLAWSKI, Konstantin S.: Die Arbeit des Schauspielers an sich selbst. Teil I und II. Das Europäische Buch Berlin 1988

STEINWEG, Reiner: Das Lehrstück: Brechts Theorie einer politisch-ästhetischen Erziehung. Metzler Stuttgart 1976

STEINWEG, Reiner: Lehrstück und episches Theater. Brechts Theorie und die theaterpädagogische Praxis. Brandes & Apsel Frankfurt/M. 1995

STRASBERG, Lee: Schauspielen und das Training des Schauspielers. Beiträge zur „Methode". Alexander Berlin 1987

TAIROW, Alexander: Das entfesselte Theater. Alexander Berlin 1989

TASCHE, Elke: Wir finden die Lesart. Aus der Praxis dramaturgischer Arbeit. Deutscher Amateurtheaterverband e. V. (Hg.). Dresden 1991

TSCHECHOV, Michail: Werkgeheimnisse der Schauspielkunst. Werner Claasen Zürich / Stuttgart 1992

VASSEN, Florian: Wechselspiel. KörperTheaterErfahrung. Brandes & Apsel Frankfurt/M. 1998

VOPEL, Klaus: Anwärmspiele. Experimente für Lern- und Arbeitsgruppen. iskopress Salzhausen 1994

WAEGNER, Heinrich: Theaterwerkstatt. Von innen nach außen – über den Körper zum Spiel. Klett Stuttgart 1994

WATZLAWICK, Paul: Wie wirklich ist die Wirklichkeit? Piper München Zürich 1997

WEINTZ, Jürgen: Theaterpädagogik und Schauspielkunst: Ästhetische und psychosoziale Erfahrung durch Rollenarbeit. AFRA Bautzbach-Griedel 1998

WEKWERTH, Manfred: Schriften. Arbeit mit Brecht. Henschel Berlin 1973

WYGOTSKI, L. S.: Das Spiel und seine Bedeutung in der psychischen Entwicklung des Kindes. In: ELKONIN, D. (Hg.): Psychologie des Spiels. Köln 1980

BROSCHÜREN UND FACHZEITSCHRIFTEN:

10 Jahre Schultheater der Länder. BAG Darstellendes Spiel in der Schule e.V. und Körberstiftung Hamburg 1995

Unterrichtsspiel. Methodische Anregungen und Beispiele. Akademie für Lehrerfortbildung Dillingen Akademiebericht Nr. 93. Dillingen 1986

Dokumentationen zum Schultheater der Länder. BAG Darstellendes Spiel in der Schule e.V. und Körber-Stiftung. Hamburg: Jahresbände 1984 - 1997

Das Darstellende Spiel an den Schulen. BAG für das Darstellende Spiel in der Schule u. Gesellschaft für Theater-, Film- und Fernsehwissenschaft (Hg.). München 1992

Handreichung Darstellendes Spiel für die Sekundarstufen I und II der Gymnasien und Gesamtschulen. Hamburg: Amt für Schule Hamburg 1988

Handreichung Darstellendes Spiel für Sekundarstufe II. Amt für Schule Hamburg 1990

Korrespondenzen. Zeitschrift für Theaterpädagogik
Programme, Profile, Perspektiven – Theaterpädagogische Bildungsgänge in der Diskussion. Heft 8 1997 / Brecht, Lehrstücke, Heft 19/20/21 1994 / Sprechen, Sprache, Gestalten, Heft 22 1994 / Soziales Lernen und ästhetische Erfahrung, Heft 23/24/25 1995

Lehrplan Darstellendes Spiel für die gymnasiale Oberstufe. Lehrplanrevision Sekundarstufe II. Behörde für Schule (Hg.), Jugend und Berufsausbildung. Weltzien Hamburg 1990

Dokumentation: Darstellendes Spiel im Lehrplan. Grundlagen und Anregungen für Schule und Unterricht. Ministerium für Bildung, Wissenschaft, Forschung und Kultur des Landes Schleswig Holstein (Hg.): Kiel 1997

Lebendiges Schultheater: Personales Spiel, technisch-mediales Spiel, figurales Spiel. Handreichungen zu Grundkurs Dramatisches Gestalten. Staatsinstitut für Schulpädagogik und Bildungsforschung München (Hg.). Donauwörth/Auer 1995